南京大学
中华民国史研究中心

学术前沿系列 ················ 朱庆葆 主编
城乡研究辑

近代
长江下游地区
城市转型研究

朱庆葆 郑忠 董佳 马俊亚 著

江苏人民出版社

图书在版编目（CIP）数据

近代长江下游地区城市转型研究 / 朱庆葆等著. —
南京：江苏人民出版社，2022.1
　　ISBN 978 - 7 - 214 - 26643 - 9

　　Ⅰ. ①近… Ⅱ. ①朱… Ⅲ. ①长江中下游－城市经济
－转型经济－研究－近代 Ⅳ. ①F299.295

　　中国版本图书馆 CIP 数据核字(2021)第 215628 号

书　　　　名	近代长江下游地区城市转型研究
著　　　　者	朱庆葆 郑　忠 董　佳 马俊亚
责 任 编 辑	戴亦梁
特 约 编 辑	胡天阳
装 帧 设 计	刘葶葶
责 任 监 制	陈晓明
出 版 发 行	江苏人民出版社
地　　　　址	南京市湖南路 1 号 A 楼，邮编：210009
照　　　　排	南京紫藤制版印务中心
印　　　　刷	苏州市越洋印刷有限公司
开　　　　本	652 毫米×960 毫米　1/16
印　　　　张	24.25　插页 2
字　　　　数	314 千字
版　　　　次	2022 年 1 月第 1 版
印　　　　次	2022 年 1 月第 1 次印刷
标 准 书 号	ISBN 978 - 7 - 214 - 26643 - 9
定　　　　价	78.00 元

（江苏人民出版社图书凡印装错误可向承印厂调换）

序　言

　　在中国历史上,民国时期是一个独特的存在。存续时间虽不长,却给现代中国带来剧烈长远的变化。这种变化,既有中华传统文明在外来文明影响和内忧外患中的深层次危机,同时也有中华民族为挽救民族危亡、寻求国家富强进行的不懈努力。在此过程中,中国社会在历史的惊涛骇浪中艰难转型,其势如洪峰激流,奔腾而下,既有转型间的坎坷,也有历史性的成功。民国时期的城市转型和乡村建设,正是中国近代转型中至关重要的一部分,不仅建树颇多,也独树一帜,在坚持民族性、本土化的基础上,又体现出多样性、开放性、国际化和具有鲜明意识形态色彩的多重特征。虽然各地区的自然环境、资源禀赋、经济水平、制度环境、人文历史、发展机遇千差万别,但西方文化的外在影响、政治机构的宣传动员、经济组织的分工协作、社会成员的文化心理都发生了适应"现代化"进程的巨大改变。不过,鉴于各地城市和乡村的组织主体、建设思路,乃至社会各阶层对社会建设的判断和认识各不相同,要想对整个民国时期的城乡建设进行深入探讨是很难的,需要通过具体个案来进行实证研究,这样才看得更深入、更清楚。

　　南京大学中华民国史研究中心推出的学术前沿系列"城乡研究辑"所收录的这八种书,就是基于上述理解所展开的区域专题研究。

　　从选题看,这八种书研究的对象分别是民国时期的地方自治、根据地农村社会秩序的移异、交通运输发展、城市社会变迁、城市社会调控、城市社会物质生活、民国乡村实验区建设，以及长江三角洲地区城市发展路径，既有微观的城市地方自治、城市社会，也有区域乡村社会改造、交通运输发展，还有相对宏观的区域城市发展转型分析。尽管主题不尽相同，但都体现出人文关怀的社会眼光。应该说，这种从人文思入社会的视角，无疑使大家把研究的焦点对准社会，绝不是头痛医头脚痛医脚的小题小作，而是从"大处着眼、小处着手"的精雕细琢。之所以这么说，是因为这八种书的内容并非简单的历史描述和勾勒，而是具有一定的思想性。其最大特点在于，它是一套基于理念而开展研究的书系，真实记录了民国以来中国社会不断新陈代谢、革故鼎新的历史发展进程，特别是底层城乡民众在"现代化"这一历史背景下的艰难转型。虽然学界已问世的近代中国城乡转型论著不少，但是探寻城乡社会转型特别是底层社会变迁的并不多。这八种书的背后都蕴含着一种价值追求，"改变中国""富强中国"正是其所体现的思想灵魂和人文关怀。

思想取决于眼光。这八种书的另一个特点是有历史眼光与国际视野。所谓历史眼光指的是，近代中国城乡社会的变迁并不是凭空启动的，是传统中国的历史延续，但并不是简单的历史重复，而是在近代中国整体嬗变的大背景下和先进中国人的前后接续奋斗中进行的。在一定意义上，其所涉及的各地城乡变化，就是一部中国近代社会史，就是一个近代中国转型的缩影。这就需要我们把城乡社会的变化放到百年中国发展转型的背景中去理解把握，讲清楚百年中国城乡嬗变的历史轨迹，而且社会变迁的影响是长期的，对当代中国也有着深远影响。所谓国际视野指的是，近代中国城乡社会发展变化，是在外来文明尤其是西方文明影响下发生的，从传统到现代是其变化的本质特征与主要方向，因此，研究近代中国城乡变迁一定要有国际视野，要将近代中国城乡变迁置于中国现代化进程的大趋势中去把握。

近代中国城乡的转型发展，也离不开"思想""激情"和"行动"的结合，三者缺一不可。思想是前行的方向，激情是为实现理想而勇于投入，而最终思想和激情都要落实到国民党、共产党及其他各政治派别、社会团体的行动上。城乡社会变迁离不开近代中国客观条件的约束,因此,这八种书还展示了如何在外敌入侵、内战频仍、社会分裂的剧烈变动下探索实现中国现代化的变革路径。在这些探索中,既有自上而下的,也有自下而上的;既有政党引领的革命方式,也有社会推动的改良方法。各种改革方案中都有大量的历史细节,提供了从传统到现代,从思想到行动,从政党到社会,从沿海到内陆等各个环节的各种细节,从中既可以看出历史之"应然",也可见得历史之"必然",经各种思想、各种方案的现实筛选,历史最终选择了既有思想,又有行动,知行合一,具有思想力、组织力和行动力的中国共产党领导的社会变革道路。

这八种书虽然是讲历史,但对当前的社会改革也有重要的借鉴价值。虽然这八种书的作者主要是历史学专业研究者,但他们在思考近代中国城乡社会变迁上却有一些不同于传统历史学家的特点,具体表现在以下两方面:一是分析的思路与方法是多学科的,既有历史学的,也有政治学的,还有经济学、教育学、统计学的,特别是有了社会学的理论分析框架,我们对近代中国社会的变革路径及其分析就有了比较系统和严谨的思维方法,包括近代中国城乡发展的思路、社会对政策方针的反应的分析等。二是近代城乡社会的研究对当下的社会改革有参考价值,很多过去的历史经验在今天仍然值得人们吸收借鉴。特别是如何在社会变革中,较好地实现政治稳定、经济发展、社会进步、思想开放,而民众又有较强的幸福感、满足感和收获感。这些既是近代中国社会转型变革面临的历史使命,也是当代中国进一步推进社会治理体系和提高国家治理能力建设的现实要求。

近代中国城乡转型的主题是"现代化",而变革的两项内容是"人的思想观念的变革"和"社会的组织化"。基于这样的思路,这八种书既真实再现了近代中国社会"为何而变",也深刻勾勒了中国社会"如何改变"。我认为这正是其出版的意义所在。

学术贵在创新，而创新的途径各有不同。作为国内最早开辟民国史研究的学术重镇之一，南京大学中华民国史研究中心始终坚持学术上的"双轮驱动"。一方面，围绕国家发展战略需求，对关系国家民族利益和人类社会进步的重大历史问题开展研究，形成面向国家目标的系统性成果；另一方面，鼓励在学术前沿领域开展自由探索和学术创新，推动多学科的交叉融合，引领学术方向，形成新的学术生长点。近年来，中心先后推出《南京大屠杀史料集》(72 卷，4 000 万字)、《南京大屠杀全史》(三卷本)，组织海峡两岸暨香港、澳门 70 位知名学者联袂打造了《中华民国专题史》(18 卷)等力作，在海内外产生了很好的社会反响和学术效应。同时，中心也不断加大学术交流及人才培养的力度，长期致力于培育更多具有前沿意识、创新精神的学术新人和学术新作。此次推出的学术前沿系列"城乡研究辑"，就是基于这样思考的一个尝试。我们希望借此推动更多具有学术创新能力的年轻学者茁壮成长，也为学界奉献更多有关近代中国研究的新作！

南京大学中华民国史研究中心主任
朱庆葆
2020 年 4 月

目　录

前　言

一、中国近现代城市史研究的发展脉络与走向

自古以来,中国人就有对城市历史和市井风情进行记录的传统,各种历史典籍里对于城市社会生活的记载比比皆是,其中不乏《洛阳伽蓝记》《西京杂记》《东京梦华录》等优秀之作。但这些对城市历史的凭吊回忆,内容多以写实记载为主,并非真正意义上的研究论著。20世纪20年代以前,中国虽不乏优秀的城市历史文学,但却全无城市史研究产生。直至1926年梁启超发表《中国都市小史》《中国之都市》,20世纪30年代陶希圣、全汉升等人撰写关于古代长安行会制度的论文,才算开创了近代中国城市史研究的先河。新中国成立后,一些学者也曾尝试对近代城市的兴起和发展进行一些初步探索,但迫于当时整个史学研究泛政治化的影响,城市史研究只能停留在史料梳理阶段,并无大的发展。直到改革开放以后,城市学、城市史学,特别是中国近现代城市史的研究才蔚然兴起。

1986年,在国家的重视和推动之下,大陆史学界迎来了城市史研究的春天。当年的国家社科基金规划中出现了以上海、天津、武汉、重庆等

为研究对象的国家级重点课题。城市的个案研究也由此成为近现代城市研究的突破口。经过多年的艰辛开拓,终于产生出《近代上海城市史研究》《近代重庆城市史》《近代天津城市史》《近代武汉城市史》等里程碑式的开创性论著。其共同特点是篇幅宏大、观点新颖、内容丰富翔实、历史与现实感俱强。它们不仅拓宽了中国地方史和近代史的研究领域,而且为以后学界的城市史研究奠定了扎实的基础。在这些研究的影响和带动下,国内学界迅速掀起了一股研究近现代城市史的热潮,且有不断延伸之势。研究范围也由口岸城市向非口岸城市、大城市向中小城市拓展。在这些论著中,既有通论性的,又有专题性的,内容涉及城市地理、人口、结构、功能、沿革等多方面。不过,从整体上来看,此时的研究视野还较窄,深度也不够,特别是对城市发展规律的探索才刚刚起步,很多认识也很肤浅。20 世纪 90 年代以后,随着经济的蓬勃发展,区域协作与区域城市的一体化问题日渐凸显,国内城市史学界掀起了一股以国家或地区的城市体系或城市群体为主题的研究热潮。于是,学界便出现了个案研究与区域城市和不同类型城市综合研究共襄盛举的新局面。此时,学界不仅发表了大量有关近代城市变迁的文章,还出版了多部有关整体研究中国城市发展的力作。这些著作多从城市发展史的角度,对城市经济、政治、文化、社会等各方面进行了全面系统的研究。后来,在个案研究和区域研究不断加强的基础上,史学界又出现了城市与社会变迁互动研究的新趋向。同时,随着跨学科研究的开展和多元化理论的介入,不少新社会史家开始把"市民社会"和"公共空间"等解释框架引入城市史研究,于是一些新的公共社会领域逐渐成为新的研究热点。城市史研究也从最初的宏观叙事逐渐向微观的空间社会与边缘群体研究转变。诸如城市空间的改造与演变、城市物质形态的设计发展、市民文化与公共空间、社会阶层、人口及社会生活等研究领域,都成为学术界新的生长点。

从总体上看,自 20 世纪 80 年代中国城市史学兴起以来,国内的近代城市史学界硕果累累,相关成果层出不穷。据不完全统计,从 20 世纪

80 年代至 90 年代末,仅中国大陆出版的有关中国近代城市史的专著、资料集、论文集就有 500 多部,相关文章达上千篇①。这些研究成果涉及个案城市、区域城市、不同类型城市以及近代中国整体城市史研究以及城市社会生活的各个层面。在城市史理论框架和研究方法等诸多领域,也取得了突破性进展。纵观其发展脉络,已足以说明我国的城市史研究正在不断成熟。中国学者在努力构建具有中国特色的研究体系的同时,已逐渐赶上了西方同行的步伐。在资料掌握、理论分析和研究方法等诸方面,中西之间的文化差异已越来越小,双方之间的对话基础也正在逐步加强,从而逐渐形成了互通有无、互相切磋的良好互动格局,初步完成了由西化向中化的过渡。城市史研究正逐渐成为与历史学、社会学、经济学、地理学等学科密切联系而又相对独立的一门新兴学科。

二、区域史视域下的长江下游地区城市研究

1. 与时俱进、不断推陈出新的长江下游地区城市史研究

从近现代史研究的学科发展看,从微观入手的区域研究是近年来的一个新潮流。究其个中缘由,一方面,中国幅员辽阔、人口众多,再加上各地区自然环境、社会人文等方面的差异,导致不同地区的社会经济发展呈现出明显的地域不平衡性。如果不对区域地方史展开研究,则很难揭示出整个中国社会经济发展的历史轨迹。对此有论者指出,区域研究只是一个手段,而不是目的,目的在深入而周详地就中国历史上各方面的发展与变迁提出通论,"以省为单位,将材料作基本的、有系统的归纳整理,如此才能掌握中国巨大的幅员"②。另一方面,对区域史的研究,也有助于人们对区域社会经济发展的认识,以及对各地区历史和现状的深

---

① 　参见何一民《中国近代城市史研究述评》,载《中国文化论坛》2000 年第 1 期。
② 　陈炜:《近代广西城镇商业网络与民族经济开发》,巴蜀书社 2008 年版,"导论"第 1 页。

入了解,可以为地区乃至全国的现代化建设提供一些有益的借鉴和启示。因此,研究区域史不仅可以体现出地区社会经济发展的个性,而且由于区域史是整个中国社会经济史的一部分,研究又有较高的社会价值。因而把中国划分为若干区域加以深入的研究,也成为海内外学者的共识。其中,自唐宋以来即成为全国经济重心的长江下游地区,拥有发达的社会经济、厚重的人文传统,这使得该地区一直是我国城市化发展水平最高的区域。特别在鸦片战争后,长江下游地区的城市化更有加速之势。随着城市化水平的提高、城市向现代转型的提速,长江下游地区的经济、社会等各方面都发生了很大变化。研究近代长江下游地区城市的发展转型,不仅有助于深入了解区域内各城市发展的具体情况,而且有助于认识城市转型与区域发展的互动关系,有助于全面分析近代中国的结构与变迁,对当前该地区的城市发展与建设也具有一定的参考价值。在这种情况下,有越来越多的海内外学者把新的学术研究兴趣集中到该区域的研究上来。应该说,有关长江下游地区的地方史、区域史研究已成为当前区域史研究领域最为引人注目的一个热点。

有关长江下游地区的区域地方史研究,可谓硕果累累。自 20 世纪 70 年代以来,中外学界就产生了大量有关该地区的高质量研究论文,散见于各种公开出版的学术刊物和相关论著。相较于中国,其他国家较早地进行了对该区域的系统研究。美国学者施坚雅在其著名的中国宏观区域研究中,就打破传统的政治分界,专门对长江下游地区的经济区划、城市系统、经济资源的分布差异及地理特征等进行考察。华裔学者黄宗智在其《长江三角洲的小农家庭与乡村发展》中也提出了过密化理论,并对长江下游地区的小农家庭与近代工业发展的关系进行深入研究。而作为长江下游区域研究的重要组成部分,为数众多的长江下游地区近代城市史研究,自然也吸引不少海外学者。作为该地区最大的城市和城市体系的中枢核心,上海得到学者们的青睐,出现了一股以上海为专题研究对象的"上海学"和"上海热"。据不完全统计,截至 2003 年,国际汉学界有关上海史方面的专著 230 部,论文 256 篇,英文博士论文 323 篇。但凡有关中国问题的国际学术会议,上海都不可避免地成为中心议题之一,以至于出现了以"上海以外的中国城市"为题的学术会议。① 在这些上海的研究中,当之无愧的代表之作,应首推罗兹·墨菲教授的《上海——现代中国的钥匙》一书②。1950 年以来西方国家第一部研究中国城市的学术著作是城市史研究中现代化范式的典范。魏斐德、伊懋可等则通过研究警政、户口、城市自治团体,把上海的近代城市政治、社会控制及经济文化等问题综合起来进行分析,为我们提供了极有价值的新见解。③ 为了从微观上更好地分析这座城市的社会结构、成分及其变迁轨迹,一大批特殊的城市社会群体又开始成为西方学界着力考证的主题。在方法论上,他们比较重视对城市进行定性分析和定量分析。其中,卢汉超的市民研究、裴宜理的工人研究、安克强和贺萧的娼妓研究、韩起澜与顾德曼的地缘网络与社会认同研究,以及马丁等人的城市社团和黑社会研究,都是这种研究新趋势的。④

不过,也有人对海外上海研究一枝独秀的局面提出质疑。他们质疑的根据是,中国地域的辽阔和复杂性,使得上海这个中国最大的城市和

---

① 参见《熊月之教授在华东师大做"海外上海学"的学术演讲》,华东师大海外中国学研究中心网 2005 年 4 月 3 日。

② 参见[美]罗兹·墨菲《上海——现代中国的钥匙》,上海社科院历史研究所编译,上海人民出版社 1986 年版。

③ 参见[美]魏斐德《上海警察,1927—1937》,章红等译,上海古籍出版社 2004 年版;[澳]伊懋可《1905—1914 年上海的士绅民主》(The Gentry Democracy in Shanghai, 1905 - 1914),牛津大学 1967 年未刊博士论文。

④ 参见[美]卢汉超《霓虹灯外:20 世纪初日常生活中的上海》,段炼、吴敏、子羽译,上海古籍出版社 2004 年版;[美]裴宜理《上海罢工:中国工人政治研究》,刘平译,江苏人民出版社 2001 年版;[美]贺萧《危险的愉悦——20 世纪上海的娼妓问题与现代性》,韩敏中、盛宁译,江苏人民出版社 2003 年版;[美]韩起澜《姐妹与陌生人:上海纺纱女工,1911—1949》,斯坦福大学出版社 1986 年版;韩起澜《苏北人在上海,1850—1980》,卢明华译,上海古籍出版社 2004 年版;[美]顾德曼《家乡、城市与国家:上海的地缘网络与认同 1853—1937 年》,宋钻友译,上海古籍出版社 2004 年版;[法]安克强《上海妓女——19—20 世纪中国的卖淫与性》,袁燮铭、夏俊霞译,上海古籍出版社 2004 年版;[澳]马丁《上海青帮》,周育民等译,上海三联书店 2002 年版。

经济中心并不足以代表整个中国,乃至长江下游地区城市发展的多样性。因此,20世纪90年代以后尽管上海城市史的研究仍炙手可热,但其他一批有特点的内陆城市纷纷成为新的研究热点。有些人另辟蹊径,突破大城市研究的包围,将数量更多的长江下游地区的中小城市纳入了研究的视野。其中,最有代表性的就是美籍华裔学者邵勤的南通研究①。其特别之处在于,她在研究中将晚清、民国和中华人民共和国的历史作为一个整体来对待,打破了对中国近现代史分期的陈规,取得了新突破。安东篱更进一步,独树一帜地细致描绘了扬州从明末至清末作为一座"盐城"近300年来的兴旺发达史②,其《说扬州——1550—1850年的一座中国城市》一书也成为西方史学界的第一本中国城市传记。不过就整体而言,整个西方学界却鲜有将长江下游地区作为一个整体来加以考察,反倒是对城市个案的探讨多于对区域整体的研究,这不能不说是海外研究中国区域地方史的一大遗憾。

港台地区方面,对长江下游地区的研究较大陆(内地)稍早一步。曾在香港大学任教的科大卫对长江下游地区的农村经济进行过卓有成效的研究。王树槐的针对1860—1916年江苏区域现代化的研究也取得巨大成功。长江下游地区的城市最早脱胎于传统的市镇经济,繁荣发达的市镇始终是推动地区进步的不竭动力。从20世纪70年代起,刘石吉开始对明清以来的江南市镇进行研究③,特别对明清以来江南市镇的数量、专业分类以及近代以来的兴衰都做了具有里程碑式意义的深入探讨。

近年来中国大陆学术界也推出了一批高质量的经典之作。作为长江下游地区的最大城市——上海城市的繁荣,引发了上海城市史研究的繁盛。在长江下游地区近代城市史的研究中,"上海"逐渐成为城市史学

---

① 参见[美]邵勤《文化现代化:南通模式,1890—1930》,斯坦福大学出版社2003年版。
② 参见[澳]安东篱《说扬州——1550—1850年的一座中国城市》,李霞译,李恭忠校,中华书局2007年版。
③ 参见刘石吉《明清时代江南市镇研究》,中国社会科学出版社1987年版。

家的研究热点。从一开始进行系统研究、囊括城市方方面面的宏大叙
事,再到城市研究的普遍化和深入化,在宏观与微观的转换中,从更加微
观的角度更深刻、更具体地了解上海这座近代以来中国第一都市的转型
变迁。除了上海研究,上海与长江下游地区的区域联动也是学界热烈讨
论的焦点问题。张仲礼在其主编的《东南沿海城市与中国近代化》一书
里,提出了区域内的"二元结构论"①。他认为,区域经济的极化效应和扩
散效应是东南沿海地区城市发展的显著特征,他第一次将东南沿海城市
作为一个有机的城市群加以看待,试图通过多层次、多角度、多学科相结
合的立体交叉式研究方法,勾勒出每个城市的个性和城市群体的共性。
另一部由他主编的《长江沿江城市与中国近代化》②,则在前书基础上,重
点探讨了上海与沿江城市的联动关系,以及沿江城市在中国近代化进程
中的地位和作用。戴鞍钢围绕上海与其经济腹地的关系,特别是与周围
农村经济的互动互补也进行了较为整体和多方位的考察。他在《港口·
城市·腹地——上海与长江流域经济关系的历史考察(1843—1913)》一
书里,深入探讨了上海依托港口发展成为近代中国经济中心城市的进程
和特点③,揭示了上海中心城市地位的确立过程,对长江三角洲及长江流
域经济格局、市场网络、城镇体系和习俗风尚等社会生活诸多方面带来
的深刻变化,论证了上海以内外贸易为纽带,与周边地区及内陆省份之
间互补互动的双向经济关系。

　　不过,上海虽然是该地区的最大城市和城市体系的中枢,但归根到
底也不过是整个区域的一部分,其显著的、不可复制的城市特性使得上
海的近代发展模式和轨迹不能代表整个长江下游地区近代城市的发展
概况,而区域内为数众多的中小城市则更具有代表地域发展的普遍特

①　参见张仲礼主编《东南沿海城市与中国近代化》,上海人民出版社1996年版。
②　参见张仲礼、熊月之、沈祖炜主编《长江沿江城市与中国近代化》,上海人民出版社2002年版。
③　参见戴鞍钢《港口·城市·腹地——上海与长江流域经济关系的历史考察(1843—
　　1913)》,复旦大学出版社1998年版。

点。因此,学界对广大中小城市和市镇研究极为重视。在早期首推傅崇兰的扬州、苏州、杭州三个长江下游运河沿岸城市研究①。从 1990 年起,在茅家琦等教授的带领下,南京大学历史系一批青年学者也对长江下游的蚌埠、芜湖、安庆、宁波、常州、南通、无锡等中小城市展开研究,并顺利完成了国家社科"七五"项目"近代苏浙皖城镇研究",出版了"长江下游地区城市近代化研究丛书"②。其中茅家琦等人的《横看成岭侧成峰——长江下游城市近代化的轨迹》一书,选择南通、无锡、常州、芜湖、镇江、宁波六个城市作为研究案例,提出了长江下游地区六种不同近代化发展模式。该书可以说是对长江下游地区中小城市近代化研究的开拓性成果。此研究与其他区域城市研究的最大不同在于客观地认识到工业在城市经济结构中的地位及其在近代化进程中的作用。除此以外,南京大学历史系中国近现代史专业还专门设立了长江下游城市近代化研究方向,进一步巩固和开拓了该领域的研究。在此基础上,张海林的苏州城市现代化研究、王云骏的民国南京城市社会管理研究、叶美兰的扬州城市现代化研究、常宗虎的南通现代化研究进一步丰富了长江下游地区近代城市史的研究。③ 20 世纪 90 年代中期以后,一些青年学者又逐渐把目光投向城市比较和区域城市群体的研究,希望进一步深化对近代城市发展规律的认识。其中,虞晓波的《比较与审视——"南通模式"与"无锡模式"研究》、单强的《工业化与社会变迁——近代南通与无锡发展的比较》,以

---

① 参见傅崇兰《中国运河城市发展史》,四川人民出版社 1985 年版。

② 该丛书正式名称为"长江下游城市近代化研究丛书"。主要由茅家琦等的《横看成岭侧成峰——长江下游城市近代化的轨迹》(江苏人民出版社 1993 年版)、周忍伟的《举步维艰——皖江城市近代化研究》(安徽教育出版社 2002 年版)、虞晓波的《比较与审视——"南通模式"与"无锡模式"研究》(安徽教育出版社 2001 年版)、万灵的《常州的近代化道路——江南非条约口岸城市近代化的个案研究》(安徽教育出版社 2002 年版)、朱庆葆的《传统城市的近代命运——清末民初安庆城市近代化研究》(安徽教育出版社 2001 年版)等组成。

③ 参见张海林《苏州早期城市现代化研究》,南京大学出版社 1999 年版;王云骏《民国南京城市社会管理(1927—1937)》,江苏古籍出版社 2001 年版;叶美兰《柔橹轻蒿——1895—1937 年扬州城市现代化研究》,南京大学 2000 年未刊博士论文;常宗虎《南通现代化:1895—1938》,中国社会科学出版社 1998 年版。

及"横滨与上海"共同编辑委员会编的《横滨与上海——近代都市形成史
比较研究》都是其中之翘楚。[①] 继刘石吉之后,长江下游大量经济发达的
集镇也进入了部分学者的研究视野。近代以来江南市镇的村庄生态结
构、乡镇经济生产、生活及社会转型等都是大家热烈讨论的对象[②]。随着
研究的推进,中国学界亦逐渐摆脱了对施坚雅所谓"市场网络"及"民间
管理"理论的依赖,认识到在研究中并不存在某种绝对意义上的权威模
式,所谓"范式"只是一种观察问题的方法和分析问题的工具,不是一个
放之四海皆准的样板。

　　2. 研究中需要注意和思考的若干重要问题

　　就近代长江下游地区的发展转型而言,各个城市虽然发展路径和转
型轨迹不尽相同,但大致都经历了一个由传统的政治城市向多功能的近
代城市的转变过程。这里面不仅指城市经济的发展,而且还包括城市建
设的近代化、城市管理体制的转型、城市文化、社会心理、近代城市功能、
城市结构的变化、社会群体与组织、公共空间的延伸以及市民社会的形
成等各方面。那么,到底有哪些因素决定了这些城市的转型与演变呢?
城市发展的动力机制又是什么? 各中小城市是如何处理与区域中心城
市上海之间的关系,它们之间是通过怎样的方式展开互动协作? 这些都
是研究长江下游地区的城市转型无法规避的重要内容。事实上,该地区
各城市千差万别,彼此情况迥异,不可能把各具特色的城市当作一个板
块来统一分析,也无法套用一个固定的模式来衡量判断,只能对其加以
分门别类,在展开对其差异性研究的基础上,再进行整个地区的综合归

---

① 参见虞晓波《比较与审视——"南通模式"与"无锡模式"研究》,安徽教育出版社 2001 年版;
　 单强《工业化与社会变迁——近代南通与无锡发展的比较》,中国商业出版社 1997 年版;
　 "横滨与上海"共同编辑委员会编《横滨与上海——近代都市形成史比较研究》,日本横滨
　 开港资料普及协会,1995 年。

② 参见包伟民《江南市镇及其近代命运——1940—1949》,知识出版社 1998 年版;朱小田《江
　 南市镇的现代化研究——1840—1994》,兰州大学 1995 年未刊博士论文;赵世瑜《市镇权力
　 关系与江南社会变迁——以近世浙江湖州双林镇为例》,载《近代史研究》2003 年第 2 期。

纳才有意义。因此,必须对这些类型不同的城市按照恰当、统一的标准进行分类。不过,值得注意的是,不同的划分标准也会产生不同的分类结果。比如按产业结构分,这些城市可以分为工业型城市和金融型城市;按政治分,可以分为国家行政中心、地区中心、一般城市和工商业城市等;按开放类型分,又可以划分为条约开埠与自开商埠;按城市性质分,还可以分为生产性城市和寄生性城市。故以长江下游地区各城市的复杂情况,如何按照一个恰当、统一的标准来划分城市类型,并据其总结归纳整个区域城市的发展特点和轨迹,是一个问题。同时,我们也要注意到,即便在同一类型城市的内部,也可能存在极大的差异。例如,南通、无锡、常州均为典型的轻工业城市,都是民族资本推动,走工农商协调发展的道路,但它们的发展道路也不完全一样。南通显然是靠张謇一人之力,推动工业发展而勃兴的近代城市,张謇曾自视他强力开启的南通近代化进程"上不靠政府、下不靠社会,全靠自己";无锡则是靠一群小规模的民族资产阶级推动发展的,其发展水平要比南通高,是近代仅次于上海的工业城市;至于常州,虽发展晚于南通、无锡,但发展速度很快,它依靠大批绅商、中小工商业者的群体推动。在三者之间,与南通发展有序、以工业建设社会的发展模式相比,无锡、常州又稍显凌乱,是一种典型的工业与社会相互建设的类型。

此外,我们也应看到,长江下游地区自古以来就是全国的经济重心,一直是我国城市化发展水平最高的区域。特别是鸦片战争后,该地区的城市化更有加速之势。随着区域城市化水平的提高、城市向现代转型的加速,长江下游地区的经济社会等各方面都发生了很大变化,不但地区内各城市的经济联系不断增强,而且还不断有新经济区生成,这使得城市间的地位,颠覆了以前的行政层级依附关系,趋向平行对等。当然,在区域内部,不同城市的近代发展轨迹和路径也不尽相同。有些城市在"欧风美雨"外力条件刺激下,获得突飞猛进的发展,成为全国瞩目的新兴工业城市;但也有些城市现代化进程步履蹒跚,甚至陷入了衰落的困境。那么,这种差异到底是由哪些因素造成的? 其差异性或许与传统商品经济的发展程度、地方工业资本投入与市场发展及产业结构、政府指导与地缘政治环境的优劣、地理生态、交通、外力的冲击、地方权贵精英的个人推动及地区文化传统等因素有关。这些因素都影响着城市近代化的进程和发展方向。当然,在不同城市,这些因素所发挥的作用也不同,有时互相牵制、抵消,而有时也会形成合力,推动城市沿着不同的轨迹走向近代化。不过,就总体而言,在这些因素当中,最能影响城市兴衰的因素就是交通运输的改变和政治环境的剧变。交通运输之所以重要,主要是因为该区域是由传统行政中心城市与官路网络构成的区域城市系统,所以当开埠通商、轮船海运变得可行之后,原来的区域结构就发生了极大的改变,引发了这些城市的近代化与腹地的变迁。例如,上海的历史性崛起,就应在很大程度上归功于地理交通的变迁,而扬州、镇江乃至常州,则是在近代以来新交通方式——铁路兴起和河运不济的背景下逐渐沉沦的。当然,政府的指导与社会发展环境的稳定与否对于城市的现代化也至关重要。韦伯、施坚雅、何一民等人的研究都凸显了对于中国这样一个中央集权的国家而言,政治因素对城市发展产生的异乎寻常的作用。① 其中最明显的例证就是民国时期国家权力主导下首都南京所

---

① 韦伯在其"中国城市"模式的分析中认为,中国城市自产生之始,就是国家和政府有意识设计的结果,是封建皇权的象征。施坚雅虽然在他的区域循环模式中强调市场的作用,认为推动中国城市化最主要的驱动力是市场因素,但是他也承认政治在其中潜移默化的作用。中国传统城市能否发展,除了取决于城市内部的经济结构、腹地与市场条件、城市交通外,城市的政治中心地位也至关重要。而何一民也在研究中,提出了政治行政中心优先发展的规律,即一个城市的发展规模和发展速度与其政治行政地位的高低成正比。政治行政地位越高的城市,规模也越大,发展速度就越快;反之,政治行政地位越低的城市,规模也越小,发展速度就越慢。如果一个城市成为首都,那么这个城市就会在较短时间内得到超常发展。相反,它一旦失去了首都的政治行政地位,那么它的发展就会出现衰落。次一级政治行政中心城市如省会城市的发展规模和发展速度绝不会超过作为全国政治中心的首都。而府县级政治行政中心城市的发展规模和发展速度也不会超过省会城市;如果有,那也是极短暂的、极个别的特例。而近年来林达·约翰逊、夫马进、安东尼亚·芬安妮通过他们对苏州、杭州、扬州这些地区的研究,也证明行政命令对城市地位的升降起到了某种可以超过生态和技术因素的决定性作用。

实行的突飞猛进的城市现代化建设，以及太平天国运动、抗日战争对长江下游地区城市发展转型的破坏性影响。

　　同时，我们在研究长江下游地区区域地方史、地区城市史的时候，也有以下几个问题需要加以注意。首先，就中国近代城市的研究而言，虽然在理论上形成了一些具有中国特色的理论框架和若干研究流派，但至今还没有产生一种权威的理论模式，研究的理论还不完善，研究方法和研究领域也存在若干问题亟须解决。学界对于一些基础概念，诸如"城市""城市化""城市史的内涵""城市史的基本线索""城市的发展动力机制"等还存在一些争论，认识也比较混乱，需要进一步地深化。显然这会对我们城市史的研究造成一定制约性影响。其次，目前的区域城市史研究一般还停留在少数中心城市的发展与互动关系的研究上，对数量更多的市镇和集市的研究则稍显浅薄。有关加强中心城市及其发展腹地的研究，特别是深化对乡村城市化与城市乡村化、农村移民、乡村士绅城市化等方面的认识，仍值得我们在城市转型的研究中特别注意。同时，在整合区域城市史研究方面，如何在个案研究的基础上进行提高、综合，努力避免简单拼凑组合城市研究成果，以及加强城市之间的比较，也是一个需要注意的重要问题。

三、研究思路与创新之处

　　应该说，从城市转型与变迁这个视角来对长江下游地区的城市进行研究，对于探索长江下游地区乃至整个中国社会的变迁轨迹，推动中国城市史研究的深层次发展，对于认识当前的社会经济发展，特别是区域城市一体化、构建有中国特色的城市群，深入认识近代中国的社会性质和国情都有积极意义。从目前的学术研究现状来看，虽然中国近代城市史研究的成绩可谓成果斐然，但也存在着多方面的不足。例如，对个案城市的研究虽试图从宏观的面面俱到的模式向更精深的城市社会研究迈进,但着眼点仍大多集中在大城市。对于中小城市,特别是具有一定地方发展特色的东南沿海城市的研究则相对不足,没有建构起具有中国特色的近代城市史研究理论体系;对于传统城市向近代城市的转变连续性,乃至其发展脉络不甚清楚;对于区域城市间的互动,乃至城市之间的协作分工也缺乏相当深度的探讨。

经学校批准,2007年南京大学开始实施"985"重点课题"城市化与城市科学"项目。由本人负责的"近代长江下游地区城市发展转型——以长江下游地区为研究中心"研究项目也被纳入了该课题的研究范围。本课题即试图在以上方面做出一些努力。作为该课题研究的标志性成果,本书具有以下两个特点:

第一,本书以近代长江下游地区的不同城市为研究对象,但并不拘泥于单个城市而言城市发展,内容涉及很多过去尚未研究或研究薄弱的环节,在资料和立论上都有若干突破。具体而言,本书以马克思主义基本原理和方法论为指导,综合运用多学科的研究理论和方法,利用丰富的文献档案、地方史志,在深度挖掘史料和借鉴国内外已有研究成果的基础上,试图将该地区的各个城市置于一个大的宏观区域背景下,分类型、分层次地对近代长江下游地区城市转型的过程进行系统剖析。在加强个案研究的基础上,聚焦该地区城市群由传统城市向近代都市转变的历史转型轨迹,以近代长江下游地区城市转型的发展动力、发展路径、方式类别、影响因素,城市协作分工,乃至区域城市体系的形成和区域经济的整合为主线,宏观与微观相结合,用综合的视角研究近代长江下游地区城市转型和城市协作的历史发展脉络,希望归纳出近代长江下游地区城市现代化的动力机制、发展轨迹及运行规律,深化对该地区城市发展的共性与个性、统一性与多样性的认识,进一步了解城市转型、城市一体化与区域经济协调发展的互动关系,并对区域城市联动发展的速度、方式、整体水平等问题进行深入诠释。希望本书的问世,能够为学界关于近代城市转型、区域城市发展和地区经济的联动提供新的认识视角,来重新审视和衡量中国近代城市,特别是近代长江下游地区城市发展与转型的意义与成效,从而更全面、清楚地认识近代中国城市的发展及演变,进而有助于全面分析近代中国的结构变迁。应该说,本书代表了目前长江下游地区近代城市史研究的最新成果。

第二,研究长江下游地区城市的近代转型发展也有着很强的现实意义。当前该区域是我国经济发展最为迅猛、城市一体化程度最高的地区,更是我国整体崛起的重要发展引擎之一。研究该地区的近代城市发展,必须从发展的历史高度,来研究和理解该地区经济成长的继承性和连续性。这显然对今天如何进一步推进长江下游地区的区域联动和协作有很强的现实意义。当前城市的发展是近代以来城市转型的延续,无法割断与历史经验的关系,更无法忽视历史上城市互动联系密切、区域经济高度整合的历史事实。本书一方面有助于深化认识该地区发展的规律,对于指导当代的长三角地区的城市化和一体化有指导意义;另一方面,通过对近代该地区不同城市的转型轨迹的研究,可以进一步深入对该地区城市发展独特性、复杂性的认识,同时,又可以通过历史经验教训,认清中国城市发展模式的优劣,并提供鲜活的历史经验。这对于21世纪提高长江下游地区城市化水平,乃至推动地区城市更进一步紧密关系的形成,促进具有中国特色的区域都市区的形成和城市现代化可持续发展之路都有相当重要的借鉴意义。

需要说明的是,全书由朱庆葆教授负责设计课题的整体研究框架和实施方案,并撰写前言、第五章前两节、结语第二节;董佳撰写第一章第二节、第三章、结语第一节;马俊亚撰写第二章第三节、第五章第三节第四目的初稿;郑忠撰写第一章第一节、第二章前两节、第四章、第五章第三节前三目的初稿。

本课题从总体构架、理论思考、具体的写作到修改,都花费了相关人员巨大的心力。但客观而言,由于本课题组研究人员的能力和水平所限,本书的不足之处亦不可避免。对于这个尚不完美的学术探索,还希望广大学人及读者多多提出宝贵意见。至于书中可能存在的错误和失当之处,亦全当由我们承担责任。

最后,本课题的研究过程和最终成果的出版,一直得到了南京大学校领导和部分兄弟院系的大力支持,在此也对所有关心和帮助过本课题研究的人士表示诚挚的感谢。

南京大学中华民国史研究中心主任

朱庆葆

2018 年 7 月于南京

第一章 近代长江下游地区社会生态的移易与
区域的初级城市化

　　环境是人类生存和生产的基本处境。影响人类社会发展的环境大致包括自然物质环境、社会组织和制度环境，以及社会意识和精神文明环境等。对社会发展环境进行考察，不但可以了解社会经济发展的轨迹，把握社会经济发展的客观基础，更可以由此探究环境对社会经济发展的促进或阻碍作用，从而加深我们对一个地区社会经济发展特征的认识。

　　就本书所述的长江下游地区而言，隋唐时期该地区的传统农业开始迅速崛起，经过宋代的大发展，经元至明后期趋向顶峰，长江下游地区由此开始在全国的经济版图中占有举足轻重的地位。[①] 迟至明代，长江下游的苏松常、杭嘉湖地区，在人们心目中已经是一个有着内在经济联系和共同点的区域整体。在官方文书及私人著述中，长江下游地区常常是

---

① 相关研究可参考李伯重《唐代江南农业的发展》，农业出版社 1990 年版；[日]斯波义信《宋代江南经济史研究》，日本：汲古书院 1988 年版；周生春《论宋代太湖地区农业的发展》，载《中国史研究》1993 年第 3 期；梁庚尧《宋元时代苏州的农业发展》，载许倬云等编《第二届中国社会经济史研讨会论文集》，台北：汉学研究资料及服务中心，1983 年；李文治等《明清时代的农业资本主义萌芽问题》，中国社会科学出版社 1983 年版；等等。

五府乃至七府连称。① 清代两江总督梁章钜也曾认为，"苏松邻壤，东接嘉湖，西连常镇，相去不出三四百里，其间年岁丰歉，雨畅旱溢，地方物产，人工勤惰，皆相等也"②。明清时期，长江下游地区社会经济的发展，不但推动了江南专业市镇的繁兴，还为该地区城市近代化的启动奠定了坚实的经济和文化基础。

第一节　近代长江下游地区的基本社会生态

自然环境对于一个地区的经济发展影响极大，是决定一个地区能否实现现代化的基本因素之一。一个地区的经济发展，很大程度上会受到自然因素的影响。特别是在工业技术尚未发达的近代时期，一地乃至一国的富强与否与是否"地利"密不可分。其中，气候不仅会影响植物的生长，更会影响人类的思维活动；地理位置、交通条件也会影响经济的发展。因此，自然环境的优越与否，在很大程度上决定了一个地区经济发展水平的高低。从这方面看，长江下游地区的自然环境应该说是得天独厚的，非常优越。

一、优越的自然禀赋和区位特质

作为一个自然地理概念，现在我们所指的长江下游地区，主要是鄱阳湖湖口以东的河段流域，长 835 千米，面积约 13 万平方千米，拥有长

---

① 洪武三年(1370)六月上谕即以"苏松杭嘉湖五郡"连称，参见台北"中央研究院历史语言研究所"校印《明实录：太祖实录》(二)卷五三，国立北平图书馆红格钞本影印版，第 1053 页。成化九年(1473)为统筹该地区的农田水利，明王朝还添设了"苏松常嘉湖五府劝农通判"，参见《吴兴丛书》，载(明)徐献忠《吴兴掌故集》。将"苏松常镇杭嘉湖"七府连称，在公私著述中也屡见不鲜。如(清)王鸿绪《明史稿》卷六〇《食货志·赋役》，引大学士顾鼎臣言，敬慎堂刊本，台北：文海出版社版；(明)张衮《江阴县志》卷一《建置记》，引明弘治十三年(1500)刘震《行台记》，嘉靖十七年(1538)刊本，载《天一阁藏明代方志选刊》(一三)，上海古籍书店 1981 年影印版。上述文献都是把七府看作一个经济整体。

② (清)梁章钜：《浪迹丛谈》卷五《均赋》，道光刻本，第 35 页。

江水量最大的河段。从地理区位角度看,它包括苏皖平原和长江三角洲平原,即今天的上海市和江苏、安徽、浙江、江西四省。若从受上海经济辐射的角度来划分,更将地处东南的福建收入怀中,构成一个大上海经济区,为全国经济最发达的区域之一。[1] 这与美国学者施坚雅对中国近代区域经济的划分相似。[2] 其大概地理范围包括今天的上海,江苏省的南京、苏州、无锡、常州、南通、镇江、扬州,浙江省的杭州、嘉兴、宁波、湖州,以及安徽省的芜湖、安庆等沿江部分地区城市。

第一,就长江下游地区的地理情况而言,长江下游地区北枕长江,东濒大海,地形呈现由北向南、由东向西倾斜的态势,地势低平,以平原和山地丘陵为主,两者各占区域的一半面积。其中,丘陵主要分布在该地区南部,金衢盆地、歙县盆地、沿海的宁绍平原和温州黄岩平原与周围的丘陵低山构成了其南部的地形结构;而绵延起伏的淮南丘陵则与北边的大别山地成为北部地形结构的主体。平原主要以苏皖沿江平原和长江三角洲为主。苏皖沿江平原是湖口到镇江之间的沿长江两岸的冲积平

---

[1] 根据中华人民共和国第五届全国人民代表大会第五次会议通过的"六五"计划,国家做出了编制以上海为中心的长江三角洲的经济区规划。当时该区域包括上海市和苏浙两省的苏州、杭州、南通、无锡、常州、嘉兴、湖州、宁波、绍兴等9个市,57个县、130个建制镇、2 270个公社(乡)。后来,经国家批准,上海经济区扩大为包括上海、江苏、安徽、浙江、江西在内的四省一市。此后,福建又加入该经济区。参见张学恕《中国长江下游经济发展史》,东南大学出版社1990年版,第2—5页。

[2] 施坚雅用自然地理、贸易流量、交通效率及区域资源的合理调配等相关指标来区分中国宏观区域。根据他的定义,所谓"长江下游地区",核心部分为帝国时期文献中广为描述的富饶的"江南"地区,还包括钱塘江盆地和其他流入杭州湾的几条河流形成的盆地。按今天的行政区划,包括江淮分水岭以南的江苏、安徽两省及浙江省的钱塘江和甬江流域。参见[美]施坚雅《中国封建社会晚期城市研究——施坚雅模式》,王旭等译,吉林教育出版社1991年版,第57页。客观而言,施坚雅对于中国宏观区域的划分对中国学者影响较大,他进行区域划分的主要依据是自然地理条件。当然,划分区域的标准也可以是多种多样的,既可以是政治的、经济的、文化的,也可以是自然地理的或民族的。正是由于施氏理论存在的相对不足,使得这种区域研究缺乏操作的可行性,因而现在有很多研究者对其划分的区域提出质疑。隗瀛涛等人认为除了要考虑地理、行政和经济的具体情况外,还应结合城市历史的特点来确定区域范围划分的标准。其中,首先要考虑的是中心城市在城市体系中的作用和影响范围;其次要考虑城市体系区域范围的动态性,所以区域城市史研究的区域范围应根据城市体系的发展演变,采取动态的划分标准。

原,主要包括安徽的淮北平原和皖中平原,黄河故道以南、里下河以东的里下河平原,沿会稽山、四明山、天台山北麓东西狭长的宁绍平原和杭嘉湖平原,以及浙江的温黄平原、金衢盆地等。这些平原海拔大都在 20 米以下。而长江三角洲平原则包括镇江和扬州以东的广大地区,由长江携带的大量泥沙堆积而成。具体而言,里下河平原、太湖平原及江口沙洲是其最重要的组成部分,其最西端在江苏仪征市附近,由此沿扬州、泰州、海安一线,是三角洲的北界,由顶点沿大茅山、天目山东麓迄杭州湾北岸,为它的西南界和南界。平原上水网密布,有"水乡泽国"之称。京杭大运河最南段的江南运河,纵贯长江三角洲的中部。它对于沟通南北航运、联系平原水网,起到了重要的作用。

第二,长江下游地区的土壤条件较好,自然肥力较高。土壤多为黄棕壤,部分为黄红壤,经过历代农民的精心培育,已变为非常肥沃的高产土壤,非常有利于各种粮食作物和经济作物的生长,对桑树、果树、茶叶等经济作物的栽培种植尤为有利。因此,该地区的水果、蚕桑、茶叶都是非常著名的特产。良好的土壤条件不但保障了当地农业长期盛而不衰,而且也为工业、交通运输等产业的发展提供了良好的先天条件。

第三,长江下游地区属于亚热带湿润季风气候,雨量充沛,平均年降水量达 1 000 毫米—1 400 毫米,夏季降水较多,冬季较少。农作物生长季节(4—10 月)的降水量占到全年的 75%—85%,足以满足农作物生长需要。同时,该地区光照充分,年均太阳辐照量为 4 600 兆焦每平方米—5 000 兆焦每平方米,年均日照时间为 2 000 小时—2 200 小时。夏季期间日照时间平均为 600 小时—720 小时,以 7—8 月最多,日照百分率约为 60%—70%。虽然冬季间相对较少,但日照时间仍有 360 小时—465 小时。另外,该区域热能资源丰富,年均气温达 14 摄氏度—17 摄氏度,无霜期全年有 220—250 天。[①]

---

① 参见佘之祥主编《长江三角洲水土资源与区域发展》,中国科学技术大学出版社 1997 年版,第 2 页。

因此,春天回暖早,秋天降温迟,非常有益于农作物的发育和生长。另外,长江下游地区的河塘、湖泊交错纵横,太湖又将许多河港和湖荡联系在一起,故水资源非常丰富,正常年岁基本无旱涝之忧。其中,太湖水系是该地区最优越的灌溉资源,水面总面积约5 551平方千米,形成一个非常理想的水利灌溉网络。

第四,长江下游地区的交通极为便利。良好的水陆交通是维系各地经济联系的纽带,而交通条件是与地理位置紧密相关的。长江下游地区地处中国东部沿海地区,外连波涛翻涌的太平洋,内接滚滚东流的长江下游水道,是国内外开放、交流的重要门户。美国学者施坚雅认为,长江下游地区地处近代中国"T"字形贸易支路的交叉点。"它向西边延伸的那条腿是长江,向北延伸的那只手臂是大运河,向南延伸的那只手臂是通向东南沿海和岭南各主要港口的海路。沿着这路线运送着中国地区间贸易的大宗货物。"①翻开清代江苏、浙江两省地图,俯瞰长江下游地区,呈现在我们眼前的是一个四通八达、纵横交错的内河航运网。作为中国第一大河和东西水上交通的主要航道,长江从湖口而下,先后流经安庆、芜湖、马鞍山、南京、镇江、张家港、南通、上海等许多城市和港口。江阴至上海的江面都十分开阔,南通附近更是宽达18千米,入海口附近最宽处甚至有90千米,一眼望去,江海相连,海潮汹涌,景色极为壮观。横贯南北的大运河蜿蜒于其腹地,与长江交汇于镇江,成为江南水网的主要干线,是中国国内货运量最大的江、河、海联运的"黄金水道"。数量众多的支流河道与主干航道连接成网,江、河、湖、海相互贯通,便形成了以上海为中心的长江三角洲航道网、钱塘江水系浙东航道网、淮河水系航道网以及巢湖水系航道网等几个自成体系而又相互连接的航运系统网络。因此,坐拥如此发达的水路条件,长江下游地区的商品交换自然渠道大开,进一步加强了区域内外的联系。在这些纵横交错的河流里,

---

① 　[美]施坚雅:《中华帝国晚期的城市》,叶光庭译,中华书局2000年版,第269页。

舟楫往来如梭,运河上"自南讫北,蜿蜒其中,转输飞挽,樯帆相望"①。
"江南河路多宛转相通,河面船只往来如蚁"②正是长江下游内河航运状
况的真实写照。

　　长江下游地区不但内河航运便利,海路交通也十分发达。该地区东
临东海,拥有众多港口、岛屿和海湾,位于长江口的上海是我国南北洋航
线的交会之处。因此,沿海航运极为发达。据包世臣在《安吴四种》卷一
中记载,"出吴淞口,迤南由浙及闽粤皆为南洋;迤北由通海、山东、直隶
及关东皆为北洋。南洋多矶岛,水深浪巨,非鸟船不行;北洋多沙碛,水
浅礁硬,非沙船不行"③。由此可见,通过鸟船、沙船的沿海航运,使长江
下游地区和关东(东北地区)、直隶(现河北地区)、山东、江苏北部地区、
浙南、福建、广东等地的经济联系得到加强。当时,南北洋航线的沿海贸
易极其频繁。如"江苏之苏、松、常、镇,浙江之杭、嘉、湖等府属,滨临大
海,商船装载货物,驶至北洋,在山东、直隶、奉天各口岸卸运售卖,一岁
中乘风开放,每每往来数次"④。

　　除去该地区的水路交通,长江下游地区的陆路交通亦十分便利。据
清人陈时夏说,"查致和塘系自苏至松之要道。尚有由苏而上至京口,下
至吴江与浙省交界通衢,往来马路,历年久远"⑤。除了这些道路外,沿海
所筑的海塘也是奔马驱车的通道,如"从江浙交界之金山卫城至柘林、青
村、南汇、川沙,直抵吴淞口,迢迢二百余里,沿塘走马,其疾如飞"⑥。为
了维护水陆交通的畅通无阻,当时有人提出,长江下游地区在兴修水利、

---

① (清)黄之隽:《江南通志》(一)卷一,载影印《文渊阁四库全书》史部二六五地理类,第五〇
七册,第150页。
② (清)雍正:《朱批谕旨》第一册《内府》,乾隆三年(1738)刻本。
③ (清)包世臣:《安吴四种》卷一,咸丰元年(1851),第7页。
④ 《清宣宗实录》,卷七九。
⑤ (清)雍正:《朱批谕旨》第五册《内府》,乾隆三年(1738)刻本。
⑥ (清)王宗濂等修,余樾、方宗诚纂:《上海县志》卷一《疆域》《形势》,同治十年(1871)修,光
绪八年(1882)校补刊本,第6页上。

架设桥梁时，必须"治水治田，两者相兼，舟行陆行，不能偏废"①。这证明车辆陆路运输在该地区的交通运输中具有相当的地位。

由此可见，这种极佳的地理区位使得长江下游地区可以和国内外各地区发生最广泛的经济联系，充分地吸引资金和资源，从而成为明清以来经济增长最快的地区。特别是通过长江黄金水道，长江下游地区与上中游各省相连接，而纵横交错的铁路也让来自东北、华北和东南各地的客货往来更加频繁，阡陌交汇的水路交通更便利了与南方闽粤地区的联系。这些都为从本区内运出各类工业产品，从区外运来生产原料和燃料动力资源，提供了方便快捷的运输条件。至于本地区与国际市场之间的沟通，各大开埠口岸在其中发挥了重要的媒介作用。随着宁波、南京、镇江、苏州等口岸的开放，该地区的对外经济联系得到显著加强。由此，借助于发达的交通条件，流域内的沿海、内陆地区以及工业、农业产地紧密地联系在一起，促成了一个占地近180万平方千米、人口过亿的新兴经济带的产生。另外，与京津唐地区以及辽中南地区、珠江三角洲、闽南三角洲等地区相比，本地区还拥有极为广阔的经济腹地，这也有利于本地区充分利用国内优越的市场条件与资源，增强核心城市的辐射能力，形成以特大城市为中心，若干大中城市为纽带，众多小城镇为依托，层层辐射共同繁荣的长江下游经济圈。

第五，长江下游地区物产资源丰富。该地区素称"鱼米之乡"，物产丰富，水土丰饶，地貌独特，气候适宜，这些优越的自然条件有效地保障了农业的高产、稳产。中国最重要的粮食作物——水稻，在这里被广泛地种植，区域内的长江三角洲平原、里下河平原和皖中沿江平原是中国最大的水稻产区，种植面积和总产量约占全国总量的2/3。近代以来中国的四大米市中也有两大米市（无锡和芜湖）在该地区内。本地的麦、棉、桑、麻、油、果、茶等种植业亦极为发达。杭州湾以北江浙两省的沿海

---

① （清）钱泳撰，孟裴校点：《履园丛话》上，上海古籍出版社2012年版，第60页。

和沿江地区、上海及皖中沿江平原是棉花的重要产地。长江三角洲地区则是中国最大的桑蚕基地,其中心为太湖流域,包括浙江杭嘉湖地区与江苏太湖周边地区。尤其是江苏的吴江(现苏州市吴江区)、无锡、吴县(现苏州市吴中、相城区),浙江的余杭(现杭州余杭区)、吴兴(现湖州市吴兴区)、德清(现湖州市德清县)等地,几乎家家植桑、养蚕。另外,长江下游地区河流湖泊众多,有优越的淡水养鱼条件,渔业资源非常丰富。据统计,各种河湖鱼类达 101 种之多,主要有草鱼、青鱼、鲢鱼、鳙鱼、鲤鱼、鳊鱼、鲂鱼、鲦鱼等,此外还有蟹、螺、虾、蚌、蚬等出产。太湖每年有2 000万斤以上的水产总量,仅梅鲚一项就占总量的一半左右,虾、蟹、银鱼各占 10%。阳澄湖大闸蟹、太湖银鱼、白虾都是当地著名水产,梅鲚、太湖银鱼、白虾还被称为太湖三宝。[①] 除此以外,长江下游地区的矿产资源也很丰富,其中,安徽、江苏的矿产品种和储量都较多,但基本都分布在边缘地区。

　　总之,从以上五个方面我们不难看出,长江下游地区的资源配置十分合理,从自然禀赋的角度看自然条件不可谓不优越。它具有中国其他地区无法企及的优越地理环境、丰富的物产资源和良好的自然条件。优越的自然条件不但保证了农业生产的发展,而且促进了劳动力资源与智力资源的广泛开发,技术与管理水平也得到了更大的提升。再加上区域内丰富的矿产资源、历史文化古迹以及山川湖海等自然风景,这些都为近代长江下游地区经济腾飞提供了雄厚的基础。坐拥如此有利的自然条件,长江下游地区自然不难孕育出发达的商品经济,并确保其发展速度远快于其他地区;也无怪乎会产生近代中国经济发展水平最高及区域经济协同度最佳的新型城市群了。

---

① 　参见洪焕椿等《长江三角洲地区社会经济史研究》,南京大学出版社 1989 年版,第 18—20 页。

二、内外联动中的区域经济生态

衡量一个地区城市化、工业化发展水平的高低,区域经济生态因素至关重要。近代以来,影响长江下游城市发展的经济生态,主要表现为如下几方面内容。

1. 西方列强经济入侵

长江下游地区传统社会的近代化发展,是在中国丧失独立主权和半殖民地半封建社会的背景下进行的。在这种社会经济生态之下,长江下游城市明显呈现出与传统中国城市不一样的态势。在上海,西方列强纷纷设立租界,强制推行殖民统治,不仅建立了警察系统和司法机构,拥有"治外法权",还划分了势力范围。他们控制海关,操纵金融,垄断贸易,倾销商品,甚至自来水、电话、电灯、电车、煤气等公共事业也被他们操控。中日甲午战争之后,诸列强更是变本加厉,大肆进行资本主义掠夺。他们在上海开办工厂,利用中国的廉价劳动力和原料,就地生产、就地销售。上海俨然成了西方资本主义侵略与掠夺中国的据点,蜕变成"冒险家的乐园"。与此同时,上海周边的宁波、杭州、南京、苏州、镇江等城市也相继被迫开埠。外国人在这些城市中建租界、设工厂、办航运,倾销商品及输出资本,大肆掠夺着中国人民的财富。而南通、无锡等一些非条约口岸城市虽未直接遭受侵略与掠夺,但同样受到外国洋纱、洋布等商品的强烈冲击,江南土纱、土布生产大受冲击。乡村"纺织生涯,已成了弩末",农民生计难以维系,甚至连带着相关的整染行业也变得不景气,"踩布坊因之不振"。为此,晚清名仕薛福成曾惊叹:"中国之织妇机女束手坐毙者,奚啻千百万人……"[①]

帝国主义国家对长江下游的经济侵略,极大地刺激了这一地区资本主义近代工业的产生和发展,并使得该地区原本自给自足的自然经济结

---

① 薛福成:《庸庵海外文编》卷二,光绪二十一年(1895)刻本。

构被破坏,逐步沦为西方列强的销售市场。另外,上海、苏州、南通、无锡、宁波、常州、镇江、杭州、芜湖等地的工商业者也在"振兴实业,挽回权利"的爱国口号推动下,相继兴办了一批缫丝、面粉、纺织、机械修造、船舶修造和采煤等轻工业、重工业企业。这些城市迅速发展为长江下游乃至全国重要的近代工商业城市,上海更是成为当时远东地区著名的国际性大都会。

　　然而,辛亥革命之后,西方列强对长江下游地区的经济侵略出现了新的改变:他们大力扶持军阀作为他们在华的代理人,接着,则以军阀为工具,大肆侵夺中国关税、盐税等主要税收,进而控制中国的财政命脉。在北洋军阀统治的十多年内,政府没有一年不举借外债,旧债未了,新债又举,所借外债共 467 笔,总金额达 13.37 亿元。[①] 而滥举外债的结果是政府财政更趋枯竭,处处受制于外人,中国半殖民地化程度不断加深。不过,随着 1914 年第一次世界大战的爆发,列强对华商品输出逐渐减少。1915 年的对华出口货值仅为 1913 年的 70％,到 1920 年也只回升到75％,仍低于战前水平。相反,中国对外出口却持续增长。[②] 市场上外货短缺,国货销路扩大,这给长江下游地区的企业家带来千载难逢的发展良机,一个有利于中国民族资本主义发展的黄金时期出现了。然而好景不长,第一次世界大战结束后各帝国主义国家卷土重来,重新加大了对华的商品倾销和资本输出,使得中国民族产业再次面临沉重的外来压力,中国私人资本主义工商业发展的"黄金时代"转瞬即逝。但在这一过程当中,中外经济文化交往明显加深,西方近代先进的生产技术和企业管理经验在中国得以广泛传播,客观上也对中国社会经济的近代化产生了一些有利的影响。

---

① 　参见徐义生编《中国近代外债史统计资料(1853—1927)》,中华书局 1962 年版,第 240 页。
② 　以上信息据相关数据计算,参见郑友揆《中国对外贸易和工业发展(1840—1948 年)》,上海社会科学院出版社 1984 年版,第 336—337 页。

2. 国家的经济政策

除了西方列强的经济侵略和渗透,中央及地方政府经济政策的双向调控也决定着区域经济的发展水平。

客观而言,近代长江下游城市工业化的起点,应是晚清封疆大吏在上海、苏州等地创办的一批近代军事工业和民用工业企业。庞大的军费开支以及巨额的战争赔款,使得清政府自行创办这些近代企业显得捉襟见肘。于是,清政府试图借助民间力量发展工业。为了鼓励民间投资办厂,清政府陆续推行了一系列积极措施,诸如给予若干年独家经营权或授予各种社会头衔等,以刺激民营工业的发展。① 然而,清政府的政策支持往往口惠而实不至,具体落实到地方,还要视地方官员的个人情况而定。如在张謇兴办南通实业过程中,当时署理两江总督的张之洞就在其间发挥了关键性作用。张之洞很早就主张向西方学习军事技术和管理经验,以谋强兵富国。因此,他对于新式工业极表赞成,在其积极鼓励和授意下,张謇决意回乡创办大生纱厂。后来当张謇在资金上遇到困难时,张之洞还将官方的一批纺织设备以官股的形式投入大生纱厂,使大生纱厂能够顺利开工。此后,清政府推行"新政",鼓励地方工商业发展,使得各地地方官府加强了对民族工业的倡导和帮助,从而推动了长江下游地区民族工业的兴起和发展,掀起了长江下游地区工业发展的第一个高潮。

中华民国成立以后,以改革创新面貌示人的张謇等社会贤达在北洋政府的延请下,出任政府经济部门首脑。在他们的主持下,民国政府先后出台了一系列进步的经济法规和政策措施。例如,这一时期产生的《公司条例》《中华民国矿业条例》及注册细则,均以法律形式保障了企业投资者的权益,方便了私人公司申请注册,减轻了地方封建势力的勒索

---

① 参见[美]陈锦江《清末现代企业与官商关系》,中国社会科学出版社 1997 年版,第 201—209 页。

和阻挠,确保了实业活动的兴办与开展。民国法律还主张商业自由经营,废除了官绅开办企业过程中的垄断排他权,使得一般商人也能够自由从事各类实业经营活动。除此以外,国家还大力倡导和推动兴办银行,促进资本主义在金融领域的发展,为工矿实业提供融通资金方面的支持。应该说,这些政策措施的推行,为民国初期中国经济近代化创造了有利的社会环境。因此,在这一时期长江下游地区各城市的工业也保持了较为平稳的发展。据统计,截至1919年,在北洋政府工商部注册的全国375家新建工厂中,江苏省有155家,占全国各省的首位,浙江省有42家,居第二位。苏浙两省注册工厂共计197家,占全国注册工厂总数的52.53%。而工业基础相对较差的安徽省,也在1914—1918年间先后新建了60家工厂。[①]

1927年国民政府定鼎南京。为了推动各地工商业发展,国民政府对民族工业进行了颇有成效的宏观调控,制定了大量行之有效的经济法规和政策措施,从而迅速使国民经济建设纳入"法制化"轨道,为工商业发展创造了良好的运营环境。具体而言,财政税收方面,政府废除了厘金制度,收回了关税自主权,对奢侈品课征了高额进口关税;金融方面,国民政府推行"废两改元",施行币制改革,统一全国货币,为中国民族工商业的发展创造了有利条件。当然地方政府也参与其中。为了促进江浙地区民族工业的发展,当地政府采取了较为具体的支持与指导措施,如对蚕丝业实施专项统制等。

由此可见,长江下游地区的城市工业化,自晚清以降,不论是清王朝还是民国以来的历任政府都给予了大力的政策支持,政府表现可圈可点。但也应看到,政府对于民间企业在资金、人力和物力等方面的扶持以及经济的宏观调控方面仍有不尽如人意的地方,各地的工业化发展依旧举步维艰。例如,在无锡、南通等地民族企业与日商争夺原料及销售

---

① 参见张学恕《中国长江下游经济发展史》,东南大学出版社1990年版,第271页。

市场时,若政府在政策及资金方面给予一定扶持,大生纱厂必不会因失去东北布业市场而迅速衰落,无锡缫丝业也不会受尽日商排挤而全面萧条。反观日商,由于日本政府给予他们巨大支持,并成为他们入侵中国市场的强大后盾,日商在中国市场的扩张可谓如虎添翼。二者相较,其反差不可谓不大矣!

3. 地方工业的资金投入

对于近代中国城市工业化的启动与发展,地方政府的投入与民间资本的投入是两个非常重要的资金来源。考察近代长江下游地区民族工业的兴起,不难发现这两种资金的来源反差很大。

首先,在地方政府的财政方面。长江下游地区在历史上就是朝廷征收赋税最为沉重的地区。随着步入近代,中央政府对长江下游地区的征税力度变本加厉。据张海林统计,1908 年全国各省岁入排名中,长江下游三省当年的财政收入分别为:江苏 2 203.90 万两,浙江 579.09 万两,安徽 313.05 万两,分列全国第一、第四和第十二位。其中,仅江苏一地所收赋税即占全国财政总收入的 23.11%,是第二名广东的 2.34 倍,更是名列最末的新疆的 643 倍。[①] 另一方面,自鸦片战争以来,战争频仍,军费、洋务费用剧增,还有战争赔款及外债的偿还,都使得清政府无奈地将巨大的还款数额强行分摊于地方各省。据统计,1894—1902 年清政府将八项借款的偿还分摊至各省,分担最多的是经济较为富裕的苏、粤、浙、鄂等省。若单以 1900 年一年摊解银两数计算,则长江下游三省竟占总数的 56.2%,成为三省地方财政之重负。[②] 而为了完成中央政府征额及筹措地方经费,长江下游各地从督抚到县令都纷纷绞尽脑汁向民间巧立名目搜刮财富。因此,在辛亥革命前的十年,这一地区的税捐之繁多令人惊叹。然而,这些被地方官府搜刮来的税收却并未被用于地方经济建设,反而

---

① 参见《东方杂志》第 5 年第 10 期,载张海林《苏州早期城市现代化研究》,南京大学出版社 1999 年版,第 379 页。

② 参见徐义生编《中国近代外债史统计资料》,中华书局 1962 年版,第 88—89 页。

用于支付赔款(偿债)、军费和行政等方面。据统计,宣统三年(1911),江苏仅用于此三项的经费就超过 98%,而用于经济建设的经费还不到 2%。① 民国肇建以后,长江下游地区的地方财政更加混乱,不但当时用于军阀割据混战的军费支出数目巨大,而且地方财政收入也因军阀截留、外债抵偿及赔款而所剩无几,各地财政极度枯竭。为了维持统治,北洋政府不得不对外以主权换取巨额借款,对内对人民横征暴敛,强征杂税。据史料记载,1914—1915 年江苏省军费开支达 480 万元,而 1924—1925 年军费竟猛增至 1 800 万元,②附加税种也多达 105 种,有些地方的附加税甚至超过正税的 30 倍以上③。相比之下,工商业的投资经费却无法保障。根据《江苏清理财政报告书》的数据统计,金陵道 1912—1924年年度财政支出项目中,农商费是 10.93 万元,仅占总支出的 2.49%。④

其次,民间资本的投入则是困难重重。地方官府的苛捐杂税使民间困苦不堪,社会游资短缺,敢于冒风险投资近代工业者少之又少。最典型的例证就是南通大生纱厂的创办。开办之初,由于大多数商人害怕有风险,很少有人愿意投资入股,出于无奈,张謇只得求助于两江总督刘坤一,吸入官款来解燃眉之急。对于当时的民间资金之匮乏,时人曾有如下描述:"江苏名为财富之区,年来元气已伤,早成外强中干之势,加之灾捐所募,新政所需,无一不于闾阎是取,商艰税重,久已竭泽而渔。"⑤不过,1912 年民国肇建后,情况稍有纾缓。北洋政府在民间取消了呈请开办企业的限制,废止了设厂方面的专利垄断,在一定程度上激发了国内

① 参见王树槐《中国现代化的区域研究:江苏省,1860—1916》,台北:"中央研究院近代史研究所",1985 年,第 307 页。
② 参见《于宝轩等整理江苏财政案》(1925 年 4 月 4 日),载中国第二历史档案馆编《中华民国史档案资料丛刊》,档案出版社 1985 年版,第 351 页。
③ 参见中国财政史编写组编著《中国财政史》,中国财政经济出版社 1987 年版,第 496 页。
④ 参见南京市人民政府研究室编《南京经济史》(上),中国农业科技出版社 1996 年版,第 307 页。
⑤ 《姚锡光等请核减牙税致苏抚函稿》,载章开沅等主编《苏州商会档案丛编》第 1 辑,华中师范大学出版社 1991 年版,第 1031 页。

民间资本投资建厂、发展实业的热情。社会环境随之一变,不少停工待产的华商企业重新活跃起来。如张謇的大生纱厂当年产纱量剧增,"获利之丰,较为近七年来所未有"。无锡荣氏也于此间先后增设福新一、二、三厂,为荣氏企业日后的发展奠定了坚实的根基。后来,荣氏家族把1912年茂新企业的增资扩建,视作荣家"经营实业发轫之始不可不记"的欢喜大事。[①]

4. 市场发展与产业结构

区域市场的发展状况和产业结构基础是一个地区工业化启动的必要条件。

如果与资金缺乏的客观经济情况相比,近代长江下游地区的市场状况和产业结构条件明显要好得多。长江下游地区自宋代以后就一直保持着比较活跃的经济发展状态,该地区人口密集、交通便利、贸易发达,是中国最发达的地区。到了明清之际,资本主义萌芽还在这一地区的经济活动中出现。这些因素都为近代城市工业化的产生与发展奠定了坚实的基础。

在农业方面,长江下游地区的农业发展水平早在宋代就在全国名列前茅,当时人称"苏湖熟,天下足"。明代以后,棉花、蚕桑等经济作物的种植有了很大的发展,长江下游地区虽然粮食生产比重下降,但亩产水平仍始终保持领先。当然,人口多、耕地少也一直是该地区的基本经济特点。根据一项对人均耕地面积的统计,自1393年至1816年,无锡从4.9亩(注:1亩约为666.67平方米)降为1.4亩,江阴从4.7亩降为1.1亩,而苏州则由2.9亩降为1.1亩。[②] 人多地少,加之土地关系极不合理,农民生活更加艰难。于是,长江下游地区的许多农民不得不选择种植商品性经济作物和经营家庭手工副业来弥补农业收入的不足,利用劳动力

---

①   参见上海社会科学院经济研究所编《荣家企业史料》(上册),上海人民出版社1980年版,第29—37页。

②   参见胡福明、贾轶、严英龙《苏南现代化》,江苏人民出版社1996年版,第100页。

密集的优势和良好的自然条件进行生产；如果家庭手工副业经营得好，还能摆脱贫困，甚至勤劳致富。显然，明清以来，长江下游地区的农民已经将农业和工副业有机结合，找到了一条发家致富的新办法，原先自给、半自给的经济开始向商品经济转化。

与农村家庭手工副业的发展相辅相成，长江下游地区的棉花种植面积也逐渐扩大。农民家家纺纱织布、栽桑育蚕，商品性农业和家庭手工业取得了广泛的进步。至清代，长江下游地区已经成为中国最主要的棉花产区之一。

而长江下游地区缫丝织绸的历史也很悠久。明清时期，苏州、盛泽已经发展成中国最重要的丝织业基地。据唐甄在《潜书》里的记载，苏州地区"一亩之桑，获丝八斤，为绸二十匹。夫妇并作，桑尽八亩，获丝六十四斤，为绸百六十匹"[①]。而"盛泽、黄溪四五十里间，居民乃逐绫绸之利。有力者雇人织挽，贫者皆自织，而令童稚挽花。女工不事纺织，日夕织丝。故儿女自十岁以外，皆早暮拮据，以糊其口。而丝之丰歉，绫绸价之低昂，即小民有岁无岁之分也"[②]。

长江下游地区农村农民的副业除了纺纱织布、养蚕缫丝、种植棉花等之外，还有池塘育鱼、放养蜜蜂、种茶采药、养殖鸡鸭猪羊以及种植蔬菜、林木、花果，等等。为了避免多占耕地、与粮争地的问题，不少农民还利用山地和水塘发展多种经营，这样就使得地尽其利、人尽其力，人多地少的矛盾相应得到了妥善的解决。于是，在明清时期，农业、手工副业紧密结合的综合性产业结构在长江下游地区农村渐趋形成。这种产业结构不仅维持了小农经济的需要，而且增加了经济效益，促进了生产的进一步扩大，使小农经济经久不衰。即便到了近代，在促进区域城市经济发展、推动长江下游地区城市近代化方面，这种产业结构也起到了积极

---

① 唐甄：《潜书》下篇下《惰贫》，光绪三十二年（1906）八月山东全省官印数据重刊本。
② 倪师孟、沈彤纂：乾隆《吴江县志》卷三八《生业》一二，乾隆十二年（1747）刻本。

的推动作用。

随着农业、手工副业的发展，商品流通逐渐扩大，大大促进了长江下游农村市镇的兴盛。明清时期，长江下游地区已经形成了不少颇具规模、历史悠久的手工业专业市镇。其中较著名者，如嘉兴府桐乡县濮院镇（丝绸）、炉头镇（铁釜）、陈庄镇（竹器），还有松江朱泾镇（织布）、湖州菱湖镇（丝绸）、吴江盛泽镇（绫罗）等。这些专业市镇多分布于水陆交通沿线，便于货物流通；它们既是城乡商品贸易不可或缺的供销网点，又是城乡经济紧密联系的纽带。可以说，长江下游地区城乡经济网络体系的形成离不开这些专业市镇的发展，它们生命力顽强，直到近代还在不断推动着各地城市与乡村经济的繁荣发展。而近代上海的崛起及其向广大城乡腹地的经济辐射，也正是凭借着这些密布如织的市镇网络得以实现的。因此，如果没有前期市镇经济的基础性发展，长江下游地区要想再现经济全国领先简直无法想象。

伴随着长江下游地区商品流通的扩大和市镇经济的发展，在苏州、南京等地的丝织业、踹染业中，普遍的雇工现象出现了。一些雇工出卖劳动力，摆脱了与地主之间的人身依附关系，与"包工"者之间初步形成一种无产者与有产者之间的雇佣关系，这表明一种资本主义生产关系的萌芽在该地区的一些城市中初步形成。而且，与市民阶层相伴而生的，还有以雇佣劳动者为代表的群众性运动。

由上观之，上述的产业结构优化、商业化等历史上形成的积极因素，连同发达的交通运输等条件，共同构成了长江下游地区传统社会不断向前发展的成长因子，在该地区由传统农业社会向现代工业社会的历史转变进程中发挥着极重要的影响，成为近代长江下游区域社会经济发展进程中最为活跃、最为基础的经济生态。而活跃的经济生态，还逐渐培育出当地人民优良的经营素质，诸如强烈改善生活质量的愿望、灵活的商品意识和经营头脑、吃苦耐劳的意志品质以及开放的经济视野，等等。这些都对发展长江下游区域经济、推动近代工商业发展产生了非常重要的影响。与此同时,近代以降西方资本主义的入侵也给长江下游地区的生产方式带来了新的变化。源自国际市场的需求,明显地带动了地区粮、棉、丝、茶等行业的商品化生产及当地市场的繁荣。而在竞争中破产的部分城乡手工业者和一些农村过剩的劳动力,则有相当一部分流到城市,变成可供自由出卖劳力的雇佣劳动者,大大扩展了城市的劳动力市场。这些又都为近代长江下游地区民族工商业的兴起与发展预备了丰富的人力资源。

总而言之,步入近代以来,伴随着城市工业化的启动,长江下游地区的经济生态呈现出一种优势与阻碍交织、机会与挑战并存的发展状态。西方资本主义的冲击既给中国传统的经济结构带来深重的侵害,又给新兴的中国民族工商企业发展带来竞争的动力。传统经济结构中的优良基因到了近代得以延续,并转型成为一种良性发展的机制。尽管晚清以来,在近代城市工业化过程中,中央和地方政府的倡导大多仅是振兴实业的表面政策宣示,无论在地方政府还是在民间都普遍存在资金投入不足的严重问题,但还是涌现出以张謇、荣宗敬等为代表的一批优秀的民族企业家。正是依靠他们的开拓进取和艰苦创业,长江下游地区的近代工业在艰难中终于起步了。其真实发展情况,正如一个蹒跚学步的孩子,尽管前途曲折、环境艰险,但仍然固执地向前行进。

三、变局下的复杂政治生态

20世纪初期,中国社会剧变。历史在辛亥革命的隆隆炮声中发生了不可逆转的变化,作为中国传统的政治经济文化中心的城市也在逐步实现着向近代的转型。这一点在经济发达的长江下游地区城市里表现得更加突出。上海以其独特的区位优势取代广州成为中国对外贸易的中心,周边中小城市也以其为龙头逐渐发展起来。这一变化与上海的各种复杂的社会生态紧密相关,其中政治生态的影响至为深刻。

1. 多变的中央与地方政策环境

近代以来,随着西方列强侵略中国步伐的加快,中国的半殖民地化显著加深,成为受列强控制并丧失独立主权的落后国家。这种变局使得清政府面临着严重的国内政治危机。这种政治环境的形成与中央权威的沦落及其对地方控制力的丧失紧密地结合在一起,鲜明地表现出一个国家及其政府对于社会经济发展在策略上的得失。

长江下游地区地理位置优越,物产丰富,经济发达,历史上就是封建王朝财税收入的重点区域,其社会经济发展的状况如何甚至在一定程度上成为整个国家经济发展的晴雨表。因此,历代封建王朝对长江下游地区均施以严格的经济控制。近代以前,长江下游地区是中国最为富庶的地区,属两江总督的统辖范围;按照定例,地方上的财政收支,须听命于朝廷,由其核准划拨,两江总督的权限尤其受到极其严格的控制。不过,随着晚清内外政治生态的重大变化,特别是经过太平天国运动,中央政权对地方督抚势力的倚重,导致晚清政治生态逐渐形成中央军政权力下移、地方督抚专权的新局面。管控长江下游地区的两江总督,不仅掌握了该地区的军政大权,还将地方的财权牢牢把控于手中。义和团运动后,东南各省"互保",中央对地方财政的控制进一步被削弱,两江总督几乎完全将长江下游地区的社会控制和决策权力掌握在自己手中,其自身能力与态度不仅决定着区域内政治生态的优劣,更加影响着区域社会经济发展的基本方向。

为了挽救摇摇欲坠的政权,从1902年开始,清政府积极推行新政改革,废科举、兴学堂、编练新军、开办银行,整顿吏治,调整国家机构以及预备仿行宪政等。此时,负责督管长江下游地区的刘坤一等地方大员率先在上海、南通等地创办近代军事工业和民用工业,并积极鼓励民间工业的发展。仅就张謇兴办南通大生纱厂的情况而言,时任两江总督的张之洞、刘坤一就在其中发挥了关键作用。张之洞鼓励和支持民间创办工业企业,特别在张謇集资出现困难时,以官股入资方式将一批纺织设备投入大生,使纱厂得以顺利开工。至 1899 年大生纱厂正式开工时,纱厂实际集资 44.51 万两。其中"官机"折价官股 25 万两,占总资本的 56%,而即便是在 19.51 万两商股中,也有 4.09 万两来自当时两江总督刘坤一筹拨的通海地方存典公款。① 由此可见,新政中地方封疆大吏对于发展民族工业所给予的帮助和提携,对于该地区工业化的起步起到了重要的推动作用。但我们也要看到,在当时异常严重的政治危机面前,无论是中央政府还是地方政府均缺乏足够的政治权威来有效引领地方的工业化。而面临着西方资本主义的掠夺与倾销,孱弱且分散的中国民族资本也根本无法与其竞争。更何况官府对民族工业有增无减的盘剥,更严重地影响着企业的资本积累和扩大再生产能力②,甚至有些地方当局不但对民族工业不予支持,还变本加厉地进行破坏③。因此,在清末至民国初年的长江下游地区工业化进程中,尽管地方政府大多持发展工业的积极态度和政策,甚至有些官员还亲自投资工业,但从总体上来看,政府引领整个地区实现工业化的成绩仍乏善可陈,政府未能充分发挥其应有的职能和作用。

2. 日益高涨的民族主义热潮

20 世纪初长江下游区域政治生态中,甲午战争后勃发的爱国主义热潮同样也是推动区域经济发展的重要因素。其具体的表现形式就是该地区民族资产阶级和近代知识分子群体的崛起,以及他们成为区域城市

---

① 参见《大生资本集团史》(初稿),载章开沅、林增平主编《辛亥革命史》上册,人民出版社 1980 年版,第 62 页。

② 例如南通大生为了筹集资金,就不得不实行"官利制度",即无论企业盈亏,官利金一律都须每年付息八厘。这样,大生背上了一个沉重的官方高利贷包袱,这成为后来大生衰落的非常重要的因素之一。参见大生企业编写组《大生系统企业史》,江苏古籍出版社 1990 年版,第 141 页。

③ 如 1890 年章维藩筹建益新面粉厂,芜湖地方乡绅以机器破坏风水为名坚决反对,厂址一再迁移,后来芜湖道尹又以影响"本地砻坊生计"为由,反对从外国进口钢磨。参见章向荣《芜湖益新公司创建始末》,载中国人民政治协商会议安徽省委员会文史资料研究委员会编《工商史迹》,安徽人民出版社 1987 年版。

近代化的领导力量。从 19 世纪末开始,长江下游的上海、无锡、苏州等城市的商人、地主及官僚通过投资工商业、交通运输业等开始向资产阶级转化,还有些小生产者则通过引进西方先进的机器设备、管理手段和学习其先进的技术转型成为新兴的资本家。此后,他们在城市经济中逐渐确立了自己的独立地位,经济力量不断扩大,转而成为具有一定政治影响力的社会阶层。面对西方列强接连不断的经济压迫,他们感同身受,不断萌生出反抗侵略的政治情绪,并转化为其进行实业救国的内在动力。他们拥有强烈的民族凝聚力、向心力和社会责任感,是中国第一代民族企业家的成功代表。如荣宗敬、荣德生兄弟当时在无锡创办面粉厂、棉纺织厂,就以抵制洋粉、洋纱和洋布相号召,推广荣家企业的产品,从而促进了企业的快速发展。而南通的张謇则在《马关条约》签订后,以"实业救国"相号召,筹建大生纱厂,并亲撰楹联,称"枢机之发动乎天地,衣被所及遍我东南"。与此同时,长江下游地区的近代企业家们还参政议政,力图改变国家的命运。在他们看来,国家、民族的命运与企业的命运息息相关。因此,他们在投身企业经营的同时,还积极从事政治活动,推动政治改革。张謇那句"实业之命脉无不系于政治"更是掷地有声,在他的积极推进之下,全国范围的立宪运动和地方自治广泛展开,"实业救国""教育救国"等经世致用的思想也渐渐在人们的心中生根、发芽。

3. 新城市阶层与公众团体的生成

如果将长江下游地区民族资产阶级视为推动 20 世纪初期的爱国主义热潮的一支重要力量,那么,该地区的近代知识分子群体则算是另一支推动城市近代化与社会变革的生力军。自晚清新政废科举以来,西学广泛传播,传统的书院为新式学堂所取代,留学外国成为一时风气,城市近代知识分子孕育而生,他们广泛接受新式教育,认同西方价值观念。由于当时的上海是中国最大的西学传播窗口,租界更是特殊的政治空间,其宽松的政治环境吸引着越来越多的新式知识分子聚集于此,寻求发展。根据粗略统计,1903 年上海至少汇集了 3 000 名新知识分子。[①]
科举考试的废除使这些新式知识分子直接与官宦仕途脱钩,不再是封建
官吏的后备军。因此,他们中的许多人在学业完成之后,从事着工商企
业、金融保险、新闻出版、文化教育等职业。由于其前途及命运与城市的
近代化息息相关,因此他们在经济上积极推行工业化,力图发展资本主
义;政治上推进民主化运动,希冀改变君主专制制度。他们已然成为一
支推动社会变革和区域近代化的重要力量。

　　然而,1911 年辛亥革命的爆发,迫使上述这支近代化的推动力量不
可避免地面临两条道路的抉择:是革命还是立宪? 尽管革命派与立宪派
在政见上存在着较大分歧,但是在反对侵略、反对专制、发展民族经济以
及实现国家现代化等方面的目标是一致的。北洋政府统治时期,由于政
府腐败无能,出卖国家利益,社会矛盾愈加尖锐,不安定因素日益增多。
越来越多的人开始思考如何改变国家与民族的命运,城市中的工商业资
产阶级也参与其中,在地方上的各种政治活动中发挥着自身的影响力,
有些人甚至走上了与政府对抗的革命道路。例如,1914 年北洋政府下令
禁设茧行,限制烘灶,结果使得"茧丝业因之凋敝"。于是无锡的企业家
们奋起抗争,迫使地方政府弛禁开放,"无锡茧行之设立,乃为雨后春
笋"[②]。在苏州,则出现了大规模的商人抗税事件,其间,不乏一些商人中
的激进分子使用了暴力。这样的事件从 1905 年至 1911 年至少发生了
十起。[③] 而杭州商人更是积极参加各种爱国活动,抵制日货、美货,很多
人还联名请愿,通电反对曹汝霖的卖国行径。

　　长江下游地区下层普通民众的反抗方式也多种多样。他们有的请
愿、罢工,有的抢米抢钱、啸聚山林,有的甚至戕官扰吏,仅清末苏州一地

① 参见张仲礼主编《近代上海城市研究》,上海人民出版社 1990 年版,第 1026 页。
② 实业部国际贸易局:《中国实业志:江苏省》第 4 编,实业部国际贸易局,1933 年,第 29 页。
③ 参见张海林《中国传统城市早期工业化散论——以苏州为典型个案》,载《南京大学学报》
　 1999 年第 4 期。

"去冬今春,劫案有二三百起,畏事未报者不计。当铺被劫者,多至五十余家。省城十余里外之阳澄湖、金鸡湖等处,匪艇盘踞。白昼劫略。非大帮商船不敢过。乡民鸣钲示警,夜不安枕"①此时的政府控制力已大大地削弱。相反,代表着城市工商业者利益的商会组织迅速成长,成为控制地方政局的主要力量。如 1906 年常州成立商会组织,该组织利用介于官商之间的特殊条件,建立了"商团"武装,不但用其对付地方上的盗匪,还帮助商人们减轻军阀兵勇的骚扰,甚至抵制令地方不满的官吏,俨然成为常武地区地方政权的实际控制力量。类似的情况,在南通也有所表现。②

4. 频繁的战争影响

长江下游区域政治生态之中,战争也是一个非常重要的影响因素。众所周知,第一次世界大战的爆发使得中国民族资产阶级迎来了快速发展的"黄金时代"。由于棉纺织品主要输出国——欧洲的国家忙于战争,无暇东顾,输入中国的棉纺织品数量减少,导致此时国内的纱布价格猛涨,中国棉纺织工业在国内外市场上获得一些发展的空隙,走向空前的繁荣。上海、南通、无锡等长江下游地区的工业城市不断扩建老厂、增建新厂,以求获得更丰厚的利益。南通大生一厂、二厂仅 1919 年一年的纯利就占总资本额的 105% 和 113.02%。可惜好景不长,第一次世界大战结束后,帝国主义的回潮及长江下游地区的军阀混战,再次使得该地区的工商业经济受到巨大破坏。首先,战争诱发政局的不稳定。一时间"谣言纷纷,人心甚虑,以致各货呆滞",沉重的心理负担加上无法预期的

---

① 端方:《整顿苏省积弊折》,载《端忠敏公奏稿》卷四。
② 辛亥革命后,张謇成为通海地区的实际决策者。为防止社会动荡,张謇自任革命军总司令,并和平接管了原清军总兵的军事权力,建立了军政分府,以原清军军官许宏恩为军政长,其兄张詧出任民政长,掌控了南通的一切军政大权。如此一来,在这种特殊的政治气候下,大生纱厂得到了飞速的发展。不过,该势头仅维系了十多年。此后,张謇政治声望下降,大生企业转入逆境,张謇及其大生集团最后竟落到告贷无门、孤立无援的境地。参见范秋门《南通县图志》,张謇校订,民国十年(1921)本,卷十三、十七。

未来,使得人们连正常的商品交易与生产都无法开展。其次,战争对农业生产造成巨大破坏。各地土地抛荒,棉花生产无法正常进行,直接导致各地棉纺织厂原料枯竭,面临生存的危机。例如,早先颇为兴盛的大生纱厂此时也岌岌可危,危机四伏。张謇对于军阀混战中大生纱厂的经营情况忧心忡忡,认为,"东南战局未了,关庄上市无期,纱价虽说维持,恐慌之价难以立住。二盘纱开售更将为难,现在唯一希望是在时局早定。然观势混战之局恐难即了,是可忧耳"! 不难看出,战乱是大生纱厂快速衰落最主要的因素。面对战争带来的动荡不安的政治环境,张謇至死都心存"孤愤","吁嗟吴与越,动受四面牵;幸哉一隅地,假息得苟全。太平在何时,今年待明年。呜呼覆巢之下无完卵,野老洒泪江风前"①。

综上所述,长江下游地区近代城市发展的政治生态因素优劣参半。当政府权威失落或军阀混战发生,其对社会经济的制约作用就会凸现,区域社会中就会发生大规模的社会对抗,该地区城市工商业的发展相应减缓;反之,当民族矛盾爆发,引发民众大规模的爱国运动之时,民族工业就有明显的进步。因此,晚清至民国时期长江下游地区的社会经济发展起伏较大,其城市近代化发展水平也表现出有限发展的态势。

四、区域软实力:尚文的人文传统及其特征

区域软实力与某一地区人们生存的文化环境息息相关,内容涉及维系区域各种社会关系的区域文化以及该区域人们所共同享有的价值观念、民间信仰、生活态度、活动习惯,等等。其中,人们的创业精神、创新意识、合作意识、开放思维等要素对于区域经济的发展具有非常重要的意义。这些因素具有非经济性,是他变因素,在功能上主要是为区域内

---

① 张謇:《有人归自京师述所见闻,慨战乱之未已,悲民生之益穷,成诗一篇,寄此孤愤》,载《张季子九录·诗录》,中华书局民国二十三年(1935)版,卷十。

人们的社会经济生活提供某些约定俗成的行为规范；尽管它们不能直接成为区域经济发展的原动力，但在间接上也能发挥某些影响和作用，在区域经济发展的历史中是不可或缺的基础性要素。

就长江下游地区而言，自古以来该地区就是中国的经济重心，文化传统浓厚。在长江下游地区近代区域经济发展的历史进程中，重视工商、经世致用、开拓进取、崇文重教等传统文化观念被继续发扬光大，发挥着越来越重要的作用。同时，这一地区也得风气之先，最早接触到先进的西方工业文明，成为东西方文化碰撞与融合的中心之地。先进事物与文化糟粕泥沙俱下，在传统与现代的整合中逐渐形成一种新的文化体系，而且还愈加深刻地影响着该地区城市近代化的发展进程。

1. 传统社会文化的延续

自古以来长江下游地区就是一个商业发达、文化昌明之地，拥有良好的社会文化氛围。这种文化氛围的形成离不开该地区崇文重教、开拓进取等文化精神的整合与发展。形成良性循环机制，其结果是人才辈出、文化大盛。步入近代后，这些区域文化基因更是通过人们的能动发挥，推动了长江下游区域社会经济的巨大发展。

首先，崇文重教的文化基因进一步促进了区域社会资本主义经济的发展。

早在魏晋南北朝时期，崇文重教的社会风尚就在长江下游地区形成。明清以后，长江下游地区文化发达、人才辈出，崇尚文教更成为突出的社会现象。

江南人读书喜学，有着悠久的传统和良好的习惯。早在北宋中期，苏州人朱长文即说："自本朝承平，民被德泽，垂髫之儿皆知翰墨，戴白之老不识戈矛。"①同时代的许克昌也认为，长江下游地区"虽佃家中人衣食

---

① （宋）朱长文：《吴郡图经续记》卷上《风俗》，元丰七年（1084）修，民国十三年（1924）乌程蒋氏景宋刻本，中华书局1990年版，第644页。

才足,喜教子弟以读书,秀民才士,往往起家为达官,由是竞劝于学,弦歌之声相闻"①。其后,由南宋经元而至明,社会崇文重教的风气更趋浓厚。明代著名文人归有光曾对此解释道:"吴为人材渊薮,文字之盛甲于天下。其人耻为他业,自髫龀以上皆能诵习。举子应主司之试。居庠校中,有白首不自已者。江以南其俗尽然。"②此时,江南各地处处呈现出热衷读书的景象。如杭州城内"里巷诗书,户不绝声"③,"家诗书而户礼乐也"④;苏州亦"家家礼乐,人人诗书"⑤,自诩"邑人最重读书,十室之聚,必有乡塾以教童蒙。为士者必兼习五经及四子书,有废学者,乡党弗齿,士弗与友也"⑥;而常熟也是"士之习诗书者,诵读之声比户相闻"⑦,"子弟皆幼而读书,每有司较童子试,转辄及先人"⑧;常州亦"士子多以读书世其家"⑨,"郡士人崇师喜读书者,弦诵之声比屋而是"⑩。关于江南人崇尚读书的真实景象,15世纪末年途经江南的朝鲜人崔溥曾如下记述:"且江南人以读书为业,虽里闾间童稚及津夫、水夫皆识文字"⑪。其记载再清楚不过地说明,尊崇教育,"唯有读书高",在当时已成为社会各阶层的共同价值观念,经长时间积淀后该地区好读喜学的传统已蔚然成风,逐渐形成优于其他地方的先进文化。

---

① (清)孙星衍:《松江府志》卷五《风俗》,载《续修四库全书》第六八七册,嘉庆二十三年(1818)松江府学刻本影印版,上海古籍出版社1981年版,第231页。

② (明)归有光:《震川先生集》(上)卷九《送王汝康会试序》,上海古籍出版社1981年版,第191页。

③ (明)陈善:《杭州府志》(五)卷一九《风俗》,万历七年(1579)刻本,载《中国地方志丛书》,台北:成文出版社1983年版,第1360页。

④ (明)聂心汤纂修:《钱塘县志》《纪事》,万历三十七年(1609)刻本,光绪间《武林掌故丛编》第16集本。

⑤ (明)莫旦:《苏州赋》,弘治《吴江志》附录,弘治元年(1488)刻本。

⑥ 连德英修、李傅元纂:《昆新两县续补合志》卷一《风俗》,民国十二年(1923)刻本。

⑦ (明)龚立本纂:《常熟县志》卷一五《风俗志》,崇祯十二年(1639)纂,抄本,第51页下。

⑧ (清)高士鹮、杨振藻修,钱陆灿等纂:《常熟县志》卷一《风俗》,康熙二十六年(1687)刻本。

⑨ (清)于琨修,陈玉璂纂:《常州府志》卷九《风俗》,康熙三十四年(1695)修,光绪十二年(1886)木活字本,第2页下。

⑩ (清)陈玉璂纂修:《武进县志》卷一三《风俗》,康熙二十三年(1684)刻本。

⑪ (明)崔溥:《漂海录》,社会科学文献出版社1992年版,第194页。

　　在这种情况下,江南教育发达,书院林立。时人王锜曾豪气十足地说:"吾苏学宫,制度宏壮,为天下第一。人才辈出,岁夺魁首……自范文正公建学,将五百年,其气愈盛,岂文正相地之术得其妙欤!"①书院自嘉靖至万历三朝,就新建 34 所,为明初 150 年来的三倍。②江宁的钟山书院、苏州的紫阳书院、江阴的南菁书院、无锡的东林书院、宁波的天一阁书院、杭州的敷文书院和诂经精舍等,都名重一时。这些书院的山长,多是博学贯通、称雄当时的大师,且多为科考的行家里手。明清之际,吴越之地人才辈出,盛称"人才甲天下"③。单就三年一度中第的进士而论,就以人数多、名次前、仕宦显而成为明清时期最为著名的地域人文集团。据明清进士题名录统计,明清两代,自明洪武四年(1371)首科到清光绪三十年(1904)末科,共举行殿试 201 科,外加博学鸿词科,不计翻译科、满洲进士科,共录取进士 51 681 人,其中明代为 24 866 人,清代为 26 815人。江南共考取进士 7 877 人,占全国的 15.24%,其中明代为 3 864 人,占全国的 15.54%,清代为 4 013 人,占全国的 14.97%。④

　　近代以来,崇文重教遗风依旧深刻影响着长江下游地区,特别是洋务运动以后,这里开全国风气之先,兴办各种新式学堂。许多人赴欧美国家以及日本留学,成为新式知识分子,而且在他们中间还出现了一大批思想家、教育家、科学家。他们回国后,又成为该地区乃至全国最早一批具备先进思想文化理念、追求资本主义经济发展的知识分子。其中,特别值得一提的是无锡的薛福成,这位由洋务学堂培养出来的清朝官员,年轻时就学习西方思想文化,力求经世致用。他认为,中国要改变衰弱国势,就必须学习西方国家振兴商务,经营工商业,藏富于民。因此,

---

① (明)王锜:《寓圃杂记》卷五《苏学之盛》,中华书局 1984 年版。
② 参见王友三主编《吴文化史丛》(上),江苏人民出版社 1993 年版,第 469 页。
③ (明)蔡昇撰,王鏊重撰:《震泽编》卷三《人物》,南京图书馆藏弘治十八年(1505)林世远刻本,载《四库全书存目丛书》史部二二八,齐鲁书社 1996 年版,第 690 页。
④ 参见范金民《明清江南进士数量、地域分布及其特色分析》,载《南京大学学报》1997 年第 2 期。

他建议大力发展机器工业，修建铁路，殖财养民。应该说，薛福成这种"导民生财"的思想，与其深受吴越文化重商观念的长期熏陶以及西方资本主义的思想教育紧密相关。不仅如此，他还进一步强化了要在自己的家乡实现发展资本主义工商业的志向。例如他曾鼓励其子薛南溟弃官返乡，"经营地方实业垂三十年"[①]，将其发展资本主义的理想付诸实践，最终成就了以永泰丝厂为主干的无锡薛氏资本集团。

长江下游地区的实业家们也非常推崇教育，如张謇、荣德生等人在大力发展民族工业的同时，创办了各类学校，不但为企业自身培养了大批技术性人才，还促进了长江下游地区教育事业的发展；不仅提高了当地民众的基本文化素质，更是进一步推进了区域城乡经济的发展。其中，贡献最为突出的是张謇。他在创办大生企业的同时，还用企业所得及社会募捐所得，发展各类文化教育事业。南通的通州民立师范学校、通州公立女子学校、聋哑学校，南京的河海工程专门学校、南京高等师范学校等都是他一手创办，有些学校甚至一直延续至今。而荣德生更是积极推进无锡的近代教育事业，他所创办的学校，有的是为企业培养技术性人才，令"随所学而入事业，学用相当"，有的是为亲朋好友子弟读书所办。为了让子弟们认真读书，他还在梅园专门设置"豁然洞读书处"，聘请清末名流许彩鲁、杨志濂等人任职教员。这类办学方式不仅在南通、无锡还在长江下游的许多地方施行，不仅显示出传统文化在区域经济发展中的强大影响力，而且对提高民智、发展当地资本主义经济起着巨大的推动作用。

显然，重商与重教的协调统一，成为推进长江下游地区近代社会经济发展的动力，并且作为一种典型模式，越来越为该地区民众所认同和接受。民众还强烈地感受到教育给他们的生活带来了越来越多的益处。

---

① 茅家琦等：《横看成岭侧成峰——长江下游城市近代化的轨迹》，江苏人民出版社 1993 年版，第 77 页。

因此，当他们实现经济丰盈后，大量投资教育，一种良性循环机制就此形成。这种资本反哺教育的吴越文化传统不仅体现在工业企业家身上，也在许多商业资本家的捐资行为中得到显现。例如，近代宁波商人中就有不少人乐于捐助族人与乡亲，让其子弟接受近代新式教育。例如，慈溪的中兴中学就是叶澄衷于 1906 年在故乡慈溪创办；而慈溪锦堂学校则是旅日巨商吴锦堂于 1909 年在家乡投资 20 余万元创建。新式学校的兴办，使得一大批具有近代知识技能和思想意识的优秀人才脱颖而出，为宁波的近代化起到了重要的推动作用。

总之，崇文重教的社会风尚不但成就了长江下游地区人民高超的智慧，还培养了其强大的判断能力、缜密的分析能力、灵活的适应性以及坚强的忍耐性等。因此，这种社会风尚不仅有助于区域经济的进一步发展，更有助于整个社会文明向更高层级演进。长期以来，重文轻武、重商重教、开拓进取等已经构成了长江下游地区良好的社会文化氛围。该地区不仅文风大盛、人才辈出，而且社会经济也在人们这种重视工商、开拓进取的文化精神的推动下形成了良性循环机制，得到进一步的发展。

其次，长江下游地区传统的重商进取精神对该地区在近代的发展进步贡献极大。自古以来，该地区就有着经商致富的文化传统，到明清时期人们更是改农从商，争相趋利。在人们的思想观念中，经商、开放、进取是共同的认识。科举考试也要以一定经济实力作为后盾。对此，明朝文人王世贞曾有言：

> 余举进士不能攻苦食俭，初岁费将三百金，同年中有费不能百金者。今遂过六七百金，无不取贷于人。盖宝贽见大小座主，会同年及乡里，官长酬酢，公私宴酿，赏劳座主仆从与内阁吏部之舆人，比旧往往数倍，而裘马之饰，又不知节省。①

---

① （明）王世贞：《觚不觚录》，载钦定《四库全书》子部小说家类。

王氏所言当仅指会试前后的费用,家境富裕者用银 300 两,寒门子弟或攻苦食俭者需银百两。王氏举进士是在嘉靖二十九年(1550),三四十年后科试费用已涨了一倍以上。明代后期如此,清代物价持续上涨,各项费用大增,科考支出大概非千金不能办。而有些人一而再,再而三,乃至十数次、近 20 次地应考,费用之巨实难计算。自然这支出还不包括长年聘请塾师的费用。如此高昂的费用,对难以饱腹的贫民小户来说简直是天文数字。有学者推测"苏杭是商业最发达的区域,功名繁盛必亦与商人财富有关系"[①]。事实证明,明清时期江南功名之盛与商人财富之雄确有关系。例如,嘉道之际的乌程人沈垚就说:

> 仕者既与小民争利,未仕者又必先有农桑之业方得给朝夕,以专事进取,于是货殖之事益急,商贾之势益重。非父兄先营事业于前,子弟即无由读书以致身通显。是故古者四民分,后世四民不分;古者士之子恒为士,后世商之子方能为士……天下之士多出于商,则纤啬之风益盛。[②]

沈垚张皇其事,虽过于偏激,但却道出了经济基础与科第进取的关系。"可以毫不夸张地说,江南进士主要出自家境优裕的富康之家,特别是那些仕宦巨族"[③]。对此,时人有极为精辟的阐述,"夫贾为厚利,儒为名高。夫人毕事儒不效,则弛儒而张贾。既侧身飨其利矣,及为子孙计,宁弛贾而张儒。一弛一张,迭相为用"[④]。另外,明清时代,随着江南人口

---

① 刘广京:《近世制度与商人》后序,载余英时《中国近世宗教伦理与商人精神》,安徽教育出版社 2001 年版,第 29 页。

② (清)沈垚撰:《落帆楼文集》卷二四《费席山先生七十双寿序》,载《续修四库全书》集部第 1525 册,民国七年(1918)嘉业堂刻吴兴丛书影印本。

③ 夏维中、范金民:《明清江南进士研究之二》,载《历史档案》1997 年第 4 期。

④ (明)汪道昆:《太函集》卷五二《海阳处士金仲翁配戴氏合葬墓志铭》,黄山书社 2004 年版,第 1099 页。

数量的增加,参加科举考试的人越来越多,而中举的名额有一定的限制,屡试不第的情况非常普遍。我们从明清时期的笔记、方志、宗谱等资料中发现了很多"弃儒业贾""弃铅椠业习贾"的事例。如苏州吴县商人蒋某,"屡试春官不第,遂效垄断之术,居积取盈,算入骨髓。……不数年,称高赀矣"①。与此同时,为了解决财政危机,明清朝廷实行捐纳之制,掌握财富的商人只要向政府交出一笔钱,即可获得一定的品级或官衔,这也为商人跻身仕途开了一扇方便之门。由是一些士人感到与其寒窗苦读,苦守清贫,不如先经商致富,再捐钱纳官,这样既解决了生计,又达到了跻身上流社会的最终目的。这样一来,重商思潮弥漫江南社会各阶层,经商治生得到人们的普遍肯定。明人张瀚就曾有言:

> 财利之于人甚矣哉! 人情徇其利而蹈其害,而犹不忘夫利也。故虽敝精劳形,日夜驰骛,犹自以为不足也。夫利者,人情所同欲也。同欲而趋之,如众流赴壑,来往相续,日夜不休,不至于横溢泛滥,宁有止息! 故曰:"天下熙熙,皆为利来;天下攘攘,皆为利往。"穷日夜之力,以逐锱铢之利,而遂忘日夜之疲瘁也。②

在这样的观念支配下,一些人开始用新的眼光来看待职业的选择和社会地位的排列,认为,"大约商贾居首,其次者犹肯力农,再次者谋入营伍,最下者方令读书"③。商人的地位高居于四民之首,商人经营商业"几于治人之国者"④,从而对知识分子只能走"修身、齐家、治国、平天下"道路的狭隘偏见提出驳难,向"君子谋道不谋食"的传统观点进行挑战。他

---

① 同治《苏州府志》卷一四七。
② (明)张瀚:《松窗梦语》卷四《商贾记》,载《明清笔记丛刊》,上海古籍出版社 1986 年版,第 71 页。
③ 《雍正朱批谕旨》,雍正二年(1724)五月十二日。
④ (明)华夏撰:《过宜言》卷三《惠商论》,载张寿镛辑《四明丛书》第二辑,民国二十三年(1934)张氏约园刊本。

们不再拘于读书入仕一途,认为治生经商也是实现自身价值的途径。如著名思想家唐甄在苏州从事牙行经营,面对有些人的指责,他理直气壮地说,"我之为贾为生者,人以为辱其身,而不知所以不辱其身也","吕尚卖饭于孟津,唐甄为牙于吴市,其义一也"。① 湖州董份,官至尚书,"富冠三吴,田连苏湖诸邑,殆千百顷,有质舍百余处,各以大商主之,岁得子钱数百万"②。因此,"文士无不重财"成为江南地区的普遍写照。③ 尤有甚者,一些人把经商治生看作比读书科举更为重要的事情,明末著名学者顾炎武在《常熟陈君墓志铭》中即说,"余出游四方……谓生子不能读书,宁为商贾为百工技艺食力之流,而不可求仕"④;与他同时代的文人归庄也曾力劝其友严舜工"宜专力于商",在《传砚斋记》中说,"然吾为舜工计,宜专力于商,而戒子孙勿为士。盖今之世,士之贱也,甚矣"⑤。

到了近代,长江下游地区的文人更将这种认识灌注到他们的各项事业中去。他们经营实业,办教育,形成了一种良性循环,使得长江下游地区在近现代乃至当代都是中国最为富庶的区域。如近代无锡、南通等城市的经济振兴,就与荣宗敬、张謇等民族工商企业家继承了这种重商致用的区域文化传统紧密相关。

其中,张謇这位被毛泽东称为"中国近代民族工业的开拓者""人民不可忘记的四大实业家之一"的实业家和教育家最富地域特色。他出身农民家庭,自幼熟读四书五经,曾多次参加科举考试而不中,直到1894年,年过四旬的张謇才终偿夙愿,终于被录取为殿试一甲第一名,状元及第,圆了"大魁天下"之梦。按照几千年来无数士大夫为之奋斗的传统习惯,他应该是做官升官、光耀门庭。然而,令人们意想不到的是,他选择

① 参见(清)唐甄《潜书》上篇(下)《食难》,古籍出版社1955年版,第88页。
② (明)范守己:《曲洧新闻》卷二,载《四库全书总目提要》卷一七九集部三十二《御子龙集》十七至二十卷。
③ 参见(明)李诩《戒庵老人漫笔》卷四,载《元明史料笔记丛刊》,中华书局1982年版。
④ (清)顾炎武:《顾亭林诗文集》,中华书局1983年版。
⑤ (清)归庄:《归庄集》卷六,上海古籍出版社1984年版,第360页。

弃官回归故里。他之所以如此,概因有感于官场险恶,加之一直存有实业救国理想的缘故。在张謇看来,"欲国之强,当先教育",而"欲兴教育",又须"先兴实业",中国只有通过实业、教育才能改变当时的落后面貌。为此,他结合南通产棉的实际情况,创办了大生纱厂。大生纱厂成为当时中国纺织业颇具代表性的企业。到 1913 年,大生纱厂纱锭总数占全国民族资本纱厂纱锭总数的 13.80%,南通因此成长为江苏省内的第一大工业城市,在长江下游地区仅次于上海。至 1924 年,大生纱厂资本总额已达 900 万两白银,拥有纱锭 15.5 万枚,约占全国华资纱厂总锭数的 7%。在传统的官本位思想盛行的中国,张謇学而优则商、学而优致富,弃官营商,这一切所需要的胆识和勇气,如果没有长江下游地区文化传统的影响,根本无法想象。

与张謇类似,无锡的荣氏兄弟在创办实业方面也是眼光独特、天赋过人。他们利用无锡地理位置优越、水陆交通便利的有利条件,抓住第一次世界大战中中国民族资本主义发展的黄金时机,加大企业的资金投入,创立规模庞大的企业集团。他们于 1906 年创办申新纱厂,九家分厂分别设于无锡、上海。1901 年,他们创办保丰面粉厂,后改名为茂新面粉厂,并将其发展为四个面粉厂。此后,荣家又创设福新集团,有八个面粉厂。至 1922 年时,荣氏茂新、福新两大集团所生产的面粉占中国民族资本面粉加工企业总量的 1/3,荣氏兄弟因此荣膺"中国面粉大王"的称号。

除此以外,宁波人的经商天赋也令人惊叹。坐拥优越的地理位置和便利交通条件的宁波,早在秦汉时期就已成为中国对外贸易的港口城市,"海外杂国贾舶交至"。明朝末年,宁商创建宁波商帮,足迹遍及长江下游流域。鸦片战争后,宁波成为条约通商口岸,外贸往来活动增多,不少宁波商人在外商洋行充当买办,学习了西方的经商手段和技术专长。他们将中国传统的商业经营思想和西方现代管理理念有机结合,脱颖而出,迅速成长为全国知名的民族资本家群体。他们还利用自己在资金、货源、人才等方面的优势,把产业、商业和金融资本结合起来,跻身全国著名的商帮之列。更令人叹服的是,在激烈的市场竞争面前,宁波商人自觉地团结起来,联手应对外国资本的挤压和竞争。比如,1908年上海爆发金融挤兑风潮,当时宁波商人集资兴办的四明商业银行处处受到外国银行的排挤,但宁波帮商人开办的钱庄、银号、商店,常常在挤兑来临之时,家家代为收兑四明银行钞票,尽管四明银行的实力并不雄厚,但最终却能在挤兑风潮中多次化险为夷,使风潮得以平息。而在1926年美商经营的长江货轮任意提高运价的事件中,宁波商帮联合南京、上海、汉口、九江、安庆、芜湖等地杂粮行同业者,拒绝使用该美商轮船运货,遂使其空载往返,亏损严重,最后美商不得不与宁波商人协商解决。这种同舟相济、共同抵御经营风险的凝聚力,显然源自吴越地区传统文化性格中那种自强自主、开拓进取、求实创新的地缘精神。中国民主革命的先驱孙中山先生曾高度评价宁波商人,称宁波人最善经商,且具有坚强之魄力。他们适应时代发展潮流,敢为天下先,精于管理,善于抓住机遇,及时调整经营方针,不断用灵活方式开拓市场,甚至还能跳出为求保险坐收地租或高利贷的传统思维,将商业利润投资于工业,结合商业资本与产业资本来发展壮大自己。时至今日,"温州模式""苏南模式"在上述这种地缘文化精神的滋养下不断成长,区域重商文化传统在现代化进程中的积极作用越来越凸显。

　　不过,功利性的重商文化对区域社会经济既有积极的推动作用,又有不少负面影响。传统农耕社会中,人们笃信仁义道德,重义轻利,然而,随着商品经济的发展,人们却渐渐热衷于经商谋利,转向重利轻义。有些奸商,甚至坑蒙拐骗,做尽坏事。据记载,杭州商人"喜作伪以邀利……如酒搀灰,鸡塞沙,鹅羊吹气,鱼肉灌水,织作刷油粉"等。有人称杭州商人弄虚作假的现象是"杭州风,一把葱,花簇簇,里头空"。[①] 另外,伴随着商品经济的发展,人们的消费观念发生了巨大的转变,许多有钱

①　参见《古今图书集成》职方典卷九四六《杭州府部》,中华书局1985年版,第16190页。

人不愿受旧传统的束缚,刻意追求高品位的消费生活,社会上逾礼越制的奢侈之风弥漫在长江下游地区社会的各个阶层。城市中富裕人家大讲排场,处处讲究,如杭州富商"俗尚奢侈,缙绅士气大","宴饮醉酢,无不踵事增华"。① 苏州更是号称"奢靡为天下最",缙绅富商"舆马从盖,壶觞樏盒,交驰于通衢水巷之中,光彩耀日……游山之舫,载妓之舟,鱼贯于绿波朱阁之间,丝竹讴歌与市声相杂"。② 尽管这种高档消费大大刺激了城市经济的发展,但就总体而言却不利于良好社会风气的养成,更使得商人们凡事总考虑个人利益,投入社会的资金严重不足。例如,一般商人由于担心实业投资存在风险,不愿投资近代工业。南通大生纱厂的集资过程最能说明问题。张謇自己曾说:"通州本地风气未开,见闻固陋,入股者仅畸零小数。……凡迭次劝成入股,一经采听他厂情况,即相率缩首而去。甚者以鄂厂之商本无着,苏厂之后股息难收为例,一闻劝入厂股,掩耳不欲闻。"③ 而近代苏州、杭州等商业城市的渐趋衰落,在很大程度上也与城市本身缺乏工业发展后劲支持、消费经济过于旺盛,以及上海、宁波等口岸城市崛起等因素相关。

2. 西方文化的传播

从某种程度上而言,中国的近代史也是中国学习和接受西方先进文化的历史。长江下游地区恰恰是最先受"欧风美雨"洗礼的地区之一。其中,上海更是西方文化在中国传播的最重要的窗口。西方先进的科学技术、政治文化观念先是传播至上海,再由上海扩展到长江下游及内地的其他城市。通过上海,新文化、新思想不断传播,长江下游地区各城市的各种文化事业开始蓬勃发展。仅文化领域的报业,据不完全统计,截至1913年,南京有报刊22种,苏州23种,常州8种,镇江7种,南通2

---

① 参见民国《杭州府志》卷七四《风俗》。
② 参见同治《苏州府志》卷三《风俗》。
③ 《承办通州纱厂节略》,载《张季子九录·实业录》卷上,中华书局1931年版,第17页。

种,扬州 2 种。[①] 其他如读书阅报处、公共图书馆的创办,知识分子社团的组建,各类现代学校的开办,以及"放足运动"的开展等所有这些活动,都对传播先进的西方文化、改变人们的传统价值观念起到了积极的促进作用。例如,在 1902 年浙江省的一次乡试中,有考生当堂"演说自由民权各种新理,环而听者如蜂屯蚁聚,几将堂前栅栏挤倒"[②]。在当时,有不少年轻人由于受到西方文化的影响,开始走上了一条为国求强、为民求富的救亡道路。为此,他们或出国留学,或创办企业,有的甚至从此走上了革命道路。

与此同时,西方的享乐主义和拜金主义也伴随着西方的"民主、自由、科学"观念涌入国门,它们与中国原已存在的文化糟粕结合在一起,"奢侈之风"因此在城市中弥散开来,造成"世风日下"之印象。例如,在经济发达的上海,人们逐渐形成以富为荣、以穷为耻,甚至以衣貌取人的社会风气。在当时,曾有人对上海社会中的七种陋习进行归纳:一耻衣服之不华美,"新交因狐裘而订,不问出身;旧友以鹑结而疏,视同陌路";二耻不乘肩舆;三耻狎幺二妓;四耻肴馈之不贵;五耻坐只轮小车;六耻无顶戴;七耻观戏坐末座。[③] 这些西方拜金、享乐文化的恶果还不仅止于此,诸如黑社会和嫖赌盛行、烟毒泛滥等严重社会问题大多在长江下游地区的许多城市内存在并泛滥,并成为该地区城市近代化进程中的社会毒瘤。

3. 人文生态的影响力

任何区域的人文社会生态中,既蕴含引导和推动区域经济发展的内动力因素,又存在阻碍进步的破坏力因素。当区域人文生态良好,并与

---

① 参见茅家琦等《横看成岭侧成峰——长江下游城市近代化的轨迹》,江苏人民出版社 1993 年版,第 48 页。

② 《大公报》1902 年 9 月 30 日,载茅家琦等《横看成岭侧成峰——长江下游城市近代化的轨迹》,江苏人民出版社 1993 年版,第 52 页。

③ 参见张仲礼主编《近代上海城市研究》,上海人民出版社 1990 年版,第 950 页。

该区域经济发展方向相一致时,其内动力因素就产生出超越生活的创造能力,通过文化自身的调节机能,将具有创造力的新文化因子纳入社会文化生态之中,推动区域社会经济的进一步发展,带给社会划时代的进步。反之,其破坏力因素就会阻碍区域经济的发展。

显然,在长江下游区域的社会文化生态中,中国传统文化、西方外来文化共存,优秀的和糟粕的文化同生。两种不同的文化形态共同在长江下游城市近代化进程中发生作用,既强烈影响着城市经济的发展,又冲击着该地区城市居民的价值观念与生活方式。例如,上海、无锡、宁波等地很早就形成崇文、重教、重商、对外开放的文化传统,这些地方的人们积极参与地方经济建设,有力地推动了城市经济的发展。尤其是无锡人,他们特别重视工商、长袖善舞、自由竞争,即便西方科技被视为"奇技淫巧",他们也不排斥,而是积极引入,并将其转为新生产方式,进而大大推动了无锡经济的发展。反观南通,则"自明苦倭寇之后,三百余年未尝被兵戈,民尤耽安逸,畏官而谨法"。这种保守的社会文化风气使得南通人缺乏进取精神,较少有人愿意出外从事工商事业。在近代,除张謇外,南通少有能力突出的企业家人才。继张謇之后,南通再无人能担负起推进南通城市发展的重任,因此南通经济不可避免地走向了衰落。

第二节　近代区域社会经济的发展与初级城市化

一、地区产业结构的新陈代谢

长江下游地区自古经济发达,明清时期当地产业结构即已萌生农业产业化和商品化的发展态势。

1. 农业嬗变的原因

(1) 沉重的人口压力

作为社会生产活动的主体,人是一地乃至一国经济发展的必要条件之一。至于人口自身的发展,既要受客观社会经济发展水平的制约,同时又对经济发展产生不可忽视的反作用。人口数量过少或过多,都会影响当地社会经济的协调发展及社会的和谐进步。

就我国的人口分布情况而言,自夏至唐,以黄河流域地区最为密集。东晋和南朝以后,伴随着东南地区的开发,南方人口逐步上升,但直至宋室南渡以前,长江下游地区的人口密度相对较小,该地区的人口和农业发展还有较大上升空间。故唐宋时期人口的急剧增长,不但没有形成压力,反而充沛的劳动力还促进了长江下游地区的原始开发,使其社会经济文化在短期内迅速赶上并超过黄河流域,成为中国最富庶繁荣的地区。可到了明清之际,持续攀升的人口总量开始明显地给地区社会经济发展带来沉重压力①,其副作用逐渐显现。明代著名科学家徐光启在其《农政全书》中就直言,由于"及其季年,人多而田少,豪右擅陂湖以自殖,地利尽,而民不聊生者,聚故也。东南地利尽,而西北旷,厥有由哉"②。到了康乾盛世,巨大的人口负担不仅消耗了大量的社会资源,还在一定程度上抑制了当地经济的发展,成为地区发展道路上的一大阻力。乾隆朝时纂修的《吴县志》(吴县即今天的苏州地区)就曾对当时人口过密的现实有如下记载:

> 国家太平日久,人民户口百倍于前。地无不耕之土,水无不网

---

① 长江下游各省的人口密度在这一时期始终高居全国前列。例如,明洪武年间江浙两省人口合计为 21 243 505 人,约占全国人口总数的 35.1%。但当时两省地域面积共计只有 31.59 万平方千米,仅占全国的 9.6%,这意味着全国 1/3 强的人口聚集在这个占地不到全国 1/10 面积的狭小地区。而如果拿两省的人口密度与全国相比,则人口集中的情况更为明显。在明代,全国平均人口密度为 19 人/平方千米,浙江省达到 114 人/平方千米(相当于全国平均密度的 6 倍),江苏 48 人/平方千米(相当于全国平均密度的 2.5 倍多)。到 1820 年左右,长江下游地区的苏州与松江府的人口密度更达到 3 036 人/平方千米与 1 301 人/平方千米! 参见清同治《苏州府志》光绪九年(1883)刊本卷一三;《松江府志》嘉庆二十四年(1819)刊本卷二八;严中平等编《中国近代经济史统计资料选辑》,科学出版社 1955 年版,第 363 页;刘石吉《明清时代江南市镇研究》,中国社会科学出版社 1987 年版,第 4 页。
② (明)徐光启:《农政全书》卷一二,岳麓书社 2002 年版。

之波,山无不采之木石,而终不足以供人之用。为商为贾,奔走四方;又百工技术,吴人为众,而常苦不足。向无人烟之处,今则宅舍弥望,盖人满之患,至斯极矣。[1]

随着人口的上涨,长江下游地区的人地矛盾日渐凸显。在明代前期该地区的核心八府(即应天府、苏州府、松江府、常州府、镇江府、杭州府、嘉兴府和湖州府)中,人均耕地面积达到 10 亩以上者只有常州府一地,而每人不到 5 亩者则占 1/3 还多。到 1812 年,江浙两省人均耕地只剩 1.9 和 1.77 亩;1913 年也不过 2.55 和 1.61 亩。[2] 而据洪亮吉的推算,当时要维持一个成年人的生活,每人至少应占有 10 亩以上耕地。[3] 故由此观之,明清之际长江下游地区的人地关系十分紧张,可供继续扩大生产的土地资源十分有限。因此,为满足不断增长的人口需要,明清时期长江下游地区的人们便开始通过提高水稻生产集约度的方式来增加粮食生产。明人诸葛昇对江南人节约耕地、从事多种经营的做法评价道:"江南寸土无闲,一羊一牧,一豕一圈","民间莳葱薤于盆盎之中,植竹木于宅舍之侧,在郊桑麻,在水菱藕,而利数共争,谁能余隙也"。[4] 不过,技术水准的提升,也带来了农业剩余劳力的增加,各地民众开始普遍从事多种农业经营和家庭手工业生产,在有些地区甚至还发生了"桑争稻田"的现象。

(2)繁重赋役的反作用力

长江下游地区不仅人口密度高,赋役也极为繁重,土地兼并异常激

---

[1] (清)曹允源、李根源:乾隆《吴县志》卷五二上《风俗一》,1933 年版铅印本,第 3 页下。

[2] 参见罗尔纲《太平天国革命前的人口压迫问题》,载《中国社会经济史集刊》1947 年第 8 卷第 1 期,收入《中国近代社会经济史论集》,崇文书店 1971 年版;Dwight Perkins, *Agriculture Development in China: 1368-1968*, Chicago: Aldine, 1969, pp.212, 236。

[3] 参见(清)洪亮吉《洪北江诗文集》第一册,"生计篇""治平篇",载《国学基本丛书》,商务印书馆 1935 年版,第 49 页。

[4] 转引自(明)徐光启《农政全书》卷八《开垦上》,岳麓书社 2002 年版。

烈。明清时期,江南重赋,为全国之最。对此,明嘉靖礼部尚书顾鼎臣曾认为,"苏松常镇嘉湖杭七府,财赋甲天下"①。清康熙初年,江苏巡抚韩世琦也指出,"然财赋之重,首称江南,而江南之中,惟苏松为最"②。具体说来,作为上述长江下游核心地区的江南八府,明朝时其田地占不到全国总面积的6%,税粮却高达全国总税粮的23%。后来田地虽上升到7%强,又经宣德年的大幅减税,但其所担税粮仍为全国的21%强。到明后期江南田地在全国的比例下降为6%,赋额却与明中期持平。因此,据测算,在有明一代,江南田地仅占全国的6%强,而税粮却始终占到全国的近22%。③漕粮方面,清中叶以前,苏松常镇太五属的地丁、漕项比浙江多一倍,比江西多三倍,较湖广多十余倍。这五地要再加上浙西的杭嘉湖三府,其漕粮总数更高达全国的3/4。④而区域内激烈的土地兼并,更加剧了长期存在的人口与土地的矛盾。多数农民只有很少一些土地,甚至没有土地。在长江下游地区的不少府县,无地者一般占到总人口的一半以上。为了支撑繁重的赋税负担并维持生计,长江下游地区的农民不得不千方百计地改变农业经营,以副养农。因此,在人口和重赋的双重压力下,明清时期长江下游地区普遍存在着以织助耕的现象。例如,湖州"尺寸之堤,必树之桑";嘉兴府崇德县"田收仅足民间八个月之食","公私仰给,惟蚕息是赖",凡借贷契券,皆指望蚕毕偿还⑤;海盐县"地狭人众,力耕不足糊口,比户养蚕为急务","蚕或不登者,举家聚哭,盖农家全恃蚕以为耕耘之资,蚕荒则田芜,揭债鬻子惨不免矣"⑥;作为棉布的主

---

①　《明世宗实录》卷二〇四。
②　韩世琦:《请减浮粮疏》,载乾隆《苏州府志》卷十《田赋》。
③　参见范金民《明清江南重赋问题述论》,载《中国经济史研究》1996年第3期。
④　参见《江苏减赋全案》卷二奏章,同治五年(1866)刊本。
⑤　参见顾炎武《天下郡国利病书》原编第十二册《浙江》(下)。
⑥　(清)许瑶光:《嘉兴府志》(一)卷三二《农桑》,引《海盐图经》,光绪四年(1878)鸳湖书院刻本,载《中国地方志集成·浙江府县志辑12》,上海书店1993年版,第786页上。

要产地,上海农村"家家纺织,赖以营生,上完国课,下养老幼"①;松江乡村纺织尤其精细,妇女农暇之时,所出布匹,日以万计,"中户以下,日织一小布以供食"②;嘉定县亦"纺织之勤,比户相属"③。除纺织业外,从事五金、竹器、油料、日用品、建筑材料、颜料等手工业制作的人也不少。

2. 从农业商品化到商品贸易:近世区域产业结构的易变

(1) 经济作物的遍植普及

经济作物在长江下游地区的种植远从宋明以来即不断发展,但直到明中叶以前,其在整个农业中所占比重仍非常有限。昆山在元代仍是"高下悉田,稻色多种"④,上海在弘治时稻田种植也占九成⑤。只是到了明末清初时,经济作物才逐渐占据农业生产的主导地位。作为这种发展的结果,长江下游地区逐渐形成了三个相对集中的作物分布区,即沿海沿江以棉为主或棉稻并重的棉稻产区、太湖以南以桑为主或桑稻并重的桑稻产区、太湖北部以稻为主的水稻产区。其中,棉稻产区的棉花种植面积一般要占各县耕地面积的百分之六七十以上⑥,但稻米面积占比的过低也一度造成区域内出现严重缺粮的现象。桑稻产区在同治前基本

---

① 《请预发采办青蓝布匹价银折》,载故宫博物院明清档案部编《李煦奏折》,中华书局1976年版,第6页。

② 参见(明)徐献忠《吴兴掌故集》卷一二《风土类》,嘉靖三十九年(1560)刻本,载《四库全书存目丛书》史部一八九地理类。

③ (明)韩浚、张应武:《嘉定县志》(一)卷六《物产》,明万历刻本,载《四库全书存目丛书》史部二〇八地理类,齐鲁书社1996年版,第776页上。

④ (元)杨惠:(至正)《昆山郡志》卷六《土产》,清宛委别藏本影印,载《续修四库全书》编纂委员会编:《续修四库全书》史部六九六地理类,上海古籍出版社2002年版,第552页下。

⑤ 参见(明)唐锦《上海志》卷一《形势》,明弘治刻本影印,载《天一阁藏明代方志选刊续编》(七),上海书店1990年版,第37页。

⑥ 张大纯在《姑苏采风类记》中云:"太仓、嘉定、上海之地俱三分宜稻,七分宜木棉。凡种木棉者俱称花,以别于稻。有花田、花租之名。"载《小方壶斋舆地丛钞》第六帙卷五一。又光绪二年(1876)七月二十八日《申报》云,"上(海)、南(汇)两邑以及浦东、西均栽种棉花,禾稻仅十中之二"。林则徐在《太仓等州县卫帮续被蠲缓收请缓新赋折》中亦言,"太仓州暨所属之镇洋、嘉定、宝山等县,种稻之处十仅二、三,而木棉居其七、八"。载《林文忠公政书》,江苏奏稿,第14页上。参见刘石吉《明清时代江南市镇研究》,中国社会科学出版社1987年版,第16页。

集中在太湖沿岸各地和浙西的杭嘉湖三府,尔后逐渐扩大至太湖沿岸各地和附近的常州、镇江、江宁及苏松太等地①;其余的无锡、宜兴(荆溪)、武进(阳湖)、华亭、青浦、嘉善、平湖、海宁等县则属水稻产区。因此,总体而言,明末清初时长江下游地区已大致形成了某种形式的初级产业分工雏形。在这种情况下,各地区都有一个或两三个各具特色的支柱产业或经济作物,随着农业发展和经济作物耕种面积的不断扩大,商品生产逐渐专业化。

(2) 专业化商品手工生产的发展

随着地区农产品商品化趋势的增长和经济作物的普遍种植,长江下游地区的手工业也由于得到了充分的原料而迅速发展,主要以棉纺织业和丝织业为主。

就棉纺织业而言,从明后期开始,商品化的棉花生产与耕织两业逐渐分离。到了清代,这种分离更成为普遍现象。如杭州府仁和县,"棉布……乡之男妇皆为之,多出笕桥一带"②,嘉兴府平湖县,"比户勤纺织,妇女燃脂夜作,成纱线及布,侵晨入市,易棉花以归,积有羡余"③。可见,该地区棉纺织业已十分普遍。随着专业化分工的发展,在某些地区也逐渐出现纺业与织业分离的态势。如明正德年间《金山卫志》记载,"妇善织麻为纲,织棉布粗不及松人;故纺木棉为纱者,市线不自织"④;太仓一带,在明末也有男女分工织布的情形,"东南乡多纺纱,织绵布;西北乡多縈纻,名绩际,织夏布。然棉布女工,夏布男工,皆昼夜勤作"⑤。至清中

---

① 参见刘石吉《太平天国运动后江南市镇的发展》,载刘石吉《明清时代江南市镇研究》,中国社会科学出版社 1987 年版,第 74 页。

② (清)郑云修,邵晋涵纂:《杭州府志》卷五三《物产一》,载《续修四库全书》七○二史部地理类,乾隆四十九年(1784)刻本影印版,第 369 页下。

③ (清)高国楹:《平湖县志》卷一,乾隆十年(1745)刻本,载中国科学院图书馆选编《稀见中国地方志汇刊》第 16 册,中国书店 1992 年版,第 385 页。

④ 转引自严中平《中国棉纺织史稿》,科学出版社 1955 年版,第 26 页。

⑤ (明)张采纂:《太仓州志》卷五,崇祯二年(1629)刊本,第 37—38 页。

叶时,江宁织布所用之纱,大多来自崇明、通州,织工则雇自常州及浙西等地。①

随着当地养蚕饲桑的盛行,长江下游地区的丝织业商品生产成为当时天下之翘楚。丝织生产也逐渐成为明清两代太湖周边及浙西一带人民的主要生计。明隆庆、万历年间(16世纪后期),张瀚在《松窗梦语》中曾记载:"余尝总览市利,大都东南之利莫大于罗绮绢纻,而三吴为最;即余先世亦以机杼起。而今三吴之以机杼致富者尤众。"②其中,湖州民众通过不断改进、提高蚕桑丝织业技术,逐渐制造出具有地方特色的优质丝织品,"湖丝"在当时已成为名牌产品的代名词,行销海内外。"湖丝"缫丝工艺非常考究,"丝之高下出于人手之优劣,同此茧,同此斤两,一入良工之手,增多丝至数两,而匀称光洁"③。当时曾有人给全国蚕丝产区进行排次,其结果为"湖丝绝海内,归安为最,次德清,其次嘉之桐乡、崇德、杭之仁和,此外取于四川保宁,而山东、河南又次之"④,所以流传有"湖丝合郡俱有,而独盛于归安(湖州),湖丝遍天下"⑤的美誉。作为另一丝织业的重镇,苏州丝业向来发达。明万历年间地方官向朝廷奏报言,"吴民生齿最繁,恒产绝少,家杼轴而户纂组。机户出资,织工出力,相依为命久矣"⑥。明朝末年,由于赋役制度的变革,织染局停废。清顺治二年(1645),清廷重建苏州、江宁、杭州织造局,令其从事官方的丝织业经营。其规模已接近近代的手工工场,房屋动辄数百间,织机动辄数千张,雇佣工人数千。⑦ 产品主要用于上贡和官用,并无助于商品经济的发展。

---

① 参见(清)甘熙撰《白下琐言》卷八,江宁甘氏1926年重刻本,第15页下。

② (明)张瀚:《松窗梦语》卷四,上海古籍出版社1986年版,第22页上。

③ (清)陆心源:《湖州府志》(一)卷三一《蚕桑》,同治十三年(1874)爱山书院刻本,载《中国地方志集成·浙江府县志辑24》,上海书店1993年版,第584页下。

④ (明)陈全之:《蓬窗日录》卷一《寰宇》,万历十九年(1591)刻本影印版,第101页。

⑤ (清)蔡蓉升:《双林镇志》卷一五《风俗》,民国六年(1917)上海印书馆铅印本,载《中国地方志集成·乡镇志专辑22》,上海书店1992年版。

⑥ 《明神宗实录》卷三六一,第5页上。

⑦ 参见彭泽益《清代前期江南织造的研究》,载《历史研究》1963年第4期。

故自清乾隆后官丝地位不断下降,而民间丝业却取得长足发展。在明代,苏州东北半城就已辟为专门从事丝织生产的地区。杨循吉在记载嘉靖年间苏州城市丝织业的盛况时曾说,"绫锦纻丝纱绸绢,皆出郡城机房,产兼两邑,而东城为盛,比屋皆工织作,转贸四方,吴之大资也"①。入清以后,苏州丝织业又有了新的发展,生产分工也更细密。除了丝绸织作以外,还有"结综掏泛""摏丝""牵经接头""上花"等多种辅助行业,从事丝业的人数也大为增加。在康熙年间,"郡城之东,皆习机业"②;乾隆时,"织作在东城,比户习织,专某业者不啻万家"③。据估算,乾隆年间,苏州城内约有织机 1.2 万台,从事机织者 2 万人,从事牵经拍丝者 2 万人,从事掉经掉纬者 3 万人,其余经行、丝行、染坊、炼绢坊、制机具工等各种分业者,亦有 2 万余人。另外,城内专事丝绸生意的商人还有万余人。因此,总计有 10 万余人在苏州城内从事丝绸生产和贸易者,若再加上其亲属,则总数超过 30 万人,约占其城市总人口数的 1/3。④ 在这种情况下,当时曾有人对丝织业在苏州城市发展中的作用和地位作如此评价:"有清一代,苏垣东半城几全为丝织业所聚居,万户机杼,彻夜不辍,产量之丰,无与伦比,四方客商,麇集于此,骎乎居全国丝织业之重心,而地方经济之荣枯,亦几视丝织业之兴衰以为断"⑤。除苏湖两地丝业外,江宁缎业亦不逊色。清乾嘉年间,江宁城内共有织机 3 万张,织工 20 万人。其原料全部源自浙西供给⑥,所产绸缎的种类也甚多,产品行销海内外,"北趋京师,东北并高句丽、辽沈;西北走晋绛,逾大河,上秦雍、甘凉;

---

① 转引自(明)苏祐《吴邑志》卷一四《土产·货物》,明嘉靖刻本影印,《天一阁藏明代方志选刊续编》,第 376 页下。

② (清)甯云鹏、卢腾龙等修,沈世奕、缪彤纂:《苏州府志》卷二一,康熙三十年(1691)刻本。

③ (清)李光祚修,顾诒禄等纂:《长洲县志》卷一六,乾隆十八年(1753)刻本。

④ 参见王翔《中国丝绸史研究》,团结出版社 1990 年版,第 226 页。

⑤ 苏州市档案馆藏:《吴县丝织业同业公会致总商会函》。参见王翔《中国丝绸史研究》,团结出版社 1990 年版,第 226 页。

⑥ 参见(清)吕燕昭修,姚鼐纂《江宁府志》卷一一《风俗物产》,光绪六年(1880)刻本,载《重刊江宁府志》一,中山大学图书馆藏,第 8 页上。

西抵巴蜀,西南之滇黔;南越五岭、湖湘、豫章、西浙、七闽;沂淮泗,道汝洛"①。

除棉纺织品和丝织品的生产基地外,明清之际的长江下游地区还是各类文化用品的生产基地,粮食、食用油的重要产地,陶器、铜铁器、小木器等日用生活必需品以及玉石乃至锡箔等特殊商品的重要产地。其他如各地发达的船只制造,苏州、宁波、杭州的折扇生产,苏州、杭州的丝线生产,以"精细雅洁"见长的苏绣的生产,苏州、松江的纺织器具生产,苏州、杭州、松江的蜡烛生产,以及苏州的干果生产,湖州的湖笔制造,松江的暑袜织作和遍及各地的苎布生产等,也都是该地区的特色,其贸易量自然亦不小。

(3) 商贸交易范围的扩大

由于商品生产的日渐发达,再加上经济结构的转变和便利的水陆交通条件,此时的长江下游地区无论是区域内部、区域外部,还是海外的商品流通,都达到了一个前所未有的兴旺阶段。

从区域内部的商品贸易而言,其内部各个区域之间的商品交换关系伴随着各地专业分工的发达而不断扩大。还在明清时期,该地区就大致形成了五个专业化生产区域,即濒江沿海沙土地带的棉作棉织生产区、运河至平湖的稻作棉织生产区、运河平湖塘西南至苏南浙西山区的桑作缫丝生产区、苏杭嘉湖四府周围的桑作丝织生产区、苏南浙西山区的茶竹(木)纸(笋)炭种植制作生产区。② 在这些专业经济区域间,都进行着频繁的商品交流。大致说来,稻作区的粮食多输出到棉作区、桑作区和山区。如松江府及太仓直隶州境内,因"种花者多而种稻者少,每年口食全赖客商贩运"③;杭嘉湖三府的植桑区和山区的粮食,则大部分从周边

---

① 同治《上江两县志》(二)卷七,江苏方志十,第 190 册,台北:学生书局 1968 年版,第 652 页。
② 参见陈忠平《明清时期江南地区市场考察》,载《中国经济史研究》1990 年第 2 期。
③ (清)高晋《奏清海疆禾棉兼种疏》,载《皇清奏议》卷六一。

各地采买①。而棉作区的棉花又多输往稻作区或桑作区,清代上海县人叶梦珠即有"吾郡(松江)地产木棉,行于浙西诸郡"②的记载。与此相应,浙西桑作区的蚕丝又多输入稻作区或棉作区,例如明代松江在当时就号称"绫布二物,衣被天下","顾帛取之蚕桑,而浙产为多"③。同样,浙西山区的竹木茶纸亦多输入种植桑、稻、棉的平原地带,湖州府西部山乡所产竹笋即为"苏松口料",该地常有"笋档船往来吴松间"④,而松江等地也有"地不产茶,往浙西贩卖茶叶"⑤之类的记载。

从本地区和区域外进行商品交换的角度看,外地输入长江下游地区的主要是商品生产所必需的各种生产原料,而本地区对外输出的是大量的手工产品。因而,就贸易量而言,该区与全国各地区间的商品流通量似乎比区域内的流通量大,地位也更重要。⑥ 具体来说,长江下游地区与苏北、华北、东北等地区之间,输出的商品主要为布匹、丝绸、纸张、茶叶等,输入的商品则是豆、豆饼、麦、杂粮、瓜子、枣、梨、药材、腌猪、棉花、茧绸、铁钉、牛骨、海货等。而长江下游地区与闽粤地区之间,输入的原料主要有木材、糖、烟、薯粉、靛青、纸张、胡椒、苏木、药材、干笋、鲜果、海货、洋货等,输出的主要是粮食、丝绸、棉花、棉布、酒、工艺品等。另外,该区与长江中上游的四川、湖南、湖北等地之间的商品流通也十分活跃。

---

① 参见(清)朱文藻《余杭县志》卷一四《仓厫》,嘉庆十三年(1808)刻本,载《中国地方志集成·浙江府县志辑5》,上海书店1993年版,第748页。

② (清)叶梦珠:《阅世编》卷七《食货·四》,载(清)周亮工《书影》,上海古籍出版社1981年版,第156页。

③ (明)方岳贡修,陆继儒等纂:《松江府志》卷四《方物》,崇祯三年(1630)刊本。

④ 参见(明)徐献忠《吴兴掌故集》卷一三《物产类》;(清)胡承谋纂修《湖州府志》卷四一《物产》,乾隆四年(1739)刻本。

⑤ 《松江府为禁奸胥市侩私勒茶商陋规告示碑》,康熙十二年(1673),载上海博物馆图书资料室编《上海碑刻资料选辑》,上海人民出版社1980年版,第125页。

⑥ 据雍正时金匮知县王允谦估计,"本地编民仰给于客产者十之四,近取于土产者十之六"(《上督抚各宪请裁浒墅关口岸折稿》,载《锡金志外》卷五《增辑》)。金匮在苏松常嘉湖五府中是经济较不发达的地区,对外依赖尚且如此,则其他经济发达地区对外流通的程度更可知。参见范金民《明清江南商业的发展》,南京大学出版社1998年版,第52页。

包括江南地区在内的长江下游地区本是粮仓,宋人誉为"苏湖熟,天下足"。而到了明后期,随着经济作物的广泛种植,用于酿酒等的工业用粮和商品生产者口粮消耗剧增,该地遂由主要粮食输出地转为输入地,明万历年间时陈继儒即指出"向吴中不熟,全恃湖广、江西"①。到了清代,该地区与长江中上游的商品流通更趋活跃,湖南、湖北、江西等地已成为松江中机布的主要商品市场②,当地米谷也沿长江大量东运,一时之间"川米易苏布"③成为四川与该地区之间的主要商品流通。

此外,在鸦片战争前,长江下游地区还积极通过广州这一当时全国唯一的对外贸易口岸拓展海外市场。除丝织品外,通过广州输向海外的还有茶叶、瓷器等,进口的商品除玻璃、胡椒、燕窝等少数高档日用品外,主要为白银。对此,曾编撰《东印度公司对华贸易编年史》一书的马士曾回忆道,"在那个时期,我们现在叙述的每艘船,从英伦运出的资金是白银","而中国则不需要英国的东西"。④而这种白银单向流入中国的情形,直到19世纪中叶鸦片战争后才有所改变。

二、遍地开花的市镇:区域城市化的初级形态

伴随着农业商品化程度的不断提高和商品流通市场的繁盛,明清时期长江下游地区逐渐产生了一批专业性较强的工商市镇。其中,在明嘉靖至万历年间即形成市镇发展的首个高潮,市镇数量约为300个。市镇的发展不仅表现为数量的增加,还表现为商业经济的繁荣。如嘉定县南翔镇,在万历年间就已"多徽商侨寓,百货填集,甲于诸镇"⑤;松江府的枫

---

① (明)陈继儒:《晚香堂小品》(上)卷二三《上徐中丞救荒书》,上海杂志公司1936年版,第392页。
② 参见(清)叶梦珠《阅世编》卷七《食货·五》,上海古籍出版社1981年版,第157页。
③ (清)李鼎元撰:《师竹斋集》卷六《重庆府》,复旦大学图书馆藏清嘉庆刻本影印版。
④ 参见[美]马士《东印度公司对华贸易编年史》第一卷,区宗华译,中山大学出版社1991年版,第66—67页。
⑤ (明)韩浚:《嘉定县志》(一)卷一《疆域考上》《市镇》,明万历刻本,载《四库全书存目丛书》史部二〇八地理类,齐鲁书社1996年版,第690页下。

泾、朱泾镇也与府城无异,是当时的棉布加工业中心,"前明数百家布号,皆在松江、枫泾、朱泾乐业,而染坊、踹坊、商贾悉从之"①。清朝以后,由于该地区商业资本主义萌芽的不断发展和全国统一的完成,社会经济趋向新的繁盛,市镇发展也在乾隆年间进入了第二个高潮。表现首先是市镇数量进一步增加,达到 500 个左右,较明朝时将近翻番。② 其中以苏州、杭州、嘉兴等府最为明显。从空间分布上看,城镇分布非常密集,近者如湖州府的南浔镇东距吴江县震泽镇、西距本县东迁镇均不过 12 里(1 里约 500 米);远者如乌青镇与南浔镇相距 30 里,与双林镇相隔 36 里;由双林镇再至菱湖镇大致也不过 36 里左右;南浔镇至平望镇为 41 里,至双林镇则为 36 里。在河网交错的水乡,星罗棋布的市镇几乎使该地区的村落全部置于市镇经济之中。其次是市镇规模也不断扩大。这可以从空间规模和人口规模两个维度来把握。以空间规模而言,清代的江南市镇不断拓展空间,出现了一些方圆 10 里以上的巨镇,如乌青镇"市廛广袤十八里"③,双林镇"周围只十数里,东西约四里,南北约三里"④,南翔镇"其地东西五里,南北三里"⑤,有的甚至与它所属的府、县城相比亦毫不逊色。故清代时人即有江南市镇虽"名为镇而实具郡邑城郭之势","蕃阜气象几与郡县相埒"及"东南一都会"的认识。⑥ 以人口规模

① (清)顾公燮:《消夏闲记摘钞》中。
② 根据刘石吉的研究,1500—1800 年的 300 年,是市镇稳定成长时期,尤其在明代正德、万历年间至清代乾隆年间,市镇的数量平均增加一二倍以上。参见刘石吉《明清时代江南市镇研究》,中国社会科学出版社 1987 年版,第 157 页。
③ (清)张元真:《乌青文献》卷一,康熙二十七年(1688)春草堂刻本。
④ (清)蔡蓉升:《双林镇志》《图说》,民国六年(1917)上海商务印书馆铅印本,载《中国地方志集成·乡镇志专辑 22》,上海书店 1992 年版,第 490 页上。
⑤ (明)韩浚:《嘉定县志》(一)卷一《疆域考上》《市镇》,明万历刻本,载《四库全书存目丛书》史部二〇八地理类,齐鲁书社 1996 年版,第 690 页下。
⑥ 参见(清)董世宁《乌青镇志》卷二,民国七年(1918)铅印本,载《中国地方志集成·乡镇志专辑 23》,上海书店 1992 年版,第 230 页下;(清)仲虎腾《盛湖志补》卷一《沿革》,民国十四年(1925)乌程周庆云刻本,载《中国地方志集成·乡镇志专辑 11》,江苏古籍出版社 1992 年版,第 629 页下;(清)张承先《南翔镇志》卷二《营建》,民国十二年(1923)凤翥楼铅印本,上海古籍出版社 2003 年版,第 18 页;等等。

论,与空间规模上的扩大相适应,市镇人口也有了较大增加。人口在1 000户以上的市镇不下50个[①],其中万户以上的巨镇接近20个左右[②]。再次,这些市镇的商业经济亦极为繁荣。例如,盛泽镇在弘治年间只是一个居民仅50多家的村落;嘉靖年间渐成市集,居民百余家;到了乾隆年间,已崛起为万户大镇,"远商鳞集,紫塞、燕门、粤闽、滇黔,辇金至者无虚日。以故会馆旅邸,歌楼舞榭,繁华喧盛如一都会焉"[③]。

由此可见,在明清两代该地区市镇已明显脱离传统的以行政和军事功能为主的原始形态,转而朝商业城镇的方向发展。而这些以商业为主要功能的地方市镇,则引领着封建时代中国城市化的发展方向,并在一定程度上奠定了日后不少新型商业城市的雏形。这一情况我们可以大致从乾隆时期吴江地区的发展来领略一二:

> 民人屯聚之所谓之村,有商贾贸易者谓之市,设官将禁防者谓之镇,三者名称之正也。其在流俗,亦有不设官而称镇,既设官而仍称村者,凡县邑皆然。吾吴江之镇市村,其见于莫志者(莫旦撰:弘治《吴江县志》),村二百四十九,市三,镇四而已。徐志(徐师曾撰:嘉靖《吴江县志》)之镇与莫同,而市增其七,村则互有详略。至屈志(康熙《吴江县志》)而复增一市三镇焉。曰平望,曰黎里,曰同里,曰震泽,莫、徐之四镇也;曰县市,曰江南,曰新杭,莫之三市也。曰八斥,曰双杨,曰严墓,曰檀邱,曰梅堰,曰盛泽,曰庉村,徐所增之七市也。曰黄溪,屈所增之一市也;曰盛泽,曰芦墟,曰庄练塘,屈所增之三镇也。凡镇七,市十。盖自明初至我(清)朝三百余年间,民物滋丰,工商辐辏,月异而岁不同。此三志之市镇所以递有增易,而村则

---

① 参见陈忠平《明清江南市镇人口考察》,载《南京师范大学学报》1988年第4期。
② 参见王卫平《明清时期江南城市史研究:以苏州为中心》,人民出版社1999年版,第100页。
③ (清)沈云:《盛湖杂录》。

小者日多,名亦益俗,固不可得而复增矣。①

从上述文字中我们可知,明末清初时期吴江的市镇数量逐渐增多,而自然村落则越来越小,大量农村剩余人口开始向市镇和城市流动,并逐渐形成新的城镇。不仅如此,当时大凡被称为市镇者,其无论规模与发展水平相较上级县城甚至一些府城而言,都有过之而无不及。例如,前述的乌青镇、双林镇,规模都超过了县城;湖州府的南浔镇,从南宋末年兴起后,久盛不衰达600年之久,直至清末仍是湖州丝业贸易中心,当地人不无骄傲地宣称,当时"湖州整个城,不及南浔半个镇"②;嘉兴府的濮院镇,鼎盛时期有27条街、15条弄、2条巷,其规模之大令管辖它的桐乡县城大为逊色。③ 随着经济实力的增强,这些市镇又逐渐成为一个个人文荟萃的文化中心。其中,湖州南浔镇的发展堪称典型。有明一代,南浔即出了董份、范应期、董嗣成、董道醇、董嗣昭、朱国祯、华士嶙等7名进士,以及张祐等27名举人,还有3个内阁大学士和2个尚书。清人范颖通在《研北居琐录》中也有"前明中叶,科第极盛,有九里三阁老,十里两尚书之谚"之语。入清之后,南浔虽"显达不多",但"书声与机杼往往夜分相续",有清一代共有进士16人、乡试中举者50人,文化名人有"南浔三先生"施国祁、邢典、杨凤苞。④ 正由于市镇所具有的经济和文化中心地位,后来一些市镇陆续升级为县。如宣德四年(1429)置平湖县,以当湖镇为县治;同年置嘉善县,以魏塘镇为县治;万历元年(1573)置青浦

---

① (清)倪师孟、沈彤纂,丁元正等修:《吴江县志》卷四《疆土四》《镇村市》,乾隆十二年(1747)修,民国十一年(1922)石印本,第15页下;另在(清)倪师孟、沈彤纂,陈志和修《震泽县志》卷四《疆土四》《镇市村》,乾隆十一年(1746)修,光绪十九年(1893)重刻本,第1页上,亦有相同的记载。

② 刘大钧:《吴兴农村经济》,中国经济统计研究所1928年版,第122页。

③ 参见夏辛铭《濮院志》卷二《衢巷》,民国十六年(1927)刻本,载《中国地方志集成·乡镇志专辑21》,上海书店1992年版,第982—987页上。

④ 参见(清)汪曰桢《南浔镇志》卷六《古迹》,同治二年(1863)刻本,载《中国地方志集成·乡镇志专辑22》,上海书店1992年版,第63页下。

县,以唐行镇为县治;乾隆二十五年(1760)移金山县治于朱泾镇。由此,我们可以清晰地看到该区域乡村由市镇而城市化的历史全景。因此,可以这样说,正是在农业商业化的驱动下,明清时期长江下游地区的大量市镇(或大村落)逐渐形成新式城市。这应该说是长江下游地区早期城市化的重要特征。与欧洲中世纪或近世的城市化模式相比,长江下游地区特别是江南市镇的发展道路颇具东方特色,在世界上也是特例。[1] 而市镇的繁兴,也反映出中国内部正形成一种不同于传统的新兴商业资本势力,其正成为推动近世中国社会自觉进步的内在力量。

三、区域初级城市化的评估

1. 城市发展的趋向

（1）城市商品经济的进一步发展

明清时期,随着经济作物的大面积种植和农产品商品化程度的提高,一些传统城市的商业和城市手工业得到快速发展,推动了城市空间结构的近代化。以苏州为例,该地自古即为商业资本荟萃之所,元明以来更繁华富丽,世称"东南都会"。至明成化年间(即 15 世纪后半期)以后,经商品化、市场化后的苏州城更加繁华。而万历年间以迄 18 世纪更发展至最高峰。其人口由 16 世纪时的 50 万,攀升至 19 世纪中叶的百万之众,苏州堪称当时世界最大的城市之一。[2] 明崇祯时期的王心一在《吴江志》序中就曾就苏州华丽的市容云,"尝出阊门,见错绣连云,肩摩毂击。枫江之舳舻衔尾,南濠之货物如山,则谓此亦江南一都会矣"[3]。清乾隆时期的《吴县志》中也记载,"城中东西分治,西较东为喧闹,居民大

---

① 参见赵冈《论中国历史上的市镇》,载《中国社会经济史研究》1992 年第 5 期;《明清市镇发展综论》,载台北:《汉学研究》7—2,1989 年。

② 参见(清)雅尔哈善、傅椿修,习嶲、王俊纂《苏州府志》卷二《风俗》,乾隆十三年(1749)刻本,第 1—19 页。

③ (明)牛若麟修,王焕如纂:《吴县志》(一)首卷《王心一序》,崇祯十五年(1642)刻本影印,载《天一阁藏明代方志选刊续编》第 15 册,上海书店 1990 年版,第 17 页。

半工技。金阊一带比户贸易,负郭则牙侩辏集"①。市内各处均呈现出商业繁荣的景象。据时人记载,清初苏州共有商家数万,有的货铺经营时间超过 200 年,海内外各货聚集,规模宏大。② 其范围从"阊门迤西,包括月城、南北濠、上下塘、虎丘山、枫桥镇以达浒墅关数里间,商民居积所萃,视他省一雄郡"③。

　　相较苏州的繁荣,杭州在明嘉靖时还比较落后,"市井深巷还有草深尺余者,城东西僻有狐兔为群者"④,然而到万历年间,则整座城市"舟航水塞,车马陆填,百货之委,商贾贸迁……诸藩毕萃,既庶且富"⑤,"其四方之游士贾客,肩摩踵蹑"⑥。市内可谓百货萃集,"其余各郡邑所出,则湖之丝,嘉之绢,绍之茶之酒,宁之海错,处之瓷,严之漆,衢之桔,温之漆器,金之酒,皆以地得名"⑦。到了明末清初,杭州的手工业和商业发展更趋细化。例如,在丝绸业里,明嘉靖年间丝绸品种主要有:绫、罗、苎丝、纱、绢、绸、绵、绣等⑧,至清代新增缎、锦、剪绒、线绸、纺绸、绵绸、画绢、画绫、茧绸、帽缨、丝线⑨。杭州城内开设了众多的丝绸商店,其茧、丝的销售分布在临平镇等地;棉布产于邻近的苋桥及海宁硖石一带;苋桥则是杭州米囊和米袋布的专业市场。另外,作为长江下游地区最大的消费城

① (清)施谦:《吴县志》卷五二上,乾隆十年(1745)刊本,第 21 页。
② 参见(清)钱泳《履园丛话》卷二四,同治九年(1870)刊本,中华书局 1979 年版,第 5 页上。
③ (明)牛若麟修,王焕如纂:《吴县志》(一)首卷图,郑若曾《阊西筑城论》,崇祯十五年(1642)刻本影印,载《天一阁藏明代方志选刊续编》第 15 册,上海书店 1990 年版,第 116 页。
④ (明)陈善:《杭州府志》卷一九《风俗》,万历七年(1579)刊,载《中国方志丛书》第 5 册,台北:成文出版社 1983 年版,第 1364—1365 页。
⑤ (明)陈善:《杭州府志》卷三三《城池》,万历七年(1579)刊,《中国方志丛书》第 8 册,台北:成文出版社 1983 年版,第 2480 页。
⑥ (明)陈善:《杭州府志》卷三三《城池》,万历七年(1579)刊,《中国方志丛书》第 8 册,台北:成文出版社 1983 年版,第 2481 页;章潢《图书编》卷三八《全浙风俗》。
⑦ (明)王士性:《广志绎》卷四《江南诸省》,中华书局 1981 年版。
⑧ 参见(明)薛应旂《浙江通志》(下)卷七〇《杂志》第十一之八《物产》,嘉靖四十年(1561)刊本,载《天一阁藏明代方志选刊续编》第 26 册,上海书店 1990 年版,第 919 页。
⑨ 参见(清)李卫、嵇曾筠等修,沈翼机、傅王露等纂《浙江通志》卷一〇一《物产一》,雍正十三年(1735)修,光绪二十五年(1899)浙江书局刻本。

市,杭州的旅游、餐饮、服务业也颇具规模。明嘉靖二十五年(1546)三月,"有李氏者,忽开茶坊,饮者云集,获利甚厚,远近仿之,旬日之间,开茶坊者五十余所"①。到了清代,随着商业的发展,大小商人更发展到可以在茶室中打听行情,洽谈业务。此时的杭州已成为"百物辐辏,商贾云集,千艘万舳,往回不绝"的东南财赋之乡。②

与杭州类似,松江在明代中期时还比较冷落,"城多荆榛草莽"③,但隆庆、万历以来,松江发展很快,"生齿浩繁,民居稠密"④。由于这一时期人口急剧增加,旧城容纳不下增加的人口,社会上甚至出现了另辟新城的建议⑤。与此同时,嘉兴也出现了同样的声音。嘉兴府遂将属下的嘉兴与秀水两县合二为一,并为一城。明人张瀚在描述合并后的嘉兴时曾形容,"嘉禾边海,东有鱼盐之饶……桑麻遍野,茧丝绵帛所出,四方咸取给焉。虽秦晋燕周大贾,不远数千里而求罗绮币者,必走浙之东也"⑥。至明末嘉兴发展得更快,"辐辏成市,居民富饶,市邑繁盛",成为"百货所聚"、商贾盈城的"江东一都会""江东之雄郡"。⑦作为一座蚕丝业名城,湖州闻名遐迩的湖丝吸引着四方商贾,此时的湖州城"机杼之家相沿比业,巧变百出……各直省客商云集贸贩,里人贾鬻他方,四时往来不绝"⑧。通过湖丝交易,湖州也成为明清时期著名的江南城市。而南京等区域内的传统政治中心城市也获得了新的发展。据万历时谢肇淛描述,

---

① (明)田汝成撰:《西湖游览志余》卷二〇《熙朝乐事》,载《文渊阁四库全书》,台北:台湾"商务印书馆"1983年版,第542页下。
② 参见(清)陈璚修《杭州府志》卷二,载《中国地方志集成·浙江府县志辑1、2、3》,上海书店1993年版,第24页。
③ 范濂:《云间据目抄》卷五。
④ 范濂:《云间据目抄》卷二。
⑤ 参见(明)方孔炤撰《全边略记》卷五,明崇祯刻本影印,《四库禁毁书丛刊》史部第11册,北京出版社2000年版。
⑥ (明)张瀚撰:《松窗梦语》卷四,载《明清笔记丛刊》,上海古籍出版社1986年版。
⑦ 参见(清)吴仰贤、许瑶光等纂修《嘉兴府志》(一)卷三四《风俗》,载《中国地方志集成·浙江府县志辑12》,上海书店1993年版,第813页上。
⑧ (清)胡承谋纂修:《湖州府志》卷四一,乾隆四年(1739)刻本。

当时的旧都南京"金陵街道极宽广,虽九轨可容。近来生齿渐繁,民居日密,稍稍侵官道以为廛肆,此亦必然之势也"①。

伴随着商品经济的发展,明清时期各城市里从事与商贸相关行业的人员也越来越多。随之而来的是城市居民成分的改变。原先中国城市人口大致以贵族、官僚、地主、军人、富商巨贾以及为他们的生活服务的手工业者与商人等为主。但到了明清时期,在城市经济中发挥主体作用的却是广大工商业者。例如,在地区商业最发达的苏杭两地,明朝中期苏州"东北半城,大约机户所居"②。入清以后,特别是乾隆年间,"织作在东城,比户习织,专其业者不啻万家"③。其中西城是广大的手工业者和商人的聚居处,尤其在阊门附近有染踹工匠 2 万余人,"设立踹坊四百五十余处,每坊容匠各数十人不等"④。这些俱无家室、孑身赤贫的染踹工匠,大多为商人或是在染踹坊中劳动的雇佣劳动者。与苏州相同,商业人口也开始在杭州市民中占据着越来越大的比重。明中叶后,杭州居民"本地止以商贾为业,人无担石之储"⑤,"其民四之一为商贾"⑥;清康熙时,"杭民半多商贾"⑦,"杭俗之务,十农五商"⑧,其中,既有来自他乡异域的巨商大贾,也有各种各样的本地小商人。

(2) 区域中心城市的出现

明清之际,长江下游地区各城市在城市经济功能不断增强的同时,与区域外地区进行大规模商品交换的需求也势必增长,同时该地区发达

① (明)顾起元:《客座赘语》卷二《民利》,凤凰出版社 2005 年版。
② (明)朱国祯:《皇明大事记》卷四四《矿税》。
③ (清)李光祚修,顾诒禄等纂:《长洲县志》卷一六,乾隆十八年(1753)刻本。
④ 雍正《朱批谕旨》,第四十二册。
⑤ (明)王士性:《广志绎》卷四《江南诸省》,中华书局 1981 年版。
⑥ (明)薛应旂:《浙江通志》卷六五《杂志》第十一之三《风俗》,嘉靖四十年(1561)刊本,载《中国方志丛书》第九册,台北:成文出版社 1983 年版,第 2809 页。
⑦ (清)郑云修、邵晋涵纂:《杭州府志》(二)卷五二《风俗》,载《续修四库全书》,乾隆四十九年(1784)刻本影印版,上海古籍出版社 2002 年版,第 361 页下。
⑧ 《古今图书集成》职方典,卷九四六《杭州府部风俗考》。

的商品经济也吸引着大量国内外客商前来交易,因此,该地区与国内其他地区间的经济联系也更为密切。在这种情况下,区域内各城市与华北、东北、华中等地区的城市均建立了广泛的经济联系。随着交易规模和领域的扩大,势必催生一些作为地区经济枢纽的中心城市,而明清时期的苏州就是这样的一个中心城市。

苏州作为长江下游地区的商品集散中心,周边地区的丝、棉织品大多运至苏州进行加工,然而再销往外地。如此一来,日积月累便逐渐形成了一个以苏州为中心的长江下游城镇群体。据刘石吉研究,近世许多市镇在明清之际由乡村聚落快速发展为地方贸易中心,从而成为具有数千或万户人口的大市镇。这些市镇大多地处苏州府城及其邻近各县并不是偶然的。而正是由于 18 世纪苏州米市及商品经济的繁盛,转而极大地影响和带动了临近地区的发展,才催生了这些市镇的肇兴。① 由此可见苏州在整个长江下游地区城市中的中心地位,以及促进地区经济发展的积极作用。

不仅如此,苏州的经济影响力还跨出区域,走向全国。由于坐拥南北要冲,苏州四方辐辏、百货毕集。明末曾造访苏州的意大利耶稣会传教士利玛窦在其游记中曾写道,"许多来自葡萄牙和其它国家的商品,经由澳门运到这个口埠。一年到头,苏州的商人同来自国内其它贸易中心的商人进行大宗的贸易,这样交换的结果,人们在这里几乎没有买不到的东西"②。西南诸省尽管交通不便,仍有"商贩入者,每住十数星霜,虽僻远万里,然苏、杭新织种种文绮,吴中贵介未被而彼处先得"③。入清以后,苏州国内外商品贸易中心的地位日渐巩固,并成为全国商人会聚之地,所谓,"苏州为东南一大都会,商贾辐辏,百货骈阗。上自帝京,远连

---

① 参见刘石吉《明清时代江南市镇研究》,中国社会科学出版社 1987 年版,第 157 页。

② [意]利玛窦、金尼阁:《利玛窦中国札记》,何高济、王遵仲、李申译,何兆武校,中华书局 1983 年版,第 317 页。

③ (明)王士性:《广志绎》卷五《西南诸省》,中华书局 1981 年版。

交广,以及海外诸洋,梯航毕至"①;"山海所产之珍奇,外国所用之货贝,四方往来千里之商贾,骈肩辐辏"②。在当时,苏州城内"枫桥之米豆,南濠之鱼盐、药材,东西汇之木排,云委山积"③;城中"洋货、皮货、绸缎、衣饰、金玉、珠宝、参药诸铺"④,应有尽有。故时人曾用"繁而不华汉川口,华而不繁广陵阜,人间都会最繁华,除是京师吴下有"这样的诗句来称赞苏州⑤。甚至还出现了所谓"天下财货莫聚于苏州,苏州财货莫聚于阊门"⑥的说法。在这种背景下,苏州已俨然成为当时全国最繁荣的工商业城市和经济中心。并且,苏州人由于聪慧好古,善于引领海内的发展潮流,故在当时"苏人以为雅者,则四方随而雅之;俗者,则随而俗之"⑦,由此可见其影响力之大。

2. 对城市化形成模式的检视

如前所述,明清时期长江下游地区的人均占有土地面积已经很小,可供扩大农业规模的土地资源十分有限,人地矛盾尖锐。在这种情况下,全国各地通常采用的办法是人口向外迁徙,迁移到空间资源更为丰富的地区。比如清末民初时华北民众的"闯关东"和"走西口"等。但反观长江下游地区,解决问题的方式则恰恰相反,非但没有进行大规模的向外移民,反而还有限度地吸纳了一些外来人口。究其原因,大致是发达的商品经济为该地区的农民提供了新的选择机会,使他们不需要背井离乡,即可通过与外在市场的联系,进行商品的生产。市场利润这一诱因逐渐对农民的生存选择和整个地区的产业结构调整产生异乎寻常的

---

① 《陕西会馆碑记》乾隆二十七年(1762),载苏州历史博物馆、江苏师范学院历史系、南京大学明清史研究室编《明清苏州工商业碑刻集》,江苏人民出版社1981年版。

② (清)贺长龄《皇朝经世文编》卷三三沈寓《治苏》,道光十七年(1837)刻本,江左书林版。

③ 《古今图书集成》职方典卷六七六《苏州府部·风俗考》。

④ (清)顾公燮:《消夏闲记摘抄》上。

⑤ 转引自谢国桢《明清笔记谈丛》,上海古籍出版社1981年版,第123页。

⑥ (明)郑若曾《江南经略》卷二上。

⑦ (明)王士性:《广志绎》卷二《两都》,中华书局1981年版。

重要作用。这种对农业产业内部的结构性改造,通过改变地区农业的种植结构,广植更能产生经济效益的经济作物,逐渐在区域内部催生了一批对这些经济作物进行加工、制造的新型工业,从而吸纳了大量无地可耕、日渐脱离农田的农民,最终培育造就了一批专业性较强的工商业市镇。于是,在这些象征着中国早期城市面貌的新市镇里,商品生产获得极大发展,商品流通也更加活跃。截至鸦片战争前,长江下游地区的商业普遍呈现出繁盛兴旺的景象。不必说店铺鳞次栉比、商人荟萃云集的苏州、杭州、金陵等大城市,就是嘉兴府、双林镇等次一级的城镇,也处处洋溢着"地属通衢,商贾云集"的热闹繁华氛围①。故明清时期长江下游地区之所以能快速城市化,在很大程度上应归功于成功的产业改造和行业分工,以及繁荣发达的商品经济。而这三大因素也同时决定了长江下游地区在未来向近代化迈进的过程中还能保持在全国遥遥领先的地位,并为鸦片战争之后该地区的城市近代化铺平了道路。因此,从这个意义上而言,长江下游地区在近代能够最早开启并引领未来中国城市的近代化,绝不是历史的偶然。

---

① 参见(清)贺长龄《皇朝经世文编》卷三九,道光十七年(1837)刻本,江左书林版。

第二章　近代城市的工业化及区域内传统城市的工业化转型

第一节　个性化发展的区域工业城市群

所谓模式，一般是指主体行为的一般模式、结构性模式，具体而言，是指某一结构中各要素有机且稳定的联系。"南通模式""无锡模式""常州模式"就是指南通、无锡、常州三个城市在近代化发展进程中社会经济各要素（包括经济、文化、政治等）之间各自形成的一种有机的、稳定的、特别的联系，并在此基础上形成的发展形态。从总体而言，这三种发展模式虽都源自企业家"实业救国"的理念，逃不出"经济决定上层建筑"的经典套路，但其具体发展方法却各异其趣、大相径庭。当然，研究这些不同城市的近代化范式，分析其特殊的发展个性，揭示其发展的共性特征，对于探索当下中国城市如何发展都有着积极的指导意义。

一、一人兴市：张謇与南通的崛起

"南通模式"始终是与张謇联系在一起的。甲午战争后，晚清状元张謇，面临人生的两个重大选择：是博取功名还是去创业？所谓博取功名，就是借大魁天下之机，通过学而优则仕的传统仕宦之路，一步步成为朝廷枢要大臣,循规蹈矩且非常稳妥。然而张謇却选择了放弃追求功名厚禄,顺应时代潮流,毅然在家乡南通创办了大生纱厂,走上了艰险的"实业救国"之路。他在南通陆续建立了一系列工业企业,创建了一个具备相当规模与实力的大生企业集团。大生企业集团不但盈利,不断扩张,改变了南通城乡地区落后的面貌,促进了社会经济的发展,而且渐趋形成了一种促进城市近代化的"南通模式"。其特点包括以下几方面:

1. 因地制宜发展和循序渐进推进

一直以来,南通农村盛产棉花,是传统的优质土布生产的重要地区。张謇利用这一区域优势就地取材,在当地创办大生纱厂,并以其为"龙头",创办通海垦牧公司为提供原料的基地,后又带动食品加工、交通运输、机械、金融等行业的全面发展。此后,张謇还利用企业获取的利润投资教育和各种社会事业,利用教育事业培育的人才反哺经济建设和其他社会文化事业。从这种"父教育母实业"的发展方针中,我们不难发现南通近代化循序渐进的发展轨迹。

2. 工业办社会模式

与许多近代企业家不同,张謇不但是一名优秀的企业家,还是一位胸怀社会、救国救民的改革者。他认为,办企业不仅是为了赚钱,还是为了"通州民生""实业救国",他在创办大生纱厂的同时,特别是纱厂略获盈利后,陆续投资了许多一般企业家所不愿顾及的农垦、教育及社会福利事业。在他的主持下,南通兴修了水利,建设了公园,开办了学校,测绘规划了县路,购置了公共汽车,开辟了商业市场;不仅如此,他还建立了图书馆、博物院、剧场、俱乐部,设立了医院、养老院、残废院、盲哑学校、育婴堂、济良所等。他创办的这些社会事业,很快又反哺了发展中的大生集团,为大生的进一步发展提供了更为优越的投资环境。

3. 高度重视教育在社会发展中的作用

张謇非常重视教育,早在筹办大生纱厂之时,他就意识到"求国之强，当先教育"①。在他看来，实业与教育是一个国家的"富强大本"，可以"迭相为用"，"欲兴教育"则须以实业为"凭借"。在其"地方自治主义"中，他始终把实业与教育的同步发展视为其思想的基础。20 世纪初，张謇开始在南通创办各类专科学校。他认为，先期进行全局规划对于促进南通经济发展十分必要，为此他组织测绘人员勘测厂区地形，并绘制详细图表。为推动大生纱厂向"全能"发展，他积极培训织染方面的技术人员。此外，他还开办通州民立师范学校，开中国师范教育之先河；创设农业专学、医学专门学校、纺织专门学校、伶工学社、女工传习所等职业教育、社会教育及特殊教育学校，提高了南通地区普通劳动者的文化水平和技术素质。在上述这些专科学校中，南通纺织专门学校尤为突出，为近代中国工科大学之首创。张謇生前格外珍视这些他一手创办起来的学校。即便是病逝之前，经济已经较为窘困的张謇还没有忘记为男女师范学校添置校产，显示出了一位大教育家的卓识和远见。

事实证明，张謇创立起来的这些学校，不仅为南通甚至还为全国都培养出一大批优秀的人才。有的人不仅服务于大生系统的各个企业，还受聘于周边苏锡沪等地的民族资本主义企业，有些人甚至还受到外省纺织、教育等部门的延揽。如南通纺织专门学校的毕业生"俱服务于沪、汉、津、锡、通海各大纱厂，勤朴精敏，素为一般人所钦服乐用"②；有许多人都是苏沪锡地区纱厂的技术骨干，有些还成了总工程师、厂长等企业高级领导人。③

4. 举一人之力推动城市近代化

提及南通发展道路问题时，张謇曾有过这样的精辟概括："南通以个

---

①　张謇：《啬翁自订年谱》，载李明勋、尤世伟主编《张謇全集》(八)，上海辞书出版社 2012 年版，第 1011 页。

②　陈翰珍：《二十年来之南通》，(伪)南通县自治会，1938 年，第 38 页。

③　参见[日]驹井德三《张謇关系事业调查报告书》，载《江苏文史资料选辑》第十辑，江苏人民出版社 1982 年版，第 177 页。

人之力致是……无锡则人自为战"①。换句话说,南通的近代化带有张謇个人设计、领导并强力推进的色彩,其间充满着苦涩与艰辛。从1895年张之洞建议其筹建大生纱厂开始,张謇上下奔波,斡旋于地方绅商与官员之间,"阅月四十有四",纱厂筹建虽多次面临流产危机,如"合作者却步,掌权者欺弄,地方官阻挠,摘桃者欲尽",但最终不负苦心。张謇自称当时自己"含垢忍尤、遭闵受侮,千磨百折,以成区区工商之事","其危苦独心喻之,固不能尽其百一"。显然,张謇的远见卓识、坚韧不拔、百折不回的爱国创业精神成为推动南通经济发展的动力源泉,在当时南通落后的社会经济条件下,没有张謇最大程度地发挥主观能动性,"超前"意义地推进南通近代化,南通经济发展根本无法达到当时的规模与水平。

实际上,南通"近代化道路"的本质,或者说南通"地方自治"的真正内涵,乃是张謇耗尽半生精力,苦心设计与经营南通的近代变革,并以南通为起点或"样板",来实现自己毕生抵御侵略、富国强民的理想。与其说张謇是一位真抓实干的大实业家,不如说他是一位抱负远大的政治家。他的这些变革,最终的目标是解决富国强民的全局性问题。然而,在当时政局混乱的环境之下,张謇不得不退求其次,把目标缩减到南通这一个区域的范围。正如他指出的那样:"治本维何? 即各人抱村落主义,自治其地方之谓也。今人民痛苦极矣。求援于政府,政府顽固如此;求援于社会,社会腐败如彼。然则直接解救人民之痛苦,舍自治岂有他哉!"②

5. 社会整体的近代化发展

南通城市早期近代化最突出的特征就是整体性、全方位近代化,这是它与中国其他城市近代化的最大区别所在。张謇曾将自己在南通创

---

① 薛明剑:《无锡改进之刍议》,载《无锡杂志》1923年第1期,第4页。
② 张謇:《苏社开幕宣言》,载《张季子九录·自治录》卷三,第1页,参见李明勋、尤世伟主编《张謇全集》(四),上海辞书出版社2012年版,第461页。

办的事业分为三大类,即实业、教育与慈善,而且他还将这三大类事业归于"地方自治"。在他看来,地方自治应该是"自存立,自生活,自保卫",这与清政府颁布的《地方自治章程》中规定的"地方自治以专办地方公益事宜、辅佐官制为主"的要求,有了很大的不同。清政府认可的"地方自治"仅仅是作为官僚政治的点缀与补充,而张謇提倡的"地方自治"却早已超越了清政府确定的范畴,具体而言,就是绅民共治的一种理想模式。

张謇创办的实业、教育、慈善三大类事业具体包括了经济、教育、政治体制等方面的全面改革,这与他试图建立一个完整的近代文明社会的理想紧密相关。他虽然从未提过所谓"南通模式",但却是真正脚踏实地地立足乡梓,谋求通海地区物质文明和精神文明在中国国内的全面性超越,探索着如何与国外先进地区进行文明竞争。一言以蔽之,张謇的理想,就是希望以南通为模板,把地方自治的模式由通海推广到江苏全省,由江苏全省再推行到整个中国。概而言之,就是实现中国全面的近代化。[①]

不过,客观而言"南通模式"还有不少问题和缺陷。首先,出自张謇之手的南通城市近代化,从整体而言虽便于计划和统筹,但由于过于垄断致使南通在封闭中发展,有略微的"闭门造车"之虞。在南通,张謇几乎独立规划和建立了所有的工业企业,至1922年底,大生纱厂资本总计达2 483万两,各种不同类型的企业不下40余家,行业涉及棉纺织、机器制造、交通、金融、房地产、垦牧、印刷、食品、火柴、公用等十多个领域。但这些企业大多数都只有零星的厂房,经济上隶属于大生企业系统,没有形成各自独立的行业体系。[②]　其次,张謇办厂还有特权垄断的色彩。张謇曾仿照"上海华盛、镇江润昌纱厂皆有专办十年之章程"之先例呈请政府有关部门"拟请照华盛厂章,如有添设,皆作分厂","……准许二十

---

① 参见章开沅《"南通模式"与区域社会经济史研究》,载《广东社会科学》1988年第1期。
② 参见严学熙《无锡、南通两个地区经济中心的形成和比较》,载江苏省社会科学院经济研究所编《上海经济区研究论文集》第二集,1985年,第253页。

年内百里之间不得有第二厂"，①明确地将大生的势力范围扩张到周边的海门、如皋、崇明、北沙等地，禁止他人染指通海地区，外地商人想要在南通投资设厂难上加难。例如，1904 年，张謇听闻浙江候补道朱畴欲在通海地区增设分厂，便斥其"固已一见于窑湾面厂之图，再见于崇明纺厂之请。两谋不成，则亦已耳。今更变本加厉，欲将通崇两大生已成之实业而破坏之"②。1922 年，大生施压兼并了商人顾伯言在小海镇设立的保昌纱厂，而当时该厂尚在建设之中。与此同时，张謇还排挤、吞并了兴仁镇的永安纱厂，要求其"必须冠以大生代理名义"进行生产。于是，在通海辖内，大生系统工业企业一枝独秀，其他企业无法生存。南通亦成为大生企业垄断下的封闭工业城市。这样既不利于民族资本的发展，也由于缺乏竞争间接削弱了大生自己的生命力。③ 再次，工业办社会的"南通模式"对大生集团的自身发展极其不利。大生每年用于社会事业的投资数目惊人。20 世纪 20 年代，仅通州民立师范学校、农业专门学校、纺织专门学校、养老院、残废院、育婴堂等 7 个单位的常年经费就达 131 400元；而 1922 年大生对社会公益事业的企业垫款亦达到 57 万余两。④ 这种大量资金被投入非生产性社会事业的做法，完全违背了企业扩大再生产的一般性规律，极大削弱了集团自身积累和发展的能力，"工厂办社会"于是成为一种负担，企业不得不面临超负荷运转的窘境。因此，在日益恶化的社会生态面前（特别是张謇逝世后），南通的城市现代化由于缺少足以支撑其发展的政府支持，而无以为继、日益式微。

---

① 参见张謇《天生港设立通燧火柴公司请予备案文》，载《张季子九录·实业录》卷六，参见李明勋、尤世伟主编《张謇全集》（一），上海辞书出版社 2012 年版，第 511 页。

② 张謇：《咨商部文》，载《张季子九录·实业录》卷二，参见李明勋、尤世伟主编《张謇全集》（一），上海辞书出版社 2012 年版，第 79 页。

③ 参见严学熙《无锡、南通两个地区经济中心的形成和比较》，载江苏省社会科学院经济研究所编《上海经济区研究论文集》第二集，1985 年。

④ 参见南通市档案馆等编《大生企业系统档案选编》，南京大学出版社 1987 年版，各年账略。

二、企业集团化发展的"无锡模式"

与南通城市近代化道路不同,无锡是由荣宗敬、薛南溟等一批民族工商企业家创办新兴工业企业,发展近代工商业,进而实现城市工商业的近代化转型。在此过程中,无锡形成了六大资本集团,至1937年全国抗战爆发前,其工业化发展水准已达到了相当高的水平,一跃而成为近代中国非条约口岸城市中经济最发达的城市,其近代化程度甚至超越了苏州、南京等条约口岸城市,成为中国民族经济发展的一个榜样。总体而言,无锡城市近代化的特色主要有以下四点:

1. 竞争、开放助力城市发展

毫无疑问,推动无锡工业发展、城市进步的最大动力就是开放与竞争。与南通模式迥异的是,近代无锡企业家们并没有专门去垄断经营,而是采取了开放的态度。纱业方面,1895年杨宗濂、杨宗瀚兄弟创办业勤纱厂后,无锡又先后产生振新纱厂(1907年)、广勤纱厂(1917年)、申新纱厂和豫康纱厂(1921年)、庆丰纱厂(1922年),1932年又建立了丽新机器印染股份有限公司;面粉业方面,荣氏兄弟创办保兴面粉厂以后,也先后建立了九丰面粉、泰隆面粉和茂新面粉二厂;缫丝业方面,在裕昌丝厂(1904年)建立后的短短20多年间,无锡丝厂由1家迅速扩展到近50家。即使外地人来此投资也不被限制,如全国规模最大的丝厂振艺丝厂(常州人许稻荪创办)和嘉泰丝厂(常州人苏嘉善创办)来无锡创办时,都没有任何人干扰,丝业巨头永泰丝厂厂主薛南溟甚至还给予了相当大的帮助。

为了实现企业的共同发展,无锡不少工业行业都建立了同业公会,不同于以往行会性质的"公所"。但凡同业,只要按手续办理,均可申请加入公会。同业公会主要负责协调同行业内部的关系,相互交换信息并代表行业与政府取得联系。此外,无锡六大企业集团系统中,不同企业、不同系统之间也都彼此开放、相互竞争。例如,占无锡工业运营资本绝大多数的棉纺织、缫丝两行业,因季节不同,其运营资金互相间可以进行调剂,甚至有些纱厂和丝厂之间还可以互相借贷(如荣氏弟兄的申新三厂与薛南溟的永泰丝厂)。在竞争方面,为了加强自身在国际市场中的竞争力,薛南溟的永泰丝厂创造了"金双鹿"品牌产品,其在同行业中的地位显著提高;乾甡丝厂也如法相效,创造出自己的生丝品牌;此后永泰丝厂强化技术改造和经营管理,乾甡丝厂亦紧紧跟随。又如,薛南溟之子薛寿萱仰慕其岳丈荣宗敬纺织、面粉"大王"之盛名,加快对永泰各丝厂的技术升级与改造,历经十年,终于于 1935 年登上了中国缫丝"大王"的宝座。由此可见,由一个个工厂组成的不同行业和企业系统,使得无锡的企业链充满竞争且富有饱满的生命力。即便出现某个工厂、某个行业遭遇困境的情况,也不会使无锡整个工业生产出现停滞与衰退的状况。

2. 社会办工业方式

与张謇以工业化推动南通社会进步的模式截然相反,无锡企业家们则强调通过动员社会的力量来积极发展工商业。[①] 最突出的例子就是各有产阶级及地主、买办、官僚及工商业者联合起来建立起无锡最初的近代工业企业。例如,业勤纱厂就是由政府官僚一手创办;保兴面粉厂也由官僚、地主、商人联合建立;振新纱厂亦属于工业、商业和买办三方结合的产物;九丰面粉厂和庆丰纱厂的资本源于无锡米商;丽华布厂和续办丽新纺织印染厂的资本源于绸布商;荡口华氏地主则独资兴建了宏裕和宏绪两家丝厂;而碾米行业,更是工商资本难分。

与张謇"实业救国"的理念截然相反,无锡企业家办厂的目的,都是致力于谋求企业利润,并不关切新社会的产生。如荣德生筹办保兴面粉厂时就称"兴新业而占大利"。因此,近代无锡各项社会事业,除极个别

---

① 参见严学熙《无锡、南通两个地区经济中心的形成和比较》,载江苏省社会科学院经济研究所编《上海经济区研究论文集》第二集,1985 年,第 254 页。

以外,大都非实业家所承揽。譬如,无锡的教育事业虽较发达,特别是普及的小学教育执当时中国之牛耳,但企业家投资教育者却少之又少。尽管无锡公益工商中学为荣氏早年所创办,但规模较小,持续时间较短。荣氏创办私立江南大学更是抗战胜利以后的事了。总之,无锡实业家非常清楚自身的角色,即他们只是企业经营者,而非促进社会进步的改革家。他们创建了各种工商企业,共同推进了无锡近代工业的发展,而将推动社会事业发展的重任交付给地方政府及其他各类组织去办理。这种把社会资金集中投入到扩大再生产的社会办工业式的企业发展方式,合乎资本主义大生产的经济规律,自然是使无锡企业取得巨大的经济和社会效益。截至 1936 年,无锡已俨然以唯一的非条约口岸城市跻身于全国工业六强。

3. 重视对企业管理制度的改革

如果说南通崛起的关键在于依附强人及攀附权势而兴的话,那么无锡工业化的成功密码则是高度重视企业自身改革,通过对企业内部技术、设备和管理体制的不断革新,不断提高企业的生存能力和发展潜质,促进城市经济的快速推进。

1929 年至全国抗战爆发前是无锡工业锐意革新的新时代。无锡最初和全国其他城市一样受到席卷整个资本主义世界的经济危机的严重冲击,风雨飘摇,事实正如 1934 年《无锡杂志》所刊:"最近七八年来,吾邑工厂毫无进展","……无日不在风雨飘摇中"。然而,正是在困境中,无锡各厂迎难而上,在逆境中奋起"谋与环境奋斗计,对工厂内部之整理上莫不力求改进"。[①] 可以说,从此时起无锡各企业开始大规模改革,以改革求生存,进而开辟了一条符合自身条件、创新发展的新路。

这些改革具体包括技术以及设备的改造和引进、科学管理制度的建立、职业培训、劳动的管理,等等,主要是企业管理体制层面的改革。例

---

① 参见薛剑明《无锡劳工概况》,载《无锡杂志》1934 年第 21 期,第 3 页。

如,在当时国内许多企业中普遍存在的阻碍生产力发展的"工头制"问题上,荣氏兄弟率先进行大胆改革。1924年,他们仿照日商体制,在申新三厂将部分纱锭转交技术人员进行管理,在工作车间强化技术管理、产品检验和设备检修等。1925年1月,他们又聘请原先任职于上海大中华纱厂的技师王孚礼担任纱厂总工程师,解除了企业总工头的职务,成立了考工部、保全部、试验室等新式管理部门,在企业内部加强科学管理。在申新纱厂取得企业实效后,丽新纺织厂、庆丰纱厂等企业也陆续跟进,先后启动了对企业自身的管理体制改革。与此同时,市内面粉、缫丝等行业也相继推行了企业管理革新,许多厂家还严格工务规则,推行标准工作法,培训和教育员工等。企业革新的结果是,在激烈的市场竞争中,无锡各企业逐渐站稳了脚跟。[1] 加之无锡自身坐拥交通便捷、工价低廉、资金集中和企业规模较大等优势,无锡的近代工业得以迅速摆脱危机,无锡也成长为中国重要的轻工业城市。

4."众人拾柴火焰高":企业群体推进城市近代化

与张謇个人推动南通城市近代化相比,近代无锡城市发展为群体力量所推进。这个群体乃是一批经营理念先进的民族企业家群体。

之所以如此,原因有二:一是企业分工与多元化的经营战略。各企业家大多主要在自己的产业领域内经营与发展,共同成就着无锡的近代工业化。尽管企业的生产经营经常被外部恶劣的政治、经济环境所影响,但由于企业各有分工,无锡近代工业始终没有出现其他城市存在的同兴共衰现象。例如,第一次世界大战后外国资本卷土重来,曾一度使无锡的纺织和面粉业集体遭遇"滑铁卢"之变,但无锡缫丝业正处于发展的黄金时期,因此一两个行业发生困难不至于造成整个无锡工

---

[1] 不过也有少数一些企业家,由于思想保守、缺乏对企业进步的前瞻性而故步自封,没有进行改革。例如,周舜卿、荣瑞馨等后人,就由于因循守旧、不思进取,其所经营的振新纱厂和裕昌丝厂日渐衰落。

业的停滞或衰退。①更何况,这些企业家还常常进行跨业投资经营。例如,荣氏在经营面粉、纺织业之余,还成立了公益机器厂;周氏集团生意也涉及丝业、油业和银行等领域;杨宗濂、杨宗瀚两兄弟除纱厂外,也拥有机器厂、油厂、电信等其他业务;唐氏企业亦有纱厂、丝厂、粉厂、油厂、砖瓦厂等多项经营业务。这种多样化的经营结构使得这些企业巨头可以在内部相互进行有益的调剂和补充,而不会影响整个集团的发展。二是企业之间的开放协作。例如,1935年,薛寿萱联合无锡其他丝厂为"防止生丝多产后的竞销和原茧的竞购"及应对外地丝业竞争,就曾共同投资组成兴业制丝股份有限公司,拟进行原茧的统一征收与分配,并直接利用销丝机构外销生丝,"增强外销联合力量,免受洋行操纵和本国厂商的竞销"。1936年,该公司正式成立后,统一了无锡各丝厂的发展步调,充分利用当地蚕茧资源和技术设备,使得各投资厂商获利颇丰。②另外,在拓展市场方面,无锡各企业亦不约而同地把眼光投向外埠,保有对业内市场划分的默契,并不展开倾轧竞争。例如荣氏茂新企业的"兵船"牌面粉行销南北各大商埠,北方地区最为畅销,于是,此后蔡缄三所建的九丰面粉厂就避免将其"山鹿"牌面粉向北销售,只在茂新厂推销不多的江苏、浙江一带发展,减少与茂新竞争,亦获益颇多。再如曾为荣氏兄弟左膀右臂、得力干将的浦文汀在为老板效力之时亦产生了自己办厂的念头,但他在1917年创办的并非粉厂而是油厂。对于舍己所长转而投身并不熟悉的油业,浦文汀曾给出如下的解释:"依照我的业务知识和能力,办面粉厂比较合适,也易于获利,但我决心不办面粉厂,不与德生先生争利。"③由此可见,当时一致对外的无锡企业文化,造就了无锡企业家

---

① 参见茅家琦等《横看成岭侧成峰——长江下游城市近代化的轨迹》,江苏人民出版社1993年版,第166页。

② 参见高景嶽、严学熙编《近代无锡蚕丝业资料选辑》,江苏人民出版社、江苏古籍出版社1987年版,第355—357页。

③ 浦正勤:《无锡恒德油厂的始末》,载中国人民政治协商会议江苏省无锡市委员会文史资料研究委员会主编《无锡文史资料》第18辑,1987年,第82页。

群体积极进取的氛围,为无锡工商经济发展注入了新的活力。这种"众人拾柴火焰高"的现象已然成为企业群体推动近代无锡城市快速发展的真实明证。

由上不难看出,某种程度上"无锡模式"堪称中国传统工商业城市在近代成功转型的典范。然而该模式并不完美,也存在一些体制上的缺陷,尤其在城市发展的无序化方面引人深思。无锡城市的发展,正如张謇所一语道破的,乃是遵循了一条"人自为战"的道路。"人自为战",即各企业集团各尽财力、物力、智力,分头并进,推进城市近代化,有其积极一面。但是,"人自为战"亦容易造成"各走各路"的消极局面。因为成功,所以大家在实业、交通、教育等各领域群起效仿无锡模式,但由于秩序和规则的缺失,无锡各项事业发展全无章法。典型如无锡城市布局混乱,特别是工业区毫无秩序可言。棉纺织工厂设于旧城城郊运河沿岸,以便于大宗棉花接运;缫丝厂设厂于运河河边,以方便取水;工厂仓库码头沿河而建,以方便运输,无锡运河河岸因此混乱不堪。沪宁铁路建成通车后,无锡火车站一带工厂增多,为方便管理,各工厂开始在厂区附近建造工人住宅区,并配备相应的商业性和服务性行业。这些工厂规模小、数量多,且大多散布在旧城四周,与居民住宅区交相混杂,不但有烟尘、废水造成严重的环境污染,而且公厕缺乏,露天粪池一遇雨天便粪便四溢,更加剧了污染。而市政当局对市内商业区亦无规划。近代以来,特别是沪宁铁路通车以来,无锡米市渐由南门外向北门地区发展,旧城北街、火车站周边以及城北沿运河街道成为新的商业中心。然而,旧城内各类建筑拥挤不堪,间距繁密,个别区域建筑密度甚至高达70%—80%。市内街道一般比较弯曲、狭窄,民居建筑凌乱密集,供水设施缺乏,更无城市绿化。由于受河道体系的影响,无锡还形成了以旧城厢为中心的环形放射道路系统。① 故而,整个无锡城市布局缺少统一规划,听

---

① 参见董鉴泓主编《中国城市建设史》,中国建筑工业出版社1989年版,第245—246页。

凭工业区和商业区自然延伸,加之各资本集团各据"势力范围",使整个城市发展更为混乱,而这也严重影响到城市经济的进一步发展,降低了无锡城市工业化发展水平。

三、内变式的"常州模式"

在长江下游城市的发展过程中,近代常州城市发展的道路也非常独特。这条道路是"在没有外国企业直接挤压,没有官僚资本吞噬的条件下,由土生土长的民族资产阶级在本地传统手工业、商业的基础上,走出传统,变商为工,建立起近代工业。……实现地区的初步工业化"的道路。[①] 这种自我发展的模式是依靠城市内部组织间的密切协作与联合而获得成功的,对于推进当下常州及其他城市经济的发展都有着积极的历史借鉴意义。其模式具体表现为以下几方面:

1. 内变式工业发展

常州是近代长江下游地区的一座轻纺织工业城市。就其城市发展模式而言,常州城市发展基本上是一种内变式发展。至全国抗战爆发前,常州既未被列强占领过,也没有直接遭受外敌入侵的破坏,更没有外国人在当地设厂投资,故常州并不存在激烈的民族主义土壤,外国商业资本的影响主要集中在城镇,对于广大农村产生的作用几乎微不足道。传统的农业结构也并未发生改变,农民进行多种经营,农业经济与出口经济的联系并不十分密切。常州是传统的用纱码头,其农村经济并未因洋纱进口而产生不良结果,反倒是经农村土布纺织的改良,当地农村土布纺织业得以继续保存并发展。洋布的倾销则对常州农村土布生产稍有影响,但土布的传统销售市场却因当地农民消费习惯的不同和地域上的差异,并未受到全面侵蚀。因此,为了与洋布竞争,传统分散的家庭手

---

① 参见茅家琦等《横看成岭侧成峰——长江下游城市近代化的轨迹》,江苏人民出版社 1993年版,第 238 页。

工土布业不可避免地走上了工场化的前进道路,将个体农民纳入资本主义大生产的轨道。与此同时,常州的民族企业家们积极引进、仿制国外先进的机器设备,力求在当地机器、纺织、粮油等行业领域实现设备国产化,并带动其他行业的发展,使得常州产业经济开始由手工工场模式向近代纺织工业过渡。故从总体上来看,近代常州城市的发展并非源自外部力量,而是源自内在动力和外来影响交互作用下的地方自主经济。显然,常州模式实际上就是一种城市自我调适和自我发展的典范形式。

2. 重视企业家精神对企业发展的作用

常州是以纺织业为经济支柱的城市。常州民族资本家的积极推进,是城市快速发展的重要因素,其中又以他们的创业精神和民族意识最为关键,具体表现在如下几个方面:

一是具有强烈的民族忧患意识。与大多数中国民族资本家一样,从事纺织、机器等行业的常州工商业者,既满怀增值资本、追逐利润的个体动机,也存有爱国富强的民族意识,渴望着企业获取成功。如爱国企业家刘国钧自年轻时起,就抱有炽热的爱国情怀。在他看来,办实业就是为了国家富强,而非仅仅为了赚钱。他自称,南通张謇倡导的"实业救国"对他影响很大。时逢北洋军阀统治,列强侵略频仍。第一次世界大战结束后,日本强占山东,更是引起国人义愤。与此同时,在上海、常州等地,英国、日本大肆倾销纱布,中国民族纺织产品备受排挤和打击。刘国钧对此深感不满,他认为日本纺织品之所以能抢占中国市场,一定有其不可告人的"秘密",只要识破这个"秘密",就能够战而胜之。为此,1924年刘国钧亲自前往日本,通过考察他发现,日本纺织工业产品之所以成本低廉,原因就在于精密的工序化生产以及严格的科学管理。于是,刘国钧回国后痛下决心,彻底改革企业自身的经营管理,积极引进先进机器设备,最大限度地提高产量,以降低产品成本,并与日货竞争,一决高下。很快,在他的苦心经营下,大成纺织染公司迅速在常州崛起,并在当地市场占有一定的份额。

二是具有不畏艰难、艰苦奋斗的创业精神和灵活机智的经营头脑。近代常州民族资本家创业过程中经常遇到的困难，许多源自地方保守势力的阻挠与破坏。在常州民族资本家身上就体现出不怕艰难、开拓进取的创业精神。例如，率先在常州创办大纶布厂的企业家蒋盘发，在经营失利之后，毫不气馁，一切从零开始继续兴办协源浆纱厂（1925 年），后又将企业业务进一步拓展，兼做绒布，最终建成当时常州最大的染织厂，其筚路蓝缕的创业精神可见一斑。又如前文所述的刘国钧，早在 20 世纪初，他就曾在常州经营同丰、和丰两家货店，后由于遭到地方势力勒索和出于抵制外货考虑，转而投身实业。他由商人转变为企业家后，有意识地交好常州各资本家和士绅阶层，灵活地经营大成纱厂，使之迅速发展成为常州工商界的一面旗帜。尔后刘国钧并不随遇而安、随波逐流，而是超前地思考企业如何进一步发展的战略问题。20 世纪 20 年代初，在中外企业家都争相创办纱厂谋其厚利之际，刘国钧已经开始思考单一创办纱厂将要面临的重大问题。因此，他创办大成纱厂，不仅为自己的布厂提供了物廉价美的棉纱，而且自己的布厂也适应市场需求生产出许多高质量的畅销产品。所以刘国钧的大成集团非但没有在 20 世纪 30 年代国内外经济危机的恶劣环境下破产，相反收益成倍增长，其成功的秘诀就在于"一条龙"的先进生产理念。

三是有不断创新的改革意识。常州民族企业家特别重视企业发展过程中的革新改造，具体包括技术设备的更新改造、产品市场的调查研究、产品成本的降低、产品质量的提高以及品牌的声望效应等。在刘国钧看来，企业效益要获得提升，就必须不断改进技术和设备。刘国钧曾于 1924、1932、1934 年三次前往日本实地考察学习，虚心向日本同行学习如何降低生产成本，如何改良产品质地和花色。他当时专门购买了一套灯芯绒和丝绒生产设备，并特聘一位日本师傅到常州进行试生产。在技术革新方面，他将大成一厂的机器驱动方式由蒸汽动力改为电动传动，率先使用筒子纱、盘头纱织布。筹建大成三厂时他还定购了当时国际最为先进的"里透"(指产品质量上乘)产品。为了方便市场调查研究，他在上海专设办事处，亲派自己的副手刘靖基专门驻扎上海，了解上海市场行情，探查市场上棉布花色及品种的变化，一旦市场出现新的情况，立即作出对策调整。除此以外，刘国钧还特别关注国际市场的变化，始终将日本视作最重要的竞争对手，认为，"吾常专织斜纹实非久计，宜往南洋调查改织阔格子等布有利。天鹅绒、丝绒……一切制造方法，容整理后，陈列工联会，任人参考"①。与常州的许多民族企业家一样，刘国钧非常追求产品质量的精益求精，在他看来，产品质量关系到企业发展的命运，有质量，就会有销量。譬如，《大成厂歌》中就有"成本力求轻，产品力求精"的警句。为了做到精益求精，刘国钧天天跑车间，认真检验产品质量。有一次，他化装成工人，跑到上海怡和纱厂学习浆纱检验工艺，被发现后险遭毒打。不过，刘国钧仔细分析上海怡和"铁路"牌绒布后，吸收其优点，改正自身缺点，很快就推出了自己的品牌"双兔"牌绒布，此品牌绒布很快成为市面上广受追捧的名牌产品。此后，大成的"大成蓝"色布、"六鹤"牌棉纱、"蝶球"牌细布也被陆续推出，都成为国内布业市场上的名牌产品。

四是注重人才培养、使用以及知人善任。常州工商企业家非常重视人才，如大成集团招工时，通常要求所招工人须具有一定的文化水准。工人入职后需要培训。职员、练习生和艺徒的培训各有差异，技术骨干可以优选定时出国学习。这种新的人才管理制度，完全改变了原有的封建窑管制度，克服了企业中人浮于事的通病。此外，刘国钧还将人才进行分类，把人才视为决定企业成败兴旺的关键因素。其中，一等人才既懂得经营管理又懂技术，二等人才懂管理不懂技术，三等人才懂技术不懂管理。刘国钧在就任大成总经理之始，即以重金延揽人才，刘靖基、朱希武、陆绍云、华笃安等名噪一时的纺织专家，都先后被聘到大成来工

---

① 刘国钧:《赴日参观印象及感想》，载《武进商报》1935 年 7 月 8 日。

作。这些精明强干的技术骨干,精于市场行情研究,擅长技术革新,不断创造、研发出新产品、新工艺,为大成的崛起立下了汗马功劳。

从以上四点可见,近代常州纺织工业之所以在城市经济发展中确立了巨大优势,企业家精神的全力发挥乃是最为重要的原因,由此也可以看出,此时的常州民族工商企业家们已然成为推动城市经济发展的核心力量。

3. 重视区域间的城市合作

区域经济发展进程中,城市间的经济联系越来越紧密,由于生产分工和市场的多样性,各地必须借助经济结构各要素之间的相互联系,通过区域各城市间的生产、流通等要素互通有无,共同推动城市经济不断增长。这种区域城市间的经济合作关系,对于推进城市经济发展有着极其重要的现实意义。

近代常州经济与无锡联系最为紧密。尤其是在棉纺织生产领域,常州染织工业的原料大多仰赖无锡生产出来的棉纱。常州棉纺织工业向来以织为主,纺纱较少,染织业的用纱大都依赖外地,仅大成企业能做到自纺自织。所以,无锡纱厂产的纱倍受欢迎,其中申新三厂品牌"好做纱"口碑最好。1931年,为了迎合常州企业的棉纱需求,申新厂专门纺制20支经纱,其拉力大、长度长,相较日纱质量更佳,开创了优质国产纱织布应用之先河。此后申新经纱在常州需求量不断增加,供不应求。1933年,无锡申新又拿出一、二、五、八四个厂的大批筒子纱供应常州,建立常州办事处进行营销。申新以外的无锡其他纱厂,也是常州布厂的经纱供应方,甚至苏州苏纶纱厂的"天官"牌棉纱也通过无锡民华纱厂的推荐被引入常州,为此,苏纶纱厂提供了非常优惠的条件,包括全权负责运输、纱款延迟结账、纱价优惠等。于是,常州各家织布企业纷纷与苏纶纱厂建立业务往来。由于双方互惠互利,常州布业的生产成本也由每匹1.20元至1.30元降至0.86元。此时,"非但日纱抵制得一件不能至常,常厂的布还远销华南各地,而不受日货的排挤"①。

常锡间除了原料的往来之外,还有着合作结成联合经济体的整体规划,即两地各厂分别向对方的方向扩展,逐渐合拢,从而形成一个"日里烟囱相交,夜里灯火相望"的工业大区。② 为此,当时常州不少纺织企业纷纷在戚墅堰、丁堰购买地皮,准备投资设厂,有些厂家甚至已经部分开工。 如果不是全国抗战爆发,两地结成大工业区的规划完全可能实现。

以上三点即常州城市工业化的主要特征。这些因素对常州的近代化发展都起到了积极的正面推动作用,然而其消极影响亦不容轻视。尤其是工业部门的单一化,几乎成为日后常州进一步工业化的极致弱点。比较而言,南通在纺织、垦牧、教育三大领域基本实现了"功能与经济上相结合";无锡工业结构中,棉纺织、缫丝、面粉三大行业三足鼎立;常州则除了梳篦、土布外,别无他业。 常州农村虽宜养蚕,但水质欠佳,无法建厂缫丝,其地产蚕茧只能运至无锡作为丝厂原料。 尽管常州拥有棉纺织业,但织强于纺,加之当地农村又无棉花生产,因此生产基础十分薄弱,难与南通、无锡比肩。 就总体而言,常州的工业化起步较晚,资金相对缺乏,工业部门单一,尽管有常州民族工商企业家的大力推进,自我调整走出一条独特的初步工业化之路,并形成一定的地方发展特色,但是,由于内在经济推动力相对较弱,常州城市工业化发展水平仍旧落后于南通、无锡。

四、差异化模式的原因分析

南通、无锡、常州三个城市之所以在其城市近代化进程中体现出独特的发展个性,有两方面的因素值得深思:一是各种动力因素合力推动

---

① 常州市地方志编纂委员会办公室、常州市档案局编:《常州地方史料选编》第一辑,1982 年,第 108、177 页。
② 参见茅家琦等《横看成岭侧成峰——长江下游城市近代化的轨迹》,江苏人民出版社 1993年版,第 225 页。

说；二是综合环境制约说①。

　　所谓动力因素合力推动说，即是依据恩格斯指出的，历史是由"无数相互交错的力"的"平行四边形"，即"一个总的合力"所推动的，"每个意志都对合力有所贡献"。② 运用这一理论展开对长江下游传统城市近代化问题的探讨时，我们会发现，推动近代长江下游传统城市发展的动力乃是多种动力因素构成的"合力"。当然，这种合力并不是诸多动力因素的简单相加，而是按照一定的方式构成密切联系的整体，在互动中产生对长江下游地区城市的深刻影响。

　　其中，西方资本主义生产方式的冲击是非常重要的外力因素，它既给中国带来了半殖民地半封建社会的民族灾难，同时也将近代文明的讯息带到了中国。近代中国市场被西方资本和商品强力入侵，陷入非常无奈窘迫的境地：不想任其深入，阻碍中国经济正常发展，却又无法阻挡。这在沿江沿海的上海、武汉等开埠通商的口岸城市中表现得较为突出。而南通、无锡、常州等长江下游非条约口岸城市尽管没有直接遭受到西方的军事入侵，但通过长江下游的首位城市上海还是感受到了欧风美雨的侵袭。作为中国最大的通商口岸城市、长江下游区域及全国经济中心城市的上海，拥有着其他中国经济城市无法比拟的优越区位，其所拥有的巨大经济能量不但可以有效辐射到南通、无锡、常州乃至更广大的区域腹地——乡村集镇，而且还能将商品、资本、技术、信息等经济发展要素在大城市、条约口岸城市、非条约口岸城市及城市腹地（农村）之间进行广泛的互动联系和能量交换。其结果是：城市、城乡间交通运输业快速发展，商品交换日益频繁，传统城市商业结构形态渐趋改变。更为重要的是，一大批富于创新精神、头脑灵活的民族工商企业家们，一方面积

---

① 不同的自然环境、经济环境、政治环境、文化环境综合制约因素对各城市近代化的影响已在本书第一章第一节中介绍，不再赘述。
② 参见[德]恩格斯《1890 年 9 月 21 日致约·布洛赫的信》，载《马克思恩格斯选集》第 4 卷，人民出版社 1972 年版，第 478—479 页。

极致力于"实业救国",一方面又为自我发展追求高额的商业利润,不断掀起创办近代新式民族工商企业的浪潮,启动了非条约口岸城市近代化的进程。与此同时,传统商业吸收了一些近代积极性因素,逐渐向为工业服务的现代服务业转化。如此一来,非条约口岸城市的工业化与商业化遂成为这些城市结构与功能向近代转型的重要内部推动力量,与此相对应,城市的金融业、交通运输业、城市空间布局和规划等方面也需要有更大的发展和提高,由此,在诸多动力的相互整合作用下,非条约口岸城市逐渐向近代化迈进。

当然,由于交通地理环境、资源整合能力的不同以及外资竞争等条件的限制,长江下游各非条约口岸城市的发展并不均衡。各城市所承受的发展阻力各不相同,而促进城市发展的动力也各有差异,因此在长江下游区域出现了三种不同的城市发展道路。被张謇称为"地方自治"式的南通城市近代化,就是一种依托南通大生纱厂,在经济、文教、社会等各方面进行整体建设的道路。这一发展道路充分借鉴了西方地方自治的一些方式,在儒家伦理思想的指导下,联合了通海地区各政治、工商、教育等社会力量,结成了一个颇具权威性的区域政治经济实体,并在有强大政治经济影响力的张謇个人力量的推动下让南通走向近代化。其中,张謇个人因素、工业化因素乃是南通近代化进程中最关键的动力因素,而南通因此也发展成为近代苏北东南地区最重要的经济中心。

无锡发展工商业的模式则是"人自为战","时立势会"。当时,在无锡工业界出现了六大资本集团,它们通过相互竞争提高了企业发展水平。然而,由于缺乏统一的规划,无锡整个城市社会系统始终未能全面整合起来,这主要与无锡民族企业家们过度强调自由发展相关。这种情况积极的方面在于提高了无锡工业化程度,带动了工商业的生机勃勃竞争局面;并且,无锡民族资产阶级也从西方资本主义的压迫中挣扎出来,使得无锡成长为近代中国传统城市中工业最为发达的城市之一。无锡的近代化程度远超它的左邻右舍,包括作为条约口岸的南京、苏州等地,已然成为苏南地区新的经济中心,替代了原先的中心常州。

　　常州城市发展的轨迹又有不同。常州的民族企业家们在没有国外企业直接压迫,没有国内官僚资本侵吞的条件下,利用当地传统手工业、商业基础,变商为工,建立起一定规模的棉纺织染业。他们加强区域合作,结合抵制外货的政治斗争形势,大量运用本地生产原料和机器设备,逐渐实现了本地区的初步工业化。20 世纪 60 年代,当国家处于经济困难的时候,常州模式依然发挥着作用。当时常州在不用国家投资的情况下,利用各种方法改革内部机制,最终开辟出了一条城市经济自我发展之路,为当下常州城市新的腾飞奠定了基础。

第二节　从传统向近代工商业中心转型的共性研究

　　非条约口岸南通、无锡、常州三个城市的近代化发展模式,本质上都是它们为发展资本主义,推进城市经济发展而走出的各自不同的近代化道路。面临西方资本主义压迫、民族危机空前严重的情况,三地经济基础各不相同,发展模式各不相同,发展结果也大相径庭。但不能不承认,三地城市近代化的发展和转型,也存在着一些共通之处。因此,透过对它们的共性研究,我们似可从中得出更多区域城市发展的一般规律,从而对近代中国城市的深入研究有所裨益。

一、"本土化"倾向的城乡经济关系

　　一般来说,区域经济发展进程中,城乡间经济关系直接影响着该城市的经济发展水平。其核心问题就是如何处理好农村传统经济基础与城市工业化的关系,因为这将直接关系到城市产业结构的稳定和发展。

　　19 世纪 80 年代以来,由于洋纱用于土布生产,土布的产量和质量得以提高,生产成本降低,土布在长江下游地区广受农民欢迎,普及很广,长江下游地区形成了一个规模庞大的机纱市场,土布年产量达数十万

匹。机纱市场的扩大与需求催生了南通、无锡、常州等地近代纱厂的兴起和发展。这些纱厂遂逐渐开始为土布生产提供大量的粗支纱原料,并把为土布生产提供原料确立为企业生产的指导思想。于是,一种纱厂与农村土布生产相互依存、互促互补的新型城乡经济关系出现了,并从根本上保障了国内棉布消费市场的持续发展。即便土布生产遭受严重冲击,也可以有各种不同的降低损失的方式予以应对。因此,不难看出,南通、无锡、常州三个城市近代化发展的共性就是:工业与农村农副手工业相结合,充分利用当地劳动力条件和生产资源,因地制宜,走工农商产业协调发展的工业化道路。

就南通而言,通海地区农村手工纺织业的破产并非因大生纱厂兴办而引起。实际上,大生纱厂与周边农村家庭手工纺织业在很长时间里早已形成了一种荣枯与共的共生结构。国外机纱输入南通农村以后,虽曾造成纺、织分离等家庭手工纺织业的内部结构变化,但当地农民仍以洋纱作经,土纱作纬,织成"大尺布",因质量有明显提高,"大尺布"特别受东北市场的广泛欢迎。故此,机纱市场需求量大增。然而,通海地区对机纱的大量需求却因国外洋纱、上海机纱的销量缺少而难以得到满足。此时,大生纱厂生产的机纱适时给予补充,企业很快发展起来。但此后,洋布价格下调,并彻底击败土布,又直接导致通海地区土布市场和大生纱厂的衰落。

西方工业品,不但结合通海地区的农村家庭手工织布业和土布市场得以继续维持,而且在市场上也拥有较大的比重。这表明,面对西方资本主义的强力冲击,长江下游地区的个体经济呈现出双重特征:既顽强地抗拒,又灵活顺应。鉴于低程度发展的中国资本主义经济,自然经济所受到的冲击并不剧烈,因此极端贫困的农民阶层灵活地选择了通过经营农村手工副业来补贴农田耕作以获得更多收入。诚然,通海地区农村家庭手工织业哺育了大生纱厂,但因产品技术含量较低,缺乏更有力的后劲推动。这种落后、保守的封闭型市场机制,令大生纱厂减弱了革新技术和管理的紧迫感，在全国市场上的竞争力一再降低。一旦南通土布业出现萧条的情况，大生纱厂在东北地区及通海市场以外就很难开辟出新的市场。

当然，并非只有南通出现了纱厂与农村手工织布业俱枯俱荣的情况，无锡、常州的棉纺织企业也存在着同样的问题。由于无锡农村不出产棉花，所以自明清以来该地区就一直向常熟、江阴棉区购置棉花，进行土布业生产。洋纱传入后，当地农户开始采用机纱织布。1896年无锡业勤纱厂开工生产后，所生产的机纱开始"供销常州、江阴、镇江及本县其他市镇。该厂虽然昼夜开工，对于常州府和苏州府的各个乡镇对该厂需要，尚无法全部供应"[①]。至20世纪初，用本地机纱进行织布已基本上遍及无锡农村。20世纪30年代，粗支纱则成为无锡各纱厂生产和供应农户织布的主要产品。无锡附近的农村及江阴的青阳、峭岐、顾山、周庄等土布产区，也都成为无锡机纱的重点市场。[②] 另外，机纱在无锡农村织布业中的大量使用，则进一步推进了纱号业的发展。而无锡的纱号业与布行普遍推行联号经营，"放纱收布"更使无锡农村手织业得以兴旺。通过纱号布行，无锡近代纱厂遂终于与农村家庭手织业结成了密切的经济关系。

然而，20世纪初，无锡、常州土布产销发生变化。周边农村土布产区由于大量利用洋纱织布，土布产量猛增，市场竞争愈演愈烈，土布价格受到严重压制，农民织布收益明显下降。当地农民不得不改弦更张，经营起织袜、花边等收入更高的家庭手工业，有的人索性入厂当上织布、缫丝工人。因此，在无锡、常州农村的农副手工业中，织布业逐渐从最为重要的位置上跌落下来，代之而起的是锡常两地的机器织布工厂。这些工厂虽然不是由农村家庭手工织布业转化而来，但还是与其有着千丝万缕的

---

① 《捷报》，1897年5月28日，载汪敬虞编《中国近代工业史资料　第2辑（1895—1914年）》下册，科学出版社1957年版，第688—689页。

② 参见张泳泉、章振华《无锡纱号业的经营方式及其特点》，载茅家琦、李祖法主编《无锡近代经济发展史论》，企业管理出版社1988年版，第243页。

联系。比如,很多织布工厂都是由绸布业、土布业商人投资,布商成了新的工厂主,而农村中的织布农民则成为工厂中的工人。无锡丽新、庆丰两大纺织企业的创办人唐保谦的祖父,早年就经营着规模颇大的唐时长布庄,唐保谦的父亲则经营春源布庄,而唐保谦自己也曾干过布庄的生意。后来因土布销路渐趋萧条,唐保谦才下定了投资办厂的决心。[①] 而丽新厂的投资人唐骧庭等人当时也都是著名的九余绸布庄的股东。[②] 他们之所以要兴办这些机器织布厂,是因为他们都敏锐地意识到,在近代农村织布业渐趋衰落的情况下,依赖农村手工织业的纱厂的前景是岌岌可危的。企业要生存,只有转变经营方向,将自产的机纱直接用自己的机器织成布,才能和洋布竞争。在他们看来,纱厂欲立足于不败之地,不能仅靠织布,还必须靠自力更生,进行织布的印花、染色等深度加工,以提高最终产品的质量和档次。为此,需要转变企业的生产结构,将企业由单纯产纱转变为纺、织、染、整的全能型企业,加强纱厂的资本集约度和技术水准。常州的大成纱厂、无锡的丽新纺织厂就是这类转型企业的典范,它们为了摆脱企业的经营困境,积极调整了原有经营方针,还大力提高了企业的生产技术与管理水平等。相比较而言,无锡的纺织工业发展具有资本替代劳动力、高技术、高成本、高产出的特点。由于完全脱离了农村手工织布业,无锡不仅实现了机器织布的全面发展,企业的竞争力也有所加强。而常州的工业化道路则纯粹是由单纯产纱向全能企业发展。它们的共同之处就在于依靠内部结构的变化,走出了一条"本土化"纺织染业全面发展的道路。

就三个城市中工业最为发达的无锡而言,其城市经济中缫丝业的"本土化"情形又较纺织业更为突出。20 世纪初,上海缫丝工业快速发展,受其影响,无锡蚕桑业更加普及,村村殖桑养蚕。据《江苏省实业行

---

① 参见黄厚基《无锡民族资本家唐保谦父子经营工商业简史》,载中国人民政治协商会议江苏省无锡市委员会文史资料研究委员会编《无锡文史资料》第四辑,1982 年,第 61 页。
② 参见林刚《长江三角洲近代大工业与小农经济》,安徽教育出版社 2000 年版,第 99 页。

政报告书》1913 年的统计,无锡养蚕户为 142 005 户,占 142 134 户农业户总数的 99.91%。这说明,在清末民初之际,无锡手工织布业已经被桑蚕业取代,桑蚕业成为农家维持生计的主要经济支柱。这便是无锡农村农副业经济区别于南通、常州的根本所在。

无锡桑蚕业最初发展于 19 世纪 80 年代。上海近代机器缫丝企业自兴建以来,对原料茧的需求量不断增大。无锡在地理位置上接近上海,当地农村又没有自行缫制土丝的习惯和传统,因此其所产蚕茧大多流向上海丝厂。如此一来,无锡的桑蚕业便与上海大工业紧密联系起来。上海丝厂数量增多,无锡原料茧也相应增多。1882 年无锡流入上海的干茧至少达 3 000 担,到 1897 年,上海丝厂从无锡买进的干茧数量更是攀升至 15 000 担。[①]

当然,蚕丝业高额的利润也吸引了无锡商人的目光,他们纷纷在无锡本地投资兴办机器缫丝厂,无锡缫丝业迅速崛起。其原因,除了该行业投资少、收益快以外,还有无锡在发展缫丝业方面拥有极其优越的资源条件:一是临近无锡的太湖水质优良,非常适宜缫丝;二是无锡周边各县是重要的蚕丝产地,原料配备充足;三是无锡农村手工缫丝业发达,农民手工缫丝经验丰富,经过训练即可成为熟练的机器缫丝工人;四是将无锡企业缫丝出口和蚕茧原料直接运沪缫丝出口两相比较,前者所需费用比后者要低许多。因此,凭借着以上四点有利条件,无锡每担厂丝的成本比上海的厂丝便宜了近 30 两。[②] 于是,从 1904 年周舜卿创建无锡第一家机器缫丝厂裕昌丝厂开始,无锡丝厂的数量每年逐渐增加。特别是自 20 世纪 20 年代后,丝厂丝车更呈现出快速增加的态势,到 1930 年无锡丝厂已有 48 家,丝车 14 732 部。[③] 其中,仅 1928—1929 年两年里新设的丝厂就达 24 家,占 1920—1931 年历年设厂总数的 58.5%;资本总计

---

① 参见陈慈玉《清末无锡地区的蚕桑生产与流通》,载《大陆杂志》1984 年第 69 卷第 5 期。

② 参见上海市丝绸进出口公司、上海社会科学院经济研究所编写《中国近代缫丝工业史》,上海人民出版社 1990 年版,第 196 页。

③ 参见陈慈玉《近代无锡地区制丝业之发展》,载《食货》1984 年第 14 卷第 1 期。

448.9 万元,占总投资的 58.8%;新增丝车 6 582 台,占历年总数的 55.8%(见表 2-1)。

表 2-1　无锡缫丝业 1920—1931 年新设立的工厂数、资本额和丝车数

年份	丝厂数	资金(万元)				丝车数(台)
		建厂	营业	实业	合计	
1920	3	26.4	16.2	28.5	71.1	824
1922	5	33.3	21.4	35.7	90.4	1 580
1925	1	4.2	2.8	90	16.0	120
1926	3	23.6	12.5	15.1	51.2	1 040
1927	2	18.1	14.2	34.7	67.0	782
1928	12	88.9	43.6	91.7	224.2	3 000
1929	12	70.8	38.3	115.6	224.7	3 582
1930	1	12.2			12.2	568
1931	1	6.9			6.9	292
合计	41	284.4	149.0	330.3	763.7	11 788

资料来源:据高景嶽、严学熙编,《近代无锡蚕丝业资料选辑》,江苏人民出版社、江苏古籍出版社 1987 年版,第 55—59 页的"1920—1931 年无锡兴办缫丝厂情况一览表"算出改制。0.72 两换算为 1 元。

随着无锡本地丝厂数量的迅速增加,工业原料对于丝厂的重要性也愈发凸显。无锡开始由蚕茧中心向丝厂的原料集散地转型。无锡周边的农民也开始出售鲜茧来代替原先售卖的土丝。这样就造成无锡蚕茧不仅要外输上海还要供应本地丝厂的景况,因此无锡蚕茧年年供不应求。根据 20 世纪 20 年代末《无锡工业调查》的统计,在一般年景无锡每年约产春蚕 16 万担,夏茧 2 万余担。以 310 斤烘折(生茧烘干成百斤干茧时所需之数量)为标准,则每年烘干茧 6.2 万担。其中约 20%—30% 的茧被上海茧商收买,本地购买 4 万—5 万担。① 但在当时,以"每部丝

————————

① 　参见张宗弼《无锡工业调查》,载《统计月报》1930 年第 2 卷第 7 期,第 70—71 页。

车平均每月用茧 1 担,年开工 10 个月计",1923 年无锡各丝厂丝车已达 5 828 部,需茧近 6 万担,已远远超出无锡本地的供茧能力。[1] 于是,无锡的丝厂遂转而向宜兴、溧阳等地求购。[2] 这样,无锡缫丝业有了本地蚕桑业的支持,发展更加迅速,获利更加丰厚。有些丝厂的利润率甚至高达 153%,低的也有 60%—70%(见表 2-2)。

表 2-2　1927 年无锡部分丝厂利润统计

丝厂	营业资本(万元)	利润(万元)	利润率(%)
乾牲、乾丰、五丰	24.6	28.0	113.8
裕昌、慎昌	9.8	15.0	153.1
振艺	14.0	9.0	64.3
锦记、永泰	14.0	13.0	92.9
泰宇	7.0	4.2	60.0
义丰	5.0	3.5	70.0
泰和顺	3.0	3.5	116.7
乾元	6.0	1.0	16.7

资料来源:《锡报》1928 年 1 月 28 日;《无锡年鉴》第 1 回,1930 年版。

不仅是机器缫丝业,经营丝业的商人也大获其利,更不用说"养蚕之农户,贩茧之商民,与蚕丝直接间接有关之人民;莫不喜形于色"[3]。养蚕农户与丝厂、丝商有如此密切的利益关系,或许是因为"养蚕为吾邑(无锡)农村主要副业,收成之好坏有关农村经济者至大……春蚕售茧或卖丝之收入,以供纳税还债、典会及全年日用之准备金。夏季售茧或卖丝之收入,为全家添补衣服及妇女添首饰之用。丝行收买土丝、卖之国内绸厂;茧行收茧,卖之丝厂,缫成厂经,销售国外,其价值全以海外市场为准"[4]。

---

[1]　参见林刚《长江三角洲近代大工业与小农经济》,安徽教育出版社 2000 年版,第 103 页。

[2]　参见《无锡丝厂业现况》,载《工商半月刊》第 2 卷第 1 号,"调查",1930 年 1 月。

[3]　顾亦亭、朱堉:《华丝对外贸易之趋势》,载《江苏建设月刊》1936 年第 3 卷第 3 期,第 18 页。

[4]　顾振中:《无锡农业经济衰落现状》,载《农行月刊》1935 年第 2 卷第 4 期。

而就无锡各工业的发展情况而言,缫丝业较纺织和面粉业投资少,然而获利却更大。因此,在无锡城市的工业结构中所占比重也更高。据统计,1894—1930 年,无锡各工业行业所创办的 188 家近代工厂中,缫丝业就多达 49 家,约占其总数的 26%(见表 2-3)。

表 2-3　无锡各工业行业的设厂数(1894—1930 年)

行业	厂数	行业	厂数	行业	厂数	行业	厂数	行业	厂数
缫丝	49	染织	13	果饼	6	面粉	4	石灰	1
针织	40	碾米	16	棉纺	6	砖瓦	3	造纸	1
机器	35	榨油	6	翻砂	7	冰糖	1	总计	188

资料来源:无锡县政府编印,《无锡概览》,1935 年版。

1929 年无锡主要工业品的投资总额为 11 771 440 元,其中,缫丝厂有 45 家,投资额为 238.8 万元,占工业投资总额的 20.29%;纱厂有 6 家,总投资额为 616 万元,占工业投资总额的 52.3%;投资缫丝业的额度虽不及棉纺织业的一半,但其营业额却远超棉纺织业、面粉业的总和。1929 年,无锡 45 家丝厂的营业额为 5 408.4 万元,而 6 家纱厂的营业额则为 1 831.3 万元,丝厂的营业额几乎是纱厂的 3 倍。而将棉纺织业的营业额与面粉业的相加,也仅有 2 928.95 万元,仅是缫丝业的54.16%(见表 2-4)。

表 2-4　1929 年无锡 12 种主要工业投资额和营业额对照表

工厂类别	投资数(万元)	占比	营业额(万元)	占比
纱厂	616.00	52.33%	1831.30	18.53%
缫丝厂	238.80	20.29%	5408.40	54.73%
面粉厂	168.00	14.27%	1097.65	11.11%
染织厂	76.85	6.53%	793.00	8.02%
翻砂厂	22.45	1.91%	337.00	3.41%
织袜厂	18.40	1.56%	220.30	2.23%

工厂类别	投资数(万元)	占比	营业额(万元)	占比
油厂	18.30	1.55%	86.71	0.88%
碾米厂	7.35	0.62%	76.04	0.77%
皂碱厂	4.80	0.41%	23.95	0.24%
制镁厂	3.00	0.25%	3.00	0.03%
造纸厂	2.19	0.19%	2.70	0.03%
织绸厂	1.00	0.08%	2.65	0.03%
合计	1177.14	100%	9882.70	100%

资料来源:高景嶽、严学熙编,《近代无锡蚕丝业资料选辑》,江苏人民出版社、江苏古籍出版社1987年版,第86页。

如表2-4所示,近代无锡纺纱、缫丝和面粉三个工业行业的投资额在12个主要工业行业中所占比重分别为52.33%、20.29%和14.27%,但营业额却分别占18.53%、54.73%和11.11%。故不难断言,无锡此时已成为一个以缫丝和纺纱为主导产业的典型轻纺工业城市。而缫丝业由于与无锡农村蚕茧业的关联及其对当地农村经济的意义而愈加重要。当时就有人对无锡缫丝业的地位作如下之评价:

> 无锡缫丝业,是雄冠江苏省(也可以说是国内)的轻工业之一,差不多占苏、浙、皖边界产丝区所有缫丝厂的十分之五强,它的原料的采集占了上述地区全部生产量的十分之六强,原料采集机构——茧行,像神经似的伸展到苏、浙、皖边界的穷乡僻壤,为它服务的劳力单位,也差不多占无锡全盛时代十万产业工人的十分之七。它推动了出口贸易,它活泼了江南水乡,活泼了无锡的经济脉络,像不断滋生的血液在流转。①

---

① 参见《经济周报》第7卷第24期,载高景嶽、严学熙编《近代无锡蚕丝业资料选辑》,江苏人民出版社、江苏古籍出版社1987年版,第90页。

显然,无锡的缫丝业不仅滋润着无锡农村经济的快速发展,而且也推动了当地农村集镇的兴盛。据 1981 年无锡人张恩深的口述调查:"自清末以至民初,无锡农村的蚕桑业已相当发达,各大集镇及附近之大村都设立了茧行。每当收茧季节,茧行附近又成为商贩活跃的场所。久之,这些大村也发展成为集镇。在这些集镇上出现了洋货店、布店、杂货店、米店、菜行、肉店、饭店、茶馆等。稍大一些的集镇还有典当。二十年代起,无锡有了机械戽水,入秋以后,戽水机船都改装为碾米机船,或在市镇设立季节性(冬季)的小型碾米厂。总之,由于无锡农村蚕桑业,农民手中有了一定现钱,农村的商业也就活跃起来,到二三十年代,已经形成了一个五里一大镇、三里一小镇的农村商业网。"①

可以说,立足于传统经济优势的无锡缫丝业,不仅与当地农村腹地经济形成了良性的互动关系,带动了农村的发展,而且还促进了城市的进步。这种城乡经济的互动已然形成了一种"本土化"区域协调发展特色。

总结南通、无锡、常州三地城市工业与农村农副手工业协调发展的关系,不难看出:第一,与南通的棉纺织业与周边农村手工织业俱荣俱枯的关系截然相反,无锡、常州工业企业由于引进先进管理技术,调整企业经营策略,反而呈现出持续发展的特征(见图 2-1、2-2)。第二,南通纱厂同农村土布业所呈现的农工商协调关系与无锡丝茧业同农村蚕桑业所呈现的农工商协调关系存在着本质上的不同。南通纱厂的发展既要有国内土布市场的巨大需求,还得有农村手工织业受到市场需求的强烈刺激这两个层层递进的前提条件。而无锡缫丝工业发展的前提条件只有海外市场对生丝的需求量增加这一条。两者相较,与其说南通工业依赖农村副业,毋宁说无锡的农村副业更依赖工业(见图 2-2、2-3)。由此,两地截然相反的城市历史命运显而易见。第三,南通、无锡、常州原

---

① 高景嶽、严学熙编:《近代无锡蚕丝业资料选辑》,江苏人民出版社、江苏古籍出版社 1987 年版,第 95 页。

无锡、常州染织业发展	工业衰败	丝业持续发展
↑ 改革	↑ 未改革	↑ 改革
无锡、常州纱厂	南通纱厂	农村
↑↓ 商	↑↓ 商	↑↓ 商
手工织业	手工织业	无锡丝厂
↑↓ 商	↑↓ 商	↑↓ 商
土布市场	土布市场	国际生丝市场
无锡、常州工[纺织] 农商关系示意图 **图2-1**	南通工[纺织] 农商关系示意图 **图2-2**	无锡工[缫丝] 农商关系示意图 **图2-3**

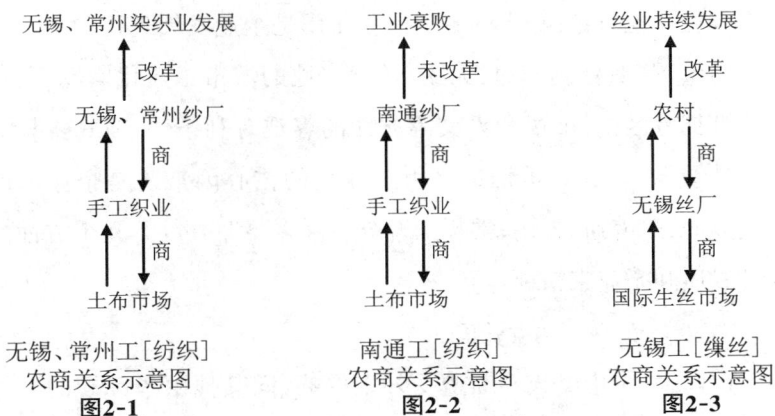

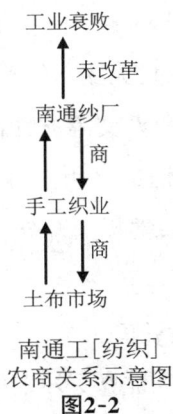

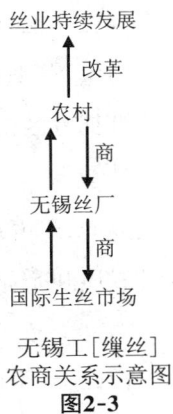

本都是传统的工商业城市,近代以降,随着工业化的到来,传统的城乡经济结构受到新办工业的巨大挑战,各个城市的经济结构在新的生产方式冲击下有所改变,内部结构重新组合。三地的城市工业因此与传统的经济因素产生联系,新的经济结构由此诞生(具体表现见图2-1、2-2、2-3)。在这个过程中,纱厂、缫丝业已经是具有现代意义的大工业,而农村副业也已经是带有新经济因素的产业。二者通过国内、国际市场有机结合,从而产生出新的城乡经济结构,传统的城乡经济形态逐渐向近代工农商协调发展的方向转变。虽然各个城市的社会生态条件并不完全相同,社会发展模式也彼此迥异,然而不能否认的是,因地制宜、适时将近代工业化生产与传统农副手工业、商业有机结合起来的工业化方式的确是三者的共通之处。

二、人主性城市工业化倾向[①]

　　一个企业的发展,某种程度上取决于企业家的领导和决策;或者说企业家就是企业的中枢,而企业的成与败,除了与资金和市场等客观条件有关之外,很大程度上还取决于企业家群体的素质高低与企业家精神

---

① 所谓"人主性"是指在管理进程中强调人的主观能动作用。参见张永桃《行政管理学》,南京大学出版社1993年版,第55页。本文中的"人主性"指的是企业家的主观能动性。

的发挥与否。也就是说,人的主观能动作用是企业发展进程中最为重要的决定力量。① 具体到南通、无锡、常州三地的城市工业化问题而言,虽然三地都拥有区位、市场和人文等方面的客观有利条件,但真正将这些有利条件结合起来,真正推进城市工业化的核心因素还是企业家的素质。具体而言,南通、无锡、常州三地企业家主要拥有以下几个方面的经营管理素质和企业家精神:

1. 政治素质——自强爱国

近代以来,中华民族不断遭受外来侵略,同其他中华民族的群体一样,中国企业家这一群体也深刻感受着严重的民族危机。由于时时遭受着外来的市场经济压迫,许多企业家创业的最初动力就是反抗外来侵略,不仅如此,他们在创办自己的民族企业的过程中还处处体现着强烈的社会责任感、民族凝聚力和向心力。毫无疑问,这种强烈的民族情感、自强奋进的爱国热情就是长江下游非条约口岸城市企业家群体最基本的政治素质。

张謇就是当时这些爱国企业家中的杰出代表,他满怀着"实业救国"理想走上了"状元办厂"道路。他曾在大生纱厂建成投产之时亲撰了楹联一副,称"枢机之发动乎天地,衣被所及遍我东南",就是期望着中国人民都来使用国产的棉纱布。荣氏兄弟在 20 世纪初的崛起,也是在国人抵制洋粉和洋纱、洋布的背景下,在无锡创办棉纺织厂和面粉厂,占领国内市场,使企业兴旺发达起来。

长江下游城市的企业家力图以实业改变国家命运。在他们看来,自己的命运与国家的命运、民族的命运紧密相连,故而他们中的大多数人选择了一条较为现实的、更为稳妥的实业救国之路。为此。他们有的以实业救国之名投身企业经营;有的则在开办企业的同时,积极参与政治

---

① 茅家琦等《横看成岭侧成峰——长江下游城市近代化轨迹》,江苏人民出版社 1993 年版,第 74 页。

活动,推动国家政治改革。张謇的"实业之命脉,无不系于政治"的名言即是这种实业救国政治情怀的证明。在近代中国,张謇不仅因大生成名,而且更是活跃在晚清政坛上的一名重要的立宪派代表。他极力谋求以君主立宪替代封建专制,主张保护和促进资本主义经济的发展,进行政治变革,得到许多江苏新式士绅、地方企业界人士的热烈拥护。辛亥革命以后,他又主张民主共和,参加各种政党团体。为促进民族工商业发展,他先后两次入阁,制订并颁布多种法律条例,拟出发展实业的一系列规划,为中国的民族资本主义发展和近代化事业贡献良多。

2. 创业素质——艰苦奋斗、吃苦耐劳

在任何企业的发展进程中,竞争不可避免,企业家都会面临在激烈的市场竞争中如何谋求生存和发展的情况。然而近代以降长江下游地区的市场竞争环境由于外国资本主义的强力介入而呈现出非公平竞争的态势。依仗着不平等条约的保护,外商打入中国市场并在市场竞争中取得优势地位。于是乎,从中国近代企业诞生伊始,市场竞争环境就异常恶劣,中国企业被迫以最大的努力与国内外同行展开激烈竞争。再加上企业创办过程中存在的资本、人力、物力等瓶颈因素的束缚,这些企业家不得不走上前路漫漫的艰苦创业之路。南通的张謇以一个封建时代的状元身份筹办大生纱厂,"阅月四十有四",克服了种种危机,最终建成大生纱厂并不断发展壮大;无锡荣宗敬、荣德生兄弟不畏封建势力的种种阻挠、造谣中伤,四处奔走,"历遇困难,均经设法克服",多次令企业转危为安,"坚心毅力,为众所共见"。① 显然,这些企业家们拥有着强烈的信念、坚韧的性格,他们在艰难曲折面前不畏缩、敢于担当。这种吃苦耐劳、艰苦奋斗的创业精神,正是他们的企业获得成功的根本原因所在。

3. 敬业素质——精于效益、勇于创新

在近代中国激烈竞争的市场环境中,企业的经济效益决定着企业发

---

① 参见荣德生《振新纱厂创业经过》,载中国人民政治协商会议江苏省无锡市委员会文史资料研究委员会主编《无锡文史资料》第 20 辑,1988 年,第 63 页。

展的命运。而企业效益要得到提高,企业家必须勇于改革、敢于开拓进取。他们不仅需要千方百计地开发新产品、开拓新市场、引进新技术,还得降低成本、改进管理、增加利润、提高劳动生产率等,只有这样,企业才能立足,才能发展。对此,近代长江下游地区的企业家们都有着清醒的认识,因而为企业的长远发展和效益提高奠定了坚实的思想基础。

提高经济效益的最重要手段就是开发新产品。无锡巨商薛南溟在面对永泰丝厂经营不善的局面时,果断聘用精于缫丝技术和管理的陈锦荣任丝厂经理。不仅设计出名牌产品"地球""月兔""天坛"牌生丝,还精选无锡上等"莲子种"茧、浙江"余杭种"的头号茧,生产出新产品"金双鹿""银双鹿"等优质丝,这些新品在投放市场后,受到国内外丝商的广泛欢迎,并最终与国内的"丰人""厂图""铁锚"等丝并称为华丝的四大名牌。[①] 其中,"金双鹿"丝还成功地使永泰厂扭亏为盈,获利颇丰。而南通张謇的大生纱厂则先后创设"寿星""魁星""蓝魁""金魁""红魁"等品牌棉纱,产品行销东南亚各国。

提高产品质量、拓展市场销路,同样也是长江下游地区各地企业家们增强自身竞争力的重要手段。常州巨商刘国钧曾天天跑车间,仔细检查各道半成品纱的质量,还把"成本力求轻,产品力求精"的名言编入《大成厂歌》。在刘国钧的努力下,大成纱厂先后生产出"征东""英雄"牌条子漂布、"蝶球"白布、"大成蓝"布以及"双兔"绒布等名牌产品。其中,"双兔"牌绒布的质量远超当时外商对手的"铁路"牌,成为市面上广受追捧的畅销货。此外,刘国钧还极其重视开拓市场,派刘靖基前往上海分析市场动态、制定生产决策,并把目光投向国际市场,先后生产出灯芯绒、天鹅绒、丝绒等热销全国各地的新产品,引领了当时国内的消费潮流。与刘国钧相类似,张謇在经营大生集团时,也将视线投向南通以外

---

① 参见高景嶽、严学熙编《近代无锡蚕丝业资料选辑》,江苏人民出版社、江苏古籍出版社 1987 年版,第 46—47 页。

的国内市场。为了将势力进一步扩展至华中地区,1911年,张謇接手湖北大维纱厂,并在郑州等九地设立了销售网点。1919年,大生产品销往广州、汕头、香港等华南市场。如此一来,大生集团逐渐形成了一个覆盖全国范围的巨大销售网络。而无锡的实业巨头荣氏兄弟更是强调市场的重要地位,他们千方百计地调整经营计划,生产出高质量的粉、纱、布,行销国内外市场。他们生产的"兵船"牌面粉,享誉国内外,各地客帮争相购买。截至1919年,荣氏集团所生产的面粉已远销至英国伦敦,而"各处出粉之多,无出其上,至是有称以'大王'者"[1]。

　　当然,降低成本、提高资源利用率也是提高企业效益的重要举措。为了保证纱厂能够持续得到质优价廉且充足的棉花原料,张謇的大生集团先后创办了通海垦牧公司、广生油厂以及大隆皂厂,以服务棉纱生产的各道整理工序。而荣氏集团也十分关注原料市场,他们常常派人直接去产地购置原料,以最大限度地降低成本。为此,1919年荣氏兄弟先后在扬州、泰州、蚌埠等地成立麦庄;1922年又在常熟、太仓等地设立收发处,最多时达到19个。这些都使荣氏集团的产、供、销连成一线,确保了企业的正常运转和连年盈利。

　　作为提高企业效益的重要一环,对先进技术的引进和管理方法的革新是必不可少的。张謇很早就意识到技术更新对于企业的重要意义,也非常重视机器折旧给企业生产所带来的巨大影响,故积极主张引进新机器、新设备以促进生产。因此,自纱厂开机以来,大生集团就多次从国外采购最新机器设备,为大生增添了新的活力。而无锡企业家唐君远为掌握当时最先进的灯芯绒生产工艺,曾亲赴日本大阪参观了解那里的先进生产过程,学习和掌握手割灯芯绒技术,订购了大量的先进机器设备。回国后经过精心研究,唐氏手下的丽新集团终于将灯芯绒仿制成功。此后,丽新加强新技术研发,首创"泡泡纱"产品,使丽新的国内外市场进一

---

[1]　曲从规:《荣家企业的创办及其经营管理》,载《中国社会经济史研究》1991年第2期。

步扩大,不少产品都居于领先地位。其成功的主要原因,就在于机器革新、工艺革新、产品革新。当时丽新强大的市场竞争力,甚至连纺织业强国日本都不敢小觑,《朝日新闻》也曾将其列为日本纺织业之劲敌。① 在改进企业的经营管理方面,长江下游城市的各位企业领导者还想尽一切办法,试图在企业管理中学习西方的先进管理经验。譬如,为了摆脱洋行的剥削与束缚,薛寿萱自主创立对外贸易机构,包装自己的产品,参与国际市场竞争。而荣氏兄弟则诚邀了解西方技术教育的技员,淘汰工头制,使企业的劳动生产率有了较大提高,经济效益由 1923 年亏损 23.4 万元一跃而变成 1928、1929 年分别盈利 17.84 万元和 9.01 万元。②

4. 经营素质——冒险与稳健并重

特殊的环境决定了特别的行为方式,近代中国半殖民地半封建的社会状况,决定了长江下游各地的企业家们只有采取具有一定风险的商业投机行为,才能使企业真正地发展壮大。正如富于创新一样,勇于冒险也是该地区许多企业家获得成功的重要品质之一。

纵观无锡荣氏家族创办、经营的全过程,其开创者荣宗敬始终表现出不畏失败、充满自信、勇担风险的精神气质。在从事面粉业经营之前,他与其弟荣德生在面粉业均是地地道道的"外行人",对于如何使用机器制造面粉几乎一无所知。但他们凭着敏锐的观察力、超乎常人的远见,毅然拿出家里的 2 万两积蓄用来购买面粉机器,开启了新的创业之路。后来荣宗敬在回首自己的创业历程时曾说:

> 茂、福、申新各厂得力于:造厂力求其快,设备力求其新,开工力求其足,扩展力求其多,因之无月不添新机,无时不在运转;人弃我取,将旧变新,以一文钱做三文钱的事,薄利多做,竞胜于市场,庶几

---

① 参见余仁《着眼市场,安排生产——丽新纺织企业的经营特点》,载《上海经济研究》1986 年第 3 期。
② 参见汤可可《近代企业管理体制的演进——无锡民族资本企业发展历程中的变革性转折》,载《中国经济史研究》1994 年第 3 期。

其能成功。[1]

　　为了加快推进企业扩张,荣氏兄弟除了依靠自身盈利外,还大胆举借外债,靠借款来实现对其他工厂的收买和租办。荣氏兄弟的 21 个工厂企业中,6 个是租办的,9 个是靠借债收买的。不仅如此,他们还适时并购了 2 家外商,此举成为当地广为流传的佳话。对此大胆行为,荣宗敬曾这样解释:"厂子不管好坏,只要肯卖,我就要买,我能多买一只锭子,就像多得了一支枪。"[2]

　　当然,并非所有的长江下游企业家都具有这种胆大冒险的精神气质。有些企业家或许是个性使然,或许是由于"在夹缝中求生存",因此更多地具有灵活、稳健的风格。与其长兄荣宗敬大胆增资扩厂、处处冒险行事不同,荣氏集团的另一创建人荣德生在企业经营过程中则表现得颇为沉稳。例如,1919 年荣氏企业在汉口开办福新五厂,荣宗敬力主在汉口再增办纱厂,而荣德生认为福新五厂资金短缺,要通过借款才能周转资金,如果再设纱厂,资金上会出现更大的困难,因而建议缓办纱厂。但荣宗敬坚持己见,而荣德生也未入股参与。[3] 后来,荣宗敬过世,荣德生继续以稳健的作风对企业施加影响。1941 年,在创办天元实业公司时,他曾明确指出,"凡事厚实则基础稳固,取巧必致自误,可进则进,不可进则守。自己度才量力而行,如无此力,万勿猛进;否则,不但徒劳无益,且恐尽弃前功"[4]。与荣德生相类似,常州的刘国钧在创立大成纺织染公司之初,也坚决反对投机,其后亦从未参加任何投机交易。他脚踏实地,通过向对手学习和仿制外货,始终把提高自己的管理水平和研发

---

[1]　李国伟:《荣家经营纺织和制粉企业六十年》,载中国人民政治协商会议全国委员会文史资料委员会编《工商史料》第 1 辑,文史资料出版社 1980 年版,第 6 页。

[2]　黄逸峰:《旧中国荣家资本的发展》,载上海师范大学历史系编《中国近代经济史论文选集》第 4 辑,1979 年,第 1414 页。

[3]　参见许维雍、黄汉民《荣家企业发展史》,人民出版社 1985 年版,第 28 页。

[4]　孔令仁、李德征主编:《中国近代企业的开拓者》下册,山东人民出版社 1991 年版,第 148 页。

新产品的能力作为企业生存发展的命脉,再加上过硬的产品质量,使得大成纺织公司的产品在当地占据了一席之地,赢得了市场的肯定。[①]

5. 开放与合作的意识

企业家是否善于学习和利用一切先进、合理的东西为企业服务,对于一个企业的发展好坏至关重要。企业要在激烈的市场竞争中求得生存,决不能墨守成规、封闭保守,唯一的途径就是开放、合作。

毫无疑问,张謇就是最具开放精神的企业家。他强烈反对列强侵略,但并不排斥西学,相反,却积极主张向西方学习。1895 年 7 月,他在《代鄂督条陈立国自强疏》中曾全面表述了这种思想意识。文中,他既痛斥西方强夺"小民一线生机","以我剥肤之痛,益彼富强之资";又主张学习西方先进的商务、军事、教育等理念。因此,在营办企业方面,他的这种开放思想也得到了进一步的贯彻,他先后向日美等国借贷,发展工商企业。而无锡群体式工业发展,也与无锡企业家的开放精神密不可分。诚如前文所述,当地不同企业、不同资本系统之间都是开放的,而有时这种相互间的开放又意味着彼此间的合作与协助。其中最突出的例证就是无锡六大企业资本集团。他们有的互相借贷(如荣氏申新三厂因资金动用季节不同,经常与薛氏的永泰丝厂进行相互调剂);有的采用"联姻"方式合作;有的通过同业公会"联合众情,结一团体,内整规约,外扞疆圉,并心一致,以振兴我两邑(无锡、金匮)之商务"[②]。而在长江下游地区,即使在不同城市的不同企业之间亦存在着广泛的协作关系。例如,南通张謇就曾多次帮助无锡荣氏兄弟的企业,而无锡申新纱厂也经常向常州大成纱厂供货。正是由于长江下游地区企业家们的这种开放合作的姿态,才使得该地区的工商业得到飞速发展,建立起当时中国轻工业最发达的城市群体。

---

① 参见朱希武《大成纺织染公司与刘国钧》,载中国人民政治协商会议全国委员会文史资料委员会编《工商史料》第 1 辑,文史资料出版社 1980 年版,第 51 页。

② 《锡金商会发起章程》,载中国人民政治协商会议江苏省无锡市委员会文史资料研究委员会编《无锡文史资料》第 29 辑,1994 年,第 1 页。

6. 人才意识——尊重人才、发展人力资源

企业间的竞争，从某种意义上说正是人才的竞争。企业进行经营管理，最重要的一点就是要有高质量的人才；谁拥有人才，谁就能在竞争中脱颖而出。因此，在南通、无锡、常州地区的企业发展中，也普遍存在着尊重人才、大力开发人力资源的现象。

例如，张謇创办大生纱厂时，特别注重选拔有才学之人。他认为，"用人一端，无论教育、实业，不但打破地方观念，并且打破国家界限……只要那个人能担任，无论中国人、外国人都行"①。正是在这样的理念下，南通保坍会聘用了荷兰的特莱克从事水利修建工作；大生纱厂聘任英国人汤姆斯、忒特和玛特等为高级技师；同仁泰盐业公司聘请了日本技师，采用日本方法生产精盐。同时，张謇在国内也大力延揽人才，当时有水利专家宋希尚、刺绣专家沈寿等。在他看来，只要"有才学，品行好，不问贫贱，不问年龄，不问所操何业，不问男女，一样的爱重提拔信用"②。当然，这种爱重不仅是在工作中委以重任，也是在生活中给予特别的关照。

而常州大成纺织染公司的成功经营也离不开对人才问题的重视。公司总经理刘国钧认为：一个工厂要想发达，就必须多出货色，出好货色，出便宜货色。为此，就必须有一流的技术和一流的管理。而所有这些的关键则在于要有出色的人才。刘国钧在出任大成总经理后，做的最重要的一件事情就是重金礼聘人才。在大成开办初期，刘氏不惜以每年5 000元的高薪聘请了当时留日纺织专家陆绍云来公司主持公务。当有人问及花如此重金延请专家能否帮助到企业时，刘氏曾不无得意地说："为大局计，对用人不重情面，以人才为主，岂有不可生存之理也。"③

同南通、常州两地的企业家一样，无锡的商业巨子们亦深谙人才价

---

① 《张季子九录·教育录》卷六，第4页；张謇：《女师范校友会演说》，载李明勋、尤世伟主编《张謇全集》（四），上海辞书出版社2012年版，第577页。

② 张孝若：《南通张季直先生传记》，中华书局1930年版，第373页。

③ 居柏青：《论刘国钧》（打印稿），载茅家琦等《横看成岭侧成峰——长江下游城市近代化的轨迹》，江苏人民出版社1993年版，第75页。

值的奥秘。荣德生曾直言,"事业之成,必以人才为始基也"①。为此,荣氏集团专门引进了一批文化素质高和专业技能精的经营管理人才。例如,荣德生就礼聘薛明剑担任申新三厂总管。而薛氏日后也每在荣氏企业的关键时刻出谋划策,"经常担起出主意、办交涉、通关节等棘手任务",再后来还成为荣德生的政治代言人。② 无锡另一巨子薛寿萱亦大力诚聘邹景衡改良丝业技术,使得产品的品质得到大幅提高,并保证了永泰在市场上的领先地位。

除了大力引进高级人才为其所用外,长江下游地区的企业家们也纷纷利用各种机会努力加强自身素质。据对 1896—1936 年无锡、南通、常州 9 家近代企业集团 13 位工商巨子的统计(见表 2-5),这些企业家自身的文化素质和实践历练不容小觑。就对其个人出身、受教育状况以及实践能力的考察而言,其中,出身于官僚地主的有 3 名(状元 1 名、举人 1 名、道台 1 名),占总人数的 23%;受过现代高等教育的 3 名,占 23%(其中留学生 2 名,占 15%);通外语的有 5 名,占 38%;而学徒出身的仅有 3 名,占 23%。③ 很明显,较高的文化层次、卓越的经营管理才能和丰富的实践经验已成为长江下游地区企业家成功创业的共性之一。

表 2-5　南通、无锡、常州 13 位著名工商企业家统计表

实业家姓名	创办企业名	出身、受教育程度	通外语	培育人才
杨宗翰	业勤纱厂	道台、督办、洋务		兴办教育,促进城市建设
张 謇	大生纱厂	状元		兴办教育
薛南溟 薛寿萱	永泰丝厂	举人,留学美国伊利诺伊大学	英语	办练习生班、女子制丝指导员班、培训技术工人

---

① 朱敬圃:《乐农先生自订行年纪事续编》,1943 年。
② 参见荣勉韧《荣氏兄弟用人育才之道》,载中国人民政治协商会议江苏省无锡县委员会文史资料研究委员会编《无锡县文史资料》第 7 辑,1987 年,第 93 页。
③ 参见范广勤《略说无锡近代工业与人才》,载高燮初主编《吴文化资源研究与开发》,同济大学出版社 1997 年版,第 185—186 页。

续　表

实业家姓名	创办企业名	出身、受教育程度	通外语	培育人才
周舜卿	裕昌丝厂	学徒、洋行买办、银行总经理	英语	办商业中学
荣宗敬荣德生	茂新面粉申新纱厂	学徒、钱庄老板、私塾		江南大学等职业养成所
唐保谦唐星海	九丰面粉庆丰纱厂	布商,留学美国麻省理工学院	英语	庆丰纺织养成所
唐骧庭唐君远	丽新染织厂	布商,曾在南洋公学、东吴大学学习	英语	练习生制
刘国钧	大成纺织染公司	布店学徒、老板、总经理		练习生制、艺徒制、养成工制、培训技术工人等人员
李国伟	福新五厂	唐山路矿学堂	英语	

资料来源:范广勤,《略说无锡近代工业与人才》,载高燮初主编《吴文化资源研究与开发》,同济大学出版社 1997 年版,第 185、186 页。

由表 2-5 可见,不少企业家都接受过现代高等教育,甚至有些还曾出国留学,这固然有利于他们以一种开放的姿态接受西方文化,但对于荣宗敬、周舜卿、刘国钧这样的企业巨子而言,他们虽为学徒出身,却同样具有坚韧不拔的人格品质及开放进取的意识。或许,正是艰苦的生活历练了他们,使他们始终坚信"苦乃自取"①,并在激烈的市场竞争面前,能够把吃苦创业为乐的传统儒家信条与开放、冒险的资本主义精神结合起来,从而一步步迈向事业成功的顶峰。因此,从这个角度理解,这些企业家精神和素质的强力发挥,乃是推动长江下游地区城市近代化不可忽缺的文化基因。

总之,通过以上六点的论述,我们不难发现,尽管南通、无锡、常州三地城市发展道路各不相同,但三地民族工商企业家们身上所拥有的奋发向上、勇于创新的精神和意志却成为推动三地城市发展的共性特征。意志品质的不同在某种程度上会决定一个企业的生死成败。在 20 世纪 30

---

① 张謇:《啬翁自订年谱巳亥纪事》,1930 年编印。

年代经济危机肆虐全球的情况下,受洋纱洋布的冲击,农村土布业日趋衰落,常州、无锡的棉纱企业面临严峻挑战。以刘国钧、薛寿萱等为首的企业家,此时顺应时代发展,大胆变革经营方向,主动提高产品的档次以及技术水准,从而使企业增加了应变市场的能力。[①] 而反观南通大生纱厂,由于过度依赖东北市场需求及早期颇为得力的营销方略,并未适时加强企业管理和开拓新市场,而埋下了大生集团最终走向衰落的注脚。由此可见这种与时俱进、改革创新的精神对于一个企业是何等的重要,而且其还透过企业的生死影响了中国城市工业化和近代化的发展进程。从某种意义而言,改变中国传统工业格局和中国城市近代面貌的,不是其他,正是社会巨变中人的现代化,即工业化时代背景下企业家主体精神的充分发挥。

三、区域城市的功能化发展倾向

城市功能是指城市在一定区域范围内所起的作用及其所表现出的能力。社会越发展则城市功能越丰富;社会生产规模越扩大、社会经济生活越复杂,则城市功能越来越趋向复合性。换言之,随着城市商业贸易的不断发展,城市将增长出更多新的功能,这个增长新功能的过程,就被称为城市的功能化。

20 世纪以来,以南通、无锡、常州为代表的长江下游城市,最大的变化即是传统城市功能的近代转型,即随着城市工业化的不断推进,三地

[①] 例如,1930 年,在布业国际市场中,华商布厂由于缺少染色与印花工艺,受到日商排挤,日商肆意压低棉纱、坯布价格,哄抬色布价格,使得中国纺织工业的商家根本无法与之竞争。当时,刘国钧刚刚盘下大纶久记纱厂(后更名为大成纺织公司),他对此深有感触,认为需要"抵制倾销,换回利权,必须在印染方面着手,才能与之抗衡"。参见朱希武《大成纺织染公司与刘国钧先生》,载常州市纺织工业公司编修志办公室编《常州纺织史料》,第 216 页。而无锡也于此时经历经济危机,许多丝厂倒闭,有些处于半开工状态。唯独永泰丝厂独树一帜,持续获利,其成功秘诀在于,薛寿萱一直以来都坚持进行企业改革,不仅对外开拓国际市场,而且对内进行蚕种改良、技术革新,所以在全国缫丝企业纷纷倒闭之际,薛氏企业的不少丝厂仍屹立不倒。

陆续由传统的商业功能为主的城市(其中常州还是长江下游地区重要行政中心)逐渐向以轻工业功能为主的工商业城市转变。其共同特性就是形成了典型的轻工业功能性城市。尽管功能转变的时间各有差异,但由工业推动的最终结果却大致相同,即从清末民初开始,截至20世纪30年代中期,在长江下游地区已经形成了以无锡、南通、常州为代表的以纺织、缫丝、面粉三大行业为主要支柱的轻工业城市。[①]

在张謇创办大生纱厂之前,南通仅为县州行政机构之驻地,"不仅没有机器生产的工厂,就是小工业作坊也很不发达"[②]。但自大生开展工业化以来,南通发展迅速,城市经济地位因此有了显著的提高。据统计,自1895年至1911年,大生系统在通海地区有18个近代企业,投资总额达548.32万元。其中城区有14个企业,资本总额为398.42万元,分别约占企业数和总资本额的78%和73%。[③]至1913年,大生纱厂纱锭数在全国民族资本纱锭总数中所占比例已由1899年的6.06%上升到13.8%。而且,大生获利后,又陆续开办了铁冶、榨油、面粉、盐垦等一系列企业。由此,在江苏,仅次于上海,南通已然发展成为第二大工业城市,一个以纺织业为母体的轻纺工业体系已隐约成形。

相较于南通工业的快速发展,此时无锡和常州的城市工业尚处于起步阶段。常州甚至仅办起一些规模很小的纺织、电力、机械企业,根本无法与南通相提并论。无锡的工业同样也才开始启动。据统计显示,无锡的纱锭数虽然从1899年的10 192枚上升至1913年的34 092枚,占全国纱锭数的比例也从3.03%上升到7.04%,但只及大生的一半。[④] 企业数

①　参见茅家琦等《横看成岭侧成峰——长江下游城市近代化轨迹》,江苏人民出版社1993年版,第33页。

②　王象五、闵仲辉:《解放前南通工业成长的过程及特点》,载中国人民政治协商会议江苏省南通市委员会文史资料研究委员会编《文史资料选辑》第2辑,1982年,第1页。

③　参见汪敬虞编《中国近代工业史资料　第2辑(1895—1914年)》下册,科学出版社1957年版,第1069页。

④　参见严学熙《论大生纱厂早期成功的原因——张謇的企业家精神》,载中国近代经济史丛书编委会编《中国近代经济史研究资料》(8),上海社会科学院出版社1987年版,第46页。

量方面,无锡也被南通远远地甩在后面。截至 1911 年,无锡只拥有 10 家近代企业,资本总额为 123.2 万元,远不及南通。即使到了 1913 年,无锡企业总数达到 12 家,资本总额增至 142.2 万元,也仅为大生集团 1911 年总资本额的 25.9%,或相当于南通城区 14 个企业资本额的 35.69%。① 不过,客观而言,此时的无锡工业也已初具规模,其行业涉及缫丝、棉纺、面粉、碾米、染织等数个领域。其中,1913 年无锡的棉纺织业 34 092 枚纱锭占全国总纱锭数的 7%,排在上海、武汉和南通之后,列全国第 4。② 而且无锡 4 个面粉厂拥有资本额 74.9 万元,占全国民族资本面粉企业总资本的 8.47%,日生产能力 10 400 包,占全国日生产能力总数的 13.7%,在全国各大城市中仅次于上海。③ 在丝厂方面,无锡全市 6 家丝厂共有丝车 2 044 台,在全国城市中排在第 2 位,也仅次于上海。④ 可以说,此时无锡的三大轻工产业结构已基本成形。

此后南通工业化由盛转衰,而无锡、常州的工业化则一路凯歌行进、欣欣向荣。1922 年,南通工业发展达到鼎盛。大生集团先后建立了涉及棉纺织、面粉、榨油、酿酒、火柴、机制、金融、贸易、印刷、交通运输等十个领域 40 多个企业。根据《南通纺织史图录》记载,大生企业集团的自有资本共计 1 244.3 万两(约合 1 728.2 万元),加上盐垦公司总资产 1 238.7 万两(约合 1 720.4 万元),其全部资本总额高达 2 483 万两(约合 3 448.6 万余元)。⑤ 其中,大生集团的主体——纺织业,至 1923 年共有 4 个纱厂,总资本额达到 983.9 万元,占集团总资本额的 28.53%,拥有纱锭 160 360 枚,占全国民族资本纱厂总纱锭数的 8.9%;其中大生一厂纱锭

---

① 据严中平《中国棉纺织史稿》第 654 页有关数据计算而得,参见虞晓波《长江三角洲地区近代城市工业化的两种模式》,南京大学 1995 年博士论文,第 107 页。

② 参见严中平等编《中国近代经济史统计资料选辑》,科学出版社 1955 年版,第 108 页。

③ 参见上海市粮食局、上海工商行政管理局、上海社会科学院经济研究所经济研究室编《中国近代面粉工业史》,中华书局 1987 年版,第 33 页。

④ 参见上海市丝绸进出口公司、上海社会科学院经济研究所编《中国近代缫丝工业史》,上海人民出版社 1990 年版,第 612 页。

⑤ 参见《南通纺织史图录》编辑组编《南通纺织史图录》,南京大学出版社 1987 年版,第 16 页。

数 91 360 枚,占总锭数的 5.1%,布机数为 1 342 台,占全国华商纱厂布机总数的 14.2%。[①] 又据国内学者杜恂诚的统计,南通从 1896 至 1922 年共创办 20 家商办工业企业(不包括航运业),资本数达一定规模的企业共 17 家,其资本总额 252.7 万元。这 17 家企业的创办年代及投资状况见表 2-6。

表 2-6　近代南通工业历年创办的厂数、资本额及行业结构(1896—1922 年)

1. 历年创办的厂数及资本额

年份	厂数	资本(万元)	年份	厂数	资本(万元)
1896	1	7.0	1909	2	24.0
1899	1	69.9	1915	1	10.0
1902	2	9.8	1916	2	18.8
1903	1	1.4	1917	1	5.0
1904	1	2.0	1920	1	20.0
1905	1	1.0	1921	1	1.8
1907	1	2.0	1922	1	80.0

2. 行业结构

行业	厂数	资本(万元)	行业	厂数	资本(万元)
纺纱	2	149.9	造纸	1	2.0
染织	1	10.0	印刷	1	1.4
丝织	1	2.0	榨油	1	7.0
面粉	2	16.0	机器	1	7.0
碾米	1	5.0	烛皂	1	1.0
火柴	1	20.0	水电	3	28.6

资料来源:杜恂诚,"历年所设本国民用工矿、航运及新式金融业一览表(1840—1927)"。

---

① 据《大生系统企业史》第 143 页表(《大生系统企业史》编写组编,江苏古籍出版社 1990 年版)及丁昶贤《中国近代机器棉纺工业设备、资本、产量、产值的统计和计量》[中国近代经济史丛书委员会编《中国近代经济史研究资料》(6),上海社科院出版社 1987 年版]第 88、93 页两表计算。参见虞晓波《长江三角洲地区近代城市工业化的两种模式》,南京大学 1995 年博士论文,第 107 页。

从表 2-6 中投资的产业来看,南通以纺纱业为主。17 家新办企业中,纺纱业虽只占 2 家,但资本却占到这些企业的 59.3%。由此可见,到1922 年棉纺织业已经成为南通的支柱产业,南通也由此成为一个以轻纺业为主导功能的城市。与此时的无锡相比,大生纺织企业无论是在纱厂资本额、整体规模,还是在集团总资本方面均高于无锡的申新、茂新、福新系统。[①] 而此时的常州,虽然也出现了一个变商为工的办厂高潮,即市内米行变成米厂,有不少新的织布厂创办,但这些产业资本很少,工业部门残缺不全,仅有棉纺、粮食加工、机械等寥寥几个行业。尽管据当时人对武进工业进行的调查统计,纺织业已居于当地的龙头地位,但其总体规模和实力仍无法与无锡相抗衡,更不用说与南通相比了。

从 1922 年起,南通轻纺工业因故渐渐趋于衰落。其间,虽然无锡于20 世纪 20 年代中后期成功赶超南通,成为长江下游地区排在上海之后的另一重要工业城市,但至 20 世纪 30 年代初,南通的工业发展水平仍居江苏前列。1932 年国民政府实业部在进行实地调查后称,自张氏(謇)"在该县提倡自治、兴办实业以后,三十年来,发展至速,现已成为江苏第三工业区"[②]。

而无锡在取代南通后,也迎来了发展的"黄金时代"。据 1929 年的《无锡年鉴》统计,此时无锡拥有 12 个工业集团、208 家工厂。其中,缫丝、纺纱、面粉业的投资额在所有行业中所占的比重分别为 20.29%、52.33%、14.27%,营业额分别占 54.72%、18.53%、11.10%。显然,这个阶段的无锡已经成为一个以缫丝、纺纱、面粉为主导产业的轻工业城市。

至全国抗战爆发前,无锡的工业化水平已居全国先进之列。按照1933 年的统计,此时无锡有 315 家工厂,数量排在全国第 9,占全国工厂

---

① 参见严学熙《近代中国第一个民族资本企业系统——大生企业系统的形成》,载《中国社会经济史研究》1987 年第 3 期。

② 实业部国际贸易局:《中国实业志:江苏省》第 4 编第 4 章,实业部国际贸易局,1933 年,第44 页。

总数的 3.2%；工人有 63 764 人，占全国工人总数的 14%，位列全国第 2；资本额达 1 407 万元，占全国资本总额的 4.4%，列全国第 5；生产净值为 7 726.4 万元，占全国总值的比例为 7%，列全国第 3。其中，轻纺业之纱锭数为 230 904 枚，占全国总纱锭数的 8.4%，次于上海，居全国第 2，已超过南通。[①] 1936 年，无锡工业产值已占全国工业总产值 331 900 万元的 4.3%；其棉纱产量达 17 万件，占全国棉纱产量 2 104 万件的 0.8%，占民族资本纱厂棉纱产量 1 390 万件的 1.22%；其面粉总产量 750 万包，占关内面粉总产量 6 300 万包的 12%；其蚕丝产量为 2.4 万担，占全国产量的 40%左右，居全国之冠。[②] 此时，无锡的工业发展水平达到了顶峰，无锡与上海、天津、武汉、广州、青岛等地一起，被国人并称为全国的六大工业城市。

在南通、无锡工业化取得非常成就的同时，常州经过第二次变商为工，也实现了城市功能的近代化转型。1932 年，常州 8 个主要工业部门的资本总额达到 5 184 400 元又 230 000 两。纱厂、棉织厂资本达 4 009 000 元又 230 000 两，占工业资本总额的 81.7%。[③] 1935 年，武进已"有纱厂三，每年推销国货不下一千数百元"，"以工资一项而论，每年亦不下 70 万。此项工资即平民之收入、地方之利源"。[④]至 1936 年，常州工商业更加繁荣，仅染织厂就有 40 多家，还有 2 家大型综合厂，所有纺织厂家开动布机达 6 300 台，未开动正在筹备之中的有 600—700 台，日产 2 万匹 40 码棉布、6 万多枚纱锭，日销纱达 500 件之多。其纺织业的实力已远远超越了市内其他各项产业，而成为常州产业经济的重心，由此还带动了其他工业（如机械工业）的发展。特别值得一提的是，截至全国抗战爆发，在

---

① 参见严中平等编《中国近代经济史统计资料选辑》，科学出版社 1955 年版，第 106—109 页。
② 参见陆仰渊《抗战前无锡工业化过程的特点与意义》，载《近代史研究》1986 年第 4 期。
③ 据《江苏实业志》第 8 编《工业》计算，参见茅家琦等《横看成岭侧成峰——长江下游城市近代化轨迹》，江苏人民出版社 1993 年版，第 236 页。
④ 参见陆绍云《武进纺织观》，载《纺织周刊》第 5 卷第 1 期，1935 年 1 月 1 日。

南通、无锡发展趋于缓滞的情形下,常州纺织业依靠不断积累、减少对外地纱的依赖,再加上优良的市场环境,仍然取得了较多的盈利,并带动了市内商业的繁荣。然而,好景不长,全国抗战的爆发却打断了这一良好的工业发展势头,常州的城市功能遂始终停留在以轻纺织业为主的发展状态中。

总之,通过以上对南通、无锡、常州三地产业经济发展模式的梳理,我们不难看出,南通和常州的产业中心功能的形成全依赖纺织业的发展,而无锡则稍有不同,系纺织、面粉、缫丝三大支柱产业齐头并进,共同推进所致。而城市产业单一的最大问题就是,当城市某支柱型产业受到国内外市场的猛烈冲击之时,其产业的衰落很容易造成整座城市的剧烈震荡。想要避免这种震荡的出现,势必需要大力调整该城市单一的产业结构,使其更加多元而富有活力。很显然,与南通相比,常州依靠纺织企业自发的协调性改造完成了这一重组,建成了以纺、织、染等产业为主的完整产业链条,常州的城市轻工业功能也由此得到进一步加强;而南通在大生企业遭受挫折之后,既没有进行改革和调整,又未及时培育出新的经济发展引擎,其结果必然是随着大生集团的衰落而逐渐走下坡路。至于无锡,则由于市内产业多元化的综合经济优势,即便在经济危机来袭之时,亦能毫发无损,安然度过;其稳固的城市经济结构,不但造就了该市强大的综合经济实力,还成为促进无锡城市不断繁荣发展的重要基石。

第三节　近代金融业对城市工业化的挹注

对于以无锡、南通、常州为代表的长江下游地区新型工业化城市而言,除了企业自身的内变因素之外,实际上这些地区的工业化发展也在相当程度上有赖于当地乃至整个长江下游地区金融资本的挹注和支持。

在当时的长江下游地区,除上海以外,江南的钱庄普遍较为发达。

其中,镇江作为江南门户,商务以江北地区的批发贸易为大宗,故镇江钱业实为江北金融之中枢。而镇江钱业又在资金上仰赖苏州钱业的支撑。苏州由于自身实业工厂极少,亦导致市内大量资金不得不向外埠寻找出路。故当时诸如镇江、无锡、常州、南通等刚刚工业起步的地区,亟须资金支持,其地方钱业亦全恃苏州款项作为周转之用。如此一来,邻近的镇江、无锡、常州、南通等地遂"成为苏州钱庄放款之主要地区与对象"[①]。而苏州钱庄中属于"福"字号和"禄"字号的大庄号在办理外埠汇兑业务时,其通汇地点也大体集中在长江下游地区。[②] 此外,在宁波商帮中,也颇有对外进行投资的习惯。其中,以沙船和钱庄业起家的镇海李也亭家族,就曾把钱庄积累得来的资金大笔投向中国化学工业社等企业,为此其曾孙李祖韩还曾担任该社董事长多年。[③]

有关长江下游地区金融业对新式工业的投资,我们虽难以得到确切的数字统计,但从无锡钱庄与新式工业的关系中,仍足以窥见它们之间的重要联系。19 世纪 60、70 年代,无锡全境共设有钱庄 6—7 家。其早期业务"均以兑换金银为主,兼营金银器皿的典押业务"[④]。进入 20 世纪,无锡钱庄增至 10 余家。随着钱庄利润的积累以及国内兴办工业高潮的到来,钱庄业资本开始转入新式工业。例如,1900 年市内广生钱庄便曾利用盈利投资保兴面粉厂。1905 年荣氏筹办振新纱厂时,广生也拿出 6 万元入股。而后来无锡惠元面粉厂和豫康纱厂的创办,也得益于同和钱庄的大量投资。其中,惠元面粉厂由同和钱庄(后因薛宝润参股改名为"同和润银号")经理吴玉君集资 16 万元于 1914 年创办,合股人方寿颐亦为同和钱庄股东。1919 年,同和润的几位大股东吴玉君、薛宝润、张韫甫、方寿颐等人又发起创办豫康纱厂,并都成为豫康的董事。仅薛

①　江苏省金融志编辑室编:《江苏典当钱庄》,南京大学出版社 1992 年版,第 95 页。
②　参见江苏省金融志编辑室编《江苏典当钱庄》,南京大学出版社 1992 年版,第 96 页。
③　参见中国人民银行上海市分行编《上海钱庄史料》,上海人民出版社 1960 年版,第 737 页。
④　无锡市金融志编纂委员会编:《无锡市金融志》,复旦大学出版社 1996 年版,第 45 页。

宝润一人即投资 10 万元,是为豫康纱厂的最大股东①。在缫丝业方面,1910 年创办的乾牲丝厂也系由协康钱庄出资人孙鹤卿等人筹创;而同年创办的市内规模最大的振艺丝厂,其创办者许稻荪亦原在上海唐家街口开设过元通钱庄;1914 年创办福纶丝厂的单绍闻,也系福泰钱庄的出资人;1929 年开办的汇源丝厂,也是以宝康润钱庄的名义创办的。②

而新式工业兴起之后,工业积累也开始大量流向钱庄。叶澄衷、薛文泰、荣宗敬、周舜卿、唐晋斋、祝大椿等地区实业名人,纷纷在上海、无锡、宁波等地参与投资钱庄。例如,荣宗敬就曾对振泰钱庄和滋丰钱庄进行投资;唐晋斋也参与了对晋康钱庄和瑞源钱庄的投资;而益泰花厂、振华纱厂和大有榨油厂的经理薛文泰亦曾大笔投资瑞泰、均昌、敦余、泰昌等钱庄。据统计,第一次世界大战前无锡钱庄资金的 50%—60% 来源于工商业投入,只有 30%—40% 属于地主、富农投资。③ 而工业资本家对钱庄进行大笔投资的目的,不外乎是为了更好地利用钱庄资金来挹注工业企业。例如,实业巨子荣宗敬就曾有云,"我搭上一万股子,就可以用他们十万、二十万的资金。"④于是,钱庄资本与新式工业逐渐形成了你中有我、我中有你的局面,事实上结成了一荣俱荣、一损俱损的荣损与共的关系。因此,在 1929 年爆发世界经济危机前,钱庄与工业相互投资、相互支持,共同获得了发展。而长江下游地区的各工业企业也由于有钱庄业的鼎力支持而增加了抗风险的能力。譬如,当 1908 年无锡茂新粉

---

① 参见黄培昌、杨伯康《我所知道的豫康纱厂》,载中国人民政治协商会议江苏省无锡市委员会文史资料研究委员会编《无锡文史资料》第 19 辑,1987 年,第 79—81 页。

② 参见高景嶽、严学熙《近代无锡蚕丝业资料选编》,江苏人民出版社、江苏古籍出版社 1987 年版,第 55—59 页;钱耀兴等《无锡丝绸工业志》上册,上海人民出版社 1990 年版,第 81 页;吕焕泰《有关丝厂座谈会记录》,载无锡政协文史资料委员会档案《工商史料》卷 1,第 256、257、261 页。

③ 参见李继曾、冯旭三《无锡的银钱业》,载《文史资料选辑》第 2 辑,第 59 页;无锡市金融志编纂委员会编《无锡市金融志》,复旦大学出版社 1996 年版,第 45 页。

④ 上海社会科学院经济研究所:《荣家企业史料》上册,上海人民出版社 1963 年版,第 554 页。

厂和振新纱厂发生经济困难时,广生钱庄即倾全力竭力保全茂新与振新两厂。[①]

　　第一次世界大战期间,无锡的新式工业发展迅速,钱庄业在其中又发挥了巨大的推动作用。当时无锡工业资本家多以"借款办厂、举债扩充"的办法发展实业,[②]资金极为短缺。对本地实业极为支持的无锡钱庄,其实力虽远远不及上海的宁绍商人的钱庄,但在资金的周转和使用上却有独到之处。其中,当时无锡钱庄与苏州钱庄(包括洞庭山帮)的关系非常密切。苏州游资极为丰富,钱庄吸收存款颇为容易,故苏州钱庄被时人称为"存款码头";反观无锡,则由于工商业需款甚殷,被称为"用款码头"。由此一来,无锡钱庄的放款常常多于存款,"由于这个关系,无锡钱庄与苏州钱庄联系特别密切,苏州钱庄的长期款项一向放与无锡钱庄,再由无锡钱庄转放给工商户"。[③] 第一次世界大战前后,无锡向苏州钱庄拆借金额最高时达 2 000 万银圆[④],此为其一。其二,当时无锡境内的颜料商人薛宝润、贝润生、奚萼衔等从颜料业中积累了巨额资金。在第一次世界大战期间,他们在无锡设有永吉润等 6 家钱庄,被称为"颜料帮钱庄"。凭借着雄厚的资金实力,无锡颜料帮钱庄逐渐充当了颜料业资金向无锡新式工业转化的桥梁。另一方面,又由于同期颜料帮商人在上海还开设有滋丰、泰康等 26 家钱庄[⑤],遂又使得无锡钱庄"与上海滋丰等大钱庄建立往来关系,靠汇划透支以调剂周转"[⑥],极大地便利了无锡新式工业使用上海钱庄资金。因此,我们自不难得出结论,无锡钱庄是

---

①　参见荣德生《先兄宗敬纪事述略》,载申新史料委员会《申新系统企业史料》第 6 编第 2 期,1957 年 1 月油印本。
②　参见无锡市金融志编纂委员会编《无锡市金融志》,复旦大学出版社 1996 年版,第 49 页。
③　参见李继曾、冯旭三《无锡的银钱业》,载中国人民政治协商会议江苏省无锡市委员会文史资料研究组无锡地方志编辑委员会《文史资料选辑》第 2 辑,第 59 页。
④　参见无锡市金融志编纂委员会编《无锡市金融志》,复旦大学出版社 1996 年版,第 49 页。
⑤　参见中国人民银行上海市分行编《上海钱庄史料》,上海人民出版社 1960 年版,第 756 页。
⑥　无锡市金融志编纂委员会编:《无锡市金融志》,复旦大学出版社 1996 年版,第 49 页。

依托苏州这个金融市场来承担本地业务的,而无锡工业则实际上是在苏州钱业和上海钱业的支持下发展起来的。

至于抗战以后,钱庄对于当地企业的恢复生产也帮助甚大。1947年,无锡复业钱庄共有7家,其中,永恒丰钱庄的生产事业放款为3.27亿元法币,占其放款总额的10%;福裕钱庄的生产事业放款达到5.39亿元法币,占其放款总额的27%;源丰仁记钱庄的生产及运输事业放款为5.47亿元法币,占其放款总额的46%;而复元钱庄的生产事业放款也有2.45亿元法币,占其放款总额的36%;增大钱庄的生产事业亦放款4.67亿元法币,占其放款总额的34%。[1] 以上5家钱庄对生产事业放款总额达21.25亿元法币,这批资金对于战后亟待复业的企业实乃雪中送炭。

关于金融业对近代无锡工业发展的影响的典型个案,则以中国近代纱粉业巨擘——荣氏家族的发展为典型。钱庄在荣氏企业集团的发展过程中起到了无可替代的重要作用。荣氏兄弟的实业活动,最早从一个3 000元资本的广生小钱庄起步。1900年,广生钱庄的汇兑业务兴盛起来,盈利达4 900两之多,由此成为荣氏兄弟创办第一个工业企业——无锡保兴粉厂的资金来源。[2] 随着钱庄利润的扩大,荣家把钱庄积累投入工业企业的数量大幅度增加。1905年,荣瑞馨等筹办振新纱厂,荣氏兄弟又从广生拆出6万元入股。钱庄资本大量转入工业企业。[3]

1908年,因振新纱厂的主要经营者参与投机失败,荣家受到牵连。据《荣家企业史料》记载:"〔荣〕宗敬自设之广生钱庄,早已搁浅,茂新亦将动摇。宗敬所亏甚巨,对外信用全失,债主纷集。不得已,茂新业务暂由王禹卿处理。核欠庄款不足二十万两,乃向各庄家开诚接洽,由禹卿

---

① 参见无锡市金融志编纂委员会编《无锡市金融志》,复旦大学出版社1996年版,第46—47页。

② 参见上海社会科学院经济研究所《荣家企业史料》上册,上海人民出版社1963年版,第9页。

③ 参见无锡市金融志编纂委员会编《无锡市金融志》,复旦大学出版社1996年版,第45页。

立据负责,始得勉渡难关。"①这次危机中荣家的 20 万两负债款,几乎全部是欠钱庄的款项。但在这次危机中对荣家鼎力相助的则恰恰是钱庄。当时聚生钱庄的经理李裕成,曾对荣氏兄弟的企业予以大力支援。据荣德生自述:"年终〔1909 年年初〕,庶康杨松年专至无锡,讨取往来,追索照还,否则作倒,余允照还。至年〔旧历年底〕,付伊八千两,皆取自己田单及苏州已购之单契作押,渠尚不允。……李裕成亦极心照,至今感之。"②1910 年,荣家企业再次陷入债务危机,又是李裕成和周舜卿的支持,才使荣家走出困境。对此,荣德生后来亦坦言,当时"满城风雨,往来〔钱庄〕均到,有欠追讨。信成银行经理将晚来出货,余因晚不允,同坐至天明,一夜未睡。裕宁〔钱庄〕请总督转县查封,因是押款,据理力争,由商会代呈而止。……余每上申,晚车而回,计三十余次。托人借款,后由李裕成及信成周舜卿共借八万两,用庄活期四万两,厂内凑出四万两。"③正是由于以上两次李裕成对荣家的鼎力相助,李氏才由此与荣氏兄弟结下深厚友谊,后来荣氏兄弟创办福新粉厂和申新纱厂时,李裕成亦均有投资。

20 世纪 30 年代荣家大量兼并、收买其他企业,也同样离不开钱庄的支持。当时荣家收买三新纱厂时,三新纱厂地面的设备作价 40 万两,卖方要求荣家先付佣金 5 万两。交易谈好后,荣宗敬并无充足资金,于是只得找其子荣鸿三的岳父汇丰钱庄经理孙直斋贷款,最后在孙氏的支持下,才终于购获了三新纱厂。④ 再后来,荣家在购买厚生纱厂时,实际上也未付现金,也是通过向钱庄押款的形式购买了该厂。据时人回忆,当时"荣宗敬本身没有钱,仍向这几家钱庄做押款,故实际上荣并未付钱,只是在钱庄账上转一个账户而已。但钱庄相信申新老板不相信厚生,因

① 上海社会科学院经济研究所:《荣家企业史料》上册,上海人民出版社 1963 年版,第 25 页。
② 荣德生:《乐农自订行年纪事》,"光绪三十四年纪事",线装书,出版年代及页码不详。
③ 荣德生:《乐农自订行年纪事》,"宣统二年纪事",线装书,出版年代及页码不详。
④ 参见上海社会科学院经济研究所《荣家企业史料》上册,上海人民出版社 1963 年版,第 249 页。

为申新规模大,有好几家厂,一个厂不好,还有别的厂,而厚生老板只有一个厂"①。

由于过度扩张,再加上受整个世界经济危机的影响,20世纪30年代前期荣家企业再度陷入危机。不过,此时仍然有大量的金融机构对荣氏企业伸出援手,进行资金挹注(其资金援助具体款额详见表2-7)。

表2-7　1933—1934年申新总公司抵押借款及抵押品表

抵押品	押品价值 (元)	承借人	借款金额 (元)	利率	期限
中国银行股票1 950股, 每股100元 棉纱交易所股票6 295股, 每股70元	195 000 440 650	中国银行	503 246.95	8厘	5个月
中国水泥公司股票7股, 每股100元 中国水泥公司股票60股, 每股100元	979.02 8 391.6	抵宏大账			
中和银行股票500股, 每股100元 蕴藻浜地皮21.119亩 (每亩5 366元)	50 000 113 324.55	生昶钱庄	100 000		
总公司房地产2.4亩	地480 000 房131 708.75	滋丰钱庄	440 549.3	8厘	
上海银行股票1 500股, 每股100元	150 000	福泰钱庄	150 000	7厘5	3个月
上海银行股票3 000股, 每股100元	300 000	上海银行	280 000	7厘	3个月
国货银行股票68股, 每股100元	6 800	抵茂新 洋行账			
电力公司股票270股, 每股100元	37 762.24	电力保证			

①　上海社会科学院经济研究所:《荣家企业史料》上册,上海人民出版社1963年版,第254页。

续　表

抵押品	押品价值（元）	承借人	借款金额（元）	利率	期限
恒大纱厂股票 100 股，每股 100 元	10 000	浦东银行	3 000	1 分5 厘	
恒大纱厂股票 1 500 股，每股 100 元	150 000	电力保证			
恒大纱厂股票 200 股，每股 100 元	20 000	抵裕兴洋行账			
恒大纱厂股票 100 股，每股 100 元	10 000	抵恒源兴账			
恒大纱厂股票 100 股，每股 100 元	10 000	抵程恒昌账			
振泰股票 88 股，每股 100 元	8 800	抵茂新洋行账			
汉口打包厂股票 300 股，每股 100 元	30 000	抵安利洋行账			
中国棉业公司股票 500 股，每股 100 元	50 000	抵义丰账			
中国水泥公司股票 1 200 股，每股 100 元	167 832.17	大安银行			
中国水泥公司股票 500 股，每股 100 元	69 930.07	惠丰银行			
福新运输栈	70 000	滋丰钱庄	70 000	1 分	
福新合同（宗记部分）		上海银行	700 000	7 厘	
国货银行股票 100 股，每股 100 元	10 000	粉部	7 000		
国货银行股票 100 股，每股 100 元	10 000	鸿胜钱庄			
蕴藻浜地皮 34.806 亩（每亩 5 366 元）	186 769	惠丰钱庄	50 000		
衣周塘地皮 386.137 亩（每亩 2 054 元）	792 978.60	致祥钱庄	412 000	7 厘	

127

抵押品	押品价值（元）	承借人	借款金额（元）	利率	期限
镇江地产	53 117.50	荣康钱庄	120 000	7 厘	
麦根路地产 4.116 亩		惠丰银行	40 000	1 分	
南京批发所地产		上海银行	42 000	9 厘	
小沙渡地产 15.852 亩		庆大钱庄	147 410	9 厘 5	
汉口谌家矶地产		生昶钱庄	70 000	8 厘	
新开河房地产 1.799 亩		惠丰钱庄	360 000	1 厘 5	
西摩路房地产 6.188 亩		上海银行	320 000	7 厘	
南京三义河地产 89.4 亩		振泰钱庄	120 000	7 厘 5	

资料来源:申新总公司档案,总公司流水第 1 号,1933—1934 年有关欠款的底稿卷。

据表 2-7,不包括所抵债务,仅 1933—1934 年,各类钱庄向申新总公司提供的抵押借款总额就为 2 039 959.3 元,银行向申新总公司提供的抵押借款总额为 1 888 246.95 元。钱庄向申新总公司提供的抵押借款相当于银行向申新总公司提供的抵押借款的 86.8%,银行所借抵押贷款为钱庄所借抵押贷款的 115.2%。故从抵押借款的绝对值看,银行所借的款项要多于钱庄。但在同时期荣家企业的信用借款方面,钱庄则远远高于银行。据相关方面统计,荣家企业定期信用借款分类比例如表 2-8 所示。

表 2-8　荣家企业定期信用借款(1934 年 6 月 30 日)

债权者	承借金额(万元)	比例
钱庄	1 58.499	55.1%
银行及信托公司	64.200	22.3%
私人和其他	64.900	22.6%
总计	2 87.599	100.0%

资料来源:上海社会科学院经济研究所,《荣家企业史料》上册,上海人民出版社 1963 年版,第 405 页。

据表2－8,钱庄向荣家企业发放的信用借款相当于银行及信托公司贷款的约2.5倍。若把信用借款与抵押借款相加,则钱庄总计向荣家企业借出款项3 624 949.3元,银行向荣家贷出2 530 246.95元。钱庄对荣家企业的贷款总额为银行贷款总额的143.26％。因此,从数据上看,钱庄对荣氏企业的挹注作用由此可见一斑。甚至在20世纪30年代,在荣家企业最危急时刻,原先往来密切的银行因担心受累亦纷纷停止放款,以至于在申新七厂面临被拍卖关头,原来"以各银行凑二百万是轻而易举的事;然而各行竟坐视'人溺而不救'"[1]。到1934年3月底,"金融界已无一肯放〔款〕,中国、上海两银行不肯再做",最后荣氏集团还是靠16家熟悉的钱庄的支持,才最终得以转危为安,继续维持。[2]

至1936年6月底,申新系统与上海钱庄往来款项如表2－9所示。

表 2－9　申新各厂与上海钱庄的借款往来（至 1934 年 6 月底）

借款种类	钱庄家数	借款金额（万元）
定期信用借款	41	158.499
活期信用借款	32	117.823
栈基抵押借款	6	179.900
股票、地产押款	6	105.000
栈单抵押借款	7	40.500
营运借款	3	48.546
合计	95	6 50.268

资料来源:上海社会科学院经济研究所,《荣家企业史料》上册,上海人民出版社1963年版,第555页。

从表2－9可知,到1934年底,钱庄已向荣家企业放款650余万元。从如此庞大的借款数额,我们不难想象钱庄的魄力及其对荣氏企业发展

---

[1]　丁丁:《申新七厂被拍卖的检讨及我们今后应有工作》,载《纺织周刊》第5卷第7期,1935年2月。

[2]　参见上海社会科学院经济研究所《荣家企业史料》上册,上海人民出版社1963年版,第406页。

的鼎力支持,其重要作用用"中流砥柱"一词来形容亦不为过。

与无锡相类似,常州的工业企业对本地钱庄亦十分依赖。不过客观而言,常州本地的钱庄业资金大都不算雄厚,资本最多的仅为10万元,最少者为9 000元。然而一般放款额却通常达到20万元以上,有的放款竟达六七十万元。如遇资金不足,常州的钱庄亦可向苏州同业拆借。故每逢春节,常州各钱庄的经理都要携现洋数千元,亲往苏州,向苏州各钱庄店拜年,即以现洋分付各店开户,此后即可通汇往来,办理收借汇款。① 而苏州钱庄除向无锡、常州大量放款外,还向南通、常熟、昆山、太仓、镇江、溧阳、南京、泰州等地的同业和典当业大量放款。如此一来,苏南各地的钱庄业便与苏州钱庄业结成一种利益与共的亲密关系。②

而在南通,市内各工业企业与各钱庄亦保持着紧密的联系。在20世纪之初的20年里,作为中国最大的民族资本棉纺织集团,大生企业集团自然是银钱业放款的重点。除了银行大量向大生押款外③,钱庄向大生系统发放的款项也非常之多(见表2-10)。

---

① 参见江苏省金融志编辑室编《江苏典当钱庄》,南京大学出版社1992年版,第145页。
② 参见江苏省金融志编辑室编《江苏典当钱庄》,南京大学出版社1992年版,第95页。
③ 我们认为,在对大生系统的放款中,银行业的放款多来自上海,而钱庄的放款除上海外,则大量来自扬州、镇江、苏州的钱庄。这里则主要考察钱庄对大生的放款。事实上,在早期整个长江下游地区金融机构所给予工业企业的放款方面,相较于钱庄而言,银行较为逊色。这大概是因为当时大多数以棉纺厂为主的工业企业规模都很小,虽然银行自身资金较为充裕,但考虑到回流资金的安全性,除对少数大型企业(例如大生集团)外,当时一般的银行均少向小型的企业放贷,对于工业发展投资都不太重视,转而竞相从事政治借款的投机业务。而传统的钱庄反倒能充分利用市场规律,使资金大量流向新式工业,故在早期传统钱庄仍是广大小企业贷款的重要来源。这种情况一直到20世纪30年代国民政府开始采取有利于现代银行业务发展的措施后,钱庄才开始在商业上让位于现代银行。参见 Andrea Lee NcElderry, *Shanghai Old-Style Banks (Ch'ien-Chuang), 1800 - 1935: A Traditional Institution in a Changing Society*, Ann Arbor: University of Michigan, 1976, p.17;方显廷《中国工业资本问题》,商务印书馆1939年版,第56页。

表 2‑10 大生纱厂向钱庄借款一览表

钱庄名	押款金额(两)	抵押品
鸿赍	20 000	
××	20 000	
瑞昶	9 000	
××	20 000	
瑞泰	6 000	
××	10 000	
永余	10 000	
××	20 000	
安裕	10 000	
五丰	15 000	
××	20 000	
衡吉	8 000	
润余	2 000	
庆成	10 000	
汇昶	12 000	
鸿祥	10 000	
惠兴	6 000	
信孚	5 000	
××	15 000	
信裕	6 000	
祥裕	2 000	
××	2 000	
宝昶	10 000	
滋丰	16 000	
怡大	4 000	
××	20 000	

钱庄名	押款金额(两)	抵押品
鸿丰	8 000	
信成	5 000	
××	10 000	
益昌	14 000	
兆丰	15 000	
永丰	18 000	
庚裕	18 000	
××	15 000	
益大	3 000	
××	10 000	
志诚	7 000	
××	10 000	
滋康	2 000	
聚康	7 000	
××	10 000	
仁亨	12 000	
同丰	5 000	
德昶	4 000	
××	50 000	大有晋、大赉债权
志成	2 000	
庆和	3 000	
徽祥	9 000	
××	5 000	
志丰	10 000	
恒孚	10 000	
新记	10 000	

钱庄名	押款金额(两)	抵押品
上海各庄	334 000	以一、二厂债权等
可炽昌	10 000	
大成	10 000	
同丰	10 000	
晋安	10 000	
鸿胜	10 000	大有晋债权
永记	30 000	大有晋、大赉债权
信康钱庄		

资料来源:南通市档案馆等编,《大生企业系统档案选编》纺织编 I,南京大学出版社 1987 年版,第 187—190 页。

表 2-10 中大生向钱庄押款总额为 1 032 000 两,从表中抵押品一栏可以看出,大生向钱庄所借的款项绝大部分为无须抵押品的信用借款。再看大生以动产向钱庄押款情况(见表 2-11)。

表 2-11　大生纺织公司证券向钱庄押款一览表

押款单位	押款金额(两)	抵押品
东源	48 600	欠户抵入冶厂股票 35 200 元、通明股票
得记	36 300	2 500 两
震丰	19 300	
永昌林	12 500	
源通	15 700	
汇余	29 900	
承豫	22 700	
顺康 同丰泰	29 500 6 800	
镇公记	54 574.2	
鼎昶	21 000	欠户抵入大丰股票 56 000 元等

押款单位	押款金额（两）	抵押品
诚孚	20 000	欠户抵入内河大达股票 30 000 元
安裕	70 884.2	欠户抵入广生油厂股票 30 000 元
鼎康	10 000	欠户抵入广生油厂股票 40 000 元
安康	51 384.9	水泥公司股票 25 600 元
益丰	29 846.2	中国银行股票 140 000 元等
茂丰	30 268.9	上海银行股票 50 000 元
润余	30 389.4	上海银行股票 50 000 元
同余	68 926.8	上海银行股票 50 000 元
泰康	30 000	盐垦公债票 220 000 元
永亨	30 000	欠户抵入水泥公司股票 20 000 元等
长盛	1 000	欠户抵入大有晋股票 1 000 元
恒泰	11 700	欠户抵入合德公司股票 15 000 元

资料来源：南通市档案馆等编，《大生企业系统档案选编》纺织编 I，南京大学出版社 1987 年版，第 190—193 页。

表 2-11 中大生以证券向钱庄押款总额为 681 274.6 两，以不动产向钱庄押款额共计 1 713 274.6 两。两项合计，钱庄对大生纱厂承做的押款相当于银行承做押款的 73.4%。[1]

而当时中南银行的常务理事、扬州怡大钱庄的大股东——扬州钱业巨擘徐静仁就与张謇是好友，两人关系密切。徐静仁本人亦在张謇旗下的多家企业都有投资，还创办有大阜、大有晋等盐垦公司。张謇在南通扩展实业时，也经常从镇江、扬州两地钱庄借到大笔贷款。特别是"在大生赢利的时期，银钱业往往把它看作'摇钱树'，不怕大生借，只怕大生不来借。当时镇扬帮和宁绍帮钱庄经常把往来折子竞相送到大生上

---

① 参见马俊亚《混合与发展：江南地区传统社会经济的现代演变》，社会科学文献出版社 2003 年版，第 211 页。

海事务所。于是大生便大量向外借款以大肆扩张"①。其中,1926年末上海银行对工矿企业放款共计3 607 942元,其中仅给纺织业的放款即达1 913 276元,占工矿企业放款额的53.03%,而放给大生纺织公司一户的款项又占到纺织业放款总额的59.12%②。其实,对于银钱业向大生集团的主动示好,甚至投怀送抱,这并不难理解。要知道,大生集团作为中国20世纪20年代规模最大的企业集团,当时是银钱业眼中的金主。而为了获得资金,海门大生三厂的全部机器、花纱原材料等也都抵押到上海商业储蓄银行,故该厂实际上被上海银行专门包了下来,押款额常达一二百万。③ 另外,通海盐垦公司旗下的大德、大阜、公济、大源、大有晋、裕通、庆日新等七家公司,也均为扬州钱商所投资。④ 故在当时南通市内的各大型企业集团对各种金融服务机构的依赖极深。除这些大集团外,一般企业也十分依赖钱庄的放款。例如裕华、大兴集团负责人在后来回忆当时企业融资情形时便曾有"当时,国家银行我们〔指裕华、大兴纱厂——笔者注〕走不进门,我们主要依靠私营钱庄"⑤之语。至于更小的小企业则更以钱庄为往来对象,平时资金大半来自钱庄。

　　除了直接向企业放款外,钱庄还有一项促销企业产品的特殊功能。据国外学者研究,在20世纪20年代几乎所有的通海关庄都设有分立的布纱、金融和棉花部门,这些部门各有各的名号和资金来源,其产品大都来自大生纱厂。而真正促成这些商号与大生纱厂合作的关键中介则是钱庄。钱庄在推销大生纱厂的产品中起着决定性的作用。这是因为,钱

①　《大生系统企业史》编写组编:《大生系统企业史》,江苏古籍出版社1990年版,第150页。
②　参见中国人民银行上海市分行金融研究所编《上海商业储蓄银行史料》,上海人民出版社1990年版,第161—162页。
③　参见中国人民银行上海市分行金融研究所编《上海商业储蓄银行史料》,上海人民出版社1990年版,第155页。
④　参见江苏省金融志编辑室编《江苏典当钱庄》,南京大学出版社1992年版,第122页。
⑤　《裕大华纺织资本集团史料》编写组编:《裕大华纺织资本集团史料》,湖北人民出版社1984年版,第61页。

庄利用 19 世纪后期在通商口岸建立起来的钱庄体系,向关庄里的布号商发放期限为 10—15 天的庄票,进行担保。如果庄票到期,大生企业可以到银行兑现。"这种体系使关庄、钱庄和大生三方均大获其利,使它们在三方相互依赖的金融关系中更加密切地联系在一起。"大生获利是因为它可以就近以相对较低的成本推销它的产品。而通海关庄则通过资金运用,确保它们可以利用没有利息的营运资金来购买大生棉纱的方式获益。于是,从集中利用商业资本的角度而言,这种联合推动了布号和钱庄的发展,促进了两者的融合。在这种情况下,此时南通地区的银行资本和商业资本已几乎没有区别,它们基本上融为一体。①

---

① 参见 Kathy Le Mons Walker, *Chinese Modernity and the Peasant Path: Semicolonialism in the Northern Yangzi Delta*, Stanford: Stanford University, 1999, pp.133 - 134。

第三章　传统政治中心城市的政治救赎与城市复兴:以南京为例

第一节　中国传统政治与中国城市的政治特质

自中国城市产生伊始,城市就一直是统治阶级进行政治统治的堡垒和工具。历史上,中国城市的发展,始终遵循一条以政治为中心的道路,强调城市为统治阶级的需要服务。城市的文化职能、经济职能和流通职能,被强势的政治职能掩盖,城市被框定在规制和等级中而成为农耕文化和传统等级制度的载体。故中国传统的城市中,绝大多数都是政治城市,即基本上都是以政治统治和军事防御为其主要功能的行政中心城市。有学者统计,19世纪初的中国,"在大约拥有3 000或3 000以上人口的1 400个城市中,至少有80%是县衙所在地,而在人数超过10 000的城市中,大致有一半是府或省治所在地"①。故几乎中国所有重要的城市都在中央集权的控制之下以国家行政中心的身份而存在,而不是在商业经济中具有决定意义的中心。对此,何一民曾将这种政治地位的绝对

---

① 　[美]吉尔伯特·罗兹曼主编:《中国的现代化》,国家社会科学基金"比较现代化"课题组译,江苏人民出版社1995年版,第206页。

支配影响概括为"政治中心城市优先发展规律".[①] 而之所以会形成这种发展规律,是因为中国城市的功能。城市的功能决定了城市发展的动力。毫无疑问,在行政权力主导经济社会资源配置的国家,城市的政治功能永远是城市发展的关键要素,也是城市最重要的竞争力。中国的城市从其产生开始,就走的是一条与西方城市不同的发展道路,其发展动力机制不同,发展规律也不同。在中国,很多城市就是统治者为了构建政治中心而兴建的。因此,这些城市也大多以行政管理职能为主,为统治阶级服务。即便商品消费十分旺盛,很大程度上也是依附于政府需要而存在的。而国家也往往会根据政治需要,将全国城市按照不同的行政级别进行划分。地位最高的是国都,其下依次为省、府(州)和县级行政中心城市,各级城市之间存在着明显的行政隶属关系,而这种等级分明的城市体系也直接制约了各级城市的发展。国家对每一级别的城市的大小、发展规模和主要职能都有严格规定。城市规模的大小、城市发展的快慢同城市政治行政地位的高低也相应成正比。因此,在古代,决定中国城市发展的首要因素是城市在封建政权中的级别地位,来自国家的政治推动力是古代城市发展的最大动力。政治行政中心可以因为它们的政治军事力量更容易获得各种资源和发展动力。长期以来,统治者也大多按照行政的需要和城市的政治地位对城市进行规划、建设和管理。

---

① 在其论述中,何氏曾对"政治行政中心优先发展规律"进行如下界定:"即一个城市的发展规模和发展速度与其政治行政地位的高低成正比,政治行政地位越高的城市,规模也越大,发展速度就越快;反之,政治行政地位越低的城市,规模也越小,发展速度就越慢。如果一个城市成为首都,那么这个城市就会在较短的时间内得到超常的发展。相反,它一旦失去了首都的政治行政地位,那么它的发展就会出现衰落。次一级政治行政中心城市如省会城市的发展规模和发展速度绝不会超过作为全国政治中心的首都,而府县级政治中心城市的发展规模和发展速度也不会超过省会城市,如果有,那也是极短暂的、极个别的特例。中国城市发展史上有许多这样的例子,一旦某个城市被确定为国都或上升了一定的行政级别,那么它一定会在短期内获得突飞猛进的发展,而这些城市一旦失去了行政上的重要地位,那么它的衰落是显而易见的。"参见何一民《论近代中国大城市发展动力机制的转变与优先发展的条件》,载《中华文化论坛》1998年第4期;何一民《从政治中心优先发展到经济中心优先发展》,载《西南民族大学学报》2004年第1期等。

一般而言,行政级别越高的城市,越受到统治者的重视,因而规划、建设的档次也就越高,城市的规模也就越大,投入的资金、人力、物力也就越多。① 一个城市,一旦成为一个区域的政治中心,它就具有了不可抗拒的竞争力、吸引力,从而也就有了巨大的活力。故"行政中心通常比其他同样大的城市发展得快"②。而作为行政中心中的"中心",作为国家首都的城市,又在发展规模和速度上总大于和快于其他城市。中国历史上最大的城市,如秦咸阳、西汉长安、东汉洛阳、南朝建康、隋唐长安、北宋汴京、南宋临安、元大都、明清的北京等,都是因成为某一朝代的都城而得到了超常的发展。相反,它一旦失去首都的政治行政地位,它的发展就会出现衰落。③ 故政治,而不是商业,决定着中国城市的命运。因此,有施坚雅等外国学者判定政治因素是中国城市性质的决定因素之一,并声称"政治势力对城市发展以如此纯粹的方式起作用,同时历数百年而仍如此强大有力、继续不衰,这除了中国,世界上可能再也找不出第二个国家了"④。

步入近代以来,中国城市开始了从传统城市向近代工业城市转型的过程。西方的影响,这种源自外力的冲击,使得近代以来中国城市的发展动力机制已经在这一新变量的作用下发生了很大变化。其最大变化就在于中国城市的发展动力机制已不再单纯由政治因素所主导,而日益取决于城市内部的经济结构、腹地与市场条件和城市的交通等经济方面的因素。⑤ 政治与经济这两种不同作用力的颠倒,使得中国城市不再只是政治中心优先发展,而是侧重于经济中心优先发展。在这种情况下,

① 参见何一民《从政治中心优先发展到经济中心优先发展》,载《西南民族大学学报》2004 年第 1 期。
② [苏]伊利英:《城市经济学》,桂生生等译,中国建筑工业出版社 1987 年版,第 48 页。
③ 参见何一民《从政治中心优先发展到经济中心优先发展》,载《西南民族大学学报》2004 年第 1 期。
④ [美]施坚雅主编:《中华帝国晚期的城市》,叶光庭等译,中华书局 2002 年版,第 119 页。
⑤ 参见[美]施坚雅主编《中华帝国晚期的城市》,叶光庭等译,中华书局 2002 年版,第 125 页。

一些原本政治行政地位较低或者非政治行政中心城市迅速崛起,其发展速度和发展规模远远超过了政治行政地位较高的城市。而政治中心城市也自近代以来出现了新的发展,开始从比较单一的政治型城市向双重功能和综合型多功能城市转变。在西风东渐的影响下,中国城市逐渐开始由传统的政府全能模式向拥有立法、司法、执法等近代机构的管理机制转变。随着城市规模的扩大和功能的增多,城市管理方法也日趋科学化和法制化。城市行政职能日趋复杂,传统的封建城市逐渐向部门齐全、管理有序的近代城市转变。

然而,这种来自外力冲击的影响却并不等于中国城市近代化的自然实现,也不意味着中国传统城市对近代功能的自觉适应。从某种意义上说,西方的影响只是带来变化的挑战与契机,近代化实施的关键仍取决于中国内部的变革。按照美国学者亨廷顿关于建立"强大政府"的现代理论①,对于中国这样一个超大型后发国家而言,推动现代化应该是采用自上而下的模式,只有国家才能在现代化进程中扮演组织者、领导者和推动者的角色。这是因为,中国自身社会缺乏现代性因素,民间力量又异常薄弱而无法启动社会变革,故只能借助国家的力量,由国家承当起唤醒民众、维护民族独立和政治稳定、聚集现代化资源、组织实施现代化发展计划,以及扫除现代化的障碍等责任。只有在国家对社会进行高度有机的强力整合后,才能根除现代化建设中的政治动荡和衰朽因素,从

---

① 亨廷顿认为,在任何类型的现代化中,政府扮演总是主要角色。即使是西方发达国家和地区,在他们多样化的现代化发展历程中,政府具有其至关重要的作用,尽管发生作用的方式迥异,力度不同。而外源性的现代化,尤其是发展中国家的现代化,在经济生活中未形成自动运转机制,现代生产力要素和现代化的文化要素都是从外部引进的。因而,政府作为一种超经济的组织力量,"采取高效率的途径,其中包括可利用的传统因素,通过有计划的经济技术改造和学习世界先进经验,带动广泛的社会改革,以迅速赶上先进工业国和适应现代世界环境的发展过程。"参见塞缪尔·P. 亨廷顿《变化社会中的政治秩序》,上海人民出版社 2008 年版。当然重视政府的作用是有一定前提的,首先,这必须是一个具有现代化导向的政府,自身不需要进行体制的整体变革,否则,政府就不可能把注意力与权力运行重点放在引导现代化上;其次,这个政府有能力指挥与调度国家资源,解决中央与地方的矛盾,并保障制度的科学性与社会结构的有序性。

而为实现国家现代化提供良好的发展环境。因此，充分发挥政府在城市现代化进程中的积极作用，在近代中国国家和社会严重失序的现实条件下尤为必要。而事实上，政府对于转型中的大多数政治中心城市而言，也仍是左右城市兴衰的关键，其重要影响力无时无处不在。政府实际上被历史赋予了导演和组织现代化的重任。其角色表现的好坏对城市现代化成功与否发挥着极大的影响，有时甚至起着决定性的作用。[1] 甚至近代城市的某一方面转型，本身就是政府的选择，是一种有意识的政府行为。例如，洋务运动中创办的军事和民用企业，大多分布在省城、府城、州城，成为这些城市现代化启动的标志；戊戌变法运动中创办的大量报纸、杂志和新式学堂及强学会等新式社团，也大大地拓展了城市现代化启动的层面；清末新政中出台的一系列变革措施，更成为各级政治中心城市现代化启动的推动器，如北京、南京、杭州、成都、开封、西安等城市的现代化亦均起步于此。

第二节　政府推动下的晚清城市变革

南京，古名金陵，位于中国东南地区长江下游的长江三角洲地区的西部。"黄金水道"长江从其西南入境，穿城而过，流向东北。地理上，南京北连辽阔的江淮平原，东接富饶的长江三角洲，西达荆楚，南临皖浙，属宁镇扬丘陵地区。境内山地、江湖、平原交错纵横。城的西北面有长江奔腾而过，南面有秦淮河迂回环绕，河谷周围均为富饶的江南鱼米之乡，东南面则有宁镇山脉绵延起伏。地势天然险要，历史上素有"钟山龙蟠，石城虎踞"之称，水陆交汇的优势使其在交通与军事地位的重要性上，远远超过长江沿岸其他城市。在防卫方面，南京西有长江和马鞍山、

---

[1]　参见[美]罗伯特·海尔布罗纳等《现代化理论研究》，俞新天等译，华夏出版社1989年版；[美]M.J.列维《现代化的后来者与幸存者》，吴蕴译，知识出版社1990年版等相关论著。

石头山等诸山屏障,北有玄武湖和覆舟山等山,东北有富贵山、钟山,南有秦淮河、雨花台等环聚。这些地理上的经济、交通、军事优势,使得南京从新石器时代开始就是邻近地区的中心。自古以来南京就有"江南佳丽地,金陵帝国都"的美誉。越王勾践在此修筑越城,后楚置金陵邑,秦设秣陵县,三国时称建邺,晋又称建康,明始称南京,清为江宁府城。历史上先后有东吴、东晋、南朝宋、齐、梁、陈、南唐、明、太平天国和中华民国十个朝代和政权在此建都,故称"十朝都会"。在中国城市发展史上,南京始终占有举足轻重的地位,它在相当长的历史时期一直居于东南地区乃至全国的政治、经济和文化的中心地位。

步入近代以后,中国的国门被外力强行打开,资本主义势力逐渐由沿海地区向沿江地区、内地渗透,逐渐瓦解中国传统的小农经济,对中国的政治、经济、文化产生了强烈的冲击,特别是对沿海、沿江城市的发展更产生了巨大影响。在这种背景下,长期以来被视为中国东南最重要中心城市和长江下游沿岸重要口岸的南京,也不可避免地受到冲击。在受到西方文明浸淫之后,南京缓慢地开启了由传统向现代的艰难转变历程。不过,在这一过程中,政府在南京城市近代发展中起到了特别重要的引领推动作用。

一、南京开埠及其有限性

南京地处长江下游,控制着长江水道,特别是南北漕运的咽喉地带,是我国东南的军事重镇,历来是兵家必争之地。在鸦片战争期间,英国即通过占领南京逼迫清政府签订了中国近代史上第一个不平等条约——《南京条约》。然而英国并不满足,为了进一步攫取更多的特权,英法两国在沙俄和美国的支持下,又发动了第二次鸦片战争。

1858年,中国被迫与英国、法国签订中英《天津条约》、中法《天津条约》。中英条约规定,长江各口均对英国开放通商,中法条约则明确将南京列为通商口岸,只不过由于当时南京正处于太平军的占领下而未能实施。太平天国运动结束后，南京经长年战乱已残破不堪，降低了列强对南京开埠的兴趣，而且邻近的镇江、芜湖也已相继开埠。因此，鉴于南京在长江沿岸商业地位的下降，南京开埠已非当务之急。故直至 1898 年，列强才再次向清政府提出修改长江通商章程，要求在 1899 年 4 月 1 日前南京必须正式对外国开埠通商。在此情况下，1899 年 5 月 1 日金陵海关正式开关①，这也标志着南京正式成为对外贸易口岸。1912 年，中国政府又主动开放了浦口为通商口岸。至此，南京已完全向各国开放，开始了由一个封闭性的传统城市向开放性的现代城市的转变。

不过，开埠给南京城市带来的发展机遇，并不像其他如上海、汉口等沿海沿江城市那样，具有巨大的划时代意义。这是因为，首先，推迟整整 41 年的开埠通商，导致南京错过了近代城市发展转型的第一次历史际遇。当南京开埠时，猛然间发现原来不过为小渔村的上海此时已俨然是百万人口的大城市了，并在整个长江沿江城市体系中逐渐形成了以上海、汉口、重庆为中心的发展格局。由于东南经济中心的易主，南京此时已找不到自己在区域经济版图中的位置。其次，开埠也并没有使南京走上"以商兴市"的发展道路。尽管南京的城市面积在 1927 年以后大大增加，城市人口也由开埠初期的 20 多万增加到 1936 年的 100 多万，但这与开埠并没有多少关系；南京港在全国贸易中的地位也不高，其进出口总额在全国口岸贸易总额的比重一直维持在 1% 以下，与汉口、九江、芜湖、镇江等港口相比，处于劣势；从南京港运出的货物种类看，本地出产的不多，大多是内地陆运中转的皮革、药材、茶叶和农副产品等货物，而输入的则主要是由上海转运来的鸦片、消费品、军用品和工业用品等四大类，因此，其开埠后的最初 11 年里几乎年年入超，从 1900 年的 15 000 海关两增加到 1911 年的 1 428 654 海关两，增加了约 94 倍之多，而出口货值则十分有限，11 年中有 5 年无出口记录，出口货值最多的年份是 1909

①　由于金陵海关位于下关滨江一带，所以通常又将南京开埠称为"下关开埠"。

年,也仅有 906 海关两,只占当年总贸易额的 0.5‰。

故这种近似于"对外输血"的贸易逆势,使开埠通商并没有成为城市发展的助力,南京也没有如上海、重庆等商埠城市那样从开埠中获得贸易上的好处,走上一条商业兴市带动工业发展,继而实现城市现代化的道路。相反,洋货的大量涌入,使得本来就开始衰落的南京传统丝织业更加衰落。正如江宁商务总会报告 1908 年南京商业盈亏情形时所说:"以洋货而论,究其发达之迹,即为土货失败之前因……至亏折各业,其远因近因,各有所在,近因以铜元之充积,远因以外货之流行。然受铜元之影响:元法一定,就可收拾于将来。唯对于外国之竞争,如丝缎各业,则皆一落千丈,岌岌可危,无可挽回之希望。"[1]由此可见,纵然通商开埠对长江下游地区的上海、无锡、芜湖等地的经济发展起了十分重要的推动作用,但就南京而言,无论是市政设施建设还是市政体制建设,都没有像上述城市那样,由于通商开埠的巨大红利而快速发展,只是在潜移默化间受到了些许外来因素的影响。因此,南京的传统势力十分顽固,没有强有力的外力推动和刺激很难完成自身的突变。

二、清末新政与城市的早期变革

1901 年清政府实行新政,南京作为当时南洋大臣及两江总督驻节所在地,也陆续推行兴学堂、练新兵、创警察、清户口、筑马路、修铁道等各项举措。1907 年清政府责令各地办理地方自治,在这种情况下两江总督亦派员赴天津考察自治。同年 11 月,南京仿照天津章制,选择上元、江宁两地先行试办,并设立自治局于江宁县城,制定"江南地方自治总局办事章程"为其实施纲要。并在自治局内设立法制、文书、庶务、统计等课,成立"江南地方自治研究所"和"实地调查所"。1910 年,经地方团体领袖及士绅选举成立的"江宁市自治公所"为当地实际负责地方自治运作的

---

① 叶楚伧、柳诒徵主编,王焕镳编纂:《首都志》,正中书局 1935 年版,第 1056—1057 页。

主要机构。然而,由于 1912 年清王朝的覆亡,南京市的自治工作,除了自治公所予以保留外,其余自治机关亦随之俱废。①

不过应该说,这一时期在清政府的主导下,南京的城市建设还是取得了一定成效。在交通方面,1894 年在两江总督张之洞的倡议下,政府修筑了下关到城内碑亭巷的马路。该路全长 15 里(约 8640 米),路宽 9 米,可行人力车及马车。后来由于南京辟为商埠,市内运输量增加,又向南延伸至贡院,直达通济门。同时还修筑了三牌楼至陆军学堂、大行宫至西华门、升平桥至内桥等路。1907 年 10 月 20 日,两江总督又委任江南商务局总办王燮为工程总办,聘请英国人格宁森为总工程师,开始兴筑宁省铁路,1908 年 12 月铁路建成通车,第二年元月正式开始营运。火车每车厢乘坐八九十人,两车南北对开,每小时一趟,极大地改善了南京市区交通,方便了客货往来。② 作为市内最早的铁路,1903 年沪宁铁路亦开始建设,1906 年 12 月 15 日建成通车。该线通车后,从南京下关可直达上海。而后来 1911 年建成通车的津浦铁路,更彻底贯通了天津至上海的铁路运输线,而南京则由于地处铁路交通运输的中心,遂一跃成为津浦铁路线上的中心枢纽。

作为国内第一个兴建电缆的城市,1881 年 8 月电信业开始在南京出现。当时的两江总督兼南洋通商大臣刘坤一派金陵制造局的龚照瑗主持镇江至江宁线架设电缆工程。该线全长约 160 余里(约 92 160 米),照津沪线章程办理,全部经费由军需局开支,同年完工。③ 这是我国第一次在省境内铺设官线,也是南京近代电报业之肇始。该线于 1882 年元月正式通报,由江南官电报局经营,起初仅用于江海军务以及南北洋大臣

---

① 参见国民政府首都建设委员会《国民政府首都建设委员会工作报告(对四届三中全会报告)》,载秦孝仪主编《革命文献》第 92 辑,台北:"中国国民党中央委员会党史委员会",1980 年,第 85、86 页;叶楚伧、柳诒徵主编,王焕镳编纂《首都志》,正中书局 1935 年版,第 539—548 页。

② 参见章丽延《营运五十年的南京市内小火车》,载《南京史志》第 24 期。

③ 参见张国辉《洋务运动与中国近代企业》,中国社会科学出版社 1979 年版,第 236、239 页。

衙门之间的联系。1883 年在两江总督左宗棠的奏请下,转而采用官督商办形式,将镇江至江宁支线延展至汉口,途经芜湖、大通、九江等重要城市,全长 1 600 余里(约 921 600 米),1884 年竣工。[①] 1884 年,时任两江总督的曾国荃又下令架设下关至金陵电报局的线路。此后,南京到天津、广东、广西、上海、云南、陕西、甘肃等地的陆路电报也相继开通。自此,南京成为连接全国电信的枢纽核心。1900 年 8 月,江南官电报局在南京设立南洋德律风总汇处,置 50 门磁石式交换机一台,专供本城官府衙门使用,亦开创了中国正式使用交换机的新纪元。[②]

1897 年 2 月,地处南京贡院街的南京邮政局成立,此举标志着南京近代邮政业的创立。1903 年随着邮务在江苏各地的推行,南京邮界亦随之扩大,甚至安徽邮务亦被纳入其经营范围。1910 年其业务覆盖面更扩大到苏州、镇江、芜湖、安庆、大通等地。至 1905 年,南京邮政局已在句容、浦口、钟鼓楼、南京城内、溧水、下关、水西门、大河口、湖熟、六合等处设立邮务支局。1909 年后,又陆续添设了龙潭、上新河、三牌楼分局。即便是在辛亥年新军起义时期,南京城内仍有下关邮局和大功坊、鼓楼、三牌楼、中正街、讲堂街、南门及督军署等七处支局维持营业。[③]

第三节 营造现代首都:南京首都建设及其城市大跃进

一、国民政府定都南京与城市国家政治中心的确立

首都是政治权力中心的象征与重要标志,是国家主权的化身和象征。首都可以通过各种政治制度、设施和行为,以维护其应有的政治管

---

① 参见张国辉《洋务运动与中国近代企业》,中国社会科学出版社 1979 年版,第 249 页。
② 参见中国工程学会编《三十年来之中国工程》,1946 年,第 546 页。
③ 参见南京市地方志编纂委员会、南京邮政志编纂委员会《南京邮政志》,中国城市出版社 1993 年版,第 27 页。

理功能。而对于首都地理位置的选择,中国自古就有优越的地理位置、良好的气候条件和丰富的人文自然资源的选拔标准,即所谓"天、地、人"三要素的说法。所谓"天"即是指生态环境方面的条件,也就是首都城市功能发挥需要有适宜的生态与气候条件;所谓"地"即指地理条件,主要是首都所在的地理位置、地势、水源及土壤等方面的条件;所谓"人"是首都所在地的社会人文条件,其中包括政治资源、人心向背、民族关系、人口素质等方面的因素。以上这种标准,虽然对国都选择而言有一定的合理性,但并不是选择国都地理位置的唯一标准。从古今中外各国的建都历史来看,对国家政治的考量,也是确定首都地点的关键因素之一。优越的地理位置、良好的气候条件和丰富的人力资源,只有与当时的政治要求和政治目标相结合时才能发挥出应有功能。

例如,彼得大帝决定建都圣彼得堡,正是基于俄罗斯更西方化和发展海军的政治考虑,而当时莫斯科——作为内陆城市和传统中心已明显不适合这个要求。意大利首都从都灵迁到佛罗伦萨再迁至罗马,也是为了适应意大利逐步走向统一的过程。日本首都之所以从京都迁到江户,也是出于师法欧美、刷新政治、摆脱豪族势力控制,并进军控制太平洋的目的。此外,澳大利亚首都堪培拉、美国首都华盛顿、巴西首都巴西利亚等也都是因政治而设的城市。而就中国自己的建都传统看,首都的选择也一直是统筹考虑国内政治和对外防御的结果。明成祖朱棣之所以决定舍弃在地理、经济、气候等方面条件更为优越的南京而毅然迁都北京,就是因为当时朝廷的主要威胁是来自北方和西北的少数民族,因此定都北京不仅可以稳定北方局势,还有助于把大明的政治影响和军事力量投送到幅员更为辽阔的东北和西北地区。同样出于这样的考虑,1644年清世祖也将首都从较为偏僻的盛京迁到地理位置更靠近中原腹地的北京。

故由此观之,无论古今中外,一个国家首都的选择,都与其国内政治的发展密切相关。作为国家"大脑"的首都的地理位置选择,是国家的百年大计,必须与整个国策相适应,与国家的政治、经济、文化发展方向相配合。只有这样，才能挑选出真正适宜建都的城市。而 1912 年民国政府在南京建都，也完全体现了这样的规律。

作为中国历史的一个新纪元，1912 年孙中山在南京正式就任中华民国临时政府大总统，南京也被临时政府宣告为新国家政权的首都。而孙中山在建都争论中之所以力主摈弃北京而执意另择南京为新首都，显然有其浓重的政治考量。首先，在孙中山看来，北京作为 600 多年的封建帝都，是封建专制统治的堡垒与军阀和旧势力的盘根错节之地，封建思想浓厚、社会风气禁锢。中央政府如若能由北京迁出，则可以借机彻底扫除封建专制余孽，以达到"旧邦新造"的目的。其次，新生的民国政权若在帝国主义炮口下的北京建都也面临着列强的武力威胁，有易于受人左右之嫌，缺乏牢固的统治基础。再次，在已经光复的南京建都，也有助于推动当时正在进行的辛亥革命。南京的光复不但表明清王朝在南方统治的结束和南北对峙局面的形成，而且也使光复后的长江流域连为一体，巩固了南方革命的成果。故《民立报》在评论光复南京的意义时，曾兴奋地预言："取南京即所以保苏杭，保苏杭即所以定大局。则是石头城下之第一次世界大战，即不啻略定全国也。""新共和国之进取，惟南北二京耳。南京一下，则挥戈北讨，伪京不难直破矣。"①最后，当时革命党的势力也主要集中在东南沿海，特别是江浙地区。而江浙一带又是国家经济最发达、交通便利、百姓生活也较为富裕的地区，历来是政府税收的主要来源之地，新政府显然希望缔造新都有助于改善新政权的财政状况。更何况，南京还是扫灭胡元、克复汉土的朱元璋的开国基地。在传统"华夷有别"的民族主义思想作用下，建都南京既是对清王朝的彻底否定和光复汉族的永远纪念，又是对汉族进行动员和反抗异族压迫的一种政治号召。因此，在革命成功之后，在见证过朱元璋成功"驱逐胡虏"的地方，重建汉人自己的政权，并将其确定为国家首都，便是顺理成章的事情了。

---

① 血儿：《励征南健儿行》，载《民立报》1911 年 11 月 19 日。

于是,在综合考虑以上几点以后,孙中山多次发表公开谈话,力主民国政府不在北京建都。1912 年 4 月 12 日,他在武昌同盟会支部欢迎会上,亦明确表态反对建都北京。

于是,摒弃旧都北京而建都南京,便不是"可与不可"的问题了,而是在帝制覆亡、旧邦新造问题上的必然之举。故孙中山在 1912 年 1 月 6 日民国刚成立时,在与南京《大陆报》的记者谈话中曾斩钉截铁地表示,"南京将作为(民国)永远之都城"①。1927 年国民政府由武汉迁至南京后,也依照"总理"的遗愿,将南京重新定为国家首都,使之重归中国政治的中心。1927 年 4 月,国民政府正式委任刘纪文为首任南京市市长,并令其筹备市政府成立事宜。同年 4 月 24 日,刘纪文正式宣布就职,并同时举行了市政厅成立典礼。② 6 月 1 日,又在市政府礼堂举行市政府及各局成立典礼。6 月 6 日,国民政府正式公布《南京特别市暂行条例》,正式定名南京为南京特别市,直隶于国民政府。以后国民政府又于 1930 年颁布《中华民国市组织法》,不再分"特别市和普通市",而将之分为院辖市和省辖市,于是南京又更名为南京市,仍直隶于行政院。截至 1932 年底全国只有北京、上海、南京和青岛四个院辖市。

二、"弘我汉京":国民政府的民族主义首都观

随着国民政府定都南京,中国的行政中心也由北方移至南方。然而,这个在后来被国家赋予厚望的城市,却建立在糟糕的基础上:残破的建筑、昏暗的街灯、狭窄不平的街道,以及遍地的垃圾池塘和呈碎片状的土地,使得这个城市似乎与城外的乡村并无二致。不过,中央政府的到来,则给这个城市带来了千载难逢的发展机遇。此时的国民政府正注重对少数几个城市进行改造,希望把它们作为自己的力量源泉,并由此改

---

① 陈旭麓、郝盛潮编:《孙中山集外集》,上海人民出版社 1990 年版,第 160 页。
② 参见《市政府成立及刘市长就职记》,载南京市政府秘书处编《南京特别市市政公报补编》1927 年 4 月至 8 月,"纪事",第 1 页。

变全国。在这几个城市中,作为国民政府核心统治地区的南京,则自然是国家关注最多,也最容易取得成效的地方。

这种对国家首都的关注和重视,在国民政府看来,也自有其一番道理。这主要是因为,在长期专制统治下,对于国家首都的重视,往往会起到一种振奋国家、提升民族自尊心和自信心的作用。纵观 20 世纪 20 年代末至 30 年代初那个崇尚强权与竞争的时代,社会达尔文主义在全世界流行。德国、奥地利等第一次世界大战的战败国,都通过对国家首都的建构而重新获得了国际认同。巨大的建筑标识和类似于宗教仪式的事物,则向国民强烈地渗透了其民族主义的意识形态,并重建了国民的民族自信心。这种非凡的意义,正如美国学者吉尔兹所指出的:"这样做的主要目的是,为了在国际空间上为自己的民族和国家赢得一席之地,并通过国际的认同来达到对自身民族身份的认可。因此,当这些国家通过这一成果成功获得国际认同后,便产生民族身份与现代性之间的相关联系。"①民族主义化的国民政府,对于世界各国对首都南京的观感是极为敏感的,因为这也与其"物竞天择"的国家竞争观紧密相连,完全契合其有关"复兴民族"和"建构国家"的整个国家战略。国民政府希望通过建设一个现代化的首都,不仅能够"树全国政治之宏模""动友邦人士之观听",还能获得更多的国际认同,认为这象征一个"新中国"的崛起。他们认为只有把首都建成中国最好的,也是世界上最好的城市,中国才能谈得上是第一等的国家。② 例如,国民党元老孙科在《首都计划》序言里曾饱含热情地写道:"自去岁双十节国民政府以北伐统一告成。乃筹备成立五院。宣示国人以训政建设。中外观听,于焉一新。而首都建设问题,遂亦为各方所瞩目。良以首都之于一国,固不惟发号施令之中枢,实亦文化精华之所荟萃。观其首都,即可衡定期国民文化地位之高下。关

---

① Joseph W. Esherick, *Remaking the Chinese City: Modernity and National Identity*, *1900 - 1950*, Hawaii: University of Hawaii Press, 2000, p.4.

② 参见《市政演讲录》,载南京市政府秘书处编《南京特别市市政公报》第 13 期,1928 年 4 月。

系之巨,盖如是也。"①因此,对国民政府而言,首都在优胜劣汰的世界竞赛中处于十分重要的地位,被刻画成一个政治精英梦寐以求的与外国列强相比肩的现代中国的"窗口"。因此,它必须像官方所希望的那样,建成为一座在物质和精神上都足以令人称道,在未来与伦敦、纽约、巴黎相媲美的大都市。② 所以从一定意义上而言,首都的建设问题,从来就不是一个地方的发展问题,而是国家整体战略的一部分,是官方改造整个国家的试验场和为复兴国家所树立的一个榜样。作为物质和文化的孵化器,国民政府希望南京能够在工业化和现代化的道路上齐头并进,带领这个古老的国度变得摩登起来。因此,当国民政府完成北伐,国内局势渐次安定之后,这部国家机器便开始以前所未有的积极姿态大力推进南京的首都建设,并透过各种渠道向社会宣传首都建设的重大战略意义。例如,1928 年 3 月 21 日杨杏佛在南京市府的演讲中就指出:"现在南京为我国首都,则全国人民应放开眼光,各负责任,将南京改造成一个极大都市,以遗后世子孙。"③胡汉民也认为,"南京既为首都所在,占全国政治文化中心地位,首都如无相当建设,适足以表示我国民族无建设精神,故就民族立场上说,首都建设,亦不可或缓"④。而当时正与各路军阀展开中原大战的蒋介石,甚至还从形势瞬息万变的战场前线专程赶回南京主持"首都建设委员会"的首次全体大会⑤,并亲自致大会开幕词,由此可见蒋本人对首都建设问题的重视⑥。当时的南京市市长刘纪文对首都建设

---

① 国都设计技术专员办事处编:《首都计划》,南京出版社 2006 年版,第 1 页。

② 参见《五四纪念告南京市民》,载南京市政府秘书处编《南京市周刊》第 1 期,1927 年 5 月 8 日,第 2—3 页。

③ 《都市的革命与进化》,载南京市政府秘书处编《南京特别市市政公报》第 13 期,1928 年 4 月 15 日。

④ 《首都建设委员会第一次大会昨日开幕》,载《中央日报》1930 年 4 月 16 日,第三版第二张。

⑤ 为了体现国家对首都建设的重视,国民政府特意专事成立"首都建设委员会"这一专门机构来负责领导首都南京的规划建设事宜。

⑥ 参见首都建设委员会秘书处编《首都建设委员会第一次全体大会特刊》,首都建设委员会秘书处,1930 年,第 22 页。

更极表赞成，认为首都作为国家的政治中枢，必须有大规模的建设"以为全国各都市之表率"和树立全国的楷模。① 在这种情况下，国内各知名城市设计师也纷纷表示对政府提出的首都建设予以完全支持，认为，"首都者，中枢之所寄寓、国脉之所渊源、树全国之模范、供世界之瞻仰，其建设计划之基本理想，当本于三民主义之精义，及建国大纲所定之规制，造成一适用美观、宏伟壮丽的中央政府运用权能之地，同时尤须以增进发展都市社会之文化生活为目的"②。

故由此观之，当时国民政府所提出的建设"中国革命时代之首都"，其实在很大意义上寄托着官方对于富国强兵这一近代梦想和对现代中国的美好想象。在这种情况下，首都南京的建设无疑与修建奉安国民党总理孙中山的中山陵一样，不仅是一项复杂的建设任务，而且是一个庄严、神圣的政治工程，甚至连国都的名称亦须格外慎重地考虑。③ 而国民政府也对首都的未来发展充满了信心。他们认为，虽然南京现在与国内其他都市相比较为逊色，但南京却拥有其他城市所不具有的政治、教育和地理的优势，因而作为大规模的工商业中心，自然是最适宜的了。④ 相比较纽约在开发前的荒僻状况，以南京优越的地理位置，未来的繁盛程

---

① 参见刘纪文《首都建设与南京市政》，载国民政府首都建设委员会秘书处编《首都建设》1929 年第 1 期，第 1 页；洪兰友《建设首都之经费问题》，载国民政府首都建设委员会秘书处编《首都建设》1929 年第 1 期，第 20 页。
② 吕彦直：《规划首都都市区图案大纲草案》，载国民政府首都建设委员会秘书处编《首都建设》1929 年第 1 期，第 19 页。
③ 国民政府对于首都南京的市名问题是非常重视和谨慎的。最初政府将市名由"南京市政厅"改为"南京市政府"，后又觉不够凸显首都的重要性，进而将"南京市政府"更名为"南京特别市政府"。再后来以"南京"一名的字意（顾名思义，即南方的首都，言下之意，在北方还有一个"国都"存在），及"特别市"一词仍不足彰显首都重要性为由，又将市名改为"首都特别市"。参见《南京市长刘纪文建议改南京特别市为首都市政府》，1929 年 4 月，中国第二历史档案馆藏：全宗号 2，案卷号 1100，微缩胶片 16J1135。
④ 参见《南京是否宜于大规模的工商业》，载南京特别市政府秘书处编《首都市政公报》第 77 期，1931 年 2 月 15 日；《南京市级行政人员被控》，1928 年 7 月—1948 年 12 月，中国第二历史档案馆藏：全宗号 1，案卷号 936，微缩胶片 16J2240。

度"一定比较各国的首都有过之而无不及"①。其未来首都的市容，不仅要足以"称中央之体制，树民治之楷模，坚民众之信仰，起国际之重视，不可偏废"，"不能搪塞，辜负国人之希望"，市内建筑亦相应"必求完备、必求壮丽"。② 由此可见政府高层内部对首都建设的殷切期待。

三、国家意识、空间改造与首都城市规划的制定

1. 国家主导下《首都计划》的制定

1929年，一份由"国都设计技术专员办事处"拟就的关于首都未来发展的规划方案，即《首都计划》，于12月底正式出台。该计划在规划方法、城市设计等诸多方面都借鉴了当时欧美城市规划的最新模式。在规划理论上，《首都计划》深受近代欧美盛行的"卫星城""邻里单位"的思想影响，城市空间布局以"同心圆式四面平均开展，渐成圆形之势"，明确提出避免城市一部分过于繁荣、一部分又过于零乱的非均衡发展。③ 在设计文化上，《首都计划》亦把"民族主义"引入城市规划，试图从整体上实现欧美与本土相结合的规划指导方针④，即在每一座建筑的宏观建构上虽然采纳欧美模式，但其外表装饰则须采用中国传统的样式来展现民族文化的张力。很显然，设计者希望通过这种方式来增强对传统文化的自信和对民族的自豪感，凝聚及强化民族的国家认同，并尽可能地拓展民

---

① 《为什么要在南京建筑工商业区》，载南京特别市政府秘书处编《首都市政公报》第77期，1931年2月15日；《南京市级行政人员被控》，1928年7月—1948年12月，中国第二历史档案馆藏：全宗号1，案卷号936，微缩胶片16J2240。
② 参见《南京市政府经费》，1927年8月13日，中国第二历史档案馆藏：全宗号1，案卷号617，微缩胶片16J2208。
③ 参见周岚《首都计划》导读，载国都设计技术专员办事处编《首都计划》，南京出版社2006年版，导读第1页。
④ 参见孙科《首都计划》序，载国都设计技术专员办事处编《首都计划》，南京出版社2006年版，序言第1页。

族主义空间,突出国家主权与民族文化。①

就《首都计划》的内容而言,该规划十分全面,包括城市的史地概略、人口预测、中央政治区、建筑形式、道路系统、水道改良、交通管理、铁路与车站、港口计划、飞机场、自来水、电力、住宅、学校、工业、浦口建设、城市分区、实施程序、款项筹集等许多方面。在对市内未来市域及人口的预测部分,《首都计划》明确支持市政府扩大市区的计划,并预计未来百年首都人口可达 200 万之多。故南京的铁路枢纽及航空港的中心地位必须得到进一步的加强,而现代化的下水道建设、自来水工程、电力建设工程等也被纳入未来市政规划的视野。

作为《首都计划》最重要的组成部分,中央政治区的地点被认为以紫金山南麓最为适宜。理由是"该区地处紫金山南麓山谷之间,在二陵之南"且建都城外"有鼎新革故之意","国民思想上则有除旧更新之影响,查世界新建国都,多在城外荒郊之地"。② 但很显然,官方之所以选择这里作为中央政治区的地址,其目的显然不止是"鼎新革故""除旧更新",其中也彰显了政府民族主义思想和加强党治的意识形态考虑。"驱除鞑虏,恢复中华"是国民党人过去在从事革命运动时所使用的最动人心弦的一句口号。尽管其革命的对象已被打倒,但产生这句口号的时代背景并未随着时间的远去而发生改变,民族主义仍然是当时社会的主要思潮之一。对于那些试图"复兴民族"、恢复国家昔日荣耀的国民政府要人来说,明朝代表着华夏正统王朝,曾成功地将异族驱逐出去,重建了汉族的政权。将中央政治区置于紫金山南麓明孝陵的附近,可以进一步彰显国民政府的民族主义思想。而且更重要的是,对国民党来说,中央政治区毗邻党的创始人——孙中山的陵墓,这可以极大地加强国民政府体制的合法性。因此,我们不难看出,官方之所以选

---

① 关于国民政府在市政建设中,拓展民族主义空间、突出国家主权和民族意识的内容,可参见陈朝晖、陈蕴茜《1927—1937 南京国民政府对夏都庐山的建设》,载《民国档案》2006 年第 4 期。

② 参见国都设计技术专员办事处编《首都计划》,南京出版社 2006 年版,第 43 页。

址紫金山南麓,其背后的隐喻,显然是对复兴民族和追求政权合法性的诉求。不过,这种离开旧城另建新区的想法,在后来也并没有完全实施,政治区的规划形同虚设,只是象征性地在中山门内兴建了几处建筑,而一些主要的中央机构则依旧分散建立在中山门内的明故宫一带。而南京市政府,则按照规划,将选址在原大钟亭一带,五台山则被辟为市内的文化中心和一个大规模的运动场。除此以外,《首都计划》还打算在南京建立 12 个经过充分美化的公园,并在市内道路两旁种植法国梧桐,至于街头路灯则全部采用中国传统的宫灯样式。①

在首都交通问题上,《首都计划》引进了林荫大道、环城大道、环形放射、矩形路网等新的规划概念与内容。将城市道路分为干道、次干道、环城大道、林荫大道、内街五种类型,并确定每种类型道路的路幅断面。其中,计划由宽大的中山大道构成市内的主要道路系统。环状的林荫大道将贯穿整个城市,并部分建立在完整保存的城墙上,为的是能够从大道上远眺,将市容、河流及市郊景色一览无余。除此以外,《首都计划》还规划开辟八条市郊公路干线以及铁路干线,也采用方格型的道路系统。

在城市分区方面,《首都计划》与之前市政府制定的《首都大计划》相比,进一步细分了城市各功能区,将南京划分为公园区、第一住宅区、第二住宅区、第三住宅区、第一商业区、第二商业区、第一工业区、第二工业区八个区。还就每一个区域设计了详细的建设控制措施。其中,住宅占了八个区中间的三个,由此可见对"居住"问题的重视。工商业也有四个区,为城市提供了足够的工作机会,并特别详细地规划有供游憩的公园区。关于工业区,《首都计划》则规定设在江北及燕子矶一带,理由是"工业区宜与其他繁盛区域具有相当距离,并须位于水陆交通便利之地",《首都计划》声称要把南京建成一个"工厂林立,百业繁荣"的工业城市"。②

---

① 参见国都设计技术专员办事处编《首都计划》,南京出版社 2006 年版,第 60 页。
② 参见国都设计技术专员办事处编《首都计划》,南京出版社 2006 年版,第 119 页。

2. 城市景观的政治化改造与新城市空间的生成

(1) 首都政治景观的营造

① 中山陵的修建。对于像国民政府这样的新政权而言，为了赢得政权的合法性和民众的认同，必须通过寻找类似于英雄和名胜古迹等恰当合理而又普遍为社会所接受的政治符号作为象征，以此来对社会进行动员与整合。而民国以来已呼之欲出的"孙中山符号"正是国民政府为获得民众认同，而有意识创造发明的。① 这是因为，作为当时最知名的政治人物，孙中山是国民党三民主义意识形态的创始人，是政治意识形态的权威象征。在当时所有的政治象征符号中，孙中山的领袖气质是最具渗透力和感染力的，也只有他才能赢得最广泛的社会情感及民众的认同和服膺。因而，掌握孙中山的政治象征符号与相关政治话语，不但可以激发整个社会对国民政府的忠诚，也能够感召、动员更多的社会资源，并由此获得足够的民意和法统支持。故国民党在孙中山生前努力维护其权威，在他逝世后又将他定位为精神领袖，并逐步神化建构为象征符号。以至于在这种情况下，孙中山的送葬典礼亦明显有别于一般名人的规格，而被国民政府化身为一种偶像崇拜的政治仪式。②

---

① 参见陈蕴茜《时间、仪式维度中的"总理几年周"》，载《开放时代》2005 年第 4 期。

② 参见陈蕴茜《合法性与孙中山政治象征符号的建构》，载《江海学刊》2006 年第 2 期。客观而言，中山陵并不是国内最早纪念孙中山的公共建筑工程。早在 1925 年 3 月，国民党中央就曾决定在广州筹建孙中山纪念堂和纪念图书馆。《广州民国日报》在刊登的一篇社论中清楚地表明了通过兴建孙中山的纪念建筑来达到对这位伟人的偶像崇拜和进行国民规训的意图。该社论说："人从来是有共同生活的，在群聚间往往以一种建筑物，把那种共同生活表征出来……现在到了国家主义的今日，没有一种东西所以象征'国'的，岂不是使人民陷于不知所以团结之危险乎？中山先生为中国之元勋，他的自身，已为一个'国'之象征，为他而建会堂与图书馆，定可把'国'之意义表现无遗。家族时代的人建祠祀祖，今日非有无以生存，然则我们何可不建一纪念国父之祠也；神权时代的人，建庙以拜神，今日非革命不足以图存，然则我们何可不建庙以纪念此革命之神也；昔日祭祖、拜神，今者爱戴国父、纪念革命之神，同是一理，不过今日的热诚用在更有用的地方罢了。爱你的国父，如像爱你的祖先一样，崇仰革命之神像昔日之神一样，努力把'国'之意义在建筑中象征之出来，努力以昔日建祠庙之热诚来建今日国父之会堂及图书馆！……孙先生在建国方略中谆谆教诲我们以结社集会之方法，那么，以会堂而纪念之，自是其民权训练之精神。他一定含笑而视此奂轮之华厦的。"转引自李恭忠《中山陵：政治精神的表达与实践》，载黄东兰主编《身体·心性·权力》，浙江人民出版社 2005 年版，第 135—136 页。

　　按照孙中山生前遗嘱，国民政府计划将这位历史伟人的遗体安葬在南京紫金山。1925 年 3 月孙中山在北京逝世后，国民党即于同年 4 月正式筹组"孙中山先生葬事筹备处"，负责孙中山的丧葬事宜。该处由孙科以家属身份参加，并同宋子文、林焕庭、叶楚伧等"葬事筹备委员会"常务委员共同决策。该会设有干事部，由杨杏佛出任主任干事，具体负责安葬事宜之执行。①

　　关于中山陵的设计，"孙中山先生葬事筹备处"于该年 5 月 15 日正式公布了由孙科起草的《陵墓悬奖征求图案条例》，计划以国际竞标的方式在全球征集最佳设计方案。该条例共 15 条，内容分"祭堂"与"墓"两部分，并列出了规划设计的相关要求。其中规定，祭堂设计必须用钢筋混凝土的现代技术来构筑具有中国传统建筑风格的建筑外貌。最后，经过激烈的竞标，中山陵的设计图案为当时留美归国的年轻建筑设计师吕彦直②获得。而吕氏之所以能获胜，是因为其设计既继承了中国传统陵墓的建筑特色，又有创造性的突破。首先，该方案整个平面呈警钟型，给人以警钟长鸣发人深省之感，象征着孙中山致力于唤醒民众、反抗压迫、争取民主自由、为挽回国家民族而奋斗不息的精神，并具有警策后人"革命尚未成功，同志仍需努力"的深刻意味。③ 其次，在设计中吕彦直巧妙地利用山坡地形，将牌坊、碑亭、祭堂和墓室置于一条中轴线上，既传承了中国传统陵墓的对称美，又在具体建筑的设计中渗透了强烈的党记意识形态特征。

　　具体而言，该陵墓的空间起点为"陵门"，居于最低点，前有广场与华表；入陵门后为可容 5 万人的广场；其后为三层的"台阶、石级"，且越接近祭堂

---

① 　参见南京市档案馆、中山陵园管理处主编《中山陵档案史料选编》，江苏古籍出版社 1986 年版，第 8—16 页。
② 　吕彦直（1894—1929）为清末翻译介绍西学代表人物严复的外孙，1919 年毕业于美国建筑教育的重镇——康奈尔大学建筑系。吕彦直从 1918 年开始，即进入墨菲在纽约的建筑师事务所工作；随后转到上海的墨菲事务所。在墨菲事务所工作期间，吕彦直曾亲身参与燕京大学和金陵女子大学的校园规划设计。1925 年吕彦直参加中山陵设计方案的竞标，并成功中标。
③ 　参见赵政民《中山陵建陵内幕》，载《文史月刊》2001 年第 2 期。

越陡,同时台阶数亦越多。在台阶到达顶上平台之前,设置一个石座,上为18米高的孙中山立像。顶上平台为一个长方形广场,两侧各立石柱一根,中为大祭堂。大祭堂采用"堡垒"造型,四角突出,正面中开三个拱门。屋顶则采中国宫殿建筑的复檐造型,"上层用飞搏风之治。檐下铺之以斗拱,因用石制与木制略异其形式"①。屋瓦部分也采用传统式样的铜瓦。祭堂内部则作穹隆式,其上铺以瓷砖作青天白日图案;地面则铺红色炼砖,象征满地红。最后,墓室则配置于祭堂后,平面为圆形,中间最低,放置存放孙中山遗体的石椁,以保证即使地面建筑被毁,孙中山遗体也不会受损,四周筑有石栏,供人绕行瞻仰;屋顶亦为铺有青天白日图案的穹隆。此外,在陵内还布置有音乐台、光华亭、流徽榭、仰止亭、行健亭、藏经楼等附属建筑,全都掩映在苍松翠柏之中。大片绿地和宽大的石台阶,把这些单体建筑组合成一组规模宏大、造型庄严的整体建筑群。

　　吕氏的这种近似于偶像崇拜的设计规划,在相当程度上博得了国民政府要人的欢迎,尤其受到负责主管葬事筹备工作的孙科本人的喜爱。孙科在1925年9月20日和27日举行的中山陵设计案决策会议中,不但称赞吕彦直的方案"墓之地为极佳",且对于张静江关于由吕彦直来兴建中山陵的提议也极表赞同。② 当时普遍的社会舆论亦认为:"此案全体结构简朴浑厚,最适合于陵墓之性质及地势之情形,且全部平面做钟形,尤具警世之想,祭堂与停柩处布置极佳,光线尚足,祭堂外观甚美,此案建筑费较廉","形势及气魄极似中山先生之气概及精神"。③ 而且,吕彦直还通过细致、绵密的空间设计手法,基本将国民政府所提倡的孙中山崇拜,透过有形的中山陵的外在空间规划具体呈现出来,体现了强烈的党记意识形态,这充分说明建筑设计是可以为政治上的意识形态服务的,而这种旨在彰显"党治"权威的权力实

---

①　《吕彦直关于陵墓建筑图案说明》,载江苏省政协文史资料委员会编《孙中山奉安大典》,华文出版社1988年版,第153页。

②　参见南京市档案馆、中山陵园管理处编《中山陵档案史料选编》,江苏古籍出版社1985年版,第65—68页。

③　转引自鄢增华《吕彦直设计建造中山陵》,载《炎黄春秋》2006年第9期。

践工程,其本身也变为一种政治行为的载体。① 而孙中山也通过这种奇特的方式,继续对国家"施加着自己的影响",紫金山也由此被国家有意识地改造成孙中山的个人陵园,山上原有的其他寺庙和建筑物亦都被要求与中山陵的建筑风格相匹配。正如同曲阜被视为孔子的圣地一样,中山陵也作为孙中山——这位中华民国和中国国民党的缔造者的圣地而名存千古。同时,从中山陵既拥抱现代又坚守传统的独特建构风格中也可以看出,官方在建筑形态上"回归传统"的倾向,也似乎向世人宣告了这种新塑造出的建筑符号,是对中国传统文化的继承,并由此不禁使人得出只有国民政府的统治才是合情合理的结论。因此,从这个意义而言,中山陵又在某种程度上充当了国民政府这个新政权的权威的象征。而这种对民族传统的信仰与对现代文明的推崇和追求,在一定程度上也有利于凝聚社会共识,建构国民政府理想中的欧美式的强大民族国家。

② 中山大道的开辟。中山大道原名"迎榇大道"。顾名思义,即专为迎送孙中山灵柩到中山陵安葬而特意铺设的交通要道。1927 年 8 月 8 日,为方便国民政府将北运而来的孙中山灵柩顺利安葬于南京紫金山,国民政府正式决议在首都建设委员会下成立建设首都道路工程处,来负责中山大道的开辟工作,并将华侨捐献用于购买飞机的 150 万元暂移作工程费用。

关于建设首都道路工程处的具体兴建计划,其内容主要包括:修筑一条路长 12 千米的中山大道作为迎榇大道;然后再在城北沿正南、正北方向,开辟一条子午线干道。其中,中山大道的部分,主要由中山北路、中山路和中山东路三段组成。其北起下关,东出中山门与陵园大道衔接,全长12 001.94米,设计宽度为 40 米。在 40 米中,有 10 米是由柏油铺就的中央快车道,两侧各有 6 米宽的碎石路面的慢车道和 5 米宽的人行道。由于该路特为迎接孙中山灵柩奉安中山陵而建,因而全线工程各路段及配套工程,均冠以"中山"之名,以作为永久性的纪念。例如,迎榇的江边九号码头被命名为中山

---

① 　参见李恭忠《建造中山陵：现代中国的工程政治》,载《南京社会科学》2005 年第 6 期。

码头,跨惠民河的桥梁被命名为中山桥,江岸至鼓楼段也被命名为中山北路。其具体修筑路线是从下关的长江岸开始,由挹江门入城后转东南直行,经鼓楼附近转南,至新街口转东直行至中山门出城,接陵园大道达中山陵。至于"子午线干道"则实际与迎枢事宜关系不大,主要是市长刘纪文为开发首都西北地区而趁机兴建的。该"子午线干道"计划自神策门(和平门)车站起,沿玄武湖西侧,直通鼓楼以连接中山路,全长 5 千米,路宽和路况也基本与中山路相同。当时市长刘纪文对此路的开辟寄予了深切期望,希望借助该路的修筑成功,可以将城北干道两边的辽阔隙地,开发为市内的行政区、住宅区、公园区和商业区,并使之最终成为"首都建筑之重要区域"①。

1928 年 8 月 12 日中山大道一期工程开始正式兴筑。在动工前,国民政府特意在和会街举行了隆重的破土动工典礼,典礼由市长刘纪文主持,内政部部长薛笃弼到会并讲话,会后即全面展开施工。路基土方由当局调遣工兵建筑,路面工程则由谈海营造厂、缪兴顺营造厂、严永记营造厂、联益工程公司等营造商分段承建。② 为了保障施工线路的顺利完成,当时必须完成 6.5 万平方米的土地征收、9.5 万平方米的房屋拆迁和 9 万平方米的青苗拔除任务。但随着冬季的到来,雨雪连绵,施工十分困难。在这种情况下,承包商椿源锦记、谈海营造厂、缪兴顺营造厂、联益工程公司等,均因雨雪天气施工艰难而不得不请求工程延期。可是,国民政府已确定将于次年 3 月举行孙中山奉安大典,中山路的修筑也已被国民政府视为国家重大建设项目,丝毫不容有所闪失。对此,市长刘纪文不但严词拒绝,还对此举大加训斥,事后还专门成立了"中山路促成委员会"以示督管,要求各承包人不得延期,甚至市工务局局长陈扬杰、金肇祖亦先后因"玩忽职守"而被刘氏罢免。但即便如此,原定于 1929 年 2 月完工的中山大道,仍拖延至 5 月才得以完工。因而原定于 3 月 12 日孙中山逝世四周年举行的奉安大典,也不得不延至 6

---

① 建设首都道路工程处:《建设首都道路工程处业务报告》,建设首都道路工程处,1928 年,第 3 页。

② 参见《建筑迎榇大道举行破土典礼》,载《申报》1928 年 8 月 13 日。

月 1 日举行。后来，随着中山大道一期工程的完工，二期工程亦随之展开。其修筑任务是：在 10 米快车道的两侧各拓筑 4 米宽的游憩道、6 米宽的慢车道和 5 米宽的人行道，同时铺装 1 800 米的下水管道，定于 1935 年 12 月完工。此后又经政府多次修建改造，最终形成快慢车道、人行道和隔离带三种不同的板型路面。

而这条宽阔笔直的中山大道，无疑成为日后全面展开的全市道路建设之先声。其意义正如刘纪文在中山路开路典礼演说中所说的，不但是建设首都的第一条大道，而且也标志着首都道路建设的成功。"有了这一条中山干路，我们可以由这条干路造成许多支路，由许多支路再造起许多支路，于是我们首都的道路纵横贯通，无往不便了。"①而且，该路筑成后，由于其横跨城西北、城中与城东地区，也由此成为整个城市的交通枢纽。也正是在中山大道的影响下，首都南京的发展开始出现整体北移的趋势，并彻底改变了原有的城市空间。此前原先作为军事区的城西北下关地区，在大道修成后则变为国民政府海军部、铁道部、交通部、军政部、最高法院、外交部等各部驻扎的地点，而由此变为城市的新中心。

③ 政府大楼的建构。各类鳞次栉比的政府大厦往往是一座首都城市给人最直观的视觉观感。现代化的政府大楼，是政府行政赖以维系的必需设施，而且建筑本身也可以折射出肃穆庄严的国家形象和尊严。1927—1937 年国民政府建造的 157 幢大型建筑，不但本身散发着浓郁的政治意味，而且中西合璧的建设理念与现代化的建设手段使这些建筑也化身为国家现代化的象征。这其中最引人注目的就是新铁道部大楼的兴建。

1929 年 9 月 10 日，在一片机器的轰鸣声中，铁道部的建设工程正式启动。该大厦的规划设计由一名曾在美国接受训练的中国工程师完成。建筑的屋顶采用国际通行的水泥构筑标准，配置有较大的户内窗来保障室内的通风与光照。建筑的外表，在采用西洋技术的同时，配以中国传统的花纹予以装饰。除了办公楼的构筑外，铁道部的建设工程还包括部长寓所、职员住

---

① 《刘市长在中山路开路典礼中之演说》，载《申报》1929 年 4 月 8 日。

宅等。该工程于 1930 年 5 月建成,共耗资 969 380 元。

其实,按照原先《首都计划》所规定的实施程序,铁道部并不应是最早建筑的政府大楼,最先建造的应当是中央党部。而后来之所以推翻原有计划,铁道部代替中央党部得以优先建筑,并非是因为铁道部在国家的政治架构中具有比中央党部更重要的位置,而可能在于,与新址相比,中央党部更满足于原江苏省咨议局的旧址,并不急于炫耀党权。而中央党部对现址满意的原因又大概在于,该地点在 1912 年 1 月曾是南京临时政府成立和孙中山就任临时大总统的地方。占据着民国的出生地,中央党部自然就具有了一种权力与生俱来的自豪感和优越感,从而彰显了党对于国家政权的至高无上且不可辩驳的垄断权威。此外,铁道部大楼的优先建筑,似乎也与某些政府要人的政治运作有关。此时的铁道部部长为国民政府要人孙科。早在北伐完成前,为筹集更多的国家建设经费,孙科就先后几次担任国民政府中与建设相关的职务,并多次申述建设的重要性。例如,1929 年 3 月在一篇纪念孙中山逝世四周年的文章中他即阐释,"总理毕生志愿,就在'革命',革命的目标,就在'建设'"[1]。又说,从实际局势而言,国民政府的政权也维系于建设的推行效果。他声称:"今后国民党政权之能否稳固,反动势力之是否捣乱,也就全视乎我们在建设上的效力如何? 我们确实能在建设工作上来努力,则民众嗷嗷待哺,与喁喁望治的情形,都是本党新建设最好的凭借。"[2]故他极力主张将全国财政收入的 1/4,归于他所主持的铁道建设之用。而孙科之所以如此高调宣传建设,一方面固然可以凸显其积极开拓的务实姿态,另一方面也可以通过政治曝光,增加其政治影响,以便与日益膨胀的蒋介石的权力相抗衡。故孙科对于铁道部大厦的建构,似应尽力而为。而国民政府

---

[1] 孙科:《三民主义的建设:为总理逝世四周年纪念作》,载《孙科文集》,台北:"商务印书馆" 1970 年版,第 24 页。

[2] 孙科认为,交通建设里的铁道事业是当时最重要且最要紧的建设。故他主张,"我近来主张应该规定至少以岁入百分之五十做建设费,至少以这建设费百分之五十做铁道建设费,就是这个道理"。参见孙科《三民主义的建设:为总理逝世四周年纪念作》,载《孙科文集》,台北:"商务印书馆"1970 年版,第 25 页。

也有意通过拉抬孙氏所掌控的铁道部，来借此抚慰在权力斗争中频频失利、渐被边缘化的孙科。更何况，铁道部新址的优先建造，也有利于政府拉拢海内外投资人的经济投资。这是因为，当时国民政府虽倡导国民经济建设，但实质上经济建设却与蒋介石的军费来源存在结构性冲突。国家当时大部分的财政支出，都被蒋介石充作军费①，而真正被用于经济建设的部分寥寥无几。故为筹集更多的建设经费，国民政府显然需要海内外的大笔贷款和投资来维系国家的建设。而铁路作为民国以来现代化的象征，通过兴建其主管大楼，似乎也有助于获得那些资本家的支持，以便吸引其投资和贷款。

总之，透过以上中山陵、中山大道和铁道部的建筑，我们不难发现，建筑设计本身是可以为政治上的意识形态服务的，其建构过程就是彰显权威的权力实践工程，本身就是一种政治的操演。而这种建构过程中的鲜明意图，则使得空间与权力之间的相互关系更为紧密，即所谓"空间是任何权力运作的基础，而权力的实践则离不开空间"②。因此，这些被国民政府精心构建的建筑形态，实际上已不仅仅是出现在世人面前的客观存在，而在某种程度上已蜕变为一种能反映国家政治发展、被空间化了的政治符号，实际上已经"承载了深刻的政治象征意义，而变成了国民政府意识形态的重要载体"③。

（2）道路的政治化命名与新城市空间的生成

尽管中山大道的修建已使官方宣传孙中山崇拜的功利目的昭然若揭，然而国民政府却并未就此止步，而是执意将国民党的意识形态贯穿到全城道路中。不但首都市内的道路系统被官方有意改造为充斥着政治意识形态的空间场域，就连市内道路的命名亦被作为凸显统治的工具，来加强其合法性。其中最突出的就是 1930 年 10 月 6 日国民政府根据首都建设委员会提

---

① 1928—1929 年国民政府财政支出中，军队占 48.4％，政府部门只有 6.4％；1929—1930 年政府部门虽已提高到 16.6％，但军队仍占 41.9％。如此的财政分配结构在国民政府南京十年间为常态。参见［美］费正清、费惟凯主编《剑桥中华民国史》（下卷），刘敬坤等译，中国社会科学出版社 1994 年版，第 132—133 页。

② ［法］福柯：《空间、知识、权力》，载包亚明《后现代性与地理学的政治》，上海教育出版社 2001 年版，第 18 页。

③ 陈蕴茜：《建筑中的意识形态与民国中山纪念堂建筑运动》，载《史林》2007 年第 6 期。

议所公布的《首都干路定名图》。

关于对首都市内道路的命名问题,《首都干路定名图》将市内干道的命名方式大致分为三类:第一类将计划中 40 米宽的十字形主干道,由北至南分别命名为中央路、中山路、汉中路和中正路(今中山南路),以表示南京为中央政府所在地、纪念孙中山,以及该路居干道系统中心位置之意;第二类为中山路以西、汉中路以北的各干道,其命名按照道路长短比照 18 个省面积大小及各省上缴国库款额的顺序来命名,其中广东省岁入最高,故而以其命名的道路最长,达 4 800 米,而贵州则岁入最低,因而以它命名的道路仅长600 米;第三类则在市内东北方向,以原五洲公园的五洲之义命名,如环海路、观海路、横海路等,而中山路、汉中路以南的旧市区,则以首都过去的各种旧称来命名,因此有淮海、金陵、秣陵、升州、建康等路名出现。至于中央政治区明故宫附近的各干道,则统统被冠以党记意识鲜明的"民族""民生""民权""大同""博爱""自由"等字眼。很显然,这种奇特的道路命名方式与《首都计划》中的民族主义精神是一脉相承的。不但市内主要道路系统的核心干道都以建国者——孙中山的名字来命名,就连全国各省市的地名也被纳为市内路名,由此,在首都街道来往的行人,就可以在潜移默化中被政府有策略地强行灌输其所认定的国家观,同时也可以更深切地感受到国家的实存和首都的崇高政治地位。尤其是中正路的出现,虽然其表面理由为此路位置恰居干道系统中心,却无法遮掩当权者对国民政府要人进行露骨献媚的丑态并凸显国家权力集中于蒋氏一人的政治现实。

另一方面,南京道路交通网的成功构建,也为首都开辟了不少新的城市空间。1927 年国府奠都南京前,南京的城市空间结构大抵以明初的城市架构为主。虽然城垣所围面积广大,但几经战乱使得城市空间发展极不平衡,绝大多数人口集中居住在城中和城南,而城北和城东则由于空旷落后而少人居住。就整体来说,南京街道狭小且系统混乱,加上人口过度集中、城市基础设施不足和外来人口大量移入等因素,使得南京市的城市布局更显凌乱。而首都建设开始后,特别是市内大量新式道路的开辟,使得不少国家机关、社会控制和专政机关(特务、宪兵、督察机关、监狱、集中营)以及众多军事机关都迅速填补进来,从而形成了首都市内政权机构林立、办公场所分布于全城的态势。其中,中山大道的修建,为城市向西、向北发展创造了极为有利的条件,并带动了沿线地段的开发。一些政府大楼及大型的公共建筑纷纷沿大道而展开。例如,行政院、铁道部、交通部、粮食部、外交部在中山北路;司法院、监察院在中山路;财政部在中山东路;至于扬子饭店、首都饭店、立法院、金陵大学、金陵中学、励志社、中央博物院等著名市内地点,均沿这条道路展开。

与此同时,政府也在一些关键的道路交叉口开辟了一些具有西式风格的城市广场,其中最著名的便是新街口广场和鼓楼广场。新街口广场于1930年8月开始改造,3个月后完工,是南京市内街道的第一个广场。其设计为边长100米的平面正方形,面积约1 000平方米,内部为直径16米的圆形大草坪,向外依次是8米宽的环形停车场、9米宽的水泥三合土花坛、20米宽的环形沥青车行道和5米宽的环形水泥混凝土人行道。与新街口广场同时建造的还有鼓楼广场,该地点是中山北路和中山路的交汇点。1931年中央路通车后,在鼓楼东侧,中山北路、中山路、保泰街与中央路四路交汇,为此政府专门修建了长径42米、短径18米的椭圆形中央环岛,成为环形交叉口。而《首都计划》中所拟定的傅厚岗市行政区就靠近鼓楼一带,因此鼓楼也逐渐成为南京市的政治中心区。

随着城市重心从南往北迁移,新街口地区逐步成为南京的交通、金融、商业中心。市内各大银行、酒楼、报馆、戏院均聚集于此地。尤其是中山东路口汇集了多家银行,如交通银行、中国国贸银行、盐业银行、江苏农民银行、聚兴诚银行、中国通商银行等,俨然形成了一个功能完善的金融区。此外,该地区还密布各式酒楼餐厅和许多集华洋百货之大成的大型近代商业市场,而小百货商店、西服店、糖果店、水果店、点心店更是见缝插针般密布于新街口地区。故市民常用"新街口畔人如潮,入夜华灯映碧宵"来形容当时新街口的繁华景象。此外,为了满足达官贵人和富商大贾的奢侈生活需要,舞厅、电影院等各种现代化的娱乐业也相继出现。其中,1936 年开业的"大华"电影院内的设备最为豪华,门票也最为昂贵。而一些新式的豪华饭店、旅馆也开始在市内的一些主要街区出现。至 20 世纪 30 年代初,南京市内人口已达 75 万左右,南京已成为当时世界上著名的大城市。[①]

四、南京摩登与首都市的现代化

1. 首都建设经费的分配与国家的经费补助

为了将首都建设成庄严、伟大的国际化城市,市长刘纪文在 1928 年提出了 5 000 万元的首都建设经费。其数目虽然同当时巴黎 12 亿和东京 5.7 亿的建设经费相比是小巫见大巫,但在当时确也令人震惊。不久以后,"国都设计技术专员办事处"成立,又依据其对首都建设经费的估算,将执行《首都计划》的总经费最终确定为 5 180 万元[②]。

但如此巨额的建设资金究竟从何而来呢? 这笔巨款对于市政府绵薄的财政收入而言,显然是一件不可能完成的任务。南京的城市经济自太平天国运动后就元气大伤,再加上连年不断的军阀压榨,城市财力已显露出山穷水尽的窘态,根本没有余力支撑首都建设。于是在这种情况下,国民政府表示建设经费应当由中央、各省及南京三方共同筹集,并具体责成首都建设委员会拟就建设经费筹措的分配方案。按照 1929 年所拟具的方案,首都的建设费用将由国民政府、各省政府、南京市政府和受益市民四方共同予以承担。在总额 5 180 万的首都建设资金里,国民政府通过发行公债的方式筹集3 000 万;各省依照各自经济状况,分五年摊派 2 000 万,具体数目从 10 万至数十万不等;南京市也以负责发行 300 万公债的方式来筹措余下的部分。[③]

---

① 参见何一民《中国城市史纲》,四川大学出版社 1994 年版,第 353—354 页。
② 其中,道路经费最多,约占全部的 23.17%,如果加上其他有关交通的经费,则占到总经费的37.7%;中央政治区和市行政区的工程次之,占总经费的 21.24%。参见李清悚、蒋子奇《首都乡土研究》,南京书店 1930 年版,第 55 页。
③ 参见《中央关于首都建设之决议》,载秦孝仪主编《革命文献》第 92 辑,台北:"中国国民党中央委员会党史委员会"1982 年,第 174—175 页。

除去上述国民政府应允发行公债应筹集的 3 000 万以外，国民政府还经常对首都建设予以一些额外的支持。至于具体的支持方式，不外有两种：一种是国民政府通过国家立法，积极鼓励南京市政府利用发行公债的方式来筹集首都建设经费。为此 1929 年 6 月国民政府先后颁布《南京特别市市政公债条例》和《南京特别市市政公债发行细则》，专门对其公债的发行事宜进行规定。另一种即为国民政府对首都市财政的直接补贴。例如，1927 年市政府刚成立时即获得国家补助 88.86 万元，1928 年后半年又得到 184.53 万元，而这些收入竟占同期市府收入总额的 80.87％！[①] 后来受 1931 年九一八事变影响，南京市经济一蹶不振，市财政支绌状况严重，国民政府从 1931 年起更进一步加大了对首都市政的补贴力度。在 1931—1936 年五年里国民政府先后向首都财政补助的总额累计达 1 014.68 万元，平均每年 200 万元，最少时也有 179.79 万元，最高的 1936 年甚至达到 225.98 万元，是为市政府最大的财政来源，其补助款在市财政中几乎占每年市府收入的 35.13％，1932 年甚至达到了 46.4％！[②] 与同时期其他省份相比，国家对于首都经费的补助力度增幅最大，而市政府对于国家财政的依赖程度也最高。由此亦可见国民政府对首都建设问题重视之一斑。

2. 首都的工业规划与发展

如前文所述，虽然国民政府对南京的未来发展充满信心，但首都的进步还有赖于扎扎实实的建设推进。而作为城市经济发展的最根本动力——工业，则在这一过程中成为首都经济建设的关键。国民政府对于首都南京的工业发展高度重视。他们认为，首都的工业布局如同其城市规划一样，决不能与其他城市等量齐观，不是一件随便可以听凭其自由发展的事情，而应由政府来予以统筹规划。故在国民政府制定的《首都计划》中，有专章涉及首都南京的工业发展。其中，官方计划将江北的浦口、八卦洲及江南的下关和燕子矶一带，规划为首都的"工业区"，其理由是"工业区宜与其他繁

---

① 参见金钟《南京财政志》，河海大学出版社 1996 年版，第 351 页。

② 参见金钟《南京财政志》，河海大学出版社 1996 年版，第 6 页。

盛区域具有相当距离,并须位于水陆交通便利之地"。在该计划中,国民政府声称,要把首都南京建成一个"工厂林立,百业繁荣"的工业城市。①

为了加速推进首都的工业化,1930年6月国民政府工商部部长孔祥熙与首都建设委员会联合提出一份旨在加快南京新工业发展的庞大计划。其内容包括,在南京创办罐头厂、水鲜厂、砖瓦厂、水泥厂、造纸厂、印刷厂、面粉厂、棉织厂、榨油厂、制革厂、酒精厂,积极推进电车、电厂及屠宰厂等公共设施项目的建设。② 同时,为解决现有下关工业区的建设和新工厂开工的用地问题,1931年政府又将挹江门外、中山路以南一带的土地专门规划为各新建工厂用地。其大致范围是:东至西大河、燕河,南至护城河、三岔河,西至扬子江,北至中山路,共约1 100亩(约733 333平方米)。并规定,该地区内的土地及房产均严格禁止工程建筑及土地买卖,以备将来不时之需。③ 另外,为了发挥下关港口优势,推进首都出口工业的发展,国民政府还在沿江地区修筑码头,并进行相关码头的配套设施建设,先后建设四条东西走向、呈马蹄样的道路,还预留九处沿江沿河空地、四个腹地,每个区域宽度均为300米,长250米至350米不等,作为将来建设发展的土地储备。并在其中开辟小路,从江岸开始顺次建设人行道、起重机、轨道、仓库、铁路及工厂等。④ 后来,为进一步促进首都工业的发展,1934年工商部部长孔祥熙又以《发展首都新工业案》为题,提出了一套促进市内工业发展的详细办法。孔祥熙指出,政府应在保护国内工业、对外实行限制的前提下,借鉴香港、新加坡等自由港的成功做法,吸引国内外人口和投资来促进工业发展。其具体保护措施包括:豁免国人在首都兴办工业所需原料的税捐;豁免国人经营工

---

① 参见国都设计技术专员办事处编《首都计划》,南京出版社2006年版,第119页。

② 参见《工商部发展首都新工业提案》,1930年7月,中国第二历史档案馆藏:全宗号2(2),案卷号3301,缩微胶片16J1190。

③ 参见《划定下关第一工厂区》,载南京特别市政府秘书处编《首都市政公报》第77期,1931年2月15日;《南京市级行政人员被控》,1928年7月—1948年12月,中国第二历史档案馆藏:全宗号1,案卷号936,微缩胶片16J2240。

④ 参见《建设第一工商业区设计述略》,载南京特别市政府秘书处编《首都市政公报》第77期,1931年2月15日;《南京市级行政人员被控》,1928年7月—1948年12月,中国第二历史档案馆藏:全宗号1,案卷号936,微缩胶片16J2240。

厂的营业税、附加税、出厂税及尚未裁撤的其他苛捐杂税;进一步完善市内交通,保障资本及劳工安全,组织指导技术机关施行督导等。[①] 为了照顾国内生产厂商利益,政府还规定,在市内工程的建筑中应尽量采用国产材料,以示对国货的倡导;即使是国内不能生产的建筑材料,政府亦应鼓励自行试造并改良;如果在建筑材料采购中遇到国货与洋货同质地,但价稍贵的情况,应鼓励政府以高价,优先采用国货。[②]

这样,在国民政府的大力扶持和推动下,首都的工业发展逐渐有了起色。市内工厂的数量由民国建立前的 7 家和 1927 年国民政府奠都前的 44家,猛增至 1932 年的 122 家,而 1934 年工厂数量更攀升到 847 家! 其中,作为市内工厂数量最多的印刷业,有 90% 是在 1927 年以后成立的。截至1934 年底,市内行业涉及棉织、洋瓦、面粉、银楼、酿酒、报纸、织器、烛皂等数十个门类,各行业制造总额为 11 610 499 元,其中工厂资本总额为1 084 749 元,年营业额 14 834 996 元,与建都前相比,增加了近十倍。[③] 其各行业发展速度,据 1934 年国民政府建设委员会经济调查所调查,在1927—1934 年的七年中,首都市内新建各类工厂 567 家,平均每年新建 81家。截至 1934 年,全市工业厂数共有 847 家,分布于 21 个行业,资本总额达1 084.7 万元,营业额为 1 483 万元。[④] 另据当时《中国工业调查报告》有关首都工业的不完全统计,在全市 16 个行业中,共拥有工厂 678 家,工人 9 853人,各种机械设备 1 890 台,产品达 2 344 万元。其中,印刷厂 219 家,织绸厂

---

① 参见《工商部发展首都新工业提案》,1930 年 7 月,中国第二历史档案馆藏:全宗号 2(2),案卷号 3301,缩微胶片 16J1190。

② 参见《行政院关于提倡使用国产料给市府之训令及木料表》,1937 年 7 月,南京市档案馆藏:全宗号 1001,目录 1,卷号 570。

③ 参见《南京市政府二十二年七月行政报告》,载《南京市政府 1933 年 1—12 月行政报告》,中国第二历史档案馆藏:全宗号 2(2),案卷号 141,缩微胶片 16J1499;南京图书馆特藏部、江苏省社会科学院经济史课题组编《1927—1937 年江苏省工业调查统计资料》,南京工学院出版社 1987 年版,第 417、431 页。

④ 1934 年 3 月 1 日至 4 月 13 日,国民政府建设委员会经济调查所与俞铭铨曾负责调查南京至芜湖一段的经济状况,调查后他们将首都的调查报告单另编为一册,定名为《中国经济志(南京市)》,参见国民政府建设委员会经济调查所《中国经济志(南京市)》,国民政府建设委员会经济调查所,1934 年,第 136—211 页。

200 家,棉织厂 105 家,翻砂铁工厂 66 家,砖瓦厂 9 家,炼焦厂、制冷厂各 2 家,玻璃厂、自来水厂、制蛋厂各 1 家,煤球厂 5 家,制皂厂 14 家,碾米厂 50 家,面粉厂 3 家。年产砂铁 504 吨、砖 4 000 块、瓦 150 万片、煤球 1 万吨、肥皂 4.7 万箱、布 22.2 万匹、缎 3 万匹、云锦价值 50 万元、白米 125 万石(约 7 500 吨)、面粉 334 万袋、蛋 3 600 吨、饮用水 400 万磅(约 881.84 吨)。① 此外,电子工业作为当时中国的高科技行业也开始在首都出现,1937 年被称为远东第一大厂的永利碱厂也在江北卸甲甸开工生产。这些都掀开了南京近代工业的新篇章。

3. 城市水电与交通通信设施的发展

自来水作为南京市内最大的公营及公用事业,关系市民的身心健康。但长期以来,南京市民饮水取自江河,既不卫生,也不方便。有鉴于此,南京市政府于 1929 年 8 月成立自来水筹备处,并于次年 3 月正式设立自来水工程处,水厂设在汉西门外北河口,厂址占地约百亩,1933 年 4 月 1 日实现局部出水,至 1937 年市内铺设管道长度已经达到 160 余千米,几乎遍布全市各重要街道,出水量每日约 4 万吨,用户达 4 000 户以上。② 同时,为了推广自来水使用,市政府又在 1935 年 10 月 1 日正式成立南京自来水管理处,负责办理市内水管网的扩充及推进业务各事项。至 1937 年,全市用户已增至 4 000 余户,每月水费收入亦达到 63 000 余元,出水量也由 1935 年的 350 余万立方米增加到 1936 年的 498 万立方米。后来,为增进市民幸福、便利人民生活起见,市政府又从 1937 年起扩充水厂设备,并增设沉淀池及快滤池各一所,并配有救火龙头等防火设施 700 具。但所有这些设施最后均由于全国抗战爆发而毁于一旦。③

---

① 参见刘大钧《中国工业调查报告》下册,经济统计研究所,1937 年,第 2 编"地方工业概况统计表"。
② 参见秦孝仪《革命文献》第 91 辑,台北:"中国国民党中央委员会党史委员会",1980 年,第 6 页。
③ 参见马超俊《十年来之南京市政建设》,载《南京市政府纪念成立十周年会议市长训词》,1937 年 7—8 月,南京市档案馆藏:全宗号 1001,目录号 1,案卷号 374。

城市下水道排水系统的完善与否，直接关系到城市的环境卫生好坏和水源质量高低，对城市的生活和生产影响极大。原来市内的旧式沟渠既狭窄又不相互衔接，时常淤塞，有碍卫生及防洪排涝。因此，为了应对城市人口的迅速增加，建设覆盖全市范围的下水道工程已刻不容缓。1932 年，南京市政府便利用荷兰退还庚子赔款进行水利建设，在工务局设立下水道工程处，负责筹划全市的排水工程。下水道建设规划根据首都地势北高南低、人口北稀南密、下水道工程投资甚巨的实际情况，计划分三步在城南、城北及下关地区逐步实施建设。截至 1937 年底，市内共铺设下水道水管 26 722 米。[①]

作为供应首都电力的主要单位，国营的首都电厂承担着供给市内电气与照明事业的重任。其输电线路除城区外，覆盖面还东达龙潭汤山、北通浦口、南迄上坊门东山镇、西至江东门，全市共设有配电所 13 处，用户 44 000 户，每月用电量约 330 万度。[②] 有了电力能源的充足保证，作为都市文明标志的公共路灯也在 1927 年后迅速涌现。仅 1930 年 12 月至 1933 年 12 月，南京市就装设路灯 3 362 盏。

作为都市生活的重要载体，交通是一个城市基础设施的重要组成部分。它可以把城市的生产和生活等各项功能有机联系在一起，是城市社会各个环节的纽带及维系都市发展进步的关键。或许也正由于此，政府对首都的市内道路建设给予了前所未有的高度重视。早在 1927 年 4 月 24 日的南京市政厅成立就职典礼上，首任市长刘纪文就在政府讲话中迫不及待地表达了政府对改善城市交通的关切。在其讲话里，刘纪文把道路比喻为人身上的血脉，认为，"交通于市政，好比血脉于人身，血脉不畅流，则身体瘫痪，什么事不能做，同样交通不便利，则市政的基本未得到巩固，则其他一切建设，

---

① 参见秦孝仪《革命文献》第 93 辑，台北："中国国民党中央委员会党史委员会"，1980 年，第 32 页。
② 参见秦孝仪《革命文献》第 91 辑，台北："中国国民党中央委员会党史委员会"，1980 年，第 6 页。

都无从着手,所以说整理交通是建设的第一要务"①。不少政府高级官员对市长的该施政意见也极表赞同,大都认为:道路建设对于城市发展的重要性,如同血液之于人体。就像血液流通不畅会造成人体疾病一样,道路不畅亦会阻碍城市发挥其功能②。更何况,当时首都道路交通的状况也的确堪忧:本来就很狭窄的市内街道,加之各种贩卖小摊和过街招牌等种种障碍物横在道上,道路愈发狭窄而交通不便。③ 因此,市长刘纪文在就职伊始即迫不及待地宣布,将把道路交通建设作为推行市政的第一要政。④

按照市长的计划,全市将率先开建包括国民政府门前狮子巷马路在内的五条道路。⑤ 1927 年 6 月 22 日,刘纪文又在其主持的市政特别会议上提出《开辟马路征收土地章程》,并连续召开市政会议讨论建筑道路中涉及的收用土地、拆迁房屋及筹办筑路经费等问题。1928 年 7 月,雄心勃勃的刘市长又决心在市内同时开建 24 条新式干路。而 1930 年春《首都干路系统图》的公布,更掀起了首都建设道路的大规模热潮。据统计,在这一时期首都市内新修的主要道路有:中正路(今中山南路)北段(自新街口起至珠宝廊)、国府路(今长江路)东段(原名狮子巷)、黄埔路(中央军校至中山路)、中山门马路、朱雀路北段(奇望街至太平路)、新菜市道路(中山路至新菜市)、中央军校前后道路(军校前后门至香林寺太平门)、富贵山道路、行政院道路、山西路(中山路至新住宅区)。⑥ 而新辟的城外及近郊道路则有:燕子矶道路(金

① 《建筑中山大道的经过》,载秦孝仪主编《革命文献》第 93 辑,台北:"中国国民党中央委员会党史委员会",1982 年,第 362—363 页。

② 参见《首都的交通问题》,1928 年 8 月 20 日,载虞清楠主编《市政论集》,京华书局 1931 年版,第 4—6 页。

③ 参见《本府职员之努力打倒帝国主义》,1927 年 6 月 13 日,载南京特别市政府秘书处编《刘市长市政报告纪要》,南京印书馆 1930 年版,第 12 页。

④ 参见南京特别市政府秘书处编《首都市政公报》第 21 期,1928 年 10 月,《特载》第 3 页。

⑤ 五条马路包括:1. 督署前至狮子巷道路;2. 狮子巷口至浮桥道路;3. 浮桥至成贤街道路;4. 成贤街至鼓楼道路;5. 鼓楼至交涉署道路。参见南京市公路管理处编著《南京近代公路史》,江苏科学技术出版社 1990 年版,第 117 页。

⑥ 参见《民国二十二年至二十三年首都建设之进行概括》,载秦孝仪主编《革命文献》第 91 辑,台北:"中国国民党中央委员会党史委员会",1982 年,第 68—69 页。

川门至燕子矶土路）、环湖路和热河路（中山门至京沪车站）。不久首都建设委员会又于当年推出了首都道路交通发展的系统规划，规定南京的道路必须采用放射形及矩形相结合的空间布局，以新街口为中心，以中山路、中央路、中正路（今中山南路）、汉中路等路为放射式干线，来作为设计全市干道的主干，而其他干道也要求一律与这些干道基线或平行或垂直来布局。

故经过1927—1937年的十年建设，截至1937年底首都南京已基本建成了一个覆盖全市范围的道路交通系统，其城市交通得到了极大改善，市内的道路交通网也已初具规模。特别是中山大道的修筑成功，沟通了南京全城东西两端及下关的交通，成为南京市内的横向交通干道。后来修建的中正路（今中山南路）、中央路实际上是其向南北两个方向的延伸，亦成为南京的纵向干道。截至1937年，南京先后完成干路建设48条，总长119.3千米，初步形成了以新街口环形交通广场为中心，以中山大道、中央路、中正路（今中山南路）、汉中路为城市干路的城市道路框架。① 至此，现代意义上的城市道路系统基本形成。与此同时，市郊公路也在不断改善。十年间共完成混凝土路面2千米、柏油路面50千米、碎石路面200千米和弹石路面150千米的建设。② 在大量新路开辟与修建的利好因素刺激下，首都的交通运输业也得到了巨大发展，城市车辆数量开始逐年增加，特别是作为城市主要交通工具的公共汽车开始广泛应用于市内交通。1927年后南京市内先后出现南京特别市汽车公司、关庙汽车公司、公共汽车公司、振裕汽车公司、兴华汽车公司和江南汽车公司等多家公共汽车运输公司。其中，仅江南汽车公司在全国抗战爆发前就有公交汽车300余辆，职工1 600多人，为当时我国汽车运输业中规模最大的汽车营运公司。③ 除此以外，伴随着都市车辆的增多，交通

---

① 参见马超俊《十年来之南京市政建设》，载《南京市政府纪念成立十周年会议市长训词》，1937年7—8月，南京市档案馆藏：全宗号1001，目录号1，案卷号374。
② 参见《南京市政府二十四年至二十五年十二月工作概况》，载秦孝仪主编《革命文献》第93辑，台北："中国国民党中央委员会党史委员会"，1982年，第5页。
③ 参见南京市人民政府研究室《南京经济史》（上），中国农业科技出版社1996年版，第320页。

警察开始出现在首都市内的各主要交通路口,各种交通指示灯和指示牌也同时遍设于市内各交通路段,城市交通管理也逐渐趋向规范化和现代化。与此同时,大量美观的树木开始在各主要道路两旁广泛种植,不仅起到了必要的防尘作用,同时也美化了城市,使南京成为当时全国绿化的典范。

在对外交通方面,随着首都与全国各地政治经济联系的急剧增强,政府也大力加强首都的对外交通建设,希望建成一个以首都南京为核心的覆盖全国、四通八达的交通网络。在公路方面,1928 年 11 月,蒋介石即下令江苏、浙江两省着力辟建南京至杭州的公路,并限于次年 3 月竣工,此举也拉开了以南京为中心的全国公路网建设的大幕。1932 年 11 月底,全长 1 040千米的联省公路完工。1932 年 11 月,国民政府"剿总"又召开了七省公路会议,提出建立苏、浙、皖、赣、鄂、湘、豫联省公路。此后,出于政治、军事和经济需要,又制定出以首都南京为中心,向四周辐射的全国性公路规划。总之,截至全国抗战爆发,国民政府先后以南京为中心修建的主要道路有:京杭国道、京芜公路、京镇路、京湖(南京至湖熟)路、京溧路、六扬路等 18 条干支线,共耗资 2 000 万元。于是,一个以南京为中心、通向各地的全国公路交通体系在此时已大体形成。① 在铁路方面,1933 年 10 月,长江火车轮渡建成通车,津浦、沪宁两条干线开始客货联运。"津浦沿线的煤、粮食等整列车,甚至自平绥铁路包头起运的西宁羊毛整列车,也都经由轮渡,直接由铁路负责联运至上海,使京沪铁路货运迅速发展起来了"②。在铁路和公路的带动下,南京港也逐渐成为全国水陆交通中转的重要枢纽,货物吞吐量骤增。1927 年南京港进出口货物总值仅为 12 594 787 关两,1936 年则达到26 664 906 关两。③ 而承揽长江航运的货物运输公司也创纪录地达到了 34家。④ 至于航空方面,南京更经历了从无到有的跨越式发展。1929 年 7 月,

① 参见《南京路政建设建设统计》,载《交通杂志》第 3 卷第 3 期。
② 金士宣、徐文述:《中国铁路发展史(1876—1949)》,中国铁道出版社 1986 年版,第 483 页。
③ 参见吕清华《南京港史》,人民交通出版社 1989 年版,第 161 页。
④ 参见秦孝仪主编《革命文献》第 91 辑,台北:"中国国民党中央委员会党史委员会",1982 年,第 50—53 页。

南京历史上第一条航空线——由上海至南京的航线正式开通,飞机起降于上海的虹桥机场与南京的明故宫机场,明故宫机场也成为南京历史上起降民航航班最早的陆地机场。1934年,为推动航空事业的发展,国民政府又建成面积更大、设施更先进的大校场机场,南京也成为全国空运的中心。当时中国航空公司和欧华航空公司两家航空公司的四条航线都经过南京,大大缩短了南京与其他地区的交通时间,扩大了交流,促进了南京城市的发展。

作为第一个在国内开通使用市内电话的城市,1928年国民政府交通部与美国自动电气公司签订购买自动交换机5 000门的合同,并于1930年8月完成装机并实现正式通话。截至1936年6月,全市公众电话网共设有4个交换局,自动交换机容量7 300门,用户5 374户,装机数为5 665门。[1] 在此期间,南京的长途电话业务也取得了长足的发展。自1927年开通南京与上海的直达长途电话后,到1936年2月,九省长途电话网络的京汉、京杭、京津及平汉、粤汉各干线建设先后依次完成,南京至浙、皖、湘、鄂、赣、豫、鲁、冀等省的大城市均可联络通话,初步形成了以南京为中心的全国长途电话通信网。与此同时,在江苏省内,除苏南九县长途电话网与京沪线各城市联网外,首都南京还与江北地区的六合、十二圩、仙女庙、扬州等地实现通话。到1937年6月,南京长途电话可通达城市已有北京、天津、广州、衡阳、长沙、汉口、桂林、南昌、济南、青岛、九江、安庆、屯溪、宜城及宁沪间的50余个城市。[2]

同时,首都的邮政事业也取得较大发展。1928年南京城内仅有3处邮政支局,到1932年已有14个支局,城外亦分设8个二等邮局和2个三等邮局。而至1936年底,首都市域的通信网点更达到19个邮政支局和17个城外支局。其中,仅1936年一年,即在城内与城外分别增设邮政代办所20个

---

[1] 参见南京市人民政府研究室《南京经济史》(上),中国农业科技出版社1996年版,第355—356页。

[2] 参见南京市人民政府研究室《南京经济史》(上),中国农业科技出版社1996年版,第354—355页。

和 5 个。①

4. 都市商业服务业的繁荣

南京自古以来就是一座以商业繁荣而闻名于世的消费城市。1927 年国民政府定都南京后,伴随着城市人口的激增,城市商业百货亦取得突飞猛进的发展。自 1936 年南京第一家大型百货商场——中央商场建成开业后,永安商场、太平商场等大型购物中心相继跟进;李顺昌西服店、盛锡福帽店、亨达利钟表店、冠生园食品店等市内著名商店亦买卖兴隆;其他一些中小面店、西服店、糖果店、水果店、点心店更见缝插针般密布于新街口地区。伴随着商业的发展,各行业分布也逐渐呈现出区域分工的特点。比如,金融中心往往集中于新街口一带;绸布业汇集在中华路、太平路、建康路、升州路和鱼市街;粮食业在中华门一带;新式百货业集中在新街口附近,旧式百货业以建康路、太平路、马巷为中心;木炭行、木板号以汉中门附近最多;木器家具大部分在延龄巷、二郎庙附近;而各种旧式店铺和摊贩则主要分布在市内各大街小巷之中。截至 1934 年底,南京市共有商店 18 304 家,符合商业税登记标准的共计 13 103 家。按照同业公会分类,市内共有 96 种不同的行业。其中,以洋广杂货业 1 881 家最多,酒菜馆 1 151 家次之,而橡皮业和土货业最少。1933 年市内各业营业总数为 7 234 万元。其中,以粮食米业的721.7万元最多,其次,是洋广杂货业的 672.5 万元,而卷烟业则以 500 万元与绸布业并列第三。②

而国民政府定都南京后,各机构大小官僚、公务人员以及来自全国各地的商人和外国使节云集南京,更极大地刺激了城市各类服务行业的勃兴。1935 年,全市旅馆数量多达 300 家,营业额更高达惊人的 235.5 万元!③ 这些旅店中,不乏一些专为接待政府高官、富商巨贾和各国外交使节的新式豪

---

① 参见南京市邮政编纂委员会《南京邮政志》,中国城市出版社 1993 年版,第 28—29 页。
② 参见建设委员会经济调查所统计科编《中国经济志·南京市》,建设委员会经济调查所,1934 年,序言第 1、2 页。
③ 参见《京市旅馆业概况》,载《中央日报》1935 年 10 月 11 日。

华旅馆。例如,中山东路的中央大饭店、太平路花牌楼的安乐酒店、虹桥的首都饭店和下关中山桥下的扬子饭店都是当时颇为著名的高级旅馆。这些旅馆规模庞大、设施豪华,适应了往来南京的各类达官贵人的要求,因此营业额颇为可观。譬如即便是在淞沪抗战爆发后市内各业最冷清的时候,中央饭店也仍有 1 万余元的盈余,这在当时首都经济受战争影响呈现普遍萧条的情况下已属难得。①

随着首都的现代化,城市人口开始大量增加,这必然带来对粮食的大量需求,这也使南京成为当时一个重要的粮食集散地。"凡本省所产与来自芜湖之运销津浦沪杭两路者,胥在下关集中转口。"每值秋深,帆樯云集,其场面甚为壮观。而转运公司为之居间销售,以及从中承办票据押汇的各银行商号亦得到连带发展。据南京市粮食管理所 1932 年统计,全市粮食业户包括行厂栈坊等共 580 余家,全年营业额高达 800 万元之巨。② 而定都之后,大量外地人口的涌入,也刺激了市内餐饮业发展。原先市内餐馆以淮扬菜系为主,定都后外地各种菜系纷至沓来,从中国的京苏川粤名肴到外国的英法德俄大菜,无所不备。据 1935 年官方统计,市内有酒菜馆 500 多家,其中以老万全酒菜馆、浣花菜馆、美丽川菜馆、皇后饭店、安乐酒店、中央饭店等实力最为雄厚,这些菜馆主要分布在夫子庙、太平路、中山路等沿路一带。除粮食业、餐饮业以外,其他服务行业也空前繁荣。在休闲娱乐方面,南京自奠都以来就一直保持强劲的发展势头,其中尤以剧院为最。凡大院每月必盈余万元,最少也有六七千元,较次者也有二三千元的盈余,小者千余元不等,而戏剧和游乐场亦有相当盈余。③ 此外,城市洗浴业也十分繁荣。据统计,1934 年全市浴室总计 80 家,分盆浴与温堂两种。④ 在商业中心夫子庙一带,其周围不到 500 米的地方就并立 10 家之多。其中最有名的是三新池浴室,建筑面积 1 500 平方米,竟有 13 个大小厅堂、180 名员工! 而浴室也逐渐

---

① 参见《南京各业营业概况》,载《中央日报》1933 年 1 月 16 日。
② 参见《南京商业调查》,载《中央银行月报》第 3—12 期,1934 年 12 月,第 2656—2657 页。
③ 参见《本京市面枯竭金融呆滞商业萧条》,载《中央日报》1933 年 4 月 24 日。
④ 参见《南京市之茶社与酒馆》,载《中央日报》1935 年 3 月 20 日。

成为官僚、商贾等社会三教九流进行消费享受、谈生意、拉关系的新兴场所。

由此可见,首都商业与服务业的繁荣,在很大程度上要拜南京城市政治地位提升的红利所赐。正是在首都集聚作用的影响下,南京的人口和消费水平才开始急速上升,城市商业与各色服务业才日臻繁荣。不过,客观而言,首都工商业虽然发展迅速,但从比例结构来看,纯消费行业却占绝大多数。这些纯消费行业,无论是产值还是就业人口方面都大大超过了工业和农业。譬如,据官方 1934 年 6 月统计,南京市内只有 16 085 人从事农业生产,只有 183 人从事矿业,参加工业生产的也 89 632 人,而与之相比,在市内从事商业服务业的人数却高达 268 113 人,几乎占到了全市总就业人数的 1/3。[1] 而这一数字还不包括市内数以万计专为官僚长官服务的茶房、仆役、奶妈、娘姨,以及大量在茶楼酒肆中从事卖笑生意的歌女、舞女和妓女。事实上,当时全市仅每天在娱乐场所活动的人数就多达 20 286 人,全市歌女、舞女、妓女亦多达数万人,如若将数字相加,甚至连市政府都不得不承认此特殊行业其从业人数竟可堪比全市产业工人的尴尬事实。[2] 另一方面,首都薄弱的工农业及城市商业服务业的畸形繁荣,也导致南京的外贸发展远远滞后于城市商品经济的消费增长。贸易量非但无法与巨埠上海相比,即使与无锡、芜湖相较亦大为逊色。事实上,自 1927 年定都后,南京的进出口贸易就一直保持着巨额赤字。例如,1932 年,金陵海关进口 2 317.3 万元,以粮食、五金和煤油为主,出口仅冻鸭一种,数额不过 35.1 万元,逆差 2 282.2 万元;1933 年,进口 2 136.96 万元,出口公邮包一种,金额只有可怜的 1 849 元,逆差约 2 136.77 万元。而南京的国内贸易也十分稀少。[3] 故当时有人曾如下评价南京的经济状况:

---

[1] 参见《本市有业无业失业人数统计》,载《南京社会特刊》第 2 册,南京市政府社会局,1931 年,第 144 页。

[2] 参见《南京市公共娱乐场概况统计表》,载《南京社会特刊》第 3 册,南京市社会局,1931 年,第 185 页。

[3] 参见赵松乔、白秀珍《南京都市地理的初步研究》,载《地理学报》第 17 期,1950 年 12 月,第 58 页。

南京工商业既不发达,物产又不丰富,衣服饮食,无不仰给于外地,故进口货多而出口货少。十年前,犹有缎绒出口,年可二三百万元,近则无矣……由此可知南京为一纯粹消费的城市,而不足以言生产也。[1]

5. 城市人口膨胀与地价腾涨

在国民政府奠都南京前,南京本地人口并不繁盛。建都前,全市人口不过 30 余万人,"鼓楼以北、西华门以东、五台山以西一带,荒烟蔓草,居民稀落"。不过情况在南京建都后发生了巨变。来自全国各地的军政人员和商民纷至沓来,市内人口骤然繁盛。在建都后短短九年的时间里,南京人口即暴涨了三倍,至 1936 年估计全市人口已超过百万。[2] 而且其增速极快,1927 至 1935 年的八年中共增加了 65 万余人,平均每年增加 8.1 万人。其中仅 1930—1935 年这五年,就增加了 43.6 万余人[3],其增幅将近原有数量的 80%。其增长速度如此之快的原因,或许与当时普通国民对"天子脚下一等公民"的羡慕心理有关,而国民政府对南京尽心竭力进行的首都建设也平添了民众对首都市未来美好生活的向往。不过,在短时间内大量外来人口的移入及大量政府设施的次第兴建导致的刚性需求,亦直接刺激了首都地价的飙升。最初,作为市内商业中心的城南三山街地区,每平方丈地价仅 200 元。随着南京经济中心由南向北的转移,城北的地价开始逐渐上升。其中,尤以东区、北区及第 1 区和第 6 区涨幅最大。例如,在新建的太平路及新街口至鼓楼一带,其地价由原先的每平方丈五六十元暴涨至原价的数十倍以上。[4] 在这种情况

---

[1] 建设委员会经济调查所统计科编:《中国经济志·南京市》,建设委员会经济调查所,1934 年,弁言第 3 页。

[2] 参见陈岳麟《南京市之住宅问题》,1936 年 12 月,载萧铮主编《民国二十年代中国大陆土地问题资料》,台北:成文出版社 1977 年版,第 47817—47818 页。

[3] 参见陈岳麟《南京市之住宅问题》,1936 年 12 月,载萧铮主编《民国二十年代中国大陆土地问题资料》,台北:成文出版社 1977 年版,第 47793—47794 页。

[4] 参见胡焕庸、王维屏《江宁地方志大纲》,载《方志月刊》,1934 年。

下,炒卖地皮遂成为市面广受社会追捧、能够实现财富迅速增值的一种快捷方式。因此,在当时有不少旧宦新贵都凭借内部政治消息和常人无法企及的政治权力,竞相对土地进行投资,广置地产,甚至还出现了有人一次购地二三百亩的现象。故而在当时曾有人戏称"找房子比找官做还难"①。在居住方面,一般达官显贵、富商大贾,莫不高筑洋房、广辟庭院,而广大市民则只能栖身破落的民间小巷,甚至危险简陋的棚户。这种天壤之别的差异,正所谓"富者广厦千间,贫者无立锥之地"②。

6. 政府的社会教化与民生改善

很明显,首都建设的目的,是为了把南京改造成一座能体现"新中国"面貌,与纽约、巴黎等西方繁华都市相比肩的名副其实的现代化首都。而在实现现代化的过程中,不仅需要大规模的物质建设,"新社会"的建设亦必不可少。对此,国民政府声称,首都的精神建设将与物质建设并举。于是,政府开始积极培养理性而富于组织的"新市民"。

作为培育"新市民"的关键,提高社会文明程度,特别是提高市民受教育水平至关重要。为此,官方从普及小学教育入手,大力推动首都教育事业的发展。1921 年时南京只有小学 38 所,1937 年时已有完全小学、简易小学、区乡小学、短期小学 179 所;学生人数也由 1927 年的 4 000多人增加到 1937 年的 70 365 人;教育经费亦由 1927 年的 18 万元增加到 1936 年的 140 万元,基础教育开支几乎占到全部市政经费支出的1/4。除小学外,政府对民众学校及其他各类中学也予以大力扶持,新大学如雨后春笋般大量涌现,中央研究院、紫金山国立天文台和大型博物馆也相继建立。这些社会教育机构都极大地促进了市民文化素质的提高。据统计,截至 1937 年,南京市识字人口总数由 1933 年的 29.8 万人

---

① 姚颖:《京话》,上海书店出版社 2000 年版,第 22 页。
② 陈岳麟:《南京市之住宅问题》,1936 年 12 月,载萧铮主编《民国二十年代中国大陆土地问题资料》,台北:成文出版社 1977 年版,第 47843 页。

增加至 32.7 万人,识字率也由全市人口的 41％提高到 46.64％。[1] 截至 1937 年,政府先后对市内各教育文化机构投入近 270 余万元。[2] 与此同时,社会阶层也出现积极变化。一个以教授、演员、作家、记者、编辑、律师、工程师、医师、会计师、建筑师等为主体的具有独立人格的社会中产阶层开始崭露头角,并逐渐扩大。在 1930 年时,这个群体全市共有 10 760 人,占市职业总数的 1.91％,至 1934 年已达到 11 504 人,上升到 2.07％,而到 1936 年则进一步发展至 20 255 人,占全市人口的 2.21％。[3]

另一方面,政府还积极推动社会风尚的转变。为此,官方大力倡导"工作竞赛""节约储蓄""勤俭建国""厉行守时""提倡捐献""植树造林""讲卫生""取缔娼赌毒"等社会建设运动。特别是作为国家的政治中枢和首善之区,南京的"新生活运动"更受到了国民政府高层的关注。例如,蒋介石就曾先后多次以手谕的形式对南京的"新生活运动"予以亲自批示。1935 年第 141 期的《新运总会会刊》上也曾刊登蒋本人对首都市民吸烟、着装、仪容,甚至购物的最高指示。于是在这种情况下,从 1934 年 4 月起,"新生活运动"的宣传材料开始频频见诸市政府的政府会议和政府公报上。同年 5 月,市长石瑛又结合"新生活运动",顺势提出了自己的社会改造计划,用他自己的话来讲,即实行禁烟、禁赌、禁色的"去除三大恶习运动"。于是,在石瑛的主导下,市政府发动了该市有史以来最大规模的宣传运动。很显然,该运动的主要目的,是希望通过"守秩序"和"清洁化"两大理念,改变广大市民的生活方式,使他们变得更加勤奋、更有效率,以便推动首都建设的步伐。因此,在政府的大力规训下,一般市民也渐渐接受了新生活的规约信条,并在无形中"过上了

---

① 参见建设委员会经济调查所统计科编《中国经济志・南京市》,建设委员会经济调查所,1934 年,第 26 页。

② 参见马超俊《十年来之南京市政建设》,载《南京市政府纪念成立十周年会议市长训词》,1937 年 7—8 月,南京市档案馆藏:全宗号 1001,目录号 1,案卷号 374。

③ 参见马超俊《十年来之南京市政建设》,载《南京市政府纪念成立十周年会议市长训词》,1937 年 7—8 月,南京市档案馆藏:全宗号 1001,目录号 1,案卷号 374。

有规则的生活"。[1]

改善民生是政府社会建设的另一个重点。为了扶助底层贫民,政府大力推广合作事业。1928 年 11 月,市社会局率先成立"南京市合作事业指导所",颁行《合作社暂行章程》。次年 8 月 5 日,又聘请专家组成"市合作事业指导委员会",负责指导和帮助农业及手工业等合作事宜。于是,在政府推动下,首都的合作事业获得了显著发展。据统计,1929 年,全市只有合作社 3 家,社员 719 人,资本 2 330 元;到 1930 年,已有 6 家合作社,社员增加到 4 556 人,资本增至 25 670 元;1931 年,合作社更发展至 17 家,社员 11 418 人,资本 88 025 元。[2] 此外,官方还自 1933 年起成立了"贷款代办处所",以适时为贫苦民众提供为期五个月的小额贷款,来促进农民手工业者的发展。1933 年当年即拨款 6 000 元,受益群众 550 余户。[3] 而 1935 年后,政府的贷款服务面更涵盖全市几乎所有行业。故这项政府提供的贷款,对促进城市经济的发展起到很大的推动作用。例如,市内云锦业机户所组建的"南京市华纶改良锦缎合作社"正是在获得了 8 580 元的贷款后,才得以顺利组建;而市内 38 家马车业组织的"华兴马车合作社"的资本 920 元,也来自该政府贷款。[4]

在推广农业生产技术和救济贫民方面,市社会局也组织了不定期的农事研究会,其内容除训练合作社管理人员外,还聘请农业专家和大学教授为农友讲授农业生产技术和推广先进粮种。[5] 针对南京市内无业人员多、饥民多的特点,社会局还成立冬赈救济委员会,对全市贫民进行调查,并在邓府山开设庇寒所和施粥厂。1929 年又创设专门的市民救济机

---

① 参见马超俊《十年来之南京市政建设》,载《南京市政府纪念成立十周年会议市长训词》,1937 年 7—8 月,南京市档案馆藏:全宗号 1001,目录号 1,案卷号 374。

② 参见南京市社会局编《南京社会》,南京市社会局,1932 年,第 247 页。

③ 参见南京市政府秘书处编《一年来之南京市政》,南京市政府秘书处,1935 年,第 8 页。

④ 参见《各区公所工作报告与计划大纲》,南京市档案馆藏:全宗号 1001,目录号 1,案卷号 366。

⑤ 参见《市政府 1937 年 1 月施政报告》,南京市档案馆藏:全宗号 1001,目录号 1,案卷号 365。

构——南京市救济院,下设育婴、孤儿、养老残、妇女、教养、游民习艺、水上救护等各所,1933 年 8 月添设养老和残废两所,1935 年冬再增设妇女简易工厂。为收容难民,1936 年春政府又于八斗山建造救济院的游民习艺所,并在邓府山设立难民小学及组织劳动服务队等。截至 1936 年,南京市救济院前后共收容市内难民 4 776 人。[①]

自国民政府奠都后,南京市容焕然一新,涌现出许多壮观、现代的政府办公大楼,但市内仍存在大量低矮、破旧的棚户民居。据官方统计,1928 年首都棚户总数达 18 300 户,至 1935 年仍有 150 000 人居住在下关的棚户区,几乎占到全市人口的 1/5。[②] 为了改善市民的居住条件、改善首都的市容形象,救济棚户也是首都社会建设的重要组成部分。故历届南京市政府都对改良棚户、改建新市民住宅问题格外重视。为了改良棚户住宅,市政府于 1934 年春正式启动新市民住宅的修建计划,并先后在新民门外四所村、共和门外七里街、光华门外石门坎、郭家沟、前三庄、东岳庙、霸王桥、赛虹桥、草场门南等处征地,来用作迁移城内棚户之用。截至 1935 年,南京市共有 1 200 余户原棚户区市民搬进政府新建好的国民住宅区。[③]

7. 首都的社会卫生建设

在 1927 年国民政府未奠都南京前,南京虽为江苏省会,户口殷繁、市面尘嚣,但在卫生建设方面却十分落后。而国民政府建都之后,首都人口激增,为了有效应对人口增长带来的卫生问题,树立全国卫生典范,政府的公共卫生建设与个人卫生宣传已刻不容缓。

---

① 参见马超俊《十年来之南京市政建设》,载《南京市政府纪念成立十周年会议市长训词》1937 年 7—8 月,南京市档案馆藏:全宗号 1001,目录号 1,案卷号 374。

② 参见南京特别市政府秘书处编《首都市政公报》第 77 期,1931 年 2 月 15 日;《南京市级行政人员被控》,1928 年 7 月—1948 年 12 月,中国第二历史档案馆藏:全宗号 1,案卷号 936,微缩胶片 16J2240。

③ 参见《中央政治会议提议建筑首都贫民住宅区》,1935—1937 年,南京市档案馆藏:全宗号 1001,目录号 3,案卷号 274。

卫生行政中首当其冲者,当为预防传染病。自国民政府建都以来,市卫生局例行灭蝇灭蚊、预防接种、井水消毒、饮食管理、街道清洁、增设垃圾箱、创办卫生实验所、训练卫生警士、取缔医药、举行扫除、计划卫生模范区、筹建公厕等活动,每年定期联合各市属机关举行防疫宣传。自 1929 年起,市内各卫生所开始逐步推行免费预防接种活动,每年分春秋两季举行种痘和预防接种,夏秋两季则施行霍乱和伤寒疫苗注射。1935 年又举办幼童注射白喉类毒素运动,并从 1936 年 3 月起开展天花、白喉、猩红热、脑膜炎、霍乱等法定传染病的预防。至 1936 年,先后接受此接种活动的市民已多达 30 余万,颇见成效。[1] 后来,为进一步推广市民卫生,官方还组织卫生运动、卫生演讲、卫生展览会及张贴卫生标语、举行各业卫生训练等,旨在"以公共卫生,唤起民众卫生意识"。[2]

要真正做到预防传染病的发生和传播,食品的监管问题至关重要。为此,政府规定,凡是有关卫生的各业商店,都要向卫生事务所填具申请书,由卫生事务所随时派人检查。对于与民众生活息息相关的牛奶及豆制品,则每月要对样品至少化验两次。至于饮用水,政府则更加严格:要求市内凡是经营茶炉生意者一律使用自来水,须每天由卫生稽查员到各水炉取水试验,并在水炉上安装温度表,只有水温达到 95 摄氏度以上才可出售。而每年夏天政府也都会对市内各水井进行免费漂白消毒,每两三天进行一次。同时,为搞好市内的环境卫生,政府还组织了一只规模庞大的清洁队,专事负责全市道路的撒扫、垃圾处置及河池沟渠菜场的

---

① 参见马超俊《十年来之南京市政建设》,载《南京市政府纪念成立十周年会议市长训词》,1937 年 7—8 月,南京市档案馆藏:全宗号 1001,目录号 1,案卷号 374。
② 参见南京特别市卫生局编《首都卫生》第 1 集,1929 年 10 月,刘纪文序,南京市档案馆藏:全宗号 1001,目录号 4,案卷号 128。

清洁工作,其职工人数由 1928 年的 230 人增加到 860 人。①

为了彻底整治首都市容的脏乱差问题并借此提高市民的卫生清洁认识,"首都新生活运动促进会"开始从 1934 年起,在每年的 5 月 1 日举行清洁运动游行大会。1935 年 5 月,国民政府也下令于每年夏季在首都举行暑期卫生清洁运动。其具体内容包括:施行霍乱伤寒预防注射;井水消毒;管理饮食商贩及冷饮商贩,并对其进行定期稽查检疫;在轮埠、车站加强对霍乱病人及疑似病人的检疫;送霍乱患者或疑似患者至传染病医院,并在医院内特设病房,隔离治疗;清除全市夏季瓜果皮屑及积秽、疏通漂浮物并促进市内下水道工程建设;在全市严禁污物污水倾倒入池塘及河道,并打捞河内污物及灭蝇防疫;组织贫病收容所;临时救急和卫生宣传等。② 为此,政府还加印了大量关于禁止随地吐痰的图画和宣传标语,交由卫生警士在全市各大公共场所张贴,以增进市民对于维护环境清洁的认识。③

毫无疑问,医疗设施建设是卫生建设的一项重要内容。市政府对此高度重视,并投入大笔资金予以支持。1934 年,政府在财政支绌的情况下仍然投资 10 万元,在下江考棚动工兴建全市第一所市立医院。该医院科室主要分内科、外科、妇产科、小儿科等,规划有房屋 2 栋,每栋上下各 13 间,除门诊外设立病床 110 张,还专门斥资 39 000 元购买了当时世界最先进的 X 光机、病理检验机等机器设备。1935 年 11 月医院建成并

---

① 参见何民魂《一年来之首都市政》,该文为 1927 年 10 月 1 日时兼代南京特别市市长何民魂报告办理市政情形呈国民政府文,载秦孝仪主编《革命文献》第 92 辑,台北:"中国国民党中央委员会党史委员会",1982 年,第 229 页;《南京市政府二十四年四月至二十五年十二月工作概况》,载秦孝仪主编《革命文献》第 93 辑,台北:"中国国民党中央委员会党史委员会",1982 年,第 55 页。

② 参见《南京市地区举行卫生清洁运动》,1934 年 4 月—1936 年 1 月,中国第二历史档案馆藏:全宗号 2(3),案卷号 253,微缩胶片 16J1688。

③ 参见《南京特别市十八年十一月份工作报告表》,载《南京市政府 1929 年 7—12 月工作报告》,中国第二历史档案馆藏:全宗号 2,案卷号 137,微缩胶片 16J1499;《南京特别市二十年十二月行政报告》,载《南京市政府 1931 年 7—12 月行政报告》,中国第二历史档案馆藏:全宗号 2(2),案卷号 138,微缩胶片 16J1499。

正式对外营业,很快便迎来了大量前来就诊的普通民众;仅 1936 年 2 月至 12 月住院病人就多达 2 465 人,体现了良好的社会效益。① 作为首都市内专门负责治疗传染病的医院,传染病院于 1933 年 7 月成立。该院最初设有 40 张病床,后来因病人众多而扩充至 50 张,截至 1935 年该院共接诊民众 2 228 人。② 为了救治首都市内的烟毒民众,市政府又于 1934 年 2 月设立"戒烟医院"。该院初始设有病床 150 张,后由于住院民众越来越多,最终扩容到 500 人。③ 从 1934 年 2 月该院开业至 1937 年 4 月止,戒烟医院共收容戒烟者 25 804 人,其中仅 1934 年 10 月,就收容民众 2 164 人。④

　　除上述市立医院外,南京当时还有国立、私立医院若干。其中规模最大的是国立中央医院。该医院于 1929 年 1 月开始筹建,同年 10 月开诊,归卫生部管辖,为南京最早兴办的一所大型国立医院。该院共设有小儿科、皮肤花柳科、肺痨科、妇科、骨科、耳鼻喉科、牙科、X 线科、眼科、电疗科、检验科、泌尿科、药局等 16 个科室,总计病床 275 张。医院医护人员共有 140 人,其中医师 77 人、护士 32 人。⑤ 除了该国立医院外,首都市内还有中央军校医院、军政部第一陆军医院和陆军医院分院等医疗单位,其余尽为私立医院。截至 1936 年,首都市内共有西医 315 人、中医 287 人、药剂师 47 人、助产士 82 人、接生婆 71 人;医院 30 家、床位

---

① 参见《南京市政府二十四年四月至二十五年十二月工作概况》,载秦孝仪主编《革命文献》第 93 辑,台北:"中国国民党中央委员会党史委员会",1982 年,第 66—67 页。
② 参见《南京市政府二十四年四月至二十五年十二月工作概况》,载秦孝仪主编《革命文献》第 93 辑,台北:"中国国民党中央委员会党史委员会",1982 年,第 69—70 页;王祖祥《十年来之京市卫生建设》,载《南京卫生》第 1 卷第 9 期,1937 年 6 月,第 10 页。
③ 参见《南京市政府二十四年四月至二十五年十二月工作概况》,载秦孝仪主编《革命文献》第 93 辑,台北:"中国国民党中央委员会党史委员会",1982 年,第 70—73 页。
④ 参见《南京市政府二十二年一月至二十三年十月工作报告(对四届五中全会报告)》,载秦孝仪主编《革命文献》第 92 辑,台北:"中国国民党中央委员会党史委员会",1982 年,第 373 页。
⑤ 参见南京市地方志编纂委员会、南京市卫生志编纂委员会编《南京市卫生志》,方志出版社 1996 年版,第 623 页。

1 153张、西药房 49 家、中药店 114 家、卫生所 15 所。①

为方便市民特别是郊区的民众就近就诊,政府还从 1930 年起在市内遍设卫生分所。至 1937 年,市内共有城区卫生分所 7 处、乡区卫生分所 12 处。② 卫生分所除接诊外,还负责向民众进行传染病防疫、健康检查、缺点矫治、预防接种、产前产后检查、免费接生和卫生教育等。③ 其中成效最为显著的是助产工作。该助产工作从 1930 年开始,至 1936 年已平均每月接生 400 余人,其数量几乎占到全市每月新生儿的 25%。④

除了以上政府的卫生建设外,官方还非常重视对工厂、学校等人群聚集的地方进行卫生检疫和卫生宣传,为此还专门在 1930 年成立市卫生试验所,仅 1930 年 1 月至 1937 年 2 月期间,就进行细菌试验 144 212 件。并从 1930 年开始对学校卫生进行全面检查,最初只在 5 所学校进行,到 1936 年扩大到全市 181 所学校,其主要内容有:体格检查、缺点矫治、预防接种、灌输卫生知识、改良环境卫生等。1935 年 6 月政府又成立首都工厂卫生实施指导委员会,对市内工厂进行疾病诊治、预防接种和环境卫生教育等,并通过卫生展览、游艺会、卫生新闻广播、报纸特刊、张贴标语等多种形式,大力宣传卫生清洁。

总之,从以上所述的各方面看,原本满目疮痍、衰落不堪的古城南京,正好似一个早已病入膏肓的垂暮老人,在注入"国家首都"这针强心剂后,通过政府源源不断地输血,不但奇迹般地康复,而且还返老还童,迎来了其近代城市发展的黄金时期,并在政府的强力推动下开始了向现

---

① 参见南京市地方志编纂委员会、南京市卫生志编纂委员会编《南京市卫生志》,方志出版社 1996 年版,第 42 页。

② 参见王祖祥《十年来之京市卫生建设》,载《南京卫生》第 1 卷第 9 期,1937 年 6 月,第 10 页。

③ 参见《南京市政府二十四年四月至二十五年十二月工作概况》,载秦孝仪主编《革命文献》第 93 辑,台北:"中国国民党中央委员会党史委员会",1982 年,第 64 页。

④ 参见《南京市政府二十四年四月至二十五年十二月工作概况》,载秦孝仪主编《革命文献》第 93 辑,台北:"中国国民党中央委员会党史委员会",1982 年,第 77 页。

代都市的全面转型。截至 1937 年 6 月,官方宣称,用于首都建设的资金前后共计 7 000 万元,远远超出了原先政府自己所编列的建设经费额度。故在首都效应的作用下,旧南京正在褪去,一个作为"新中国"象征的新南京迅速崛起。其市政虽不能与上海相比,但城市面貌仍得到了很大改善,达到了近代以来的最高峰。作为国家首都,此时的南京已初步具有了一座现代化都市的轮廓。1931 年的一份英国报纸亦不得不承认:"四年来,南京已经得到改变……先前丑陋的鸭子正在逐渐变成美丽的天鹅。一个新南京正在迅速变成现实。"①1935 年一位美国领事在其发给国内的电报里也报告称,"自从 1927 年南京成为国民政府首都以来,城市建设正在取得巨大的进步"。甚至连一向挑剔、苛刻的美国《国家地理》杂志也对此时的南京大加赞美:"从一个破败、被巨大的城墙所环绕的农村地区,一跃而成为中国发展最猛的都市,使得人们不得不对新时代下过着新生活的中国人印象深刻……对南京来说,这座城市已经越来越进步得足以匹配其首都的名称。"②显而易见,这种飞跃式的城市发展,使南京不但在国内具有了相当的先进性,而且从世界眼光来看,亦越来越成为名副其实的"新中国"的象征,从而成为当时国人心目当中的向往之地。

---

① 1932 年,一位金陵大学的传教士也承认,"在新开辟的宽阔的大道上开车行驶,看到沿街焕然一新的商铺和刚刚装饰的路灯,心里涌起一种说不出的惬意的感觉……我们所看到的一切都令我们感到惊奇。南京甚至变得有时候自己都不认识自己了,如果再过几年,按照这样的情况发展下去,我肯定南京绝对会变成一座现代的都市。"参见 Zwia Lipkin, *Useless to the State: "Social Problems" and Social Engineering in National Nanjing, 1927 - 1937*, Harvard: Harvard University Press,2006,p.58。

② 其他一些在宁定居的外国人也认为,"今日的南京已经成为一个新的城市。如果你仅仅知道八年前甚至两年前的南京,那么你会对今日南京所取得的变化感到吃惊的"。而另一位曾在 1928 年游历南京的外国人在 1937 年重游时也不禁感慨道:"当我上个星期重游首都时,我发现整座城市已经完全变得无法辨识了,之间我虽知道南京在政府的领导下取得了巨大的变化,但是直到我来到这里时,我才意识到南京所发生的翻天覆地的变化。"参见 Zwia Lipkin, *Useless to the State: "Social Problems"and Social Engineering in National Nanjing, 1927 - 1937*, Harvard: Harvard University Press, 2006,p.59。

第四章 转型与分流:传统区域转口贸易城市的近代命运轨迹

第一节 传统转口贸易城市的空间地理区位及其城市沿革

恩格斯在谈到造成德国工业比英法两国落后的原因时说:"造成德国工业落后的原因很多,但是只要举出两个就足以说明问题了:第一是国家的地理位置不利,距离已经成为世界贸易要道的大西洋太远;第二是……"[1]地理条件的优劣,对一个国家如此,对一个地区的经济发展就更重要了。这是因为,一个地区、一个城市的经济发展水平的高低,在很大程度上取决于它是否具有良好的自然环境条件。而长江下游地区各城市的形成与发展过程,无不与该条件紧密联系。

为了寻找中国地理位置最优的天然港口,西方人花了大力气运用现代地理科学理论和方法,对中国各沿海沿江城市进行了地理位置上的价值分析和判断,并最终在经济富庶的长江下游地区发现了上海、南京、镇江、芜湖等港口城市,把它们作为推进其国际贸易经济发展的前哨阵地。

---

[1] 中共中央马克思列宁主义研究院编译:《马克思恩格斯全集》第 8 卷,人民出版社 1961 年版,第 8 页。

在他们看来,这些城市"可以成为巨大的、令人羡慕的贸易中心",它们完全可以凭借长江这条伟大河流的沿岸贸易带来的新动力,给他们带来意想不到的新惊喜。在这种情况下,镇江、芜湖和无锡逐渐由一个前近代的传统商贸城市向近代转口贸易城市转化。

关于中国城市的起源问题,存在不同看法。其中一种意见就认为,这些城市大多来源于古代的交通中心或河川渡口;或由于地势险要,而为兵家必争之地;或与该地区丰富的自然资源有关。如《管子·乘马》所言,"凡立国郡,非于大山之下,必于广川之上。高毋近旱而水用足,下毋近水而沟防省,因天才,就地利"①。就镇江、芜湖、无锡这三座长江下游中等经济城市的兴起而言,应该说其城市的起源与这种依水陆交通中心而建的地利原则是一致的。

一、镇江:长江下游之锁钥

作为长江与京杭运河的交汇点,镇江是长江下游的水陆交通要津。其东南界丹阳,西南邻句容,正西接龙潭,正北滨长江,处长江下游地区的内边缘地带。镇江的兴起和发展是典型的依自然地理位置和交通形势而改变的。自然地理交通条件优越或改善时,镇江经济发展就呈现出繁荣的阶段;当地理交通环境恶化,镇江便不可避免地由原来的长江中下游南北各省物资集散中心衰落为一般消费性城市了。如此,以地理交通条件变动为划分标准,笔者以为,从古至今,镇江城市的发展大致可分为四个阶段:

第一阶段是"江防渡口"阶段,即镇江的初步形成阶段,也是镇江因其形势险峻、地理位置突出而凸现其军事功能的时期,其时间跨度大致从先秦至三国的孙吴时期。这一时期的镇江,先后被称作朱方(东周)、谷阳(战国)、丹徒(秦、两晋、南朝、唐前期、五代十国、元、明、清)、

---

① 顾朝林:《中国城市地理》,商务印书馆 1999 年版,第 9 页。

京口(孙吴)、延陵(隋)、丹阳(唐玄宗)、润州(唐肃宗)、镇海(唐后期)等。[①] 镇江之名始于宋徽宗政和三年(1113),由于其地理位置优越,形势险峻,为镇守要地而得名。[②] 镇江自古以来就是长江下游各地水陆交通的要津,在军事领域更有着特殊的江防功能,是比较理想的船舶停靠之地。因此,自春秋战国以来,镇江一直是最重要的军事基地和主要渡口。

镇江城始建于三国时期。为抗拒曹军南犯,东汉建安十三年(208)孙权于今镇江市区临江筑"铁瓮城"[③],"城因山为垒,俯临江津"又名京口[④]。由于京口有"千山所环,中横巨浸(指长江),形胜之雄,控制南北"的优势[⑤],遂成为东吴的水军基地。此后,在相当长一段时间的城市历史中,镇江一直作为江防重镇,在战略意义上堪称南京之门户。[⑥] 当时京口的水上交通十分便利,望海临江,四通八达,东通吴会(苏州),西接汉沔,南连江湖,北达淮泗。水上交通的便利也促进了商业运输的发展。永安二年(259)三月,吴主孙休的诏令中说,"自顷年以来,州郡吏民及诸营

---

① 参见明光《历代名称与沿革》,载中国人民政治协商会议江苏省镇江市委员会文史资料研究委员会编《镇江文史资料》增辑,1983 年,第 9—14 页。

② 镇江之名又一由来:据《丹徒县志》,宋徽宗赵佶为纪念自己于绍圣三年(1096)以"镇江节度使"职衔受封"端王"后被招回京(开封)继皇帝位,特下旨将这一"龙兴"之地润州升为"镇江府"。从此,由 7 世纪隋朝开始因城东有一条"润浦(早已湮塞)"而得名的"润州"永远为新名"镇江"所取代。参见光绪《丹徒县志》(一)、(四),转引自江慰庐《镇江江面的古今变化——从"看海日"和"观潮"说起》,载中国人民政治协商会议江苏省镇江市委员会文史资料研究委员会编《镇江文史资料》第 1 辑,1980 年版。

③ 参见(元)俞希鲁《至顺镇江志》卷二《地理·城池》,光绪二十九年(1903)木刻本。

④ 参见(清)顾祖禹《读史方舆纪要》卷二五,上海书店出版社 1998 年版。

⑤ 参见陈敦平主编《镇江港史》,人民交通出版社 1989 年版,第 6 页。

⑥ 清代顾祖禹所撰《读史方舆纪要》是研究我国军事史及历史地理的重要参考文献,其中对镇江的论述颇为精要,"京口南控江湖,北拒淮泗,山川形势,自昔用武处也,建业之有京口,犹洛阳之有孟津,自孙吴以来,东南有事,必以京口为襟要,京口之防或疏,建业之危立至,六朝以京口为台城门户锁钥,不可不重也"。转引自伏镇钧、戴志恭《镇江概述》,载中国人民政治协商会议江苏省镇江市委员会文史资料研究委员会编《镇江文史资料》增辑,1983 年,第 5 页。

兵,多违此业,皆浮船长江,贾作上下"①,反映出长江上商业性运输的活跃,城市的主要经济职能也还是渡口。

第二阶段是"江河交汇"阶段,即镇江有所发展的阶段,时间大致起于隋朝,迄于1858年镇江开埠前。这一阶段最大的特征是江南运河的开通改变了镇江仅仅作为江防渡口的命运。长江、运河的交汇,造就了扬州、镇江因漕运而兴的城市格局,镇江也逐渐由隋唐以来漕粮运输的中转站扩展为长江中下游及南北商贸的中转地。对此,学者张其昀曾一针见血地指出,"镇江一城,以大运河为其生命"②。由此可见大运河对于镇江城市发展的重要意义。

隋朝时期,中国经济中心南移。为了实现南方经济对北方政局的有力支撑,隋大业六年(610)"敕穿江南河",在已有江南运河河道的基础上加以调整、浚深和拓宽,并从太湖流域南延至浙江省余杭,使通龙舟和漕船,初步完成整个江南运河的开凿工程。此后,江南运河成为沟通长江与太湖流域,乃至钱塘江流域的重要水道。自隋唐至明清各代的江南漕运,在正常情况下,皆循此水道经镇江各口渡江北上,镇江也就顺势成了太湖流域的漕粮、丝绸、茶叶等物资的转运港口。③

同时,由于镇江处于运河与长江这个巨大"T"字形航道的交汇点上,根据"各区间的贸易是通过这种河流与河流间形成的'T'路线上繁荣兴盛起来的"④这一传统区域贸易原则,镇江恰好成为这个沟通南北贸易的枢纽。而良好的地理位置和交通条件又必然导致商品流通量的不断增加,于是镇江就此成为长江下游地区的重要商品集散中心。因此,当时的镇江,虽比不上另一巨埠——扬州,但就江南各地而言,却仅次于苏州

① (晋)陈寿:《三国志》卷四八《吴书·孙休传》,中华书局1982年版。
② 张其昀:《论江苏之新省会》,载《东方杂志》第24卷第21号。
③ 参见单树模《镇江的兴起和发展》,载《江苏城市历史地理》,江苏科学技术出版社1982年版,第142页。
④ [美]施坚雅:《中国封建社会晚期城市研究》,王旭等译,吉林教育出版社1991年版,第54页。

居第二位。镇江由此从军事渡口转为转口商业城市。有关历代经镇江港转漕运输的粮食数量可见表 4 - 1。

表 4 - 1　历代经镇江港中转漕粮数量比较表

单位:万石(或万斛)

数据	时段						
	中唐	北宋	南宋	元	明	清	
						1645	1683
经镇江周转之数量	75	150	365.5(万斛)	—	203	150	1 863 773
各路漕粮总量	250	600	689(万斛)	—	420	400	
占总量比	30%	25%	53%	—	48%	38%	—

资料来源:陈敦平主编,《镇江港史》,人民交通出版社 1989 年版,第 10—14、20—24 页。

依照表 4 - 1,除元代漕粮“以海运为恒”,河漕“岁不过数十万石而已”①,经镇江港周转的两浙漕粮为数更微,确数不详外,其他各代漕粮经镇江周转占总量的比率都相当高,中唐、北宋经镇江港周转的江浙漕粮已占全国漕运量的 1/4 以上。而南宋时更因都城为临安,镇江不仅要把长江中游的漕粮中转到临安,还负担着将长江中游及两浙的粮饷转输到两淮的任务。因此,南宋人所谓“京口当南北要冲,控长江之下游,自六飞驻跸吴会(杭州),国赋所贡,军须所供,聘介往来,与夫蛮商蜀贾,荆湖闽广,江淮之舟,凑江津,入漕渠,而径至行在(临安),所甚便利也”②,绝非虚言。明代浙江及苏、松、常、镇四府岁输粮 183 万石,加上岁输供皇室成员及百官廪禄的糯米、粳米“白粮”20 万石,也都要由江南运河运至镇江,再由镇江中转北上。到了清代,尽管镇扬江面河道逐渐变窄,镇江仍“为杭、嘉、湖、苏、松、常六郡运河入江之道”③。直到道

① 《康熙江南通志》卷一九《漕运》。
② (南宋)卢宪:《嘉定镇江志》卷六《地理·水》,台北:成文出版社 1983 年版。
③ 《丹徒丹阳河工免役碑记》,载《乾隆镇江府志》卷五五,清末刻本。

光二十一年九月辛酉(1841 年 10 月),京口驻防副都统海龄的奏疏中仍称"京口乃七省咽喉"。[①]

除米粮漕运外,当时大量的地方贡品,如土特产、奇花异石、果树虫鱼、手工制品及矿产品也经镇江转运上贡,其数量不计其数。于是,在这种情况下,大量粮食、棉布、丝绸、木材等货物聚集港口,使镇江港逐渐成为长江中下游及南北商货的中转港。大批货物的通过和进出,使"京口为舟车络绎之冲,四方商贾群萃而错处,转移百物,以通有无"[②]。明清以来的镇江已成为长江下游地区的一个非常活跃的商贸市场。随着各种货物转运的发展和需要,镇江还相继发展了冶铁、造船、丝绸等行业。因此,至镇江开埠以前,镇江已脱胎为一个以商贸为主的城市。

第三阶段是"长江航运"时期,这也是镇江由传统商业城市向近代化商业城市不断迈进的特殊时期,起于 1861 年,迄于 1912 年沪宁铁路和津浦铁路的建成通车。

在这段时间里,镇江城市的命运由于长江航运的发展而发生了决定性的改变。在 1861 至 1884 年的这段时间里,尽管镇江在开埠之初,全城建筑在太平天国战争的战火中毁损殆尽,运河漕运又由于淤塞难行而改由海陆运输,但伴随着中国轮船运输业的崛起,其城市客货运输业务却出人意料地呈现出繁荣景象,镇江与苏南、苏北地区以及长江沿线的城镇的运输和贸易往来日渐增多,其商业腹地也不断得以展拓。港兴城荣,近代镇江城市经济得到发展。镇江不像扬州和两淮一样逐渐衰落下去,其商业区迅速恢复发展起来,成为长江下游的通商大埠。当时的镇江商业,以江广业、江绸业、木材业、米粮业等最为著名,此外,五洋业、煤铁业、药材业、酿造业亦称发达。那时,除了大量的进出口商品外,沿海的手工业品,北方若干省的土特产,长江中下游地区的木材、桐油,苏浙

---

① 柳诒徵编:《道光壬寅兵事官书汇钞》,载《江苏省立国学图书馆第八年刊》,国学图书馆,1935 年。

② 《江南通志》卷一九《风俗》,载《文渊阁四库全书》影印版。

皖的农产品,也都在镇江集散。而商业的发展又为近代工业如电厂、自来水厂、火柴厂、面粉厂、碾米厂、机器修配厂等的兴起创造了条件。同时,镇江还开启了具有近代气息的城市建设。特别是市内小京口以西的商埠区沿江市街发展最快,货栈、码头、仓库林立,沿江街市更向西发展到金山河一带。

　　然而好景不长,随着镇江开埠及长江轮船航运贸易和商业的发展,镇江江岸的坍江、淤涨的情况也不断恶化。1884 年,瓜州河东旧城镇由于坍岸而全部沦于大江。而江岸的淤涨情况也更加严重。原本面对北岸瓜州的古京口港及今平政桥以东的古甘露港,由于镇江北面涨陆形成而淤失。甚至原本依靠京口港出口的江南运河入江主道亦由于京口港的淤塞而逐渐淹废,最终没能逃脱被填平的命运。于是,在这种情况下,从 19 世纪 90 年代起,镇江港深水阔的天然优势逐渐丧失。最后,随着1908 年铁路交通的出现,南北货物由水路改为陆路运输,镇江的运河转运功能基本丧失。

　　第四阶段是"铁路交通"时期(1912—1949 年)。这也是镇江城市逐渐衰落的一个时期。随着民国初年长江下游地区沪宁、津浦铁路的通车,运河沿线的货物逐渐转由徐州、蚌埠、南京向上海集中。加之山东境内运河大都淤断,运河沿线的镇江经济腹地渐渐缩减,仅剩苏北地区一隅。同时海运开始兴起,代替了大运河一部分南北运输的任务,使国内南北间物资交换,转到上海。而长江主航道北移,镇江江岸淤塞日益严重,沿江港口淤浅,江轮进出也愈加不便,凡此种种区域空间结构的变动,都使得镇江港口进出口贸易和转口商业大大减少。根据镇江海关资料,1931年镇江关进出口贸易总额已减少为 2 092 900 元,仅为 1907 年贸易总额的 42%。过去盛极一时的江广业、江绸业、木材业、钱庄也一蹶不振。例如,江绸业的织机由过去的数千台下降为数百台,仅供本地销用,昔日机户大都失业;木材业 1936 年的营业额仅及昔日最高营业额的 1/5;桐油和糖的销售量也比最盛时分别下降了 50％和 85％。① 尽管后来 1929 年江苏省政府迁至镇江,一定程度上带动了印刷、服装、鞋帽、翻砂、领馆、饮食等行业的发展,城市建设上也新筑了马路,并形成新市区,但仍未能挽回其日益衰退的商业形势。只是由于苏北地区还能与镇江港保持比较稳定的经济联系,镇江航运业依然维持着一定发展态势,只不过由过去一个辉煌一时的商贸集散地转为长江下游的一个交通枢纽、一个沿江内港轮船航运的中心而已。1937 年全国抗战爆发,日军侵占镇江,昔日繁华的商业街市遭到抢劫、焚毁,城市近代化的脚步也停滞下来。

二、芜湖:长江巨埠、皖之中坚

作为皖中地区的商业中心,芜湖坐落在安徽省长江南岸,东抵扁担河,南临青弋江下游,西至大江中流与无为县紧邻,北与当涂县接壤,西北角跨江与和县紧邻。其地处长江沿岸,东北距南京 92.6 千米,距上海 463 千米,西距上游九江 370.4 千米,距汉口 629.68 千米,基本上处于长江下游地区的边缘地带,自古即有芜湖"吴头楚尾"的说法,意在说明其地理位置之优越。

与镇江类似,芜湖的城市发展也经历了一个初步发展—内河繁荣—外贸繁荣—逐渐衰落的过程。其间,影响各阶段的因素不尽相同,但区位优势是一直伴随芜湖城市发展演变的最重要的因素之一。

第一阶段为宋元初步发展阶段。古代的芜湖,称芜湖泊,是一个西至东南去向、绵延约 15 千米的湖泊,与东北方向的古丹阳湖又紧紧相连,原为碧波浩渺之地。远在春秋战国时代,因"地势低洼,鸠鸟云集"而得名"鸠兹",又名"鸠江"。到西汉元丰二年(前 109),"鸠兹"正式改名芜

---

① 参见单树模《镇江的兴起和发展》,载南京师范学院地理系江苏地理研究室编《江苏城市历史地理》,江苏科学技术出版社 1982 年版,第 150 页。

湖,"以地蓄水,而生芜藻,故名",①正式设县。东汉末年,东吴孙权将芜湖县治移至青弋江下游今鸡毛山,其重要渡口四褐山、濡须口、鲁港等都成为当时东吴水军泊船要地。以后几个朝代,芜湖几度凋敝,县治废置。直至南唐升元元年(937)复置芜湖县。芜湖县城,逐渐由青弋江腹地移到青弋江和长江交汇处,城市成长的基础条件才渐趋成熟。

首先是城市腹地农业经济有所发展。随着居住于兹的先人们不断开垦耕耘、围湖造田,芜湖地区圩田不断增加,芜湖逐渐成为濒临大江、河汉纵横的"鱼米之乡"。到了南朝,芜湖地区已是"良畴美柘,畦畎相望,连宇高甍,阡陌如绣"②了。至唐代,芜湖是"近海鱼盐富,濒淮粟麦饶"的农产丰盛地区。两宋时期,由于北方中原地区战乱不断,百姓大批南迁,江南地区人口激增,为扩大耕地面积,圩田得到大量开发,耕地面积开始大幅度增加。当时在芜湖也出现了围湖造田发展农业的新局面,修筑了政和圩、行春圩、陶辛圩、万春圩等。而圩田的兴建,也使皖南弋江平原成为稳定的稻粮产地。

伴随农业发展的还有芜湖地区的手工业、商业。当时以手工业作坊生产的芜湖炼钢业闻名于全国。"居市廛冶钢业者数十家,每日须工作,不啻数百人"。芜湖长街、二街一带,"铿锵之声,终日不绝于耳"③。商业方面,唐宋以来,大宗贸易为运粮以出、载盐而归。即江淮漕粮,多由青弋江、裕溪河运集芜湖,顺江而下至扬州,后转口北上。过往船只均泊于青弋江距长江交汇点 2 000 米处。芜湖逐步成为皖南山区、巢湖地区以及淮河流域的米粮、食盐、木材和多种农副产品的集散地。这一时期,青弋江沿岸渡口密布,舟船运输主要凭借天然岸坡停泊装卸。当时重要的渡口码头主要有头道渡、二道渡、石桥港、海南渡等。这些渡口,多以竹、

---

① 参见陆玉麟《区域发展中的空间结构研究》,南京师范大学出版社 1998 年版,第 168 页。
② (清)宋骧:康熙《太平府志》卷三五,台北:成文出版社 1974 年版。
③ 嘉庆《芜湖县志》卷一,台北:方志丛书本。

排筏作渡运工具,逐渐发展为舟渡,用木划船载渡客、货。[1]于是,经过由三国时期的军用渡口发展到唐宋以来的内河商业渡口,芜湖逐渐完成由军事功能向经济功能的城市转化。元代《浦侯去思碑记》中曾把芜湖视作"当南北之冲,邮传、商贾、舟车之所集,民聚以番"的繁荣市镇。[2]

至于芜湖筑城,则始于北宋。据民国《芜湖县志》考证,宋城至迟于公元 11 世纪建成,且范围比明城更大。宋城于南宋高宗建炎年间(1130)毁于兵乱,孝宗淳熙七年(1180)重建,至元顺帝至正十五年(1355)又为兵火所毁。一直到明代前期,芜湖虽设县署,却没有城垣。

第二阶段是明清内河航运阶段。明清时期是芜湖城市成长为安徽省最大工商业城市的最重要时期。前人关于明清以来芜湖工商业繁荣的论述不胜枚举。[3] 所以如此,与芜湖拥有优越的内河航运水道密不可分。明清时期芜湖号称"四通五达之途",上连川楚,下通吴越,南有青弋江,与皖南相联系,北有裕溪河、巢湖、南肥河,直抵合肥,然后再陆行 2 万米,利用淮河水系连接中原商业重镇朱仙镇。这条沟通南北的重要通道,在淮河下游及运河航运不畅时尤显重要。更值得一提的是,芜湖与太湖流域诸府县间除了长江、运河之外,另有一个被称为"中江"的水道相通,其故道今为江苏省的荆溪河、胥溪河及安徽省的青弋江、水阳江的部分江段,通过这条水道,长江上游船只由芜洲经高淳、溧阳、宜兴就可以直接驶入太湖。虽然商货经过高淳境时有被盘剥之嫌,但可避长江风涛之险、盗贼之害,并使航运距离比长江、运河一线缩短一半左右。[4] 通

---

[1] 参见嘉庆《芜湖县志》,台北:方志丛书本。

[2] 参见余宜密修、鲍实纂,卫廷璞纂修《民国芜湖县志》卷五〇《艺文志》,江苏古籍出版社1998 年版。

[3] 据嘉庆《芜湖县志》卷一,明初人黄礼云:"芜湖附河距麓,舟车之多,货殖之富,殆与州郡埒,今城中外,市廛鳞次,百物翔集,文采布帛鱼盐褊至而辐辏,市声如潮,至夕不得休。"民国《芜湖县志》卷十称,万历初,芜湖已成为"辏五方而府万货"的都会。嘉庆《芜湖县志》梁启让重修芜湖县志序,称逮至乾嘉之际"四方水陆商贾日经其地,阛阓之内百货杂陈,繁华满目,市声若潮","阛阓之盛甲于江左"。

[4] 参见陈联《明清时期的芜湖榷关》,载《安徽师范大学学报》2000 年第 1 期。

过这些便利的江河运输渠道,芜湖城市的商品交换活动日趋兴盛。在当时,一些财力雄厚的徽州商人纷纷来此经商。其不畏崇山峻岭而奔赴芜湖经商的原因,正在于途经芜湖的两淮盐利以及长江水运和北方各省发展的广阔天地。[①] 由是,皖南所产的木材、货物多通过水道汇集于此地,再入长江运销别处;同时,长江上中游四川、湖北、江西的货物东下,下游的货物西上,皆经过芜湖。所以清初顾祖禹说,芜湖"今商旅骈集,明天启中置榷关于此"[②]。明清时期芜湖榷关所课货物,"以川楚药材,湖广煤铁、木材,江西纸张、瓷器、豆、布、木植、米粮,本省米麦、杂粮、烟叶、丝茶、棉麻、竹木,毛皮、油蜡为大宗,其余百货均有"[③]。至清中期,芜湖常关年税银已达 37.7 万两,成为清王朝的重要税关之一。

芜湖常关税收的增加,不仅表明芜湖作为转运贸易的地位得以加强,而且城市经济也得以恢复和发展。明中叶以来,随着社会分工程度的提高,芜湖原有的手工业日趋发展。譬如,芜湖的土钢在当时驰名大江南北,有"铁到芜湖便成钢"之说;浆染业更为著名,有"织造尚淞江,浆染尚芜湖"的佳话。[④] 这一时期形成的芜湖长街,更是百货聚集,店铺林立。除冶铁坊、浆染坊外,诸如棉布丝绸店、金银首饰店、米店、酒店、南货店、豆腐店、剪刀店、中药店等,几乎应有尽有。芜湖县城的繁荣还带来了附近小城镇的兴盛。如芜湖县城附近的湾沚镇、清水河镇、荆山镇、方村镇、西河镇等,到明代都发展成为市面繁荣、人口稠密的市镇。这些集镇与芜湖县城间交通十分便利,经济交往非常密切。

于是,在这种情况下,由于商业繁盛,加之濒临大江,交通方便,芜湖在安徽地区和长江中下游地区的商业贸易地位愈显重要。到明代,芜湖已成为"辏五方而府万货"的都会,是沟通安徽南北、长江上下的重要运

---

① 参见王廷元《论明清时期的徽商与芜湖》,载《安徽史学》1984 年第 4 期。
② (清)顾祖禹:《读史方舆纪要》,中华书局 1951 年版,第 1241 页。
③ 王鹤鸣:《芜湖海关》,黄山书社 1994 年版,第 4 页。
④ 参见(明)宋应星《天工开物》,广东人民出版社 1976 年版,第 96 页。

输港口。① 城市由原来的政治、军事中心完全成长为安徽的经济中心。

第三阶段为晚清至 20 世纪 20 年代末的长江航运阶段。1876 年中英《烟台条约》增开芜湖为通商口岸。芜湖开埠后,大大小小的轮船开始航行于长江、淮河流域。英商太古轮船公司、美商旗昌公司、德商亨宝洋行、日商日清轮船公司等相继在芜设立航运机构和趸船。1876 年,轮船招商局也在芜湖设立招商局,在江中设立趸船。于是,芜湖原先的荒江断岸、芦苇浅滩,一变而为"楼台森列、洋行林立"。码头业务中心也由青弋江内外下移到外商码头。从此,内河航运开始从属于长江航运,旧式帆船被近代轮船排挤,进入了轮船航运时代。

此后,不少芜湖本地民族资本开始活跃,纷纷投资经营轮船航运业。"小轮自光绪二十四年(1898)商人创设公司,先行江北的巢湖、合肥,次行南京、安庆,今则宁国、南陵,内河一带无不通行,共有小轮廿余艘。"②这样,营运航线逐渐向长江、内河延伸扩展,迄至清末(1911 年),以芜湖为迄点的轮船客运航线有 16 条,长 1 691 千米(另有轮运起迄点不在芜湖的航线 4 条,长 392 千米)。溯江而上直抵九江,下达南京;循青弋江、裕溪河,通达宣城、朗溪、宁国、巢县、合肥,轮船客运已逐步取代木帆船客运。这些小轮有固定的航运路线,有芜湖至南京、芜湖至安庆、芜湖至宣城、芜湖至南陵、芜湖至无为、芜湖至三河等航线,这些航线一般客货兼运。1916 年,经芜湖海关的内河小轮船共 6 104 艘,吨位为 17.9 万吨。在货物运输方面,在清末,芜湖已是全国"四大米市"之一,来自湘赣等省及皖南、皖北的商品粮,经芜湖加工销售,或换船转运广州、厦门、汕头、威海、青岛、烟台、宁波、南通、上海、南京等地。清光绪三十一年(1905),芜湖出口稻 8 438 093 石,杂粮 255 469 石。"大轮船以装载搭客输出农

---

① 参见王鹤鸣《芜湖海关》,黄山书社 1994 年版,第 7 页。
② 余谊密修,鲍实纂,卫廷璞纂修:《民国芜湖县志》卷二九《政治志·交通》,江苏古籍出版社 1998 年版,第 106 页。

产品为目的,其出口货以大米为大宗,大都为庐州、三河、安庆、宁国、南陵等地之生产,先集芜湖,再运上海。"①由于轮船具有载(拖)量大、航速快等优点,长江干流运输,客商则多选轮运;内河支流运输,皆以木船集散中转,这样,在芜湖逐渐形成了轮船、木船结合的运输格局。

于是,伴随着港口贸易和轮船航运的发展,芜湖的社会经济也发生了深刻的变化。一方面,芜湖的外贸地位逐渐增强。1877年芜湖开埠后,港口来往货物络绎不绝,进出口货物与日俱增,大宗货物通过海关源源不断进入芜湖市场。芜湖贸易呈现出不断发展的趋势。到19世纪末,芜湖已赶超九江、镇江,成为中国长江流域另一重要的通商口岸,即所谓"芜湖关一开,屹然与上九、下镇鼎立为长江巨埠"②。另一方面,芜湖的商业市场也进一步扩张。芜湖原本就是安徽的商业中心,随着对外贸易的展开,19世纪末20世纪初,芜湖商业呈现繁盛景象,虽然洋布业、丝绸业、烟业、京广杂货业、茶业、纸业、药业、钱业等行业发展迅速,但米业却始终居首位。芜湖米业自开埠以后即兴旺发达,年输出稻米平均约400万石。当时芜湖经商者3 000户,约5万人,其中较大的商贾约200户,均为米商。据统计,1932年芜湖全县商业营业总额为9 164万元,仅米业一项即达5 282万元,约占55%。③ 米市的发展,既带来了百业兴旺,也给城市增添了生机与活力。米市开张后,各地米商云集芜湖,设立米行、米号等,于是,芜湖城内"人烟繁盛","市声若潮,至夕不得休"。④20世纪30年代,围绕着米粮贸易与加工,芜湖先后兴起近82个行业、5 400多家商店,城市市政也发生了较大改变。西门外的商埠发展到2.4平方千米。这样,东至县城,西到江岸,南至天河,北到陶家沟,老城区与

---

① 日本东亚同文会编:《安徽省志》,载王鹤鸣《芜湖海关》,黄山书社1994年版,第74页。
② (清)冯煦主修、陈师礼总纂:《皖政辑要》,黄山书社2005年版,第2页。
③ 参见建设委员会调查浙江经济所统计课编辑:《芜乍路沿线经济调查》,台北:学海出版社1972年版,第25页。
④ 余谊密修,鲍实纂,卫廷璞纂修:《民国芜湖县志》卷八,江苏古籍出版社1998年版,第28页。

外国租界连接起来,原来的"荒江断岸"变成"楼台森列",芜湖城区由原来的青弋江两岸伸向西北,直临大江,形成了初具规模的江城。[①]

第四阶段是 20 世纪 20 年代末至 1949 年的铁路运输时代。这是芜湖逐步走向衰落的一个时期。如果说,芜湖在 19 世纪 70 年代开始走向近代化,是由于其襟江带河所处长江中下游的要冲地位,那么进入民国以后,情况则逐渐朝着不利于芜湖轮船运输的方向发展。民国以来,铁路、公路的修建使得单纯的轮船运输方式不再具有优势。城市商业经济毫无例外地受到物流路线改变的巨大影响。

芜湖商业受铁路开通影响最大的有两点:一是 1912 年津浦铁路的全线通车,使得皖北和外界经济交流成为可能。蚌埠这个古代采珠的小渔村,一跃而成为皖北商埠。皖北地区各县黄豆、小麦、大米、高粱、麻、茶叶、烟叶、猪等产品多通过淮河舟运至蚌埠,再转火车分送南北,蚌埠遂成为沟通豫南和皖北各地物资的集散地,原先必须通过芜湖长江运输的江淮物资也开始通过津浦线和省内外发生联系,经过芜湖的物资由此被分流。二是粤汉铁路的全线通车,导致米粮流通渠道变更,影响到芜湖米粮的出口。在 1936 年粤汉铁路全线通车前,华南地区缺粮,由于旱路运输不便,无法向附近的湘、鄂、赣等产米省采购,所以舍近就远求诸芜湖米市。尔后由于粤汉铁路逐段通车,广东与湖南、江西之间另辟通道,皖米在广东的销路也逐渐被湘赣米粮取代。据国民党中央建设委员会编印的《芜乍路沿线经济调查》资料推算,1932 年芜湖出口米数约在 300 万石左右,比前一时期约低 40%。虽然 20 世纪 20 年代末国民党安徽省政府力图发展并改善芜湖的交通条件,并在 1934 年开通了芜湖至宣城孙家埠铁路,1935 年又开通了南京至芜湖的江南铁路,但比起芜湖航运业所占交通运输业之比重依然很小。更何况航运业仍较为落后。近代交通结构的落后性和不合理性,严重制约着城市的经济发展和对外

---

① 参见安徽省历史学会编《魅力安徽》,合肥工业大学出版社 2009 年版,第 152 页。

交流。其主要的结果，就是直接影响到芜湖主要商业支柱——米粮业的发展。加之 20 世纪 30 年代以来，洋米倾销中国市场，江淮地区水旱灾害频仍，米市交易过程因层层盘剥成本过大等原因，作为芜湖社会经济支柱的芜湖米市渐趋衰落。由于芜湖工商各业"全恃米市为转移"[①]，于是一荣俱荣、一枯俱枯，这一时期，芜湖"各业也随之逊色"，"街面上店铺十有九家在闹穷"。[②]

三、无锡：摩登上海之门户

如果说镇江、芜湖的地利源于江河之交汇，无锡则是由于其极为畅通的水陆交通而闻名。它南临太湖，北距长江约 50 千米，处江湖之间的走廊部位，扼沪宁铁路的中心，锡澄公路、京杭大运河、锡澄运河等均在此交汇，水陆交通便利。[③] 其地理位置的优越特性可见一斑。

历史上的无锡既非军事要地，又非政治中心，其行政建制一直停留在县级。而到了民国时代，无锡一跃而为长江下游仅次于上海的繁荣的工商业城市。究其成功原因，优越的交通条件是其中之一，分析其地理交通条件的变迁对于研究无锡城市功能变迁、转口枢纽形成有着极为重要的意义。综合以往的文献资料，总概无锡城市的历史发展，大约可以分为以下几个重要发展时期：

第一阶段是唐宋以前的无锡城市初步发展阶段。地处长江下游核心地区的无锡，先秦时期还是"荆蛮之地"。秦汉以来一直是从属于会稽郡（秦）、毗陵郡（晋）的行政县治。公元 7 世纪初，隋炀帝下令开凿京杭大运河，无锡正好坐落在运河南段的河道中间（西起五牧，东至望亭），从此大运河使无锡北接长江，南连太湖，与京、津、冀、鲁、豫、皖、浙等地舟

---

① 《安徽实业杂志》1919 年 4 月。
② 参见《国际贸易导报》1936 年第 8 卷第 4 期。
③ 参见王维屏、罗辑《无锡历史地理》，载南京师范学院地理系江苏地理研究室编《江苏城市历史地理》，江苏科学技术出版社 1982 年版，第 31、32 页。

楫相通。加上它境内河道纵横,与邻近的苏州、常州、江阴、常熟、宜兴、溧阳等城镇交往频繁,自隋唐以来,来往这里的商旅就络绎不绝。有文物记载,在洛阳含嘉仓出土的一块铭砖上,刻载着唐万岁通天二年(697)由苏州起运的 1 万余石糙米就是经过无锡运往东都的。[①] 显然,隋唐以来的木帆船漕运,无锡是必经之地。而无锡大量出土的唐宋时期外埠瓷器则表明,漕运的流畅,带动了无锡与外界商业贸易的发展。当时江西景德镇瓷窑烧造的青白瓷,宜兴烧制的陶瓶,浙江杭州、四明等地制作的朴素光洁的漆器以及式样新颖的湖州镜等商品畅销无锡市场。[②] 由于唐宋以前运河漕运在无锡属于过境性质,其城市商业转运功能的程度尚须考察,但其城市商业功能取向已有显现。

第二阶段是明清时期无锡城市商业转口功能的形成阶段。明清时期是长江下游地区社会经济发生划时代变化的历史阶段。原先以全国粮仓闻名天下的苏州、湖州及太湖流域,在明中叶发生了巨大变化:由于商品经济的高度增长,手工业、商业迅猛发展,促使农家经济的商品化倾向日益加剧,大量耕地改种经济作物,以适应市场不断增长的需求。原来南宋时期的"苏湖熟,天下足"一变而为明代的"湖广熟,天下足"。

无锡可耕地少,人口密度高,"务本者少而逐末者多"。因此,纺纱织布成为农村的主要副业生产。当时泰伯乡许家桥的高丽布、许舍的黄草夏布、荡口的缣布都是无锡有名的纺织特产。但无锡本地不产棉,只能靠农业商品化来吸引周边棉区甚至北方的棉花。明弘治年间在北门外莲蓉桥附近,清中叶在北门外一带,还先后形成了各地布商互相角逐的船码头。客商贩运到这里的布匹,坐商收购,再卖给客商,运至长江以北淮安、扬州、高邮、宝应地区销售。无锡因此形成了历史上著名的"布码头"。当时土布交易,"一岁所交易不下数十百万。尝有徽人言,'汉口为

---

① 参见王赓唐、冯炬《无锡史话》,江苏古籍出版社 1988 年版,第 21 页。
② 参见王赓唐、冯炬《无锡史话》,江苏古籍出版社 1988 年版,第 21 页。

船码头,镇江为银码头,无锡为布码头'"①。

其后,明成祖迁都北京,使南粮北运的经济联系更为密切。无锡居于太湖、南运河、长江水运的联结点上,是江南官粮漕运的重要据点。明代在无锡集散的大米主要用于宫廷,征收主要来自苏州、松江、常州、嘉兴、湖州等五府的米粮。然而嘉兴、湖州二府的粮食常常自备不足,要在无锡筹集齐全后再运往淮安入仓。故在清康熙年间,朝廷改变以往筹划官粮的办法,将征收漕粮改为折银交官,所有官粮都由官府经办,这样官府在无锡一带征收官粮的数额不断增加,无锡和附近地区的稻米外流的数量年年上升。而本地居民食米不够,也需要外省客米补充。于是,外省稻米不断向无锡集散。每逢收获季节,都会有大量来自湖南、江西等省的米船运至无锡。由于无锡邻近产米的安徽和缺米的浙江,其位置与交通,既便于漕粮北上,又便于产区米粮南下,"是以产者输之,购者集之,而无锡的米市成矣"②。

不仅如此,湖南、湖北、安徽等地来的粮食运输船在北上返回前,也通常要在无锡采买大批货物。湖尖沿岸一带的各种民间陶器堆叠得像小山一样,久而久之,人们连原来的地名也忘记了,把湖尖唤为江(缸)尖。同时,北门商业中心地区还出现不少以商品命名的专业性街巷,如笆斗弄、竹场巷、麻饼沿河等。无锡城乡服务行业也因此大获发展,"酒馆茶坊昔多在县治左右,近则委巷皆有之……至各乡村镇亦多开张,此则近在数年以内"③。无锡此时已成为设施齐全、百货荟萃的江南商品流通中心,为各地商人所瞩目。此亦为近代无锡工商业发达的嚆矢。

---

① 黄印：《锡金识小录》卷一《力作之力》,台北：中华书局1972年版。有学者石锡兴认为,根据明弘治、万历《无锡县志》,明代无锡棉布生产规模尚小,只是缎匹市,还不是清代徽商眼中的布码头,可以认定无锡布码头应形成于康熙初年,到康熙中期开始进入兴盛阶段,此后布码头长盛不衰,直到清末同治中兴时期,才走向衰落。

② 羊冀成、孙晓村等：《无锡米市调查》,社会经济调查所,1935年,《无锡米市调查序》。

③ 黄印：《锡金识小录》卷一《备参上》,"丛书·华中"第426号,中华书局1972年版,第74—75页。

第三阶段是晚清以来无锡城市商业转口功能的发展时期。鸦片战争以来,上海的开埠给无锡带来根本性的改变。由于上海工商业的发展,城市人口急剧增加。上海人又喜食"常(熟)(无)锡白粳",除由邻近的昆山、陆家浜供应一部分外,上海的粮食消费在很大程度上由无锡承担。因此,无锡又被称为上海的"粮库"。

清咸丰五年(1855)黄河泛滥,改由山东入海,运河淤塞,漕运遂由河运改为海运。此后,北方地区的农业税改征实为折银,北漕完全停止。南漕也集中在南方,江苏、浙江每年征 100 万石。至光绪十四年(1888)清政府要求浙江各县漕粮集中在上海交卸,江苏各县则集中在无锡。事实上,浙江漕粮,多向上海南市生太、长义、恒大等大米行采购,而这些大米行又转委上海源益、惠兴、平安三米栈到无锡采办。至于江苏各县,更集中在无锡采办。从此无锡粮食市场每年增加 100 万石大米的交易。由于大量预定金投入粮商手中,增强了他们的经营力量,促进了中小粮行的发展壮大。从清咸丰初年到光绪初年,经过不到 30 年的发展,无锡市内粮行增至 80 多家,到光绪末年增至 143 家。各地每年流入无锡市场的粮食达 700 万—800 万石,各堆栈保持的粮食储存量经常达 150万—250 万石。[①] 于是,在光绪年间无锡米市与芜湖、九江、长沙米市并称为中国四大米市。

不过,原与米市贸易相互促进的无锡土布市场,晚清以来却逐渐被蚕桑业取代。其原因,一方面是自通商互市后,洋纱洋布开始冲击我国家庭手工棉纺织业。加之咸丰三年(1853)清政府推行厘金制度后,各地设卡收税,商路大为受阻,而太平天国战争的破坏更是雪上加霜,无锡土布市场渐呈颓势,"机声正轧轧,雄鸡又喔喔;布长夜嫌短,心里乱如麻;天明赶上街,卖布买米柴;土布没人要,饿煞哥和嫂"的民谣即反映了土

---

① 参见无锡市粮食局十年史工作组编《无锡粮食商业的发生、发展和改造》,油印稿。

布衰落后织户的苦状。① 无锡布码头经营困难重重,步履维艰。而占用劳动力较少的蚕丝生产则受到外国资本掠夺生丝原料活动的影响而勃兴起来。"自兵燹以来,该处荒田隙地,尽载桑树,由是饲蚕者日多一日,而出丝者亦年盛一年"②。自太平天国以后,蚕桑、土丝的交易,已经在无锡的商业活动中占有极其重要的地位。据《锡金乡土地理》记载,每年阴历四月间,茧行林立,西、南、北三门外,大茧行约有 70 多处,茧灶有 700—800 座。收茧之多,每年约值数百万金。③ 当时,在无锡南门黄泥绛、小盐场和北门外的江阴巷等处,丝行林立,形成了丝市中心。无锡丝商将收购来的土丝经过整理,分别销往南京、上海、宁波、丹阳、盛泽等地织成绸缎。其中由上海转口输往国外的约占 2/5。19 世纪 70 年代后期,一些中外商人又纷纷在上海开设机器缫丝厂。这些工厂大多来锡采购蚕茧,茧行业出现,开始代替蚕农自养自缫的土丝生产。辛亥革命前后,除梅村、鸿山一带仍缫有少量的土丝外,蚕农大都不再自缫了。土丝集散也逐步让位于蚕茧,丝市遂变成蚕茧市场了。这样,蚕茧、土丝交易活跃,为无锡近代缫丝业的产生和发展准备了良好的原料和市场条件。

尽管清末无锡布市呈现衰落趋势,但米市、布市、丝市依旧相互依存、相互促动。无锡土布外销地区大都在客米产区和北棉产区,外来粮食则保证了本县蚕桑生产的存在和发展。而林立的丝行,亦使得米市交易更为活跃。社会物质交换的发达,促进了城乡交流,把越来越多的农民卷入商品市场,加速了农产品的商品化。大量商品在无锡集散,意味着无锡和外地的互相交流和互相依赖。无锡的经济发展已突破了本地的狭隘范围,进入了一个更为广阔的空间。

---

① 参见王赓唐、冯炬《无锡史话》,江苏古籍出版社 1988 年版,第 109—110 页。
② 李文治编:《中国近代农业史资料　第一辑(1840—1911)》,三联书店 1957 年版,第 427 页。
③ 参见江苏省社会科学院经济研究所编《上海经济区研究论文集　第二集》,江苏省社会科学院经济研究所,1985 年,第 218 页。

第四阶段是民国时期无锡区域城市中心功能的形成阶段。如果说,无锡发达的水路运输造就了明清之际无锡"米码头""布码头"的枢纽地位,那么,随着近代上海的开埠,运输工具的革新和轮船、铁路运输的运营,无锡水陆交通立体网络体系逐渐成型,其商贸经济也得到空前的发展。

无锡地处太湖水系水网地区,水道通畅,水位稳定,太湖至长江间的最短距离水道从无锡和江阴境内通过,江南运河又将无锡同镇江、常州、苏州、杭州等城市直接联结,这使无锡自古就形成了"以水不以陆"的交通特点。内河航船(帆船)曾经是早期米市、布码头流通运输的基本载体。到19世纪末,无锡河面上开始有小火轮驶过。1905年,常州、镇江先后有了通达无锡、江阴的航线。同年12月,无锡轮船招商局创办,建立起无锡城第一家近代运输企业。到20世纪20年代末,全市共有轮运公司21家,轮船57艘,客货码头22处,部分工厂、堆栈也拥有45艘汽油轮。无锡的轮运起步较迟,但后来居上,航运机构、航线很快伸展到苏南各市县及大集镇。运输业企业家曾自夸,"全国内河运输数江苏,江苏数无锡"。不过,新式轮运没有也不可能完全取代以风力和人力为动力的航船,因为航船运价低廉,租用方便,与生产力水平不高的产业部门相适应。航船主要以货运为主,与以客运为主的轮运平行发展。这一时期无锡有固定航线的航船计329艘(其中45%开往外市县),以短线运输为主的民船1 800艘。值得注意的是,在20世纪30年代,轮运逐渐由单放演变为轮拖。1935年,无锡36家轮运公司,共有轮船73艘,每艘货轮拖带7—8条货船。这不仅大大提高了营运效率,降低了费用和能耗,更重要的是,有些运输公司同样也开始把航船变作拖船,加强了近代新式轮运业对旧式船运业的改造和吸收。

真正使无锡近代交通运输发生根本性巨变的,还是沪宁铁路的建成通车。1906年,沪宁线锡沪段通车,1908年全线通车。这条铁路使无锡西接南京,东连全国性贸易、金融中心上海,大大增加了货物装载运输量。1949年前，无锡铁路货运年均发货量通常达50万吨。同时，可以说，沪宁铁路的建成通车缩短了无锡与沿线各地间的货物运输时间。从社会再生产的角度看，商品流通时间的缩短，相当于资本周转的加快，显然是资本主义经济发展所期待的重要条件。难怪荣德生第一次从无锡乘坐火车前往上海时，会发出"世道真是变了"的慨叹。更为重要的是，继沪宁线之后，津浦、陇海、宁芜铁路先后建成相接，无锡可以通过铁路与华北、东北、西北地区建立客货运输联系，北方的大豆、小麦、棉花、煤炭等原料可以顺畅地输入无锡，无锡的棉纱、布、面粉等产品也相应销到北方广大地区。这使无锡跳出苏南和太湖流域的圈子，把经济能量辐射到更大的范围。这样，无锡凭借内在的经济素质，加上原料、能源，以及市场的扩展，民族工业得以突飞猛进地发展。

1931年11月，锡澄公路竣工，这是无锡通向外市县的第一条公路交通线。1934年，锡宜公路筑成通车，使无锡与连接南京、杭州的国道相连，沟通了无锡同皖南、浙北地区的陆路运输。同年，锡沪公路也建成通车。这条交通线的重要意义，在于把常熟、太仓、嘉定三个县城和众多的集镇与上海、无锡串联在一起。加上由无锡经苏州到嘉兴的公路，至此整个苏南地区的东部公路干线已基本形成，城乡交通状况大为改善。铁路和公路的便捷，导致水运放弃载客而转向货运，并且向铁路、公路所不能通达的乡区发展。由此，无锡逐渐形成了铁路、公路、河运的多层次交通运输网络。20世纪30年代初，无锡城内又出现了承包联运的转运公司，抗战前发展到十多家，它们承办火车、汽车、船只联运，使货物运输配套衔接，从而形成一个较为完整的货运体系。因此，随着工业的不断进步和交通运输业的日臻发达，江南地区终于联结成一个经济区域，而无锡恰好地处该地区的中心位置。于是，在注入了新的活力之后，这个原先古老沉寂的水乡小城被一座全新的繁闹喧嚣的工商业城市所代替，成了这个区域内仅次于上海的新经济活动中心。

第二节　转口贸易消长与近代城市变迁

一、由盛转衰：近代镇江商贸的没落

隋唐以来，随着京杭大运河的开通，镇江城市的命运也渐趋发生改变。镇江扼京杭运河之咽喉，又与长江交汇，货物四集，到了近代，更是成为列强在长江下游的一个重要的转口贸易中心。于是，镇江港成为为帝国主义掠夺镇江经济腹地，即江苏、安徽以及江北运河沿岸的山东、河南诸省的物资而服务的转口贸易中心。当然，镇江自开埠以后，城市经济也有了新的发展。从开埠至民国最初几年，是镇江城市经济发展的繁荣时期，国内外贸易持续增长。据镇江海关资料统计，从同治四年（1865）到光绪二十年（1894），镇江进出口贸易总值共 37 485 万海关两（关平银），平均每年 1 249.5 万海关两。而光绪二十一年（1895）到宣统三年（1911）则为镇江对外贸易的鼎盛时期，进出口贸易总值共 49 573 万海关两，平均每年 2 916 万海关两，比前一时期的年均值增长 1.33 倍。其中最高年份为光绪三十二年（1906），进出口贸易总值达 3 594.8 万海关两。[①] 这一时期的镇江对外贸易，由上海转运镇江倾销的进口货物主要是鸦片、棉纱、食糖、玻璃、煤油等消费品、奢侈品。而经镇江港出口的货物主要是生丝、红枣、芝麻、桐油、牛皮、猪鬃、金针菜、大豆、花生等农副产品。当然，贸易的不断增长，也激活了镇江商业的全面发展，城市商业结构基本形成。米粮业、钱庄业、木材业、江广业、江绸业、绸布业商号众多，形成规模，与商贸紧密联系的航运业、饮食、服务及娱乐业亦兴起或繁荣。

然而，清末京汉、津沪、沪宁铁路的通车却再次成为改变镇江城市命

---

① 参见镇江市地方志编纂委员会编《镇江市志》，上海社会科学院出版社 1993 年版，第 1127 页。

运的重要事件。因为交通运输的变故,直接改变了原先经过镇江转口的商品贸易的流通方式以及流通数量。长江以北运河沿岸的山东、河南诸省的物资大都舍舟就陆,改装火车经由徐州、蚌埠、南京转向上海集中。据统计,1911 年由内地经镇江输出的红枣、黑枣为 6 646 担,1913 年就下降为 4 709 担;经镇江输出的花生,1911 年为 32 万余担,1913 年降为 23 万余担;金针菜的输入也从 1911 年的 85 861 担下降到 1913 年的 47 983 担。① 进出口贸易总额亦急剧下降,1911 年即减为 24 345 761 两。在随后的几年内又不断下降,至 1915 年已减到 20 063 923 两。②较诸光绪三十二年(1906)估值,仅过半数,③达到镇江历年进出口贸易的最低点。此后的十多年时间里,镇江的进出口贸易一直都维持在 2 000 万海关两左右。至民国十四年(1925),镇江民众发动抵制洋货运动,设在镇江的洋行及进出口商行纷纷迁往上海,情况更加严重。到民国二十一年(1932),进出口贸易总值下降到 1 271 万海关两,仅及最高年份的 35%,其中出口值 145 万海关两,仅及光绪三十三年(1907)的 16%。从同治四年(1865)到民国二十一年(1932),进口总值共 74 041 万海关两,出口总值共 23 508 万海关两,进出口贸易逆差达 50 533 万海关两,占进口总值的 68.3%,大量白银外流无法逆转。④

同时,进出口镇江港承担转运的船舶的艘次及吨位也有明显的下降趋势(见表 4 - 2)。显然,传统的物资集散方式发生了重大变化,加之北洋军阀及国民党当局长期不注重疏浚大运河,河身节节淤浅,镇江江面自民国以来沙滩淤垫日甚,江海轮停靠不便,镇江市场传输机能备受限

---

① 参见《海关出口大宗土货按年各数》镇江关,载茅家琦、黄胜强、马振犊主编《中国旧海关史料》第 61 册,京华出版社 2001 年版,第 749 页。
② 参见《海关贸易货价计值关平银之总数与净数(镇江)》,载茅家琦、黄胜强、马振犊主编《中国旧海关史料》第 68 册,京华出版社 2001 年版,第 717 页。
③ 参见《镇江口华洋贸易情形论略》(1915),载茅家琦、黄胜强、马振犊主编《中国旧海关史料》第 68 册,京华出版社 2001 年版,第 707 页。
④ 参见镇江市地方志编纂委员会编《镇江市志》,上海社会科学院出版社 1993 年版,第 1127 页。

制,各路商帮及外国商行纷纷迁往上海。于是,镇江由一个远距离的巨大集散中心,下降为以近距离贸易为主的集散地。其在运河沿岸的商业腹地也仅局限于苏北一隅。并且,随着铁路运输业务的不断扩大和发展,徐州和蚌埠也逐渐取代镇江。此后一段时间内,镇江"实际上只是苏北里运河沿线各地棉花、小麦输往无锡、常州加工;无锡、常州各工厂加工生产的棉纱、棉布和面粉,运往苏北里运河沿线各地农村的转口港"①。

表 4-2 铁路通车前后镇江港口转运船舶及吨位比较表

年份	进出口船只总艘次	进出口船只总吨位(吨)
1906	8 115	6 755 697
1907	7 843	6 832 093
1912	4 625	6 305 563
1913	4 580	6 618 848

资料来源:《海关各口贸易报告册》镇江口,1915 年,载茅家琦、黄胜强、马振犊主编《中国旧海关史料》第 68 册,京华出版社 2001 年版,第 715 页。

外贸衰落所带来的影响是巨大的。当时镇江最主要的商业行当——江广业损失最重。近代镇江开埠以来,外商纷纷来此,倾销洋货或收购北货。同时,国内南方广潮各帮也接踵而至,他们带来了糖、檀香、胡椒、桂圆、荔枝、茴香,南返时带走北货。另外,还有大量北方客商与漕运粮船合伙经营,利用粮船免缴税厘之机,放空南下时顺带在镇江转口。镇江遂成为糖、南货和北货互换的贸易中心。北货的流转对于镇江意义重大。然而,自民国京汉、津浦、宁沪铁路通轨以来,北货传输大部分改道,以致镇江北货的来源仅剩鲁南和苏北靠近运河流域的部分地区,江广业的生意急转直下。民国初年,一些大型老店虽得以保存却生气全无。加上 1927 年和 1931 年镇江自然环境的变动以及自然灾害的发生,以苏北为主要货源地的镇江江广业大受损失,从此一蹶不振。而

---

① 单树模:《镇江的兴起和发展》,载《江苏城市历史地理》,江苏科学技术出版社 1982 年版,第 149 页。

江都县东部出江口霍家桥则因河道通畅、地理位置更优于镇江，而取代镇江成为沿运河南下北货转运上海的新集散中心。①

与江广业相同，此时镇江传统的江绸商业也出现了走下坡路的情形。作为手工特产，江绸品种丰富，有线绉、宁绸、九线宫、杭线绉、缣丝、官纱、塔府绸等品种。晚清京城内外大小官员的官服袍套和命妇们的祆帔，就是采用江绸中的线绉、宁绸。江绸在国内销行很广，除畅销本地和苏北地区以及山东、安徽、江西、河南一带外，东至上海，南至广东，西至湖南、湖北及四川、云南、贵州，北至华北、东北各省以及西北地区，都有很大销量。尤以东北、华北各省及湖南、湖北为重点销区。线绉、塔夫绸还远销俄国、印度、朝鲜。其中，"朝鲜披风"的江绸用料，旺销时"竟占江绸各品种国内外全部最高销量的 40％"②。辛亥革命之前的十年是江绸业发展的顶峰时期。当时直接从业者不下 2 万人，年销量达二十六七万匹。江绸业在经济较为落后的镇江经济中，地位十分突出。辛亥革命后，江绸业虽在一战期间维系了几年繁荣，但由于江绸的经营者墨守成规，甚至偷工减料，江绸质量下降，无竞争力，渐被各地新品种取代。外销朝鲜的产品遭受打击更甚。1918 年前后，日本侵占朝鲜，提高中国丝织品税率，"朝鲜披风"按货值被征收 100％ 的税，以致绸商无法销售。江绸销路日渐萎缩，至全国抗战爆发前，线绉、宁绸仅靠装殓寿衣为销路，区域也仅限于东北地区。仅有的几家商号人力、资力渐趋涣散，虽然有的转而开设绸厂、布厂，但到 1929 年前后，都因产品不敌苏杭等地大厂，加之经营管理不善，渐趋消逝。

米粮业方面。近代镇江开埠以前，苏北里下河、淮河流域、长江两湖地区及芜湖等地的米粮均向瓜州集中，通过帆船等运输工具，向北销运

---

① 参见镇江市工商联《镇江糖、北货业的百年兴衰》，载中国人民政治协商会议江苏省镇江市委员会文史资料委员会编《镇江文史资料》第 15 辑，1989 年，第 115 页。

② 杨质凡：《盛极一时的江绸业》，载中国人民政治协商会议江苏省镇江市委员会文史资料委员会编《镇江文史资料》第 6 辑，1983 年，第 34 页。

青岛、烟台、威海,向南运销浙江、福建、广东等省各沿海口岸。镇江开埠后,潮州、宁波、青岛及烟台等地客帮,纷纷来镇设立庄号,收购米及杂粮,镇江米粮市场遂逐步繁盛起来。1875 至 1897 年为镇江米粮市场鼎盛时期,原来邵伯、仙女庙、瓜州的米粮交易大都转到镇江,由海轮大量运载出口,镇江遂成为长江下游唯一的大米市。当时收购粮食的有 70 户广潮帮、数十户宁建帮等,米厂最多时达 40 户。米粮出口最高年销量约为 200 余万包,各种豆类、杂粮多达 300 万包。但 1897 年,适值年岁荒歉,官府实行米粮禁运,李鸿章为其家乡渔利,借口控制私运,下令强行将米市移往芜湖。从此,镇江米市一落千丈。先是广潮、宁建各帮纷纷迁往芜湖,以后豆类、杂粮等业之营业亦随之大减,于是镇江米粮业元气大伤。

银钱业方面。作为长江下游重要的交通枢纽和商品集散地,镇江素有"银码头"之称。1861 年镇江开埠后,随着贸易进出口量大增,金融活动也日趋活跃。被称为"百业之首"的钱庄应运而生。钱庄业是与商业贸易紧密相连的一个行业,是资金周转的重要环节。至 1904 年,镇江资金雄厚的大钱庄已达 32 家,总资本超过 30 万两,放款最高金额在 1 500 两以上。其放款对象,除镇江本地和苏北外,还远及皖、鲁、豫等省以至汉口。资金来源多系吸收沪苏等地短期存款,通常从上海吸入 1 000 万两,苏州、扬州吸入 300 万两,余则为一般放款。[①] 镇江钱庄对外信用卓著,开埠几十年以来经过上海润昌栈批明"见镇江钱庄汇票",不但上海各行业可以凭此出货,甚至连外滩银行也当作本埠庄票收受。

然而,自民国铁路通轨、大量北货转口汉口后,镇江贸易随之衰落,镇江南北货业也因新旧呆账亏累未补,屡有倒闭而殃及钱庄。故在这一时期,镇江钱庄业稍有萎缩。而 1931 年苏北特大水灾则成为直接毁灭镇江钱庄业的导火索。由于苏北素为镇江直接放款之区,经常留有大量赊欠货物,钱庄呆滞款项常达 1 000 万两以上。受大水影响,苏北经济一

---

① 参见沈芷痕《近百年来的镇江银钱业》,载中国人民政治协商会议江苏省镇江市委员会文史资料委员会编《镇江文史资料》第 15 辑,1989 年,第 72 页。

蹶不振,镇江钱庄业亦一损俱损,在此打击下,倒闭者达 14 家之多,尚能营业者,也濒临崩溃边缘。此后几年,江南内河货运因无良港可泊,多不趋向镇江,苏北各埠物资也多转由扬州霍家桥直接运沪。镇江商埠逐渐名存实亡。至 1934 年国民党政府废两改元,施行法币之后,镇江基本上是银行的天下,只剩下道生、鼎生、鼎昶三家钱庄苟延残喘。

二、贸易转运与芜湖经济的缓步发展

就芜湖近代城市发展整体历程而言,民国时期芜湖城市经济发展起伏较大,基本上呈现出波浪形发展趋势。由于芜湖转口贸易功能渐趋弱化等因素,其在长江下游城市体系中的地位略有下降。

1. 波动中发展的芜湖对外贸易

通常,商贸活动被认为是观察一个地区经济发展与变迁的重要指标。因为作为区域商业重要内容的贸易活动,关系到一个地区的产业结构、技术水平、市场机能、货币流通,乃至民众的生活水平。近代芜湖经济发展的起点是开埠通商,甚至芜湖近代发展的整个历程都与其口岸贸易的兴衰息息相关,因此,对芜湖对外贸易的探索是近代芜湖经济研究的最为重要的环节。

自 1877 年开关到 1937 年全国抗日战争爆发,整整 60 年间,芜湖海关进出口贸易趋势大体可分为两个阶段:1877 至 1899 年为第一阶段,是芜湖海关对外贸易迅速发展,在长江流域各商埠中地位逐渐上升的一个时期;1900 至 1937 年为第二阶段,是芜湖海关继续发展的时期,不过贸易发展起伏较大。[①]

---

① 参见王鹤鸣《芜湖海关》,黄山书社 1994 年版,第 14 页,谢国兴认为,安徽地区从 19 世纪 70年代后期到 20 世纪 30 年代,对外贸易大致呈现成长的趋势,即使将物价上涨的因素计算在内,仍属成长形态之经济,只是幅度可能较小而已。但他同时也认为,由于安徽先天产业结构(农业经济)长期未有太大变化,外贸起落幅度相当大。而根据芜湖海关贸易有关统计趋势图显示,芜湖外贸起落较大的阶段应该在 19 世纪末至民国,其中,又以民国六年(1917)以来的起落最大。

就开埠时期而言,1877 年的芜湖开埠应算是芜湖社会由比较封闭状态向近代社会过渡的起点。芜湖作为长江中下游之滨的一个重要商埠,由于其优越的自然资源、得天独厚的地理位置,自明清之际便成为安徽省重要的商业转运中心。进入 19 世纪六七十年代以来,其中心枢纽位置更引得长期窥觎安徽丰富资源的西方资本主义列强垂涎。继通过两次鸦片战争攫取了上海、广州、汉口、镇江、九江、烟台、台南等 16 个通商口岸之后,1876 年 9 月 13 日中英签订《烟台条约》,芜湖被辟为通商口岸。根据条约规定,"由中国议准,在湖北宜昌、安徽芜湖、浙江温州、广西北海四处添开通商口岸,作为领事馆驻扎处所"。翌年,芜湖海关成立并正式启动。自此,往来芜湖的货轮络绎不绝,进出口货物与日俱增,业务不断扩大,大宗货物源源不断地通过芜湖海关进出芜湖。根据《芜湖海关进口税则》,芜湖计有 17 类 489 种货物可以纳税进口,这 17 类货物分别是油蜡矾磺、香料椒茶、药材、杂货、腌腊海味、颜料胶漆纸札、器皿箱盆、竹木藤柳、镜钟表玩、衣帽靴鞋、布匹花幔、绸缎丝绒、毡绒毯席、糖酒果烟食物、铜铁锡铅材料和成品、珍珠宝石玻璃花、缨皮牙骨羽毛等,主要是日用消费品。又据《芜湖海关出口税则摘要》统计,芜湖海关出口的物品,主要有油、茶叶、土煤、湖丝、酒、芝麻、面粉、烟叶、熟铁、白矾、竹器、蚕茧、花生、米麦、杂粮、生蛋、豆、生铁等农副产品和工业原料。芜湖成为安徽对外贸易的重要窗口。

从开埠至 20 世纪初,芜湖外贸主要呈现出增长趋势。贸易总额不断增长。到 19 世纪末,芜湖已赶超九江、镇江,成为长江流域次于上海、汉口、重庆的重要通商口岸。"芜湖关一开,屹然与上九、下镇鼎立为长江巨埠"①。具体表现在:第一,国外洋货输入芜湖的数量逐年攀升。1877 年输入芜湖关的洋货为 89 万两,到 1899 年增为近 700 万两,约为1877 年的 7.87 倍。而至 1910 年,更增为 2 484 万两,约是 1877 年的 28

---

① (清)冯煦主修,陈师礼总纂:《皖政辑要》,黄山书社 2005 年版,第 2 页。

倍。鸦片、洋纱、洋布、煤油等日用消费品是芜湖商品结构中的大宗。其中，鸦片占整个洋货进口值的第一位，约占30%。由于芜湖海关进口鸦片比例高于全国平均数，其在全国19个聚烟通商口岸中，占据越来越重要的地位。1880年，芜湖关进口鸦片价值由开关时的第11位上升为第8位，1885年更上升为第4位。[①] 棉纱、洋布的进口各占20%，大量倾销安徽市场，给安徽农村纺纱业带来巨大冲击。芜湖开埠十年以来，芜湖居民的穿戴有一半使用洋布。至19世纪末20世纪初，安徽长江两岸城镇居民已"渐渐改穿洋式服装"，即"乡人衣着，大半仰给于洋纱布"。[②] 第二，国内大量土货（农副产品）也从安徽省各地源源不断地运到芜湖集中，然后再输往国外。但芜湖海关与海外直接发生贸易的货值比重一直很低，绝大部分是经过上海等通商口岸的转口贸易。如19世纪末20世纪初的一段时期里，芜湖海关农产品直接输往国外的数量，还不足输出货物总额的1%。但芜湖海关出口的除稻米以外的农产品，如油菜籽、豆类、花生、生丝、羽毛、禽蛋等，大都通过上海等通商口岸的转口贸易。如芜湖海关"鸡鸭毛之出口大半经过上海运往欧洲，现亦渐变为重要"[③]，而"食米一项，实为本埠（芜湖）出口之大宗，故每年贸易数字之消长，恒视食米出口多寡为转移，盖以出口量巨，农民收入自丰，而购买洋货能力，亦即随之增长也"[④]。根据芜湖海关历年直接从外洋进口货值的情况分析，芜湖海关直接与国外的贸易进口比重微不足道，最高的1899年，才达到1%。故芜湖主要还是与国内的上海、广州、宁波、烟台、九江、镇江、杭州、汕头、天津等口岸城市发生贸易往来关系，尤其是上海。根据王鹤

---

① 参见王鹤鸣《芜湖海关》，黄山书社1994年版，第23页。
② 参见（清）朱之英修，舒景蘅纂《怀宁县志》卷六，民国五年（1916）铅印本，第4—5页。
③ 光绪十二年（1886）《芜湖关贸易情形论略》，载王鹤鸣《芜湖海关》，黄山书社1994年版，第40页。
④ 《芜湖海关十年报告》（1922—1931年），载茅家琦、黄胜强、马振犊主编《中国旧海关史料》第157册，京华出版社2002年版，第752页。

鸣的估计,芜湖海关约 8/9 的货值是从上海等口岸转运来的。[1]

由于芜湖海关被洋人把持,起不到保护农、工、商业的作用,芜湖进出口贸易的增长并不正常,不仅进口额大于出口额,进出口货物的品种和价格亦为洋人所操纵。从开埠到清末,芜湖直接向外洋进出口部分,进口额即超过出口额 4 688 054 海关两,若加上由其他通商口岸进出口部分,则入超更多。[2] 尤其是进出口货物多适应外国人的需要,进出口价格不能等价交换,所造成的损失更无法计算。此种不平等的贸易,给芜湖及安徽城乡人民生活和经济发展造成了极大的危害。

民国以来,是芜湖海关贸易继续发展的时期。民国二十年(1931)进出口总额达 54 465 613 海关两,是清朝末年(1911)的 21 496 745 两的2.53倍。其中,进口总额 27 144 641 两,占 49.84%,出口总额 27 320 972两,占 50.16%,进出口基本持平。

进口总额中洋货进口额比清末增长 17.76%,增长的原因既有数量的增加,也有价格上涨的因素。据海关报告,"煤油与糖品平均皆见增加,二者咸以十五年(1926)进口最多,计煤油 1 000 万加仑,糖品 325 000担"。"而安尼林染料货值平均则由 3 万两,增为 9.2 万两,并非数量增多,乃价格腾涨所致也"。[3] 可以说,这一时期芜湖的进出口贸易发生了很大的起落变化。仅从芜湖海关占全国关税比重的变化中就可以看出,19 世纪末,芜湖海关关税占全国关税总额的 3% 以上,1909 年降为 2%,到 20 世纪 20 年代则仅占 1% 左右。[4] 另外,芜湖在长江流域各通商口岸中的地位也有所下降。1929 年,芜湖海关自国外直接输入的货值为 157万两,不仅远落后于上海、汉口,而且明显落在镇江、九江、南京的后面。[5]

---

① 参见王鹤鸣《芜湖开埠与安徽近代经济发展》,载《安徽史学》1995 年第 3 期。
② 参见芜湖市地方志编纂委员会编《芜湖市志》,社会科学文献出版社 1995 年版,第 748 页。
③ 参见芜湖市地方志编纂委员会编《芜湖市志》,社会科学文献出版社 1995 年版,第 748 页。
④ 参见王鹤鸣《芜湖海关》,黄山书社 1994 年版,第 48 页。
⑤ 参见王鹤鸣《芜湖海关》,黄山书社 1994 年版,第 48 页。

这一变化产生的原因:一是中国工业化的影响带来的洋纱输入的减少;二是民国以来地区政局变动对鸦片输入的控制以及洋烟输入的变动;三是芜湖米市的晴雨变化导致民国时期芜湖海关贸易额的起伏变动,特别是洋米进口的增减对芜米出口影响至大;四是日本经济的不断渗透,成为芜湖乃至安徽经济的主导性变动因素。另外,由于安徽近代工农业生产发展迟缓,也使得芜湖海关贸易在全国的地位经历了由升趋降的变化。

2. 外贸带动下的芜湖商业

外贸繁荣带给城市经济的变化是惊人的。作为一个长江沿岸的转口贸易城市,芜湖的对外贸易对城市商业的影响尤为如此。自芜湖开埠到 20 世纪 30 年代中期的相当长一段时间中,芜湖商业逐年发达。至 1935 年对芜湖进行调查之时,芜湖商会所辖同业公会,共计注册 62 业,内除棉织业、印刷业等 7 业编入工业,报关、转运 2 业编入交通,银行、典当、钱庄 3 业编入金融外,商业有 50 业,店员学徒计有 11 246 人,资本总数达 12 899 080 元。1933 年芜湖商业营业总额为 63 310 908 元。[①]

不过,伴随着芜湖贸易的起伏,城市商业也呈现出规模扩大、结构重整、区域扩张的特点。就芜湖商业发展规模而言,不仅是对外贸易,国内商业贸易及其规模都有增长的趋势。据统计,1931 年芜湖进出口总额达 53 481 235 海关两,是清朝末年(1911 年)的 21 464 451 两的 2.49 倍。比 1877 年刚开关时的 1 586 682 两增长了 33.7 倍。[②]芜湖在长江流域各通商口岸中的地位日益重要。

就商业结构而言,芜湖在开埠前后的一段时间内,其商业流通的主要商品是农产品、手工业品,如粮食、土布、皮蛋、鸭毛、茶叶等。但随着

---

① 参见《中国经济志》第 2 册《安徽省芜湖县》,台北:传记文学出版社 1971 年影印版,第 55 页。

② 根据王鹤鸣编《近代芜湖海关统计资料》计算,参见王鹤鸣《芜湖海关》,黄山书社 1994 年版,第 135—137 页。

海关进出口贸易的逐步展开,机器产品也逐渐构成了芜湖商业结构的新内容。至民国以来,香烟、颜料、西药、五金更添加了城市商业的新形式。随着民国芜湖近代工业化的展开,洋纱、洋布、机制面粉开始取代土纱、土布、手工面粉。根据1932年芜湖经济调查,芜湖商业资本投入较多的商业部门依数额多少排列为:米粮采运业、杂货纸张业、布业、杂粮市米行业、洋广货业、蛋业。就营利收益数额大小排列则为:米粮采运业、米行、杂粮市米行业、卷烟业、杂货纸张业、蛋业、机器碾米业、布业。不难看出,在民国时期的芜湖商业结构中,米业、百货业、卷烟业、布业已成为最重要的组成部门。其中尤以米业的地位最为重要。

自1882年镇江米市移至芜湖以来,芜湖米市逐渐扩大。一方面,聚集芜湖的转运客帮数量增多;另一方面,客帮采米来源、输出范围更加广泛。市内江广帮、广潮帮、烟台帮、宁波帮等米商分途采集三河米、江北米、襄安米、庐江米、宁国米、南陵米及湖南关米,分别运销广州、汕头、厦门、宁波、上海、南通、青岛、烟台、威海、天津、南京、安庆等埠。其中,上海是最直接的输出地,而广州、汕头则是主要的销售地。由于晚清时期安徽省当局强制规定,所有安徽出口之米必须由芜湖完税后才准通行,故芜米出口出现了爆炸性增长。这直接刺激了芜湖城内与米业相关的机器米厂、机器砻坊和米行的增加。芜湖米市呈现出鼎盛的局面,到1930年发展到最高峰。该年12月芜湖成立米业公会,江广、广潮、烟台、宁波四帮依法合组成为米粮采运业,而原有东西南北四市米行则改组为杂粮米行业。另外,随着机器投入食品加工业,芜湖机器米厂再设8家,它们联合上海银行合办商计堆栈,组成机器碾米业。同时,江广米行50家亦改组为行业。传统砻坊则由49家增加到51家。

由于芜湖米业是芜湖商业的主体,围绕着米粮贸易与加工行业以及依附于米业而生存的帆运业、斛行业、绞包业、捐包业、饮食业等第三产业也呈现出繁荣景象。这些行业与芜湖米市形成依存互动的联动关系。因此,民国以来,伴随着芜湖米市的芜湖布业、丝业、茶业、杂货业等行业也呈现出不断扩张的趋势(见表4－3)。

表4－3　民国以来芜湖重要商业行业规模变化比较表

分类	开埠前后(1876年前后)		民国以来(至1935年)	
	店家数	营业额(元)	店家数(1935年)	营业额(元)
布业	数家	100 000	48家	3 500 000
丝业	10家(1894年)	——	7家(1919年)	100 000
茶业	12家(1904年)	200 000	14家	280 000
烟业	28家(光绪间)		49家	6 686 200
染坊	数家(光绪初)		20家	72 000
木业	10家		65家	871 500
糟酱业	20(光绪初)		31家	400 000
杂货纸张业	数家(同治初)		110家	4 089 100

资料来源:余谊密修,鲍实纂,卫廷璞纂修,《民国芜湖县志》卷三五《实业志商业》,江苏古籍出版社1998年版,第1—6页;《中国经济志》第2册《安徽省芜湖县》,台北:传记文学出版社1971年影印版,第370—373页。

其中,布业是民国时期芜湖商业结构中重要一环。早在芜湖开埠前即有批发店数家,但营业额年均不过10万。而开埠通商以来,芜湖地区布业不断发展,安徽内河外江一带的布商都来芜湖贩运,芜湖全埠营业额高达500余万元。民国以后,随着米市的发展,芜湖布业也不断增长。大米输出量增长的年份,芜湖游资骤增,这也为商人们大量购买布匹、纸扇等商品提供了条件。根据1932年统计,芜湖布业当年发展到52家,分布于长街及城内一带。所交易的货物,本地产品是各机坊所生产的大布、中布及各色花布;外来品是来自苏州、杭州、湖州、丹阳等地的绸缎,从国外输入的洋布及来自南通的土布等。这些商品,大多是由商人视时节与芜湖当地的需求,派人赴上海采购而来。其中,洋布贸易额约占50%,芜湖当地土布占20%,苏杭等地绸缎占20%,其他布占10%。[1] 芜

---

[1]　参见《中国经济志》第2册《安徽省芜湖县》,台北:传记文学出版社1971年影印版,第57页。

湖布业的大量消费市场由于都在农村,故每当新谷上市,布业始见兴隆,一般旺销期为每年8月至12月,1月、6月、7月为最淡季,其他月份销绩平平。杂货业方面。芜湖的杂货业发展始于开埠。随着轮运拓展,杂货业日渐发展,民国以来有商号31家,连门市店在内在商会注册共50家,凡外江内河各镇均由芜湖贩运。海货共计400余种,以海参、鱼翅市场销量最大。产品除供应本市外,还远销至广东、山东、台湾等地。①

芜湖城市商业发展还改变了城市的区域结构。城市呈现区域扩张的趋势,即以米粮贸易为主导的商业的发展,不但促进了芜湖的百业兴旺,城市商业空间也突破了原来城区的范围向外拓展。

芜湖开埠后,城市主要由城内、城外、河南及租界四部分组成。城内即原县城所在地,为县署及市民住所。米市兴盛以来,城内的老商业区得以进一步繁荣,长街商业区"肩摩毂击","市声如潮至夜不歇"。而长街往东,至鱼市街、新市街、弼赋门,西抵江口的广大范围统称为"城外",当地人也叫作"十里长街"。这里百物翔集,商号、店铺、作坊林立,有名的商家有如胡开文笔墨店、张恒春药店、金隆兴菜馆等。河南在天河南岸,商务稍逊。至于租界,在西门外,南至陶家沟,北至弋矶山,东至普潼山脚新安普潼塔,西至大江边。由于米业的发展和工业的创办,西门外商埠发展到2.4平方千米,东至县城,西到江岸,南至天河,北到陶家沟,将老城区与外国租界连接起来,原来的"荒江断岸"也变为"楼台森列"。芜湖城区由原来的青弋江两岸逐渐向西北延伸,直临大江,形成一个初具规模的新江城。

就商业分布情形而言,江门一带以米商堆栈、机器砻坊、木商堆栈及行店为多;长街百货云集,殷实商店胥萃于此;市内东、南、北三门商务较逊,二街马路附近聚集了茶楼、酒肆、梨园和歌馆;而西门外商埠,其范围

---

① 参见余谊密修,鲍实纂,卫廷璞纂修《民国芜湖县志》卷三五《实业志商业》,江苏古籍出版社1998年版,第148页。

东至县城，西至江沿，南至大河，北至蒲草塘。至于陶家沟以北的芜湖租界，则是操控于洋人之手的新兴商业区，本地商人在那里则以经营砻坊、油坊者为多。

另外，此时芜湖城内还出现了商会这种全新的行会组织。20世纪初，由于工厂、商店以及各种职业团体的出现，原先传统的地缘性、业缘性商人组织发生了很大的变化，出现了"聚商集、厚商力、开商智"的芜湖总商会（1906年设立）。1920年以后，芜湖又成立了米行业同业公会、机器碾米业同业公会等，商人组织范围已然突破了旧式行会限于同乡、同业、同区域的狭小圈子，几乎所有的商业、手工业都加入了商会，彼此间的联系更加紧密。芜湖商业的繁荣，也为其资本主义的发展奠定了良好的市场环境。芜湖商业迅速发展的同时，城市的工业化也开始进步。据统计，截至1919年，芜湖工业有3/4以上为商业资本投资的企业。[①]

然而，令人惋惜的是，作为城市现代化的主要标志和象征，芜湖的工业化却始终停滞不前。据1932年《芜乍路沿线经济调查（安徽段）》，当年芜湖全市共有44个行业，1 650家店铺和10 018名店员学徒，资本总额达19 814 700元，全部营业额为91 643 400元，其中仅米业就高达52 820 000元，占全埠营业额的一半以上，工业和手工业资本额达3 049 930元，约占总资本额的15.4%。[②] 显见，商业在芜湖城市经济中的地位举足轻重。那么，为何芜湖工业没能在工商联动、商业的哺育下逐渐发展壮大呢？我们可以从芜湖的工业资本来源、企业发展的外部环境和内部绩效等方面来思考。

就新式机器工业的资本来源而言，芜湖近代工业的主要力量是民族工业资本，即商业资本对工业企业的投资。如明远电厂、大昌火柴厂、恒升机器厂的创办人吴兴周就是商人，而裕中纱厂陈绍吾的合伙人宁松

---

① 　参见王鹤鸣《安徽近代经济轨迹》，安徽人民出版社1991年版，第326页。
② 　参见《芜湖县经济调查》，载建设委员会调查浙江经济所统计课编《芜乍路沿线经济调查 安徽段》，建设委员会调查浙江经济所统计课1933年版，第18、25页。

泉、江干卿也是芜湖当时有名的商人。其中,宁氏是在上海泰古辉栈专门为汉口、九江、芜湖等地倒卖洋布、洋纱的买办商人,而江干卿也在南京开设了德生钱庄。问题是,这些人虽然愿意投资工业企业,但芜湖工业所带来的经济利润却远远不及洋货业、米粮业,这些人对工业的兴趣因此大打折扣。于是,芜湖商业资本不仅难以转向近代企业,而且还有吸取近代工业资本的趋势,这对于芜湖城市的工业发展而言显然是个极大的阻碍。此外,与镇江商业资本运营不断变动的情形相同,在芜湖,一旦由于市场不景气或缺少资金时,芜湖也经常出现工厂停业或产权出租易手的情况。譬如,裕中纱厂于 1919 年 5 月正式开工,20 世纪 20 年代后期因无法与洋纱以及上海机制纱竞争,产品积压,销路停滞,公司经营状况日趋恶化,负债不断增加。再加上时值 1931 年江淮水灾,公司损失惨重,被迫停工。为此,公司被不断转租,最后不得不由中一实业公司承租,改名为中一纱厂。[①] 同样的情形也发生在芜湖的益新面粉厂、大昌火柴厂、明远电灯公司等企业身上。另外,就芜湖企业发展的外部环境而言,其所面临的困境也远超有利的因素。正如《芜湖海关十年报告》(1922—1931 年)所述,"近十年来,政变、兵燹、水灾及工潮,交相侵寻",不仅芜湖贸易受到影响,工业也是"颇遭挫折,迭经停顿"。[②] 由此可见,芜湖工业发展之困难不可谓不大矣。

三、运河漕运中心转移与无锡的勃兴

1. 无锡转口贸易的启动与城市商业发展

(1) 以"四市"为支撑的早期城市商业经济

长江下游城市无锡,位于江苏南部,东连常熟,西接武进,南临太湖,北近江阴;江南运河贯穿全境,境内河港密布、水路交通四通八达;其乡

---

① 参见冯之《裕中纱厂述略》,载《工商史述》,安徽人民出版社 1987 年版,第 71—74 页;谢国兴《中国现代化的区域研究:安徽省 1860—1937》,台北:"中央研究院近代史研究所",1991年,第 420 页。
② 参见《芜湖海关十年报告》(1922—1931 年)。

村腹地太湖平原地形平坦，陆路车运亦快捷方便，称其为水陆交通之枢纽不为过。水陆交通的发达更便于当地人民展开大规模的商品交换及物资集散，加之当地土壤肥沃、气候温润，极其适合稻、麦、蚕桑作物的生长，更使得无锡的农业生产和农村家庭手工业十分发达。

交通的便利、商品生产的发达，自然促进了商业的繁荣，区域内外经济联系也得以加强。1840 年以前，无锡就已经是颇具特色的苏南商业城市，手工业发达。城中遍布店坊结合、品种丰富、历史悠久的手工作坊。它们统属于各自专业的行会和公所组织，既受它们的保护，又受它们的约束。另外，无锡还因水运优势，逐渐发展为长江下游地区著名的"米码头""布码头""丝码头""钱码头"等商业集散中心。

无锡被称为"米码头"，可以追溯到明代后期。当时不少米商都活跃在南下塘、伯渎港一带，从事着小额米谷买卖。由于无锡地理交通位置便利，地处大米产地安徽和缺米的浙江之间，既方便漕粮的北上，又便于粮食的南下。因此，清代以来，周边各县及两湖地区的米、麦、豆等物资纷纷运至无锡以便转运各地。故无锡米市囤积了大量来自南方各地的粮食，据保守估计，仅同光年间就有 600 万—750 万石。[1] 因而，在当时无锡与芜湖、长沙、九江等地并称为中国的四大米市。

无锡米粮业发展的同时，土布贸易规模也不断扩大，这与当地手工棉纺织业快速发展不无关系。由于无锡农村耕地面积少、人口密度大，因而务农者数量渐少，更多的人趋于从事手工农副业谋取更多利益。至明中后期，纺纱织布已成为无锡农村的重要收入来源。由于当地并不产棉，于是农民一般从附近的江阴、常熟和沙洲购进棉花，再手工纺纱，织布出售。此外，由于棉花市场布贵花贱，无锡农民也争相购买南运的北棉，手工织布获得了更丰厚的利润。于是，北棉、南布的市场交流无形中催生了无锡花行和布行的建立。而当地大量从事贩运棉花和收购、销售

---

① 　参见无锡市粮食局编《无锡粮食志》，吉林出版社 1990 年版，第 26 页。

土布的商业行为,也逐渐使无锡成为长江下游地区土布交易的中心。清乾隆年间无锡本地土布产销达到全盛,每年有 300 万匹的销量。① 无锡土布市场除收购当地所产土布外,还经营大量从外地涌入的土布。据估计,当时每年在无锡土布市场成交量即高达 700 万—1 000 万匹左右。② 显然,市场规模呈现出不断扩大的趋势,其范围不仅从邻近的高邮、宝应、淮安、扬州扩大到山东、安徽、河南、河北等地,后来更销往上海、浙江、福建、台湾等各处。

相比之下,起步较晚但自然条件优越的无锡缫丝业发展则极为迅速。19 世纪 60 年代以来,由于植桑饲蚕获利丰厚,无锡乡民普遍从事蚕桑生产和进行手工缫制土丝。于是,在市内丝行和茧行大量涌现,在每年土丝集中上市的五六月间,街市上丝行林立,丝商们开张收丝,各乡蚕农纷纷前往售丝,“途为之塞”。至 19 世纪 80 年代,无锡土丝产量已达 20 万斤,价值 48 万海关两;到 19 世纪 90 年代,茧灶更发展到 800 余座。③ 生丝与蚕茧在此时已成为无锡出口最多的产品。至 20 世纪初,无锡已成为长江下游地区的丝茧集散中心,并一度被人们称为“丝码头”。

米市、布市、丝市走向繁荣的同时,无锡城市金融业亦日趋发达。早在明代中叶,无锡就出现了功能较为完整的金融行业——钱铺,商人们通过钱铺展开汇兑、存款等业务。以后伴随着商业发展,经营新贷款方式的钱庄出现,存放款业务日益扩大,其在融通资金领域起到了越来越重要的作用。由于信用好、周转快、拆息高,无锡钱庄受到商业各界的称誉,故当时苏州、镇江、扬州等地的地主都愿意把钱存到无锡钱庄里来,认为既保险又省事。于是,无锡在布、丝、米码头头衔之外,又多了一个“钱码头”的称号。

就以上所述米市、布市、丝市、钱庄四业的情况来看,不难发现它们

---

① 参见王赓唐、汤可可主编《无锡近代经济史》,学苑出版社 1993 年版,第 29—30 页。
② 参见王赓唐、汤可可主编《无锡近代经济史》,学苑出版社 1993 年版,第 29—30 页。
③ 参见王赓唐、汤可可主编《无锡近代经济史》,学苑出版社 1993 年版,第 29—30 页。

之间其实存在一种互相促进、互相依存的关系:各地粮食商人在无锡米市卖掉稻米后,顺便购买当地棉布等货返航。于是米市集中的运河沿岸的北塘及周边地区,渐趋形成了棉布市场。由于布行与粮行毗邻,布市的繁荣反过来又带动了米市的兴盛。而大量的外来商品粮也保证了当地蚕农的生存和发展。由于无锡钱庄业的放款对象以米业、丝茧业为主,有了借贷资本的支持,使米业、丝业更加繁荣。这样,随着米业、布业、丝业资金在区域间的快速流通和往来,无锡城市金融业愈趋发达。而且,随着市场商品流量的增加,商品流通领域也不断扩张。因此,当时无锡经济所辐射的区域不仅包括上海、常熟、江阴、宜兴、武进、溧阳、丹阳、金坛、扬州、兴化、泰州等地,还包括安徽的郎溪、广德两县和浙江的杭州、嘉兴、湖州地区各县。前近代时期的无锡已是苏南地区一个非常重要的商业中心。

（2）工业化视野下的商业发展

19世纪末,随着城市工业化的渐趋展开,无锡原有的经济结构发生了巨大的转变。吸收了近代工业化积极因素的传统商业,迅速调整内部结构,以一种与前资本主义商业迥异的新型商业模式出现,随之而来的还有城市新式商业区的形成。

在无锡的新式商业中,不但有颜料、矿油等一些专门推销西方舶来品的新生行业出现,而且原先经营百货、布绸等手工业品的行业,也都有所转变,选择向上海竞购"洋货"。宁沪铁路贯通后,无锡米粮转口商业更加兴盛,不仅南北各地产粮区、消费区通过无锡连成一体,皖、冀、鲁、豫等省的杂粮、黄豆贸易也更加通畅。如无锡周边各县生产的米、茧、麦、果等产品,或作为城市居民消费品,或作为工业生产原料,被运往上海等地。而上海等大城市则将五金、电器、材料、陶瓷料器等工业产品,以及京广杂货、洋货运来无锡,销售至四乡及周边各县。山东、浙江等地的草帽辫、席草、笆斗条等产品,亦运到无锡,由手工作坊和手工业者加工后销往各地。无锡竹场巷的竹器、竹材,亮坝上的木材,江尖上

的缸、盆、瓮、甏、坛、罐和紫砂陶器等,当时都颇有名气。① 第一次世界大
战爆发后,洋货进口量急剧减少,市价猛增,"洋货"行业获利惊人,无锡
工商企业家们遂趁欧洲各资本主义国家无暇兼顾的机会,大力发展工
业,于是无锡又摇身变为新兴的工业城市。而工业上的发展,又反过来
促进了商业新的繁荣。市内百货业由第一次世界大战前的 7 家增加到
11 家,纱号也由 3 家增加到 14 家。后来无锡受 1929 年以来国际经济危
机的影响,商业曾一度陷入萧条,但在经营西方舶来品方面,市场却依旧
旺盛。截至 1930 年,无锡米业共计 143 家、粮食堆栈 28 家、糟坊 56 家、
丝茧业(附茧行)320 家、丝茧 81 家、丝茧堆栈 13 家、绸缎 44 家、纱业 21
家、布业 6 家、银行 6 家、钱业 23 家、典业 33 家、银楼 41 家、竹业 24 家、
香业 14 家、南货 22 家、杂货 91 家、照相 18 家、帽鞋 38 家、漆业 15 家、药
业 12 家、运输 19 家、苎麻 37 家、纸业 13 家、印刷 13 家、书业 13 家、笔墨
11 家、报馆 6 家、油行 13 家、旅栈 25 家、五金 28 家、电料 9 家、瓷器 18
家,市内共计 34 个行业、1 366 家,基本上形成了一个种类齐全的现代商
业体系。②

2. 以棉纺、缫丝和面粉为主导的城市产业结构

如前文所述,随着无锡民族资本主义工商业的建立与发展,其城市
社会开始了多方位的发展历程。无锡工业化的兴起,除了受西方因素的
影响外,还与另外两个因素相关:一是甲午战争后清政府推行新政改革,
鼓励各地创办新式工业,国内出现"实业救国"的爱国热潮。二是条约通
商口岸城市的示范作用,即上海、杭州等条约口岸城市自开埠以来,其城
市传统手工业受西方资本主义生产方式的强力冲击,一部分被逐渐淘

---

① 参见赵烈炎、朱文钰《解放前的无锡商业》,载中国人民政治协商会议江苏省无锡市委员会
文史资料研究委员会编《无锡文史资料》第 14 辑,1986 年,第 68—69 页。

② 据《无锡商业调查表》统计,参见《无锡市政》第 4 号,第 117—155 页;《无锡市政》第 5 号,第
111—133 页。转引自茅家琦等《横看成岭侧成峰——长江下游城市近代化的轨迹》,江苏
人民出版社 1993 年版,第 155 页。

汰，但一些新式手工业和机器工业也随之崛起，推动和影响着周边地区非条约口岸城市工业的发展。这是一个通过区域市场"无形的手"而实现的过程。洋货通过上海，大量输入到其他条约口岸或非条约口岸城市，不但加快了土产商品的流出，口岸间埠际贸易也有了明显的增长。于是，作为非条约口岸的无锡同作为条约口岸的上海、苏州一样，也开始出现创办新式手工业和机器工业以满足市场的需求。

无锡城市工业化进程在不同时期呈现出不同的发展状态。

第一阶段是 1895—1913 年，是无锡近代工业化的滥觞期。其近代工业的兴起开始于 1895 年杨宗濂、杨宗瀚兄弟创办业勤纱厂。此后，荣宗敬、荣德生、薛南溟等企业家相继崛起，在无锡近代工业化的发展进程中留下了浓墨重彩的一笔。

1895 年，无锡第一家近代工厂——业勤纱厂创建，创办人为洋务派官僚杨宗濂、杨宗瀚兄弟。这是江苏省首家私营工厂，它标志着无锡开始迈出向近代工业城市转变的第一步。1902 年荣氏兄弟开办保兴面粉厂，次年，重新组股，面粉厂改名为茂新面粉厂。1904 年，周舜卿兴办无锡第一家机器缫丝厂——裕昌丝厂。1905 年荣宗敬、荣德生与族人荣瑞馨等在无锡创建振新纱厂。无锡近代面粉、缫丝、纺织三大支柱行业率先起步。

此后，1907 年，江苏棉商匡仲谋在无锡建立亨吉利布厂，拥有铁木结构织布机 180 台。1909 年，无锡人吴玉书、王桐、夏云鹤分别创办劝工染织厂、云澄布厂、美纶织布厂。[①] 尽管这些织布厂当时采用落后的手拉织机和脚踏铁木机设备，并非完全的机器织布，但是随着它们的建立，无锡纱销量迅速大增，不仅织布业有了长足的进步，而且也为无锡纺纱业的发展创造了良好的条件。

---

① 参见《辛亥革命前江苏资本主义企业创立表》，载江苏省中国现代史学会编《江苏近现代经济史文集》，1983 年，第 5 页。

食品工业方面,1910年无锡米商唐保谦、蔡缄三创办九丰面粉厂,1911年,唐氏的九丰与荣氏茂新两家面粉厂,总资本达38万,日生产能力4 800包,分别占江苏全省面粉厂总资本158万和总生产能力15 700包的1/3左右。[①] 1913年,祝大椿等合资创办惠元面粉厂。与此同时,无锡还出现了榨油厂和碾米厂。机器榨油厂主要有润丰、俭丰、恒丰三家。碾米企业有1909年荣德生、钱镜生、谈文明等合资创办的宝新碾米厂,它是无锡最早独立专营碾米的厂家。而1910年邹颂范在江尖口创办的邹成泰机器碾米厂,获利也相当丰厚。[②] 显然,无锡食品业已从原先功能单一的面粉加工业转向榨油、碾米等粮食综合加工工业发展了。

无锡缫丝工业发展最快的阶段为1904年至1913年,当时所建丝厂除裕昌之外,还有乾甡丝厂(1909年)、源康丝厂(1909年)、锦记丝厂(1909年)、振艺丝厂(1910年)、乾元丝厂(1913年)、隆昌丝厂、福纶丝厂等,共计8家。其中振艺丝厂是当年国内拥有丝车最多、规模最大的私营缫丝厂,为常州人许稻荪在无锡创建。这些丝厂出产的产品也都是国内公认的优质丝品牌,如薛氏丝业集团的"金双鹿""银双鹿",裕昌丝厂的"锡山""金鱼"等。

无锡其他新式工业行业同样也被带动发展起来。如1909年薛南溟等创办耀明电灯公司,次年送电,自此无锡有了电灯。1911年杨翰西创办无锡电话公司,将电话引入平民百姓生活。至1913年,无锡还成立了渭鑫机器厂(1912年)、复源机器厂(1913年)、锡成印刷公司(1913年)、大通肥皂厂(1913年)、进化石笔厂(1913年前)等近代工业企业。

显然,1895至1913年的时间段是无锡近代工业化的启动阶段。在这短短的十多年里,无锡近代工业从无到有,获得了非常快速的发展。

---

① 参见孙宅巍《江苏近代民族工业史》,南京师范大学出版社1999年版,第122页。
② 参见朱培荣《邹成泰企业发展简史》,载中国人民政治协商会议江苏省无锡市委员会文史资料研究委员会编《无锡文史资料》第12辑,1985年,第92页。

据统计,截至 1913 年,无锡建有各类工厂 38 家。[①] 资本总额达 1 442 000 元,占全国工业资本总额的 1.68%,占江苏省工业资本总额的 16%。[②] 就纺织业而言,至 1913 年,无锡纱厂总纱锭数达 34 092 枚,仅次于上海、武汉、南通,位居全国第四,约占全国纱锭总数(484 192 枚)的 7.04%。[③] 就产业门类而言,无锡所设工厂,不仅包括缫丝、纺织、面粉三大产业,还拥有碾米、榨油、电力、印刷、机器制造等企业。其中,近代无锡六大工业资本集团中的四家(杨氏系统、荣氏系统、周氏系统、唐蔡系统)已基本在无锡打下基础。可以说,这一时期,无锡纺织、缫丝、面粉三大产业结构已基本形成,工业化初见成效,其发展水平仅次于长江下游地区的上海和南通。

第二阶段是 1914—1929 年,是无锡工业化走向成熟发展的阶段。自民国建立以来,中国资产阶级逐渐发展壮大,国内不少工商业城市开始兴起新的产业革命热。企业界人士纷纷投资设厂,"我国棉织业骤然改观,而成为我国棉纺业史上最光焕之一页"[④]。1914 年第一次世界大战爆发后,棉纺织品主要输出国英国等国因战争军需的增加,输入中国的棉纱数量急剧减少。中国国内纱布市场受其影响,价格飞涨,棉纺织业因而获利丰厚,走向空前繁荣。高额的利润使得国内企业不断添建新厂,扩建老厂,中国民族资本主义迎来了快速发展的"黄金时代"。

然而,战后列强资本卷土重来,廉价商品大量输入,越来越多的华商工厂亏损倒闭。面对这种困境,无锡工商企业家们积极应对,充分利用本地资源和交通网络,降低经营成本,创设名牌,拓展销路,并借助当时

---

① 此数字依据顾纪瑞《无锡在二十年代形成经济中心的原因及其职能》统计,参见《历史档案》1985 年第 4 期。
② 据顾纪瑞《略论江苏近代资本主义发展的特点》(载《江海学刊》1982 年第 2 期)及李虹岗《抗战前的无锡民族资本》(载《江苏经济探讨》1985 年第 10 期)有关数据计算。
③ 据严学熙《近代中国第一个民族资本系统——大生企业系统的形成》(载《中国社会经济史研究》1987 年第 3 期)列表计算。
④ 朱斯煌:《民国经济史》,银行周报社 1948 年版,第 333 页。

中国人民抵制外货的政治形势,建设民族工业。因此,无锡企业非但少有倒闭,甚至还有所增加。20 世纪 20 年代末,无锡各类工厂企业已增加到 170 多个单位,比 1913 年多出 132 个。其中又以棉纺、缫丝和面粉企业发展为最盛。

首先是无锡棉纺织业的稳步发展。1917 至 1922 年,无锡新开办 5 家棉纺织厂,新增纱锭 115 168 枚,是战前纱锭数的 3.38 倍。其中业勤纱厂因杨氏兄弟相继过世,企业发展低迷,杨宗濂儿子杨瀚西脱离业勤,另办广勤纱厂,1918 年即获厚利。当时有报纸称其"不啻为吾邑纱大之冠,实可与通州大生纱厂雄峙大江南北矣"①。荣氏家族方面,1915 年,荣宗敬、荣德生因与其他股东意见分歧,退出振新,并于当年和 1917 年先后创办申新一厂、二厂。1919 年,兄弟俩又在无锡筹建申新三厂,其规模在除上海以外的棉纺织业中首屈一指。其厂在 1922 年投产,投产当年即盈利 50.1 万元。②而无锡当地的另两位商界巨子——唐骧庭和程敬堂也接办了当时的手工织布厂冠华布厂(1918 年),并将其更名为丽华布厂。1920 年,二人又集资兴办丽新纺织厂。在他们的悉心经营之下,无锡又一大民族资本集团逐渐成长起来。另外,1919 年,无锡银钱业的吴玉君、方寿颐等人多方筹资创办了豫康纱厂。1920 年,经营米粮业的唐保谦、蔡缄三筹资 83 万元,兴办了庆丰纱厂。至此,无锡六大民族资本集团全部亮相,无锡业勤、振新、申三、豫康、广勤、庆丰和丽新七大棉纺织厂初具规模。

1922 年以来,国内外纱布市场发生重大变化,出现了"花贵布贱"的现象,无锡不少棉纺织厂生产亏损,面临困境。为了摆脱危机,无锡各棉纺织企业千方百计地解决原棉供给问题,终于在 1925 年国人抵制外货的浪潮中抓住机遇,从而扭亏为盈,扩大了生产。至 20 世纪 20 年代末,

---

① 《锡报》1917 年 3 月 13 日。
② 参见《无锡市第一棉纺织厂厂史》,油印本,第 82 页。

无锡计有棉纺织厂 7 家,总资本达 887 万元,工人 13 098 人,有纱锭 173 776 枚,布机 2 048 台,分别比 1922 年增长 56.7%、−0.8%、20.8% 和 70.1%(见表 4 - 4)。与此同时,无锡针织企业也有所发展。至 20 世纪 20 年代末,无锡纺织工业资本愈加集中,已成为具有相当规模效益的重要经济部门。

表 4 - 4 20 世纪 20 年代无锡棉纺织业发展状况

厂名	1922 年				1929 年			
	资本额 (万元)	纱锭数 (锭)	布机数 (台)	工人数 (人)	资本数 (万元)	纱锭数 (锭)	布机数 (台)	工人数 (人)
业勤	33	13 832	——	1 100	33	13 832	——	1 100
振新	100	30 278	——	1 500	127	30 296	——	1 720
广勤	70	19 968	50	1 800	100	23 040	50	1960
申新	150	51 008	504	4 700	300	57 008	878	4 000
豫康	80	14 000	——	1 099	125	17 600	——	1 270
庆丰	83	14 800	250	2 500	142	32 000	420	2 315
丽新	50	——	400	500	60	——	700	733
合计	566	143 886	1 204	13 199	887	173 776	2 048	13 098

资料来源:王赓唐、汤可可,《无锡近代经济史》,学苑出版社 1993 年版,第 68 页。

　　其次,在缫丝方面,这一时期是无锡缫丝业发展的高峰阶段。第一次世界大战期间,欧洲的法国、意大利等主要产丝国生丝产量跌落,给中国生丝市场带来了不少机会,1914 至 1919 年无锡缫丝工业快速扩展。当时新办有 5 家丝厂,丝车总数增到 3 620 台,比 1913 年增加了93.2%,年产生丝达7 700 担,年产值约 563.4 万两。[①] 这 5 家新办丝厂分别为绸布商人丁杏初等创办的九余丝厂、薛南溟创办的永盛丝厂、唐保谦创办的锦丰丝厂、钱业商人单绍闻创办的福纶丝厂以及江阴布商周月珊

---

① 参见王赓唐、汤可可《无锡近代经济史》,学苑出版社 1993 年版,第 69 页。

出资开设的隆昌丝厂。其中,1918 年薛南溟还买下隆昌丝厂,稍后又创办了永吉丝厂。这样,薛氏除了原先的无锡锦记、上海永泰,还有新建的永盛、隆昌、永吉,成为拥有 5 家丝厂、1 778 台丝车的丝业资本集团。[①]

与无锡纺织业、面粉业相比,1920 至 1929 年无锡缫丝业的景况更好。由于 1923 年关东大地震,生丝生产国日本的丝厂毁损殆尽,这给中国丝业发展带来了新的机遇,无锡陆续新办了一些新的丝厂。1920 至 1927 年,无锡新增 14 个丝厂、4 386 台丝车,[②]从而进入全盛发展的阶段。

再次,在面粉业方面,1914 年后的 15 年间,无锡面粉业经历了一个兴盛、起伏、复兴的时期。1914 至 1921 年是其发展的黄金阶段,其中荣氏企业的扩张最为突显。1915 年,荣氏买下惠元面粉厂,更名为茂新二厂;1917 年租立新厂,创设茂新四厂。茂新系统由此形成,其生产能力由第一次世界大战爆发时的日产 5 000 包猛增至 11 000 包。至 1921 年,无锡计有面粉企业 5 家,是国内面粉工业最发达的六个城市之一;资本额达 147.5 万元,位列全国第六,占全国面粉企业总资本额的 4.53%;日产面粉 2.1 万包,列全国第四,占全国日产总额的 6.7%,仅次于上海、哈尔滨、济南,超过汉口和天津。[③]

第一次世界大战结束后,国际贸易市场粮食供求关系发生重大转变,国外面粉大量输入中国,中国面粉市场受到强力冲击,加之连年灾荒、军阀战争,国内粮食产量下降。由此,无锡面粉工业一度起起落落,危机四伏。然而凭借着良好的区域商品流通基础以及面粉加工经营的

---

① 参见中国人民政治协商会议江苏省无锡市委员会文史资料研究委员会编《无锡文史资料》第 2 辑,1981 年,第 56 页。
② 参见高景嶽《无锡缫丝工业的发展和企业管理的演变》,载茅家琦、李祖法主编《无锡近代经济发展史论》,企业管理出版社 1988 年版,第 121 页。
③ 据上海市粮食局等编《中国近代面粉工业史》(中华书局 1987 年版)第 43 页表计算。

规模优势，加上当时政府限制粮食运销的禁令渐趋减除，无锡面粉工业在风波面前初步具备了一些抵御能力，并在起伏中获得了发展的机会。到 1929 年，无锡计有 4 家面粉厂，钢磨由 1921 年的 88 台增加到 106 台，资本 168 万元，生产能力达到 2.45 万包/日，分别增长 22％和22.5％，年产面粉 321 万包，麸皮 41 万包，年产值约 1 079 万元。[①]

1914 至 1929 年，除了发达的纺织、缫丝、面粉业以外，无锡的碾米、榨油、印刷、化学、建材、机器制造等工业也颇有发展。无锡不但成长为中国五大碾米中心之一，而且其机械工业的规模和产值也仅次于上海、广州，位居全国第三位。[②] 由此可知，在 20 世纪 20 年代末，无锡纺织、缫丝、食品业已成为城市工业产业中的支柱行业，无锡近代化工业体系已基本完备，门类分布更加广泛。

表 4 - 5　1895—1929 年无锡工厂成立厂数一览表　　　单位：个

类别	年份			合计
	1895—1913	1914—1919	1920—1929	
棉纺	2	1	3	6
针织	6	23	11	40
染织	0	2	11	13
缫丝	6	1	38	45
面粉	2	2	0	4
碾米	2	1	11	14
榨油	0	5	1	6
机器	1	7	27	35
翻砂	0	0	7	7

① 参见单强《工业化与社会变迁——近代南通与无锡发展的比较研究》，中国商业出版社 1997 年版，第 239 页。

② 参见茅家琦等《横看成岭侧成峰——长江下游城市近代化的轨迹》，江苏人民出版社 1993 年版，第 146 页。

类别	年份			
	1895—1913	1914—1919	1920—1929	合计
化学	1	3	7	11
砖瓦	0	0	3	3
合计	20	45	119	184

　　资料来源:虞晓波,《比较与审视——"南通模式"与"无锡模式"研究 》,安徽教育出版社 2001 年版,第 121 页。

　　就表 4 - 5 而言,1895 至 1913 年,无锡仅有 20 家近代工厂,其中棉纺织业、缫丝业及食品业工厂居多,而 1914 至 1919 年,受第一次世界大战影响,无锡新增棉纺、碾米、榨油厂家不多。棉纺织业的减少有荣氏将企业扩张到上海的因素,而榨油业的减少则是因无锡米市的衰退。比较而言,1920 至 1929 年,无锡缫丝业的发展较快。至于无锡面粉厂,数量虽未增加,但产能发展迅速,位居全国第三。另据《无锡年鉴　第一回》的数字统计,近代无锡 12 个主要工业行业中,纺纱、缫丝和面粉三个行业的投资所占比重分别为 52.33%、20.29% 和 14.27%,营业额分别占 18.53%、54.72% 和 11.10%。[1] 这表明,经过 1914 至 1929 年近 20 年的发展,无锡已成长为一个以纺织、缫丝和制粉业为主导的非常典型的轻工业城市。

　　第三阶段是 1927—1937 年,是无锡近代工业化的繁荣时期。1929 年秋,世界性的资本主义经济危机爆发,也给无锡经济带来了巨大的冲击。1930 年,无锡仅有 3 家工厂设立。不过,无锡各企业集团却并未因循守旧,而是更加致力于企业自身的开拓和改革。如荣氏在申新系统大胆改革工头制,引进先进的管理方法和技术,初步获得成效。而唐蔡系统的庆丰纱厂、唐程系统的丽新纺织厂、薛氏系统的永泰丝厂等棉纺、缫

---

[1]　参见隗瀛涛主编《中国近代不同类型城市综合研究》,四川大学出版社 1998 年版,第 593 页。

丝企业也积极推行企业管理革新。这些革新迅速使他们在激烈的市场竞争中稳住了阵脚。于是,无锡近代工业充分利用交通便利、资金集中、工价低廉、规模庞大、技术改革、管理革新等各方面优势条件,最终成功摆脱危机。根据《中国实业志:江苏省》的相关统计,1932 年,无锡城市工业已居于国内先进地位。棉纺织方面,拥有 7 个棉纺厂,14 103 名工人,资本额达 971 万元,年产棉纱 111 161 包;棉织厂有 23 个,2 022 名工人,资本额达 76.23 万元,年产布 110 万匹;缫丝方面,有 50 个缫丝厂,37 260 名工人,年产生丝 24 500 担;针织厂有 33 个,工人 3 000 人,资本总额 18 万元,年产值 225 万元;面粉厂有 4 个,工人 742 人,资本额 168 万元,年产面粉 276 万包;碾米厂 27 个,工人 1 510 人,资本额 15.7 万元;榨油厂 8 个,工人 321 人,资本额 18.3 万元,年产值 336 万元;翻砂厂 8 个,工人 101 人,资本额 1.55 万元;造纸厂 1 个,工人 30 人,资本额 1.595 万元,年产纸 5 000 令;制皂厂 4 个,工人 27 人,资本额 0.9 万元,年产肥皂125 000 箱;发电厂 1 个,资本额 150 万元;印刷厂 4 个,工人 348 人,资本额 7 万元;制镁厂 1 个,资本额 3 万元,年产值 2.2 万元。[①]

至全国抗战爆发前的 1936 年和 1937 年,无锡工业达到历史鼎盛时期。其重要工厂的生产能力为:51 家缫丝厂有 15 560 台缫丝车,年产 24 000 担生丝,丝产量占全国总产量的 40% 左右,为全国之冠;7 家棉纺厂拥有 24 万枚纱锭,年产 17 万件棉纱,占当时全国总产量的 0.8%,占民族工业产量的 1.23%;4 家面粉厂有 120 部钢磨,年产 750 万包面粉,占全国总产量的 12%;23 家织布厂有 33 000 台布机,年产 120 万匹布;33 家针织厂有 204 台织机,年产 37 500 打袜子;72 家机器制造厂,年产 800 台动力机。由是,无锡总的工业规模应为:工厂总数达 315 家,资本总额有 1 820 万元,占当时中国资本总额的 1.3%,占民族工业总资本的

---

① 参见实业部国际贸易司《中国实业志:江苏省》,实业部国际贸易司,1933 年,第 4 编"商埠及都会""无锡"栏附表。

1.55%,年总产值为 7 726 万元,占全国总产值的 4.3%。[①] 而无锡在全国的工业地位排名也迅速提高,与上海、天津、武汉、广州、青岛并称为当时全国六大工业城市。

由此看来,工业化的兴起不可避免地对近代无锡城市产生了巨大的影响。

首先,无锡之所以快速崛起,成为一个以轻工业为主导经济功能的专业性城市,工业化是其最重要的推动因素。1911 年前,无锡仅有几家纺织业、食品业轻工企业,工厂数量少,规模有限,产业结构上更看不出有什么优势。而至 1936 年,无锡工业已获得初步发展,工厂数量增至 1900 年前的 5 至 6 倍。如缫丝业发展到 40 家,是原先 6 家工厂的 6 倍多;棉纺织有 35 家,比原先 4 家工厂多出近 8 倍;机器制造业则由原先的 1 家工厂发展到 8 家;食品业由 2 家工厂增加为 11 家。与此同时,一些新的工业行业工厂也纷纷出现,如印刷厂、造纸厂、机器面粉厂、皂烛厂、罐头食品厂、电厂、玻璃厂、酿造厂等。这些行业不仅门类广泛,而且还形成了一定的规模,轻工业占绝对优势的特点已日渐清晰。到 1937 年,非条约口岸城市无锡已然成了以纺织、缫丝、面粉三大行业为支柱,轻工业比较发达的城市。

其次,工业化还促进了无锡城市经济组织的近代化。与社会化大生产相适应,地区的企业经济组织只有打破自然经济架构下狭隘的地域限制和等级关系,进行专业化的竞争与联合,城市工业才能得以快速发展。无锡城市工业化的真正形成是在 20 世纪 30 年代,当时无锡拥有 13 个工业部门、315 家近代工业企业,形成了一个较为完整的工业体系。为生存与发展,各大企业集团纷纷进行生产技术和管理制度的改革,各集团分

---

① 据《无锡工商概况》第 57 页记载内容,并参照《中国实业志·江苏省》册数订正补充,参见陆仰渊《抗战前无锡工业化过程的特点与意义》,载《近代史研究》1986 年第 4 期,第 226—227 页。

头并行、互相竞争、协同并进，充分发挥各自的财力、智力，使得无锡经济始终保持着持续增长的状态。

再次，工业化还促进了无锡城市外部联系的不断扩大。近代无锡城市工业化，不但带动了城市经济的迅速增长，还促进了长江下游区域市场的发展与壮大，城市的外部联系也更加紧密。这种外部联系不仅存在于城市与城市之间，还存在于城市与周围农村之间，甚至还有与国外的合作与交往。无锡工业发展最突出的表现是，工业化对周边农村经济结构产生了长远的影响。适应工业化大生产的需要，无锡城乡交通运输条件得到了改善，农产品商业化的倾向更加强化，农村向城市提供了越来越多的农产品，城乡间经济联系也比以前更加紧密。如无锡缫丝业的规模化发展，不但使当地农民普遍栽桑饲蚕，还带动了缫丝业副产品的发展，桑叶、桑苗、干茧、蚕种、生丝、丝织品的买卖交易更加频繁。另外，为了摆脱蚕丝贸易上对洋行的依赖，无锡的民族企业还自主开拓外贸市场，在国外直接设立自己的销售机构销售自己的生丝产品，使得无锡与世界的经济交往关系更加紧密。

从上述对镇江、芜湖和无锡城市发展历史的梳理，我们不难总结出以下几个影响城市命运变动的因素：一是江河地质变动（镇江、无锡）；二是轮船运输（镇江、芜湖）；三是铁路运输（镇江、芜湖、无锡）。显而易见，地理交通条件的变迁决定着一个城市的兴衰。城市越发展，交通越发达；交通越发达，城市就越发展。如果缺乏良好的地理环境和交通条件，城市近代化将难以实现。民国以来，无锡之所以能成长为长江下游地区的区域中心城市，就是依赖地处富庶的太湖流域，有广阔而富饶的经济腹地的地理优势，加之原本就非常发达的水运以及便捷的铁路运输，无锡城市运输功能进一步增强，随之而来的则是企业产品流通和信息反馈周期缩短,经济腹地不断扩大,城市人口增长和城市规模扩大,苏州、常州、镇江等江南城市被迫纳入其经济辐射的范围之内。原先的区域中心、地理位置同样优越的苏州、常州、镇江、扬州,则因铁路这一新式交通的出现以及运河运输功能的弱化,自身的命运发生了改变。例如,常州经济地位的下降,就与其境内运河不畅和沪宁铁路通车等原因息息相关。由于交通不便,导致原属常州经济势力范围的宜兴、溧阳、江阴、金坛等地及江北地区的货物纷纷转经无锡至上海,北方货物也大量经铁路运至无锡、上海。原为长江下游区域中心城市、内河商港的苏州,也由于运河机能的丧失,先后被上海和无锡超过和取代。至于镇江、芜湖的兴衰更是受城市交通的影响。当初正是由于位居河口的交汇点,两座城市的发展动力得到迅速提升;但当现代化的铁路交通设施修建以后,它们却因新式交通运输方式的进步和传统商路的改变而衰落下去。其根本原因就在于,铁路交通夺取了原来轮船交通时代城市所赖以发展的物流量、人流量、资金流量以及信息流量。或许,这也正是纯转口贸易港口城市共同面临的发展问题吧。

第三节　传统转口贸易城市与其腹地关系研究

"一座大城市最重要、最天然的基础,就是附近农村地带要人口稠密、劳动力充沛,这就为粮食给养、工业制造和对外贸易提供物质资源。"这是美国学者罗兹·墨菲在论及近代上海优越的地理位置时所引用的一段话。其中所隐含的寓意就是上海之所以能够从一个原来属于前工业经济体系的小港口发展成为一个全面经济发展的现代首要工商业城市,其周边地区农村经济的发展,物资、人口的沟通与交流起着举足轻重的作用。

这里实际上涉及一个城市经济发展过程中极为重要的概念——经

济腹地。所谓"腹地",是一个与港口紧密联系的概念。任何一个港口的兴起和发展,除得益于先天有利条件及外界促进因素,似乎更与其经济腹地息息相关。腹地为港口货物进出提供物资来源和销售市场,港口则为腹地商品吐纳提供输出、输入孔道。当然这一"腹地"的概念还仅是狭义上的,广义的"腹地"则是指一般经济和文化中心城市周围的毗邻地区,即围绕着中心城市,为中心城市提供资源和市场,并在经济发展中受中心城市辐射影响的地域范围圈。从某种意义上而言,腹地是港口兴起的基础,是决定港口能否兴盛的关键。一个城市经济腹地的范围大小,受自然条件、社会经济和港口城市自身吞吐能力及城市规模、经济辐射能力的影响,而且常常处于动态变化之中。施加辐射的中心城市,其城市地位也由于腹地的变化而不断变动。民国时期的镇江、芜湖、无锡在长江下游中的地位就是在这种不断变动的过程中改变的。

一、镇江的式微及其腹地的衰落

1. 镇江港的没落

根据前面章节所述,镇江自民国以来,特别是 20 世纪二三十年代以来,因为自然环境、道路交通、水灾、兵燹等因素影响,城市经济腹地呈现出不断缩小的趋势。

自镇江开埠后,长江轮船航运业不断发展,对外贸易量不断增加,镇江港因而日益繁荣,原来作为运河腹地物资集散枢纽中心的地位被强化,其商业所及地区也不断扩张,从经济地理学意义上说,即镇江港口的经济腹地在不断扩张。其腹地范围"沿京杭运河,北含山东、河南、皖北、苏北,南包苏南、浙江,沿长江,西起湖南、湖北、江西和安徽省南部,东止上海;通过近海航线,南通福建、广东和台湾,北达东北三省和朝鲜"①。

---

① 单树模:《镇江的兴起和发展》,载南京师范学院地理系江苏地理研究室编《江苏城市历史地理》,江苏科学技术出版社 1982 年版,第 147 页。

表 4－6　镇江商业全盛时期经镇江转口物流来去方向

商品	来源地	营业范围
米	安徽、苏北地区、苏南地区、镇江附近四乡	镇江本地、上海、浙江、广东
绸布	苏州、常州	苏北地区、皖北地区、山东、河南
木材	湖南、江西	京杭运河沿线
江绸	镇江本地	沿江的湖南、湖北,运河沿线的苏北地区、皖北地区、山东、河南,黑龙江、吉林、辽宁以及朝鲜
桐油	湖南洪江	大江南北、京杭运河沿线
北货	苏北地区、皖北地区、山东、河南农村	福建、台湾、广东等省
南货	福建、台湾、广东等省	苏北地区、皖北地区、山东、河南农村

资料来源:单树模,《镇江的兴起和发展》,载南京师范学院地理系江苏地理研究室编《江苏城市历史地理》,江苏科学技术出版社 1982 年版,第 149 页。注:江绸产品以线绉、绫绸、塔夫绸、缣丝为主;南北货与桐油合称江广业;北货主要包括金针菜、瓜子、花生米、红枣、蜜枣、柿饼、胡桃、芝麻、麻油等;南货是指糖、桂圆、荔枝等货品,其中以红糖、白糖为大宗。广州、汕头、厦门、福州等地客商,均以海轮运国产红糖、白糖及桂圆、荔枝等货品,直达镇江港,然后以这些货品换取北货南返,每年可往返四次。

　　然而,情况自 1908 年沪宁铁路、1912 年津浦铁路通车以后发生了逆转。随着铁路运输业务的不断扩大,镇江的物资枢纽地位逐渐被铁路沿线的徐州、蚌埠取代。镇江港口中转出口的货物数量也逐年下降,商业市场范围渐渐缩小。民国以后,镇江港口的经济腹地最终缩小至苏北一隅,镇江港"实际上只是苏北里运河沿线各地棉花、小麦输往无锡、常州加工,无锡、常州各工厂加工生产的棉纱、棉布和面粉运往苏北里运河各地农村的转口港"①。很显然,镇江已由原先仅次于上海、汉口的长江下游重要的商埠城市下滑为次一等的经济城市。

　　至于其港口衰落、腹地收缩的原因,前文其实已有论述,大体有以下几个理由:自然灾害、兵燹、当局的苛捐杂税、西方企业的倾销排挤与国

① 　单树模:《镇江的兴起和发展》,载南京师范学院地理系江苏地理研究室编《江苏城市历史地理》,江苏科学技术出版社 1982 年版,第 149 页。

际市场的冲击、长江淤沙与铁路运输的兴起。① 因此,从总体上说,镇江的衰落是诸多因素综合作用的结果。但很显然,交通枢纽地位的改变则是导致其衰退的主要原因。这是因为,铁路交通的发展直接改变了镇江物资流通的方向和数量。而物流量的减少和物流方向的改变,则直接影响了镇江经济腹地的发展,使其不断缩小。其中最典型的例证,就是该市江广业的萎缩。

江广业原本是镇江对外贸易中的支柱行业,其货源以北方为主,但京汉铁路、胶济铁路、津浦铁路和沪宁铁路的通轨使得北货大部分改道,其货源不得不由北方诸省缩减为鲁南、苏北地区接近运河的一小部分,徐州、蚌埠与南京一起瓜分了原属镇江的大半商务,镇江整个行业的营业额遂大幅下降,仅及以前高峰时的十分之二三②。特别是沪宁铁路和津浦铁路对镇江打击殊甚。据当时海关清册统计,沪宁铁路和津浦铁路建成通车前和通车后,镇江港口输入内地(指运河沿岸腹地)和由内地出口货物的贸易额,出现了极为明显的变化。通车前的 1907 年,输入内地的贸易额为 12 251 648 两,内地出口贸易额为 3 118 299 两。1908 年输入内地的贸易额为 12 586 544 两,内地出口贸易额为 3 317 961 两。而在通车后的 1911 年和 1912 年,输入内地的贸易额则分别减到

---

① 也可参见胡鲁璠、杨方益对镇江商业经济衰落的论述。他们在谈及原因时认为:"清末,京汉、津浦铁路先后通车,华北诸省土特产品的出口及外货输入,多改陆运,镇江水运优势大为减色,待沪宁线铁路铺成,货物更过而不留。加上镇江附近江面新沙续涨,航轮进出不便,于是镇江商业地位一落千丈。民国成立后的十五、六年间,军阀混战,鲜有宁日,工商发展更受打击。其间曾经第一次世界大战有利时机,少数民族工业乘势兴起,但并未能扼制镇江商业的颓势。1929 年,江苏省政府迁来镇江,邑人曾寄托很大希望,冀能借助全省人力财力,谋求镇江的复兴,屡次拟议疏浚江河,并订定整治港埠计划,惜未能实现。只是由于人口增加和官僚政客往来频繁,使饮服等消费性行业有所发展而已。1931 年,苏北大水灾,其受灾最重地区,又恰为镇江商业往来密切区域,各业货款及钱庄放款,损失奇重,以致市面呆滞,银根紧缺,打击极大。数年间,未及恢复……"参见胡鲁璠、杨方益《解放前镇江工商概述》,载中国人民政治协商会议江苏省镇江市委员会文史资料研究委员会编《镇江文史资料》第 15 辑,1989 年,第 1 页。

② 参见胡鲁璠、杨方益《抗战前镇江商业概述》,载中国人民政治协商会议江苏省委员会文史资料研究委员会编《江苏文史资料》第 31 辑,1989 年,第 156 页。

6 133 000两和6 483 560两。很显然,这都与铁路分流了大量镇江港口的货源有关。

另外,能说明这种变化的还有通车前与通车后镇江海关征收内地子口税的差别。众所周知,镇江一度是国内"可以领取护运进口货物内运的子口税单的口岸"[①],进口洋货在这里办理了洋货内运的手续,完纳较轻的子口税后,就能一直把货运至目的地,免纳内地税。从表4-7中,我们不难看出,1912年镇江海关征收的内地子口税额只有1907年征收总额的50%还不到,各年数额还呈逐年下降的态势。

表4-7　1906—1915年镇江关征收内地税总额比较表

年份	内地子口税(两)
1906	323 461.850
1907	318 128.118
1908	309 543.551
1909	273 896.180
1910	201 356.255
1911	167 601.945
1912	142 673.822
1913	135 813.239
1914	134 417.982
1915	130 054.853

资料来源:《通商各关华洋贸易清册》,参见马小奇主编《镇江港史》,人民交通出版社1989年版,第102页。

2. 腹地经济的衰退

镇江腹地,大部属于农业相对落后的乡村地区。这些地区,大多地势偏僻,水利落后,农业发展全凭天气好坏。据光绪年间《丹徒县志》中

---

① 姚贤镐编:《中国近代对外贸易史资料(1840—1895)》第2册,中华书局1962年版,第818页。

记载，镇江农田，逢洪水之年，则低田受灾；逢干旱之年，则山田遭害，"无一年而不灾"。所以"在城商民，其稍富裕者，多在城厢市购置宅第，置田产者鲜有"[1]。除自然条件恶劣外，近代以来该地区苛刻的赋税亦是制约其农业发展的一大因素。与邻近的丹阳、铜山相比，镇江农民负担极重，一般是其三四倍，每亩纳八角九分八厘。[2] 民国以后，政府亦沿用前清旧例，镇江地瘠赋重民贫的现象也没有得到改变。

在农业生产方面，大致以稻米为主，金针菜、芝麻、小麦、大豆次之。但由于土地贫瘠、灾害不断，每亩产量不过百斤左右，甚至还不敷当地之需。太平天国运动以后，外出逃难的百姓纷纷回归开垦，农产品产量遂逐渐增加，但由于不知使用机器、地少人众，所以此时仍以供口粮为主，农业鲜有进步，只有产量大的花生可供出口[3]。一度随着镇江丝绸业发展的桑蚕业，虽曾有一定发展，但受该地区多山地、水利落后、赋税沉重的制约，农民完全舍粮植桑并不现实。故民国以后，镇江农村虽极力倡导种植桑秧，但大多仅限于农田隙地和江心沙洲。[4] 其蚕桑业直至 20 世纪 20 年代国民政府对蚕桑技术进行改良和推广，才渐有起色，但相较于苏锡常地区仍显落后。

此外，镇江腹地受洋货影响亦相当强烈。除鸦片外，煤油是镇江进口洋货中非常重要的一种。煤油从 19 世纪 60 年代起输入中国，最初是作为供应外侨点灯照明之用，以后渐增。至 19 世纪末，煤油已成为当时除鸦片、棉纱、棉布外最多的进口品。从此中国进入了洋油时代。截至 20 世纪 30 年代，美孚煤油公司、亚细亚煤油公司、德士古煤油公司等纷

---

① 《镇江土地局实习报告》，载萧铮主编《民国二十年代中国大陆土地问题资料》，台北：成文出版社 1977 年版，第 5099 页。
② 参见《镇江土地局实习报告》，载萧铮主编《民国二十年代中国大陆土地问题资料》，台北：成文出版社 1977 年版，第 5099 页。
③ 参见《镇江海关报告》，1894 年。
④ 参见《丹徒县实业视察报告书》。

纷在镇扬地区设立经销机构。① 这些外商石油公司,通过镇江各县经销处和代销店,销售石油产品,洋油就这样日益渗透到镇江腹地城乡的每一个角落。由于洋油的大量输入,中国传统的点灯照明用的花生油、豆油、麻油等植物油以及蜡烛等,日益受到输入量日增的煤油的排斥,销售受到严重影响。而农民大量购买洋油,亦导致了农村资金的大量外移,有些地区"银币和铜元几乎是断了踪迹"②。于是乎,出现农村金融枯竭的局面,镇江农村贫困遂愈加严重。

故总体而言,镇江腹地经济仍以农业糊口为主要目的,其落后的生产方式与产业结构,决定了该地区不可能像无锡、常州的腹地一样向外输出产品,反而在洋货倾销下流失了大量的资金。故从经济意义考虑,镇江之腹地并不足以推动镇江经济之进一步发展,而镇江这个巨大的转运市场亦与其腹地存在经济联系不够热络、不够紧密的问题。故近代以来,在缺乏有力腹地的支撑下,镇江的近代化转型举步维艰,仍只是个地处交通要道、人来船往的港口城市。

二、芜湖米市贸易及其腹地农业的商品化

1. 芜湖米市的形成及其地区贸易中心的确立

芜湖经济的发展是以芜湖开埠及成为全国米市为起点的。在此之前,皖中地区生产的米粮,多以帆船运往长江下游地区销售,尤其是运至南京、镇江等人口稠密的大中城市。如南京食米多为和州、庐江、运漕转运之米,长江"上游聚粮之地,首在庐州府属之三河、运漕两处,不特一府

---

① 镇扬地区是指全国抗日战争前镇江的美孚、亚细亚、德士古三家石油公司的营业范围。美孚镇江石油公司在苏南的镇江(包括丹徒)、丹阳、金坛,苏北的扬州、仙女庙(今江都)、十二圩、仪征、高邮、宝应、樊川、兴化、盐城、阜宁、泰州、黄桥、姜堰、湖垛(建湖)、天长、清江、淮安、宿迁、窑湾、南通、海安、东台、如皋、金沙等28个县镇设置经销处。亚细亚与美孚大同小异,多两个县镇(山东的郑城和马头镇);德士古较少,只有 20 个县镇。
② 章有义编:《中国近代农业史资料 第三辑(1927—1937)》,三联书店 1957 年版,第 343 页。

之米会集于此，即河南光固等处产米亦转运而来。每处每年出粮不下百万担"[1]。而芜湖当时只不过是一个拥有"砻坊二十余家"、自给自足的米粮小集市，其市场的影响范围甚至不及周边的湾沚及鲁港镇。这时长江下游一带米市贸易主要集中在镇江七浩口进行，皖中地区出口的米粮也大部分在此成交，甚至远自广东的米商也都在这里采购米粮。一时之间，镇江成为长江下游一带的米粮贸易供应地。

不过，随着长江沿岸镇江、南京、九江、汉口等通商口岸的相继开埠，西方经济势力不断在长江流域渗透，长江轮运业也相应发展起来。而长江轮船运输业的发达为芜湖成为新兴的米粮中心提供了绝好的运输条件。不仅如此，1877 年李鸿章还出于私心，呈请清政府将镇江七浩口米市移至芜湖，劝说广东等地商人离镇赴芜进行贸易。于是，在这种情况下芜湖米市逐渐开张，皖中地区米粮开始源源不断地被运至芜湖进行交易。1898 年，清政府正式在芜湖设立米捐局，征收米厘，规定凡安徽各县米商贩运米粮出口，必须在芜湖交纳米捐厘。从此，芜湖成为皖中地区米粮进出口的集中地，芜湖米市渐盛。后来，安徽、江苏两省官商又达成协议，决定江苏永不设米市，江苏还仿徽例在芜湖设米捐局，就近征收米捐，粮船自芜湖纳捐入苏境后，就不再课税。从此，芜湖作为皖中地区米粮贸易中心的地位就稳定了下来，成为我国近代著名的四大米市之一。

米市带给芜湖的变化是巨大的。先是外地粮商成立了从事米粮采购的米业公所。随后又出现了专门从事米粮生意的市场组织，如贩运业、米行业、加工业、采运业的组织等。更为重要的是，随着芜湖中心市场的形成及贸易运销的扩张，皖中地区又出现了诸如三河、无为、合肥、运漕、宣城、南陵、大通、桐城等次一级的米粮市场。而支撑这些次级市场的是最基层的米粮集中地，如桃镇（舒城米粮集中地）、枳皋（巢县米粮

---

[1]　宋雪帆：《水流云在馆奏议》卷上，《请饬严断滨江接济疏》，咸丰三年（1853），第 15 页，转引自李文治编《中国近代农业史资料　第一辑（1840—1911）》，三联书店 1957 年版，第 470 页。

集中地)、襄安(无为米粮集中地)、清溪(含山米粮集中地)、高河埠、石排(怀宁米粮集中地)、华阳镇(太湖、宿松米粮集中地)、观前、殷家汇(贵池米粮集中地)、庙前、木竹潭(青阳米粮集中地)、南陵、黄墓港(南陵米粮集中地)、徐家埠、水东(宣城米粮集中地)等。由此,芜湖又摇身一变成为"既是初级市场的销售市场又是终点市场的来源市场的聚散市场"①。即安徽各地的粮食在次级中心集中后,流向芜湖集散市场,再分运至各大销售市场和终端市场。于是,芜湖米粮的物流市场就由原来的江浙地区扩大到华东、华南地区的宁波、烟台、广州、汕头等地,成为长江下游地区米粮网络中极为重要的一个环节。此外,四川、湖南、湖北、江西等地也有部分稻米经水路运往芜湖。

芜湖米市扩张是市场需求刺激米粮生产的结果。由于芜湖米粮输出的终极市场上海、宁波、汕头、广州、烟台、天津、青岛等地开埠较早,加上近代工商业发展较快,吸引了大量农村人口入城务工。据统计,这些地方的离村人口率当时已达 1.44%—8.72%,平均为4.61%,②城市食米需求遂急剧增大;而原本的主要米粮产地——江南,正大面积推广棉花、桑树等经济作物,其粮食产量大为降低。故上述地区的米粮来源,主要依靠芜湖的调运。而当时作为皖南门户的芜湖,其地理位置上溯九江、武汉,下至南京,为水陆交通的枢纽及大江南北物资集散的中心,不仅是长江下游的米粮贸易中心,还是洋货输入安徽和本省农产品输往外埠的贸易枢纽。故芜湖在整个长江下游的贸易地位不言而喻。不过,就总体而言,芜湖对外贸易大致以米粮出口为主。大米出口情况好的时候,芜湖市面经济繁荣,社会游资增加;反之,则贸易萎缩。这种与米市互动的发展模式不啻为芜湖经济的一柄双刃剑。

① 谢国权根据许道夫对粮食流通市场的分类所做出的判定。参见谢国权《近代芜湖米市与芜湖城市发展》,载《中国社会经济史研究》1999 年第 3 期。
② 参见章有义编《中国近代农业史资料 第二辑(1927—1937)》,三联书店 1957 年版,第 636 页。

2. 芜湖腹地农业商品化的提高

从某种意义上来说，芜湖的腹地实际上就是芜湖港的外贸范围。自1877 年芜湖开埠通商以来，其贸易圈大致涵盖安徽境内的池州、宁国、太平、安庆、庐州、六安、和县，以及江苏省内的江宁和河南省的光州。[①] 然而从近代以来芜湖贸易进出口及芜湖农副产品运销的情况来看，其经济腹地似以安徽省长江两岸的池州、宁国、太平、和县、庐州、六安、滁州等地为宜。[②]

伴随着口岸贸易的发展，外埠贸易给芜湖腹地带来的是农产品商品化的提高。随着西方资本主义经济对芜湖腹地的渗透，该地自给自足的自然经济随之解体，农民不得不靠出卖自己的农产品来换取其他日用商品，逐渐密切了与市场之间的联系。另一方面，19 世纪 90 年代随着大量以芜湖稻米、菜籽、茶叶为原料的加工工厂的出现，安徽农业的商品化生产得到快速发展，芜湖地区农业商品化程度显著提高，其中最为明显的表现就是粮食的商品化及经济作物种植面积的增加。

正如前文所述，米粮贸易在芜湖贸易结构中占有十分重要的地位。根据对芜湖 20 世纪最初的 30 年的统计数据，经芜湖输出的谷米最多时高达 960 余万石（1919 年），最少时也在 500 万石以上（1922 年），平均约640 万石。而这 600 余万石尚非安徽米谷输出额的总数。因为根据有关资料，安徽米谷出口未经海关直接经由民船运往外埠者，大约占每年出口数的 1/3。[③] 就是说，在正常情况下，安徽每年出口米数平均应在 800万石以上，可见安徽米粮生产商品化程度之高。而促成其商品化提高的

[①]　参见谢国兴《中国现代化的区域研究：安徽省（1860—1937）》，台北：“中央研究院近代史研究所”，1991 年，第 460 页。

[②]　在日本东亚同文会所编的《安徽省志》中，日本学者认为芜湖商业圈涵盖了“皖南各地及扬子江北部庐州、安庆、六安等县”，但事实上，皖南徽州各县茶叶等物资大体取道杭州、九江，再转口上海、汉口外运，因此，将皖南地区列为芜湖主要经济腹地似为不妥。

[③]　参见陈必魁《芜湖米业之实况与其救济办法》，载《东方杂志》第 31 卷第 2 期，1934 年 1 月26 日，第 24 页。

原因主要有三：一是芜湖米粮输出地上海、广州、烟台、宁波等地近代工商业的发展，特别是民族工业的创办，吸引了大量农村人口入城，对商品粮的需求日益增大。二是其他区域由于经济作物种植面积扩大，不但占去了许多种植粮食作物的耕地，而且需要更多的商品粮满足这些经济作物产区农民用粮的需求，如江苏南通有 7/10 的耕地种植棉花，需要从江苏、安徽等地的米区购进大米，每年多达 2.5 万吨。三是随着近代以来粮食加工业的发展，需求大量的粮食作原料，如面粉工业的发展使小麦需求量不断增加，上海、无锡等地的各面粉厂纷纷派人到产地设庄收购，小麦价格逐步上升，促使农民扩大了小麦种植面积。例如同上海麦源供应关系比较密切的苏、皖、鄂、赣诸省，小麦年产量从 1914 年的5 000 多万石上升到 7 000 多万石。① 另外，芜湖地区的粮食商品化还体现在粮食商品率的提高。根据吴承明的统计，1840 年我国粮食的商品率为 10.5％，1894 年为 15.8％，1920 年时达 21.6％，1931 年时进一步升高至31.4％。② 而根据卜凯 1921 至 1925 年对全国 7 省 17 处 2 866 户农家的调查，农产品售出率平均为 52.6％，其中北方地区是 43.5％。③ 而同时期，芜湖的每户农作物售出率则为 56％，其中稻谷一项就占了 51％。④ 很显然，芜湖的农产品商品化率要明显高于北方地区和全国的平均数，而且就农家收入而言，农作物所得也占总收入的 51.8％，而稻作收入又占农作物所得的 64％，由此可见粮食在芜湖农村中是最主要的商品和收入来源。⑤

当然，米粮并不是芜湖唯一被卷入国际资本主义市场的农产品。除大米外，茶、丝、棉、烟草等产业都出现了商品化生产的态势。五口通商

① 参见上海市粮食局等编《中国近代面粉工业史》，中华书局 1987 年版，第 120 页。
② 参见吴承明《近代中国工业化的道路》，载《文史哲》1991 年第 6 期。
③ 参见严中平《中国近代经济史统计资料选辑》，科学出版社 1955 年版，第 328 页。
④ 参见《芜湖 102 农家之社会的以及经济的调查》，载《金陵大学农林科农林丛刊》第 42 号，1928 年，第 31 页。
⑤ 根据《芜湖 102 农家之社会的以及经济的调查》（载《金陵大学农林科农林丛刊》第 42 号，1928 年，第 31 页）中芜湖农家各项收入数据计算。

以后茶叶畅销，大大刺激了安徽的茶叶生产。芜湖的茶农纷纷毁田改种茶树，茶园面积不断扩大。蚕丝出口亦是芜湖海关贸易出口的重项，其来源大体为皖南、皖西地区。芜湖开埠以来，生丝出口量逐年增长。1879 年芜湖海关出口丝 209 担，1899 年达 1 795 担，至 1912 年达到近代芜湖海关出口的最高值 1955 担。[①] 生丝出口的增长，促进了安徽长江两岸蚕桑的迅速发展，甚至一些地方长官都积极参与和指导。[②] 蚕丝的发展又带动了蚕桑养殖的扩大，以至于淮河以南几乎无处不兴桑蚕之力，甚至"向无蚕事"的江北滁州后来也大力引进，到 19 世纪末"每年可出茧四千斤"。[③] 与之相适应，在光绪二十年(1894)后芜湖也进入了丝店的极盛时代，年营业额可达百万元。不过，民国以后随着国际丝业市场竞争的加剧，国内蚕丝出口江河日下、一蹶不振，安徽的蚕丝生产亦在劫难逃。据时人调查，当时安徽长江沿岸的贵池、青阳、当涂等县蚕丝产量都急剧下降。如泾县 1924 年以后，茧行由 15 家减至 1 家，蚕丝产值 30 万元，至 1929 年产量仅有 50 担，其衰落情形可见一斑。[④]棉花、烟草方面，多自芜湖出口至上海，再运往国外。因此，自清末以来，安徽全省遍种棉花，其中尤以"宁国、定远、涡阳、和州等处为最，岁收或三千余石，或四十余万斤不等；英山、全椒、怀宁、望江、东流、贵池次之，太湖、太和、建德、繁昌又次之"[⑤]。20 世纪初，随着国内棉纺织业的兴起，安徽棉花种植日益广泛。特别是第一次世界大战后，安徽棉田面积不断增长，由 1919 年的 76.3 万亩增至 1936 年的 140.4 万亩。烟草、罂粟、花生等也均有扩大

---

① 参见光绪五年(1879)《芜湖关贸易情形论略》。

② 例如，清光绪年间，怀宁县"长官创设桑园，由江浙运桑栽于城之东郊，使人习养蚕、缫丝诸法，并迭经出示劝导，风气渐开"；1897 年安庆府的"彭大令赴湖州购买桑秧数万株，合众集股，设课桑园于五里庙之东徧"。参见朱之英等《怀宁县志》卷六《物产》，1916 年铅印本；《皖兴蚕桑》，载《农学报》第 56 期，光绪二十四年(1898)十二月。

③ 参见熊祖诒纂修《滁州志》卷二一，光绪二十二年(1896)。

④ 参见《安徽之蚕桑事业》，载《安徽建设》1929 年第 6 号。

⑤ 农工商部：《中国棉业现情考略》卷三《棉业图说》，第 2 页，参见李文治编《中国近代农业史资料　第一辑(1840—1911)》，三联书店 1957 年版，第 421 页。

生产的趋势。如晚清怀宁农民以烟草"其值视他产为高",大量种植,每至六七月,"扬州烟商大至,洪家铺,江镇牙行填满锱辎辇辖,其利几于米盐等"①。民国以来,安徽农民又引种美国烟种种植,烟叶生产亦受控于英美烟草公司,"烟农辛勤数月,所获代价,仅能维持种烟肥料等费损失"②。烤烟产量,除1924、1925年外,其他年份大都在3 000千磅(1 360.8吨)上下。

上述系芜湖经济腹地农产品商品化的状况,这也是口岸贸易所带给安徽经济的积极一面,即安徽商品化农业经济发展成为促进芜湖作为全省区域中心的重要因素,如此芜湖在19世纪末超过宜昌、镇江、九江等城市,成为长江流域仅次于上海、汉口的重要通商口岸。不过,与中国其他口岸腹地一样,芜湖腹地之农业经济亦渐趋成为世界资本主义市场的附庸,特别是进入民国后,随着该地区农业商品化程度的不断加深,安徽农民不得不接受成为西方资本主义在华谋利牺牲品的现实。

三、扩张中的无锡城乡体系

作为近代苏南的经济中心,无锡的经济腹地是围绕着无锡这个经济中心城市,为其提供资源和市场,并受其辐射影响的地域范围圈。如果说,民国时期镇江、芜湖由于受城市商业化影响导致腹地缩小,无锡则因工业化、商业化的合力,其城市腹地呈现出扩张并渐趋体系化的新情况。

1. 无锡腹地的扩张

在工业化起步之前,无锡传统商业除了稻米、土布、茧丝等大宗贸易外,一般只是零星销售。其销售对象主要是本地城市居民和乡村居民,另外也有一些来自赣、鄂、湘等地的粮商在此从事米粮转口贸易。上海开埠后,由于无锡的便捷航运,上海一部分进口商品如纱、糖、火油等,纷纷经由无锡转口运销至周边城镇乡间。与此同时,无锡也出现了一些专

---

① (清)朱之英修,舒景蘅等纂:《民国怀宁县志》卷六,江苏古籍出版社1998年版,第2页。
② 李文治编:《中国近代农业史资料 第三辑(1927—1937)》,三联书店1957年版,第462页。

门为沟通商户和用户的中介商号。于是,无锡成为附近地区的贸易转口中心,而邻近的太湖流域自然而然成为其直接的商业腹地。

清末民初无锡工业化兴起后,工业发展所带来的城市经济吸引力明显增强,其辐射力亦相应加强,加之交通运输的不断拓展,无锡商业腹地也向内地大大扩展。这一时期无锡的商品流通,主要是作为工业原料的农产品、矿产品和作为外销的大宗工业产品,范围是沿着长江和沪宁、津浦、陇海等铁路,以及通过近海海运,扩大到华中、华北、东北、华南地区。[①] 就工业原料的采购范围而言,无锡许多大型企业都在各地设立庄口,负责采办原料。如面粉厂的麦庄就分别在苏北、皖北地区和河南、河北设点;纺织厂则深入到河南、湖北、陕西、山东等地采办棉花;而无锡粮油厂的原料也大量依靠皖北、华北、东北地区的大量输入。与采购原料相对应,无锡的大量工业制成品也开始越出邻近地区,向更为广阔的内地市场挺进。其中,面粉远销华北、东北地区,豆油、豆饼输向闽、粤、台。[②] 至20世纪二三十年代,无锡已逐渐形成一个层次分明的转口商业销售网络:以无锡为中心,距无锡最近的江阴、沙洲、宜兴、溧阳等邻近地区,主要转批类别众多的日用消费品;距离稍远的苏北地区、浙江和安徽的部分地区及津浦路沿线,是无锡棉纱、铁器与上海日用百货和五金电料的批量转销区;距离更远的则是沿铁路干线和长江航道,直达湖南、湖北、河南、陕西、四川等地,这些地区是无锡的线呢、府绸和绒布等花布的销售市场,其数量"并不输于上海"。[③] 不仅如此,还有不少无锡商品远输至海外,如无锡面粉、大米以及麸皮、豆饼,除远销浙江、福建、广东等地外,还输往日本及南亚各国。其中,茂新面粉厂的"兵船"牌面粉,其年出口量连续多年保持在200万包以上,在东南亚一带享有极高的市场声

---

① 参见汤可可《市场:要素的流动和组合》,载胡平主编《近代市场与沿江发展战略》,中国财政经济出版社1996年版,第314页。
② 参见本书第254页表4-8。
③ 参见彭泽益编《中国近代手工业史资料(1840—1949)》第4卷,三联书店1957年版,第469页。

誉;而棉纱、色织布、精纺呢绒等产品也能在国际市场上与洋纱一较高下。至于生丝出口,更在全国抗战前的无锡贸易结构中占有举足轻重的地位,为无锡产品出口之大宗,仅 1936 年即出口 1.33 万担,价值 500 多万两(海关两),约占当年全国生丝总输出的 28.2%。[1]

表 4-8　民国时期无锡主要物资流动情形表

商品	来源地	营业范围
米	安徽　苏南地区 苏北地区　本县	上海　浙江　本县　苏南地区 津浦线　宁锡段
麦	苏南地区　苏北地区 两淮地区　皖北地区	上海　本县
豆	皖北地区　东北地区 天津　苏北地区	本地油饼厂
豆油　豆饼	东北地区　苏北地区　本地	本地　邻县　浙江　安徽 福建　广东　台湾
茧	长江南岸　太湖地带 本县　邻县	上海　江苏　浙江丝厂
棉花	苏南地区　河南　湖北 陕西　山东	无锡
面粉	—	华北地区　东北地区 苏南地区　浙江
生丝	无锡本地	上海
五金等工业品	上海	无锡　四乡及附近各县

资料来源:羊冀成、孙晓村等,《无锡米市调查》,社会经济调查所,1935 年;[日]本位田祥男、早川卓郎,《东亚之蚕丝业》;无锡粮食局编,《无锡粮食志》,吉林科学技术出版社 1989 年版;王赓唐、汤可可,《无锡近代经济史》,学苑出版社 1993 年版。

2. 以无锡为中心的城镇体系

在区域商品市场体系的发展过程中,农村集镇是沟通区域中心城市与区域基层农村的网络节点,它们是分布于乡村之间的初级市镇。就无锡集镇的发展情形而言,如果说无锡是随着上海的兴起而兴起的话,那

---

[1]　参见蒋伟新《近代无锡商业的演进发展》,载《江苏商论》2000 年第 10 期。

么无锡农村集镇则是随着无锡的勃兴而发展起来的。

早在上海开埠前,无锡只是一个介乎苏州和常州之间的小县。受其影响的农村市镇也大都集中在无锡与邻县的交界处,其萌芽大致以农村中的庙会和节场为主,规模不大,数量也不多。在太平天国时期,由于惨遭战火蹂躏,无锡地区的农村集镇曾一度陷入萧条。但随着战后无锡农产品商品化程度的加深,特别是蚕桑业的迅猛发展,这些集镇得以重新焕发生机。后来,无锡工业大兴,陆路交通渐次开辟,城乡商品经济交流逐渐活跃起来,新的农村集镇亦随之迅速兴起。据清末无锡人侯鸿鉴的统计,当时无锡农村集镇总数即达 60 余个。其中一部分为明清所保留下来的传统市镇,即无锡与邻县交界的洛社、陆区、甘露、荡口、张泾桥等;另一部分则是随无锡工商业兴起而产生的新兴集镇,如东亭、周新镇、河埒口、荣巷、钱桥、石塘湾、东北塘等。这些新兴集镇都有一个共同点,即大多与蚕茧商业有关,主要从事烘茧等加工经营业务。[①] 截至1929 年,无锡全境共有茧行 320 家,茧灶 4 200 副,其中一半以上都散布在农村集镇。而昔日农村手工业操作的碾米、土丝、土纱、土布等各业此时大部分为城镇机器工业所替代。伴随着无锡农村经济的发展,特别是农民生活的改善和农民购买力的提高,乡村集镇得到了快速发展。一般而言,当时桑田之利大致三倍于耕田。[②] 即以全境养蚕 161 809 户,年产鲜茧达 20 万担,每担 50 元计,则每年流入农村的茧款即有 1 100 万元以上。[③] 而这一数字则相当于无锡同期 12 个行业 208 家工厂的全部资金总数。农民的资金增加,其购买力亦相应提高,农村集镇遂自然日趋活跃。

---

① 参见侯鸿鉴《锡金乡土地理》,1906 年。
② 参见赵永良《百余年来无锡农村集镇的变迁》,载茅家琦、李祖法主编《无锡近代经济发展史论》,企业管理出版社 1988 年版,第 280 页。
③ 参见赵永良《百余年来无锡农村集镇的变迁》,载茅家琦、李祖法主编《无锡近代经济发展史论》,企业管理出版社 1988 年版,第 282 页。

　　就无锡农村集镇的地理分布而言,其密度非常高。据 1930 年《无锡年鉴》的统计,当年无锡分 17 个区 110 个镇 442 个乡,人口共计 90 万人。全县除市区 31 个镇 3 个乡外,县区及郊区近 80 个镇 440 个乡 70 万人。如以 80 个镇平均计则约 9 000 人一个集镇。如以 520 个小镇计算,则平均约 1 200 人组成一个集镇。① 而无锡集镇密度如此之高,却没有出现诸如苏州同里、震泽、江阴青旸、顾山那样的大镇,其原因大概在于,无锡公路水路运输便捷,便于农民就近买卖。一有大宗贸易则农民直接赶赴无锡城里或邻近的苏州、上海等地,故无锡集镇密度虽高,但受制于地理因素,一般都不大。根据 1930 年《无锡年鉴》统计,当时无锡全境内住户 500 户、人口 2 500 人以上的集镇,不过 11 个,其中最大的集镇人口亦不过 5 000 余人。除此以外,其集镇之布局也较为均匀。这些集镇大致以无锡为中心,呈放射状向周围伸展,不但有利于把农村的农副产品汇集起来,也便于把日用工业品分散销售给农民。② 除大多数集镇贴近河道外,一些较大者也紧挨铁路、公路或河湖要冲,位于与邻县交界之地。于是,这些外围大镇和大量分布均匀的小镇,便共同构成了一个环绕无锡县城的集镇体系。而该体系又与以上海为中心的长江下游城市体系紧密联系在一起。这种城市体系相叠加的结果,不但有利于大城市对周边地区及农村的经济辐射,还便于大城市汲取乡镇工商业提供的大量原料、半成品或副食品。而无锡、上海等城市皆得益于这个集镇网络而日趋灵活舒展。

　　3. 腹地农村的经济增长

　　从某种意义上说,无锡广大的经济腹地就是其城市体系的基础。其腹地经济变动的方向与程度如何,在很大程度上决定着无锡城市发展的

---

① 参见赵永良《百余年来无锡农村集镇的变迁》,载茅家琦、李祖法主编《无锡近代经济发展史论》,企业管理出版社 1988 年版,第 285 页。

② 参见汤可可《市场:要素的流动和组合》,载胡平主编《近代市场与沿江发展战略》,中国财政经济出版社 1996 年版,第 321 页。

规模和命运。同大多数口岸城市的腹地经济受到商品市场冲击一样，无锡的商业性农业发展也受到极大影响。不过，与镇江等地的农村不同的是，无锡农村的蚕桑生产一直与无锡、上海的缫丝工业乃至国际生丝市场紧密联系在一起，一损俱损、一荣俱荣。

从前文所述无锡农业商品化的发展过程来看，国内外的市场需求是导致无锡农业商品化的根本因素。虽然原本无锡也种植一些经济作物，但明清时期的所谓桑棉生产并不是为了市场，而是为农民家庭手工业提供原料，其植棉、轧花、纺纱、织布等各工序都只在农民家庭内部完成，栽桑、育蚕、缫丝、织绸等也大多由农民在农暇时进行。但近代以来，随着工业化浪潮的冲击，农村家庭手工业迅速衰落。原本农民手工的轧花、纺纱工艺都被现代轧花厂和纺纱厂替代，农民放弃了手工织布，甚至采用机纱织布。农民与市场的联系随之扩大。另一方面，受价值规律的制约，农民开始根据市场行情来随时调整经济作物的种类和面积，以此来获得最优厚的利润。据测算，当时种桑养蚕售茧每亩收入可达 65 元，而水稻为 12.65 元，小麦仅为 2.80 元，若稻麦两作则总计为 15.45 元，比桑地收入还少 49.55 元，仅及桑地收益的 24%。如此巨大的差异，难怪农民对蚕桑生产趋之若鹜。当然，桑地投入比农田多，技术要求也高，扣除投入的因素，桑田收入仍然为农田收入的三至四倍。于是，正是这只"看不见的手"逐渐把农民从农田引向市场，许多农民放弃种稻，改植棉栽桑。甚至当时的无锡农民把桑树称为"黄金树"，并有"养好花蚕发洋财"之说，[1]从而促进了无锡农村经济作物种植的推广。

于是在这种情况下，无锡农村经济出现了农村养殖业和副业经济迅速发展，种植业明显衰退的特征。特别是民国以后，这一特点表现得尤为突出，种植业呈现出逐年萎缩的态势。而同时期河北清苑县种

---

[1]　1963 年陆子容笔述，参见严学熙《蚕桑生产与无锡近代农村经济》，载《近代史研究》1986 年第 4 期。

植业收入占生产总收入的比重则高达 84.51％,高出同期的无锡 25.88 个百分点。[①] 清苑县是北方农村经济较开放和发达的区域,但与无锡相比,其经济结构仍极为传统。其实,无锡农村养殖业与副业经济的发达,早在晚清时即已现端倪,当时无锡农村"几无户不知育蚕矣"[②]。同治以后,农田荒废,垦熟尚需时日,许多农民便大范围改稻习桑,"辄获奇羡,其风始盛。延及于各乡"[③]。19 世纪 70 年代初,无锡已出现大片的桑园。其中,东北乡寨门的南湾、东南乡荡口都有数千株桑树形成的成片桑林,无锡蚕桑业开始迅速发展。据当时《申报》报道:"自经兵燹以来,该处荒亩隙地尽栽桑树,由是饲蚕者日多一日,而出丝者亦年盛一年。近年来苏地新丝转不如金、锡之多,而丝之销场亦不如金、锡之旺。"[④]民国以后,无锡更成为近代缫丝工业的重要原料基地。1913 年茧产约 5 万担,1919 年更猛增至 20 万担。[⑤] 而养蚕农民所占从事农业劳动人口的比例也达到了令人瞠目结舌的程度。在 1912、1913 年两年中,无锡城乡总户数约 166 200 户,其中农业户 142 134 户,而养蚕农民就有 142 005 户,约占全县农户总数的 99.91％,几乎"家家栽桑,户户养蚕",桑园面积亦达 25 万—30 万亩,占耕地总面积的 20％。[⑥]

由此所产生的后果必然是无锡农村经济对市场依赖性的增强。就无锡农户经济而言,在工业化前基本可实现自给自足,而步入工业化时代以后,包括蚕种、桑叶、生产工具、戽水机、农药及日常生活用具等都要

---

① 根据国家统计局、中国社会科学院《保定清苑县 11 个村农户经济调查统计表》计算,参见吴柏均《中国经济发展的区域研究》,上海远东出版社 1995 年版,第 161 页。

② (清)王抱承纂,萧焕梁续纂:《无锡开化乡志》卷下《土产》,江苏古籍出版社 1992 年版,第 92 页。

③ 《无锡金匮县志》,转引自钱耀兴《无锡缫丝工业发展简史》,载中国人民政治协商会议江苏省无锡市委员会文史资料研究委员会编《无锡文史资料》第 13 辑,1986 年,第 30 页。

④ 《申报》光绪六年(1880)5 月 14 日,转引自李文治编《中国近代农业史资料 第一辑(1840—1911)》,三联书店 1957 年版,第 427 页。

⑤ 参见《江苏省实业行政报告书 农业》,江苏省行政公署实业司,1914 年,第 76 页。

⑥ 参见《江苏省实业行政报告书 农业》,江苏省行政公署实业司,1914 年,第 76 页。

从市场上购买，且农产品的价值也需要通过市场交换才能实现。如无锡农村最主要的蚕桑业生产就完全是为满足市场需要而进行的。当然，蚕茧业的发展只是无锡农村副业的大宗。除蚕茧外，还包括纺织、针织、编织、丝线、绳缆、竹木、藤柳、棕麻、皮毛、铜铁、砖石、香火灯烛、耍货、酒酱、豆制品、畜牧饲养、捕捞、狩猎、蔬菜、瓜果、茶叶、药材、杂货等 30 个门类 80 种产品。[①] 其中，砖瓦业、渔业、竹编、绳缆业等都与当时工业的发展紧密相连。如久负盛名的无锡砖瓦业，由于正值上海都市经济发展，"市房住宅，兴筑未艾，砖瓦需要之巨，为从来所未有"[②]。故当时无锡 108 座老式砖窑几乎全部为上海供应砖瓦，"以做砖坯为主要副业的达二千人之多"[③]。其他如芦扉、笆斗、蒲包、绳缆、麻袋、筛绢等，也无不与碾米、轧粉、榨油、纺织等工业密切相关。[④] 于是，在这种情况下，工业企业就通过预约、订货和收购等商业形式，控制了农村的家庭手工业，并将其卷入以城市为中心的商品经济的旋涡。

无锡工业化不但带动了该地区农村副业的发展，还推动了农业劳动生产率的提高。一方面是由于无锡城乡榨油工业和油饼商业的发达，每年有数十万担豆饼的生产，为农村普遍使用豆饼肥料创造了条件。另一方面则是戽水机的普遍使用，为无锡农村粮食增产创造了条件。根据 1933—1937 年的统计，全国抗战暴发前无锡共有戽水机 1 300—1 600 台，机灌面积 78 万—96 万亩，占耕地面积的 62.8%—70.3%。[⑤] 此外，与粮食生产相配套的机器脱粒、碾米、磨粉等先进工艺也都有相应的发展。随着农业劳动生产率的提高，无锡的农村劳动力也得到了重新配置。一

---

① 参见无锡县政府编《无锡年鉴》，1930 年。
② 实业部国际贸易局：《中国实业志·江苏省》第 8 编第 7 章，实业部国际贸易局，1933 年，第 1199 页。
③ 华东军政委员会土地改革委员会：《江苏省农村调查》第一分册，1952 年，第 415 页。
④ 例如，无锡是全国四个麻袋主要产地之一。无锡产的麻袋牢度高、透气性强，最宜装罐存放粮食，因而畅销省内外，部分还出口国外。
⑤ 参见赵永良《百余年来无锡农村集镇的变迁》，载茅家琦、李祖法主编《无锡近代经济发展史论》，企业管理出版社 1988 年版，第 286 页。

部分农村劳动力从粮食种植业中转移出来,转向经济作物栽培,或转向家庭手工业及做工、经商。另一批农民则在脱离土地劳作后,进入城市,进入工厂。与此同时,每年又有数以千万计的资金流入农村,进一步激活了农村经济。无锡农村腹地经济就是这样在与城市工商业的互动中得到了长足进步和发展。

第五章　从边缘到核心：上海路径与区域经济版图的重构

第一节　巨埠上海的崛起

关于鸦片战争前上海的情况，1838年清朝官员狄昕在给道光皇帝的奏章中曾如此描述：

> 上海县地方，滨临海口，向有闽、粤奸商，雇驾洋船，就广东口外夷船，贩卖呢羽杂货并鸦片烟土，由海路运至上海县入口，转贩苏州省城并太仓、通州各路；而大分则归苏州，由苏州分销全省，及邻境之安徽、山东、浙江等处地方。江苏省外州县民，间设有信船、带货船各数只，轮日赴苏递送书信，并代运货物。凡外县买食鸦片者，俱托该船代购。是以各县买烟价银，由信货船汇总，有数可稽。大县每日计银五、六百两，小县每日计银三、四百两不等，兼之别项兴贩，每年去银不下千万。其波及邻省者，尚不在此数。①

---

① 《筹办夷务始末补遗》道光朝第四册，第945—946页，转引自聂宝璋编《中国近代航运史资料　第一辑(1840—1895年)》，上海人民出版社1983年版，第68页。

这是狄昕针对鸦片战争前广州、香港商人向江南地区走私鸦片及其他西方舶来品向清朝皇帝报奏的一份报告。而它实际上描述的是开埠前后长江下游区域性商业市场网络结构状况:长江下游商品市场以苏州为中心,国内外商品自上海进口以后,通过内河航运销至苏州,之后再由苏州转销各地州县。"所有洋布呢羽等货,向在苏州售卖,上海行销本不甚多"①。换言之,上海开埠之前,尽管其在长江下游商品市场中的地位略高于附近一些县城,海运比较发达,但其城市经济地位仍旧落后于苏州。仅就人口规模而论,当时上海城市人口为 27 万,而苏州则达 50 万之多。② 另外,当时整个长江下游商业物流,仍旧以苏州为枢纽港,上海县城仅为依附于苏州的转运港口。这一状况至上海开埠后的 19 世纪 60 年代仍未发生太大变化。

然而,情况还是在悄然间发生了改变。此时的苏州区位地位虽在,但也明显出现了下降趋势。其作为中心城市的发展已臻于极限,特别是它作为内陆城市,运河交通运输所能承担的物流水平已达极致,③甚至出现了城市机能上的衰微状况。江苏巡抚林则徐曾如此描述过道光年间的苏州:"苏州之南濠……近来各种货物销路皆疲。凡二、三十年前,其货有万金交易者,今只剩得半之数。问其一半售于何货,则一言以蔽之曰:鸦片而矣。"④苏州之所以失位,似与交通枢纽功能的丧失和太平天国战争的致命打击有关。⑤ 而明清时苏州正是依靠大运河与长江以及繁密的江南水道所形成的河运网络,才成长为长江下游乃至全国的商贸中心。苏州作为运河城市,不仅是民间商贩往来的集散之地,而且同时是

---

① 《筹办夷务始末》道光朝卷七〇,中华书局 1964 年版,第 2786 页。
② 参见[美]罗兹·墨菲《上海:现代中国的钥匙》,上海社会科学院历史研究所编译,上海人民出版社 1986 年版,第 82 页。
③ 龙登高:《江南市场史:十一至十九世纪的变迁》,清华大学出版社 2003 年版,第 42 页。
④ 齐思和、林树惠:《中国近代史资料丛刊 鸦片战争(二)》,上海人民出版社 1957 年版,第 131 页。
⑤ 参见范金民、夏维中《苏州地区经济史》,南京大学出版社 1993 年版;王卫平《明清时期江南城市史研究:以苏州为中心》,人民出版社 1999 年版。

政府漕粮运送的重要枢纽。然而自清嘉庆以来，由于缺乏浚疏和维护，运河频频断航。清政府不得不于1824年开始议改漕粮海运。"海运费省而运疾，上下咸以为便，而犹河海并运也。至粤匪肆扰、中外互市以来，宸漠远布，海运专行，而河运遂废。"①此时，作为苏州入海出口的浏河港淤塞严重，虽经常疏浚，但仍屡兴屡废，原先浏河港停泊的船只不得已转往上海，上海遂开始取代苏州成为长江下游地区与外界联系的重要门户。苏州逐渐呈现出败落情景，曾是全国最大米市的苏州枫桥，自运河干道交通功能丧失以后，其地位被作为长江出海口的上海取代；上海成为长江下游新的米谷集散地，而枫桥再无昔日之繁荣，几成一零落寒村。当然，长年的太平天国战乱更使得苏州的颓势雪上加霜。在战时，为有效阻遏太平军的进攻，清朝官吏下令烧毁苏州护城河与城墙之间及城郊的一切房屋，与此同时，市内许多经营商业的街道和房屋也都化为灰烬。②至于运河两岸，则房舍及无数桥梁都消失了，整个十八里内没有一幢房子，四周乡间举目荒凉。③在这种情况下，城内的地主和富商大贾也纷纷卷产"争趋沪滨"，使上海成为"通省子女玉帛之所聚"。这种资财上的釜底抽薪，终使苏州失去了恢复战争创伤的底气，市场范围日趋缩小。至民国初年，"苏州商业区域狭隘，宏壮经营形成不便。其势力范围不过为当地附近四乡八镇及常熟、无锡、常州、丹阳等而已"④。这与明清之际苏州全盛时的境况形成了极为强烈的反差！

　　而反观此时的上海，尽管嘉道年间仍从属于苏州，其港口运输工具、基础设施也停留在前近代社会，仍未跳出自然经济和以内向封闭为特征

---

① 卫荣光：《重订江苏海运全案（原编）》，参见范金民、夏维中《苏州地区社会经济史（明清卷）》，南京大学出版社1993年版，第560页。

② 参见［英］艾约瑟《访问苏州的太平军》，载王崇武、黎世清编译《太平天国史料译丛》，神州国光社1954年版，第128页。

③ 参见［英］呤唎《太平天国革命亲历记》，王维周、王元化译，中华书局1961年版，第544页。

④ 刘石吉：《明清时代江南市镇研究》，中国社会科学出版社1987年版，第65页。

的封建社会经济结构的束缚,①但其潜在的水网环境优势却是长江下游地区任何一个港口口岸所不及的。

上海地处长江下游朝海的顶端,系长江通江入海之口。它既通过长江与中国中西部地区相互沟通,又是中国南北沿海航运的中枢,可以称其为长江流域和中国沿海贸易的天然汇集点。上海的崛起,与人口众多、土地肥沃、经济富庶的长江下游地区的经济基础紧密相关。自宋朝以来,长江下游地区的经济发展水平就位居全国前列,不仅有充足的劳动力、粮食、副食品等物资基础,而且也是传统出口商品生丝的主要产地之一。该区域水网密布、交通便捷,每一个村庄和市镇之间以及市镇与城市之间都有可通达的航线,形成了世界上人工水道最大的集聚地区。而从长江出海口起至中国中西部内地,长江这条航道,更使得上海与中国几亿人口发生密切联系。根据有关统计数据,从 1846 年至 1936 年,上海所承办的对外贸易产生的价值,占全中国的对外贸易总额的 45%—65%。② 此外,上海港本身既是一个水文条件上佳的海港,也是长江下游整个水网体系中一个非常优质的内港。上海港受海潮和风浪的影响较小,水位落差小,避风条件好,常年不冻,四季通航方便,黄浦江绕城而过,且深而阔,港内能够提供充裕的泊位,中国沿海南北货运都在此汇集。与上海相比,尽管当时长江下游的南京、苏州、杭州三个城市在人口规模、政治经济地位方面都超过上海,但都因缺少停泊远洋轮船的深水港口,而无法进一步扩张和发展。其中,位于长江下游上段的南京,离海岸线较远,与周边其他城镇的水路联系也较有限,而且,远洋轮船虽可驶入南京城外长江江面,但江面水流过急,泥沙沉积严重,不宜作为停泊大型船只的港口。而钱塘江口的杭州虽濒临大海,但由于江口经常波浪汹

---

① 参见戴鞍钢《港口·城市·腹地:上海与长江流域经济关系的历史考察(1843—1937)》,复旦大学出版社 1998 年版,第 16—17 页。

② 参见隗瀛涛《中国近代不同类型城市综合研究》,四川大学出版社 1998 年版,第 275 页。

涌，且沿江航道较浅，沙洲连绵堆积，很难作为停泊远洋大型轮船的深水港湾。至于苏州，虽然过去也曾经营沿海贸易，但随着江苏海岸线东移，已然被陆地包围，从而丧失了以往作为沿海贸易中心的地位，清代以来它只能以上海作为出海之港。可见，港口条件的优劣最终成为上海赶超这三个城市最为重要的因素。

于是，坐拥如此众多的优越条件，难怪上海会得到外国商人的重视和垂青。1832 年英国东印度公司派专人刺探上海港港情，返回后，极力鼓动英政府以武力推进上海开埠。在他们看来，上海有无以伦比的市场潜力和地缘优势，享有中国南北贸易中转站的绝佳地位。由于南方省份的商船不能越过长江北驶，上海的地位使它可以垄断国内贸易。[①] 因此，在某种程度上，上海是被外人"发现"的上海，它之所以被"发现"，是因为早有被"发现"的内在价值。而被"发现"以前，这种价值还是潜在的，但当上海被拖进国际市场经济圈后，激活其崛起的"阀门"也就被打开了。[②]

上海开埠十多年后，中国出口贸易重心逐渐由广州转向上海。许多中外商船被上海吸引，"这些船只带来大量的茶和丝供应在这里的英国商人，在回程中把换来的欧美制造品运走"[③]。此后，一口通商的限制被解除，上海港一直被压抑的潜能得到释放。越来越多的茶、丝商人选择由上海出口，上海生丝出口额快速增长，遥遥领先于广州。据统计，1853 年，上海港生丝出口 58 319 包，是同年广州出口数量的 12 倍多，占当年全国生丝出口总数的 92.7%。同年，上海港的茶叶出口是广州的 2 倍多。[④] 在进口贸易方面，随着国外商船的大批涌入，经由广州输入的大宗商品数量亦渐趋被上海超过。1855 年国内进口的七种英国棉、毛纺织品

---

① 参见唐振常《上海史》，上海人民出版社 1989 年版，第 119 页。
② 参见王家范《从苏州到上海：区域整体研究的视界》，载《档案与史学》2000 年第 5 期。
③ 丁名楠等：《帝国主义侵华史》第一卷，人民出版社 1973 年版，第 89 页。
④ 参见[美]马士《中华帝国对外关系史　第一卷　一八三四——一八六〇年冲突时期》，张汇文等译，商务印书馆 1963 年版，第 413 页。

中,除棉纱一项,其余六种都是经由广州少于经由上海输入。种种数据
已经表明,截至 19 世纪 50 年代中期,上海已替代了广州,成长为中国对
外贸易的首要港口。

上海取代苏州成为长江下游商业贸易中心乃至全国经济中心,则是
在 19 世纪 60 年代。此前,随着中外贸易的重心渐渐由广州移至上海,
国内埠际贸易结构开始发生改变,其中包括长江帆船航行线路的改变。
开埠以前,长江帆船航运是从汉口、九江、芜湖、镇江等地沿长江东下,再
转入运河,最终集结于苏州。上海开埠后,一部分长江帆船,特别是长途
粮食贩运船,大多顺长江东下,至上海集散,不再通过苏州中转。据相关
数字统计,当时经由上海周转的国内米谷运销数量急速增长,从 1869 年
的 37 327 石猛增到 1890 年的 4 676 978 石,增长幅度高达百余倍。①长江
下游的丝货贸易,也由汇集于苏州而转向上海,"迨自上海通商以来,轮
船麇集,商贾辐辏,以致丝货均至上海贸易"②。当时有民谣生动地反映
了这种现象:"小贾收买交大贾,大贾载入申江界,申江鬼国正通商,繁华
富丽压苏杭,番舶来银百万计,中国商人皆若狂。"③当然,因太平天国战
争爆发,清政府对上海进行了政策上的调整,客观上对上海替代苏州起
到重要的推动作用。最为突出的是,战争期间,上海被确定为长江贸易
船只交纳各税的唯一口岸,江海关关税收入不但被用来偿还英法等国的
战争赔款,而且还帮助解决了清政府庞大的行政开支的问题,缓解了财
政上的入不敷出的情况。清政府对上海经济日益倚重,上海取代苏杭戏
为江南经济中心的态势愈发成熟,进而成为"苏省通商枢纽""江南的灵

---

① 参见《上海等四埠米谷、小麦、豆类国内贸易统计》,载李文治编《中国近代农业史资料
第一辑(1840—1911)》,三联书店 1957 年版,第 473 页。
② 《光绪二十二年苏州口华洋贸易情形论略》,载《通商各关华洋贸易总册》下卷,第 41 页,参
见彭泽益编《中国近代手工业史资料(1840—1949)》第 2 卷,三联书店 1957 年版,
第 326 页。
③ 民国《南浔镇志》卷三一《农桑二》。

魂"和清政府获取江南税赋的首善之地。[1] 至 19 世纪 60 年代,随着上海城市经济的迅速发展,长江下游中心城市已由苏州转移至上海。

　　然而,随之而来的变化更令人们意想不到:到 20 世纪 30 年代,上海竟成了当时国内的纺织工业基地、交通运输枢纽、金融中心以及国内外贸易中心,成为当时中国一个多功能的、全国性的经济中心城市。其中,1895 年《马关条约》的签订或许就是一个重要的变因。根据条约规定,外国人被允许在通商口岸开办土产加工型的工厂,由此中国迎来了一个新的"兴业时代"。[2] 也是从那时开始,上海进入了制造业大发展的时代。至 20 世纪初,"上海的特征有了相当大的变化。以前它几乎只是一个贸易场所,现在它成为一个大的制造中心……主要的工业可包括机器和造船工业、棉纺业和缫丝业"[3]。此间,外资企业利用中国廉价的劳动力与原料,不断引入国外先进科技与新型管理模式,将上海城市经济与国际资本市场紧密结合起来,更变着上海城市的经济结构。而华商工业也紧紧跟随,悄然崛起,"各类工厂象雨后春笋般开设起来,厂址大多在公共租界西北区,沿苏州河的两岸……可以说,哪里有宽阔的通往江河的水道,哪里就会有工厂"[4]。于是,上海就由一个商业贸易城市发展为一个工业城市,并成为近代中国最大的工业中心。据统计,至全国抗战爆发前夕,上海共有 1 235 家工厂,占全国的 31.39%,工业资本额 14 846.4 万元,占全国的 39.73%,工人数 14.5 万余人,占全国的 31.78%。[5]

　　值得注意的是,在上海成为工业中心后,其滚雪球般的发展还给上

---

[1]　参见夏俊霞《上海开埠与江南城市格局及发展模式的变迁》,载张国刚主编《中国社会历史评论》第一卷,天津古籍出版社 1999 年版,第 281 页。

[2]　参见陈真、姚洛合编《中国近代工业史资料　第一辑　民族资本创办和经营的工业》,三联书店 1961 年版,第 2—3 页。

[3]　徐雪筠等译编:《上海近代社会经济发展概况(1882—1931)——〈海关十年报告〉译编》,上海社会科学院出版社 1985 年版,第 158 页。

[4]　徐雪筠等译编:《上海近代社会经济发展概况(1882—1931)——〈海关十年报告〉译编》,上海社会科学院出版社 1985 年版,第 208 页。

[5]　参见陈真编《中国近代工业史资料　第四辑　中国工业的特点、资本、结构等和工业中各行业概况》,三联书店 1961 年版,第 97 页。

海埠际贸易带来了更为重要的聚集效应。根据当时相关贸易额数据统计,1927 年上海贸易总额比 1894 年的五倍还多。[①] 其中,土货进出口货值基本与贸易总值同步增长。比较而言,土货的转口额增长迅速,表明随着上海面粉、机制棉纱、卷烟等轻工业的快速发展,上海输往各埠的埠际贸易数量增大。至 20 世纪 30 年代初,中国外贸总值由 20 世纪初的 7.9 亿元增至 35.1 亿元,而上海则占据了半壁江山。据统计,1935—1936 年上海的对内贸易额已三倍于汉口、四倍于天津、五倍于广州、六倍于青岛。[②]

　　向来与贸易发展如影随形的金融业,随着上海成长为中国最大商业贸易中心,也迅速活跃起来。虽然在前工业时代上海金融业已在贸易扩大的基础上相当繁荣[③],但随着区域交通运输能力的扩大,城市商贸中心功能及工业科技力量的不断增强,北方地区规模较大、资力雄厚的交通银行、中国银行、大陆银行等银行的总行逐渐由北京、天津向上海迁移,进一步提高了上海的资金集散能力。根据 1935—1936 年的数据统计,当时全国共有 164 家银行,总行设在上海的就有 58 家,占 35.4%。当时全国银行、钱庄、信托公司的资金、公积金、存款和兑换券四项可运用的资金合计为 68.39 亿元,而上海一地即为 32.7 亿元,占 47.8%。另外,这些大银行还完成了向内地城市开设支行的计划,据统计,在 58 家总行设在上海的银行中,有 28 家在内地开设了 629 个分支机构和数千个通汇点。[④] 这些都使上海的近代都市功能更加完备,对全国市场的资金调剂和融通起着绝对的中心枢纽作用,上海亦成为名副其实的全国金融中心和远东金融中心。

---

① 参见罗志如《统计表中之上海》表 183,"中央研究院社会科学研究所",1913 年,第 87 页。

② 参见洪葭管《20 世纪的上海金融》,上海人民出版社 2002 年版,第 5 页。

③ 根据洪葭管先生的考订,19 世纪 80 年代上海金融业"还未能充分发挥金融的相对独立的功能。而且那时还没有一家华资银行,金融市场范围也较狭窄,所以不论从金融机构或从金融市场以及对外金融联系的发达程度等来衡量,均还不足以构成完全的金融中心"。参见洪葭管《中国金融通史 第 4 卷 国民政府时期(1927—1949 年)》,中国金融出版社 2008 年版,第 152 页。

④ 参见潘君祥、王仰清《上海通史 第 8 卷 民国经济》,上海人民出版社 1999 年版,第 13—14 页。

此外,除城市工业、贸易和金融的变化之外,上海的巨变还体现在人口、商业组织结构、商业运营模式和交通运输等方面。在人口变化方面,"直到 1895 年,上海几乎仍旧是个纯粹经商的城市,因此人口从未超过50 万"①。但随着工业化的展开,上海开始比以前更急迫地需要更多数量的劳动力。在这种情况下,在 20 世纪 30 年代上海的人口迅速扩张至300 万。人口的增加、城市的扩张自然也带动了城市商业的繁荣。据1906 年统计,上海租界内商业企业分为 50 余个行业,共有 3 177 家。②原来南市旧城区的商业,据 1911 年《沪南商务分会报告册》记载,有商业行业 163 种专业店号,分工精细,几乎无所不有。光该书登录的店号就达 3 100 家,其中相当多数量的小店号并未包括在内。除去商业种类、数量繁多的特点,上海城市商业还有受进出口和埠际转口贸易刺激与推动发展自成体系的特征,上海五金、百货、西药等行业的兴盛皆是如此。在1895—1913 年,尽管国内各口岸的对外贸易额都有所增长,但上海港五金进口的数量仍占全国进口总量的 64%,转口贸易的比重亦保持在60% 以上。③ 面对高额利润,周舜卿、祝大椿等诸多富商也纷纷投资五金行业。据统计,1905 年,上海租界内五金煤铁业行号有 90 家,是沪上颇具实力的新兴商业行业。④ 商业贸易的增长,还催生了商业批发、匹头拍卖、报关转运等新式商业交易方式的出现。通过这些方式,各地的商品、资金、劳动力等经济要素在上海得到了充分的流通。与此同时,运输方式和交通方式的变革亦刻不容缓。如果说,轮船航运取代传统的沙船业、帆船业算是上海交通近代化的新台阶,那么,铁路、公路及其他交通

---

① ［美］罗兹·墨菲:《上海——现代中国的钥匙》,上海社会科学院历史研究所编译,上海人民出版社 1986 年版,第 24 页。

② 《上海华商行名簿册》,华商工议会 1906 年刊行,参见胡平主编《近代市场与沿江发展战略》,中国财政经济出版社 1996 年版,第 332 页。

③ 据上海社会科学院经济研究所等《上海近代五金商业史》(上海社会科学院出版社 1990 年版)第 6—10 页诸统计表计算。参见戴鞍钢《港口·城市·腹地:上海与长江流域经济关系的历史考察(1843—1937)》,复旦大学 1998 年版,第 98 页。

④ 参见《上海华商行名簿册》,上海华商工议会,1906 年,载汪敬虞编《中国近代工业史资料第 2 辑(1895—1914 年)》下册,科学出版社 1957 年版,第 952、958 页。

方式的兴起,则使上海交通近代化迈上了更高的台阶。截至辛亥革命前后,上海铁路交通已可北达天津,南抵杭州,西至南京。比较而言,公路交通发展稍晚,原因在于江南地区水网密布、四通八达,上海商贸中所必需的土货汇流,历来依靠水运。上海最早的一条公路——军工路于1919年建成。此后是沪太路、上南路、上川路。20世纪30年代又有上松公路、青沪公路、沪南公路等省际公路开通。这些公路建设都有力地推动了长江下游区域经济的大发展。而电讯业方面,至20世纪30年代,上海的各类电话、电报事业陆续创办,不仅加强了沪地与国内省市的信息联系,而且其与世界各国重要都市间的通信联系也能转瞬通联。不仅如此,20世纪20年代末上海还开通了与南京、汉口等国内其他城市间的空中航线。于是,在上海走进工业化发展的同时,这座远东巨埠也跨入了水、陆、空、电的立体化交通时代。

第二节 区域城际关系的移易:传统强市的衰落与上海中心地位的形成

应该说,上海的崛起,对长江下游地区的影响是双重的。一方面,它具有强烈的辐射功能,把发达的产业、先进的科技和优质的智力劳动扩散到周边地区,推动周边不发达地区的发展,这种助力在前文对近代无锡、常州、南通的叙述中,体现得格外明显。另一方面,它又具有强烈的吸附功能,把传统商业城市中的商业资本、转运贸易、货币积累直至商业城市的优势都吸引到自己这边来,从而使传统商业城市呈衰落趋势,不得不重新定位其发展方向。这一点,对苏州、杭州、宁波、镇江、扬州等城市的近代化亦产生了极为重要的影响。①

① 参见茅家琦等《横看成岭侧成峰——长江下游城市近代化的轨迹》,江苏人民出版社1993年版,第18—22页。

苏州是南北运河的纽带，是长江下游地区与其他地区进行经济联系的枢纽。其既为外地输入东南地区商品粮的周转、调剂中心，又作为长江下游丝、棉手工业品主要集散地，以其深厚的经济、地理优势而稳居长江下游经济中心城市的地位，"四方往来千万里之商贾，骈肩辐辏"①。然而，自上海开埠后局面大变。原经由苏州集散的大宗贸易纷纷改趋上海，长江流域余粮省份的外运粮食亦多顺江东下抵沪集散，不再由苏州中转，经上海港周转的国内米谷运销量急剧增长。在丝货交易方面，苏州"本为天下第一，四方商人群至此间购办。迨自上海通商以来，轮船麇集，商贾辐辏，以致丝货均至上海贸易"②。截至19世纪60年代，伴随着上海港内外贸易规模的扩大及城市经济的发展，长江下游的中心已由苏州移至上海。在目睹了这种兴替后，苏州一些地方人士联想起往日"列肆如栉，货物填溢，楼阁相望"的场景，不禁发出时过境迁的感慨，"今则轮船迅驶，北自京畿、南达海徼者又不在苏而在沪矣。固时势为之，有不得不然者乎"③。

宁波是宁绍平原和浙西南丘陵地带主要的出海口。就港口布局而言，它与上海相距不远，但受地理环境限制，自身经济腹地狭小，"所借以销卖洋货者，唯浙东之宁、绍、台、金等府。其内地贩来货物，仅有福建、安徽及浙省之绍属茶斤，并宁、绍、金、衢、严等府土产油蜡、药材、麻、棉、纸、席、杂货等物"④，发展余地有限，所以开埠不久其进出口贸易就被吸引到上海港，"盖宁波密迩上海，上海既日有发展，所有往来腹地之货物，自以出入沪埠较为便利。迨至咸丰初叶，洋商始从事转口货物运输，所

---

① （明）沈寓：《治苏》，载（清）贺长龄《皇朝经世文编》卷二三《吏政》，台北：文海出版社1996年版，第893页。

② 《光绪二十二年苏州口华洋贸易情形论略》，载彭泽益编《中国近代手工业史资料（1840—1949）》第2卷，三联书店1957年版，第326页。

③ 冯桂芬等：《苏州府志》，台北：成文出版社1970年版，吴云炳序，第2页。

④ 《浙江巡抚梁宝常奏为派员筹办定海善后事宜并宁波通商情形折》，道光二十四年（1844）三月二十五日，载中国第一历史档案馆编《鸦片战争档案史料》第7册，天津古籍出版社1992年版，第441页。

用船只,初为小号快帆船及划船,继为美国式江轮,但此项洋船,仅系运输沪甬两埠之货物,与直接对外贸易有别;至直接对外贸易,自彼时迄今,从未有之"①。故宁波实际上只是上海在浙东南的一个转运港,"上海是宁波销售其出产物和购买所需物资的市场"②。

与苏州的命运相似,"天堂"杭州自 19 世纪中叶便丧失了在以京杭大运河为南北命脉的古老商业网络中的战略地位。特别是 1853 年太平军占领江南地区后,封锁了大运河的交通运输,切断了贯通南北的经济大动脉,南北商人只好途经上海进行海上运输,这种变化导致了运河城市带的急剧衰落。而杭州自辟为通商口岸后,沪杭两地之经济联系又日臻频繁,"汽艇拖着中外商号的货船定期往返于上海与这些新口岸之间"③。据 1909 年乡土调查资料载,当时浙江省内嘉兴、海盐、沈荡、平湖、乍浦、石门、桐乡、屠甸等地所出产的蚕丝、棉花、茶叶、土布等农副产品,很大部分都直接销往上海而不再输往杭州。④

除此以外,分别位于长江南北岸的镇江、扬州,原本在明清时期依仗着大运河与苏杭之间的密切经济联系,商务较为热络,但上海开埠后,海运交通得到极大拓展,原先主要由运河输送的漕粮在这种情况下也多走海路,扬州、镇江等运河城市的繁盛气象遂由此日趋式微。

与此同时,自五口开放后,上海的地理和经济地位也日渐重要,一批有眼光的商人逐渐意识到上海在未来可能成为中外商业活动的"江海通津"和"东南都会",于是纷纷前往上海抢占商业滩头阵地。故在当时,江南各城市中普遍出现了一种向东转移的倾向。以苏州为例,有一部分反

---

① 姚贤镐编:《中国近代对外贸易史资料(1840—1895)》第 1 册,中华书局 1962 年版,第 618 页。

② 姚贤镐编:《中国近代对外贸易史资料(1840—1895)》第 1 册,中华书局 1962 年版,第 619 页;《海关十年报告》(1882—1891)《宁波》,第 362 页,转引自戴鞍钢《近代上海与长江流域市场网络的架构》,载《复旦学报》1996 年第 5 期。

③ 《总领事韩能 1896 年度上海贸易报告》,载李必樟编译《上海近代贸易经济发展概况:英国驻上海领事贸易报告汇编(1854—1898)》,上海社会科学院出版社 1993 年版,第 923 页。

④ 参见《嘉兴府各属物产调查表》,载《杭州商业杂志》第 1 期,1909 年 11 月。

应敏捷的商人在这种情况下纷纷增资扩股，突破地域限制，把分店开到
上海；还有一部分富商大贾或略有资财的苏州人干脆移资东去，在上海
寻找"商机"。到 19 世纪末 20 世纪初，苏商移沪的趋势进一步扩大。就
连原先那些最保守、最鄙视洋人的苏州店家也有心移资上海了。例如，
苏州商人吴清卿在世时"一向持保守主义的，也曾有人劝他在上海有所
经营，他总摇头，他说：'上海是鬼子世界，我们也不想发洋财'"。但到了
1900 年以后，他儿子吴研农却不再满足于"产业限于苏州本地"，"渐有发
展到上海之势"。[①] 并在上海开起了典当行，经营起地产。[②] 更有甚者进
而将苏资直接融入洋资。1899 年 3 月 14 日伦敦中国协会在致英国外交
部的一份备忘录中写道："我们同中国人的商业关系越来越重要，中国和
英国资本家在资金方面都更加投入。近年在上海成立的外国工业企业
吸收了大量的华股。中国人也是这里（上海）大多数外国银行与保险公
司的股票持有者。"[③]清末苏籍著名报人包天笑亦以总结性的口吻描述这
种情形："自上海开埠以来，最先到的便是苏州商家，当时的大商业，如珠
宝业、绸缎业、药材业、参茸业、典当业，以及钱庄、金铺，都是由苏州人来
创始的。说句可耻的话，因为苏商的发展，妓馆也借说书为名，号称书
寓，而成为苏帮了"[④]。宁波帮、广东帮是后来才来的。

而其他传统商业城市的情况也大致与此相类似。如扬州府城一带，
明清盐业鼎盛时，经济生活自成一体，晚清盐业式微，也渐入上海港内外
贸易直接辐射圈内，"江都为鱼米之乡，轮船、火车通行，贩运沪上，而本
地之水产入市者转日见少且贵"。1899 年，"扬州钱铺殷实可靠者不过数

---

① 参见包天笑《钏影楼回忆录》，台北：文海出版社 1974 年版，第 367 页。
② 参见江洛一《名画家吴子深先生的一生》，载中国人民政治协商会议江苏省苏州市委员会
文史资料研究委员会编《苏州文史资料》第 17 辑《吴中情思》，1983 年，第 37 页。
③ *Memorandum on the Need of a Code of Chinese Mercantile Law*，China Association，Lon-
don，FO 405/84，p.273. 参见张海林《苏州早期城市现代化研究》，南京大学出版社 1999
年版，第 100 页。
④ 包天笑：《钏影楼回忆录》，香港：大华出版社 1971 年版，第 367 页。

家,市上现银时虑不敷周转,全赖上海、镇江、汉口等处通融挹注"①。

随着经济上逐渐依附上海,不但长江下游的中小城市纷纷唯上海马首是瞻,就连原先的一些中心城市也被迫及时调整与上海的城际关系,并最终促成了长江下游地区城市中心等级的重新调整。其中,最引人注目的就是苏州与上海的关系变化。由于地处南北运河的要冲,苏州自古以来就是长江下游地区与其他地区进行经济联系的枢纽。苏州以其深厚的经济、地理优势,长期稳居长江下游经济中心的地位。而上海在开埠前,除了"江海之要津",地理位置得天独厚之外,实无太多可称道之处,行政上只不过是隶属于苏州的一个边远滨海小县。然而,19 世纪 40 年代后,随着对外贸易的迅速增长和机械化交通设施的引进,上海一下子成为一个华洋杂处、工商繁盛的大都市。经过几十年的经营,到光绪年间,上海已发展为具有百万人口、交通便利、经济发达的近代大都会,其经济辐射力很快就覆盖整个长江流域。故时人曾感叹其变化之快之大:"上海介四通八达之交,海禁大开,轮轨辐辏,竟成中国第一繁盛商埠。迩来,世变迭起,重以沧桑,由同治视嘉庆时,其见闻异矣;由今日视同治时,其见闻尤异矣。更阅数十年,人心风俗之变幻必且倍甚于今日。"②在这种情况下,原先两者之间的政治隶属关系亦发生显著变化。昔日"江南一切以苏城为依归"变成了"苏州商市行情涨落悉依上海为准"的局面。③ 即便《马关条约》签订后,苏州开放为通商口岸,也未出现外商聚集的景象。其中一个重要原因就是,较于苏州,上海对该地区拥有更为强大的吸附能力。苏州机器缫丝厂开办后,"几乎全部产品运往上海"。至 1911 年,苏州"洋货由外洋径运进口及由通商口岸运来者:由

---

① (清)刘坤一:《刘坤一奏疏 2》,载民国《续修江都县志》卷六《实业》,岳麓书社 2013 年版,第 1284 页。

② 姚文枬:《上海县续志 1—4》,台北:成文出版社 1970 年版,沈宝昌序,第 3 页。

③ 参见《苏商总会咨复江南商务总局文》,载章开沅等编《苏州商会档案丛编》第 1 辑,华中师范大学出版社 1991 年版,第 202 页。

外洋径入之货自属微细，由通商口岸运入之货、其价约增关平银五十余万两，来自上海几占全数"。① 故苏州在邻近超大都市上海的吸附下已逐渐丧失对外贸易的地理优势和主动权，它只能作为占据优势地位的上海的从属，立足于后者的巨大身影下，蜕变为大上海的小兄弟。

伴随着地区经济中心的位移，长江下游地区的整个城市体系也随之调整。上海作为江南新的中心城市和长江下游地区社会经济发展的龙头，成了该地区毋庸置疑的经济中心。这种变化，不仅从根本上改变了江南地区固有的城市格局，而且还加速了上海与江南腹地的互动，并以一种新的经济力量重构了江南地区的社会经济秩序和人文秩序。上海开埠前，人们的思想观念更多的是与自然经济占主导地位的社会经济形态相吻合，"女子庄洁自好，无登山、入庙等事，并臼之余，刺绣旨蓄，靡不精好。至于乡村纺织，尤尚精敏，农暇之时，所出布日以万计，以织助耕"②。上海开埠后繁盛的内外贸易及相关城市经济的发展，在给周围农村提供诸多新的谋生途径的同时，也给人们的传统观念和生活习俗带来巨大冲击，并促使其逐渐让位于新的顺应近代经济运行的思想观念和社会习俗。如上海县华法乡，"光绪中叶以后，开拓市场，机厂林立，丁男妇女赴厂做工。男工另有种花园、筑马路、做小工、推小车。女工另有做花边、结发网、黏纸锭、帮忙工，生计日多，而专事耕织者日见其少"。在地处远郊的青浦县农村，"妇女贪上海租界佣价之昂，趋之若鹜甚有弃家者，此又昔之所未见者也"③。而到了 19 世纪 80 年代，当地更出现了一股移民上海的风潮。据《海关十年报告》(1882—1891)载，"中国人有涌入租界的趋向。……在上海的中国人中有许多是外地人。他们是被各种各样的就业机会吸引到这里来的。……买办、仆役、船员、木匠、裁缝、

---

① 参见陆允昌编《苏州洋关史料(1896—1945)》，南京大学出版社 1991 年版，第 102、222 页。
② 姚光发等纂：《重修华亭县志》卷二三《杂志上》《风俗》，清光绪五年(1879)刻本。
③ （清）王钟纂，胡人凤续编：《法华乡志》卷二《风俗》，民国十一年(1922)刻本；葛冲编：《青浦乡土志》卷二十九《风俗》，抄本。

男洗衣工、店员则主要来自宁波。侍候外国妇女的大多数女佣以及本地人商店的刺绣工和妇女头饰工是苏州来的,南京的男子经营缎子、玉石、钟表和钻石生意"[①]。故在当时,已有人把这种互动中的重构不无夸张地称为"普遍的'上海化'"。虽然"普遍"二字用之于全国似有些言之过甚,但有一点却是可以确认的,即上海对长江下游地区的辐射力,以及两者之间的互动是明显增强了。以前上海是"城中慕苏、扬余风",而现在则轮到苏杭来沐浴"海上洋气"了;以前富庶莫过江浙,苏杭称雄天下,而苏州更执江南全局之牛耳,松江市面就曾以"小苏州"为荣,而现在则是"申江鬼国正通商,繁华富丽压苏杭";而以上海为枢纽,从南北两线展开的"扇形地带",正伴着上海节奏而翩翩"起舞",嘉兴、无锡、宁波等地,每每欲夸耀其市容商业繁盛则必以"小上海"称之。这种种变化,从表面上看,是长江下游地区城市格局在近代前后的"主从倒置",其实,在这种"主从倒置"的背后包含着极为复杂而深广的社会历史原因,它构成了中国区域现代化史上最亮眼的历史事件之一。

第三节　上海辐射下的近代长江下游地区城市经济

一、工业化时代的长江下游地区城市经济

工业化带给新时代的不仅是上海这个大都市的变化,就连上海周边的长江下游其他城市也发生了巨大的改变。改变最大的莫过于苏南地区的一些中小城市。譬如,工业化前的无锡原为苏州、常州间的一个小镇,向来以从属于苏州中心城市的米、布转运码头著称,而南通更是苏北地区相对封闭落后的县城。而自上海开埠,尤其是工业化发生以来,上海取代苏州成为长江下游甚至全中国新的经济发展中心,无锡、南通的

[①]　徐雪筠等编译:《上海近代社会经济发展概况(1882—1931)——〈海关十年报告〉译编》,上海社会科学院出版社 1985 年版,第 21 页。

地位也发生了相应的变化。20 世纪 20 年代，无锡工业经济得到了迅猛发展。人口达到近 100 万，仅从事商业活动的就有 21 万之多。这些商人当时自成帮派，称"无锡帮"。他们以无锡为中心，北到江阴，南到宜兴，东至苏州，西达常州、南京，形成了以无锡为中心的苏南新的城乡商业网络。原来苏南的江阴、宜兴、常熟、溧阳、金坛等地的经济活动，在相当长的时间内一直都围绕"八邑名都"常州进行。而无锡兴起后，不仅这些县，就连靖江、吴县以至武进的一部分经济活动都在无锡的引力和辐射下展开。此时的无锡已成为围绕全国经济中心上海而运转的苏南经济中心了。因此，有学者在考察近代无锡农村集镇变迁后认为，"无锡是随着上海的兴起而兴起，而无锡农村集镇则是随着无锡的勃兴而发展起来的。这是一个大的区域经济和小的区域经济中心及其卫星城镇的形成变迁发展史"[1]。

　　而南通，自大生纱厂建立以来，通过张謇的大力建设，也取得了经济的发展。1901 至 1906 年，南通先后出现了大达内河小轮公司、大达外江轮运公司、达通航业公司、大中通运公司及大达轮步公司等运输系统，建立了通沪间密切的经济联系。另外，还建立了天生港码头，开辟了南通县境各重要集镇和江苏北部如皋、海安、东台、盐城、阜宁、扬州、泰州、靖江、高邮、淮安以及镇江等地连通的航线。这样，原来"闭塞之南通变成为四通八达之地"[2]，成为连接沪宁及苏北内地的重要交通枢纽。而工业和交通的发达又带动了商业经济的发展，因此，南通迅速取代原来的苏北商业中心扬州（近代扬州由于运河功能的改变而衰落）成苏北商品云集之地。一般来说，苏北商品通常是先运至南通，再由南通运往上海出口或内销，而运销苏北的外国或上海商品，也一般先运至南通，再通过南通便利的水陆交通打入苏北市场。

---

① 赵永良：《百余年来无锡农村集镇的变迁（1840—1949）》，载《中国地方志通讯》1984 年第 1 期，第 80 页。

② ［日］驹井德三：《张謇关系事业调查报告》。

与此同时,工业化所引发的国内外商贸扩张,也给苏州、杭州、南京、宁波等原先为长江下游区域中心的城市带来了新的转机和变动。

就 19 世纪 60 年代以来渐被上海取代区域中心地位的苏州而言,工业化带来的变化无疑是非常巨大的。前述上海开埠,使得苏州在经济上沦为上海的附庸,徒使苏州父老慨叹"轮船迅驶,北自京畿,南达海徼者又不在苏而在沪矣。固时势为之,有不得不然者乎"①。不过,苏州也并未就此完全衰落,相反,在上海对外贸易的带动下,苏州丝茶商业出现了外向型的发展模式。如,1873 年苏州丝织品的出口量为绸缎 5 778 匹、丝绸缎货 814 匹,1883 年的出口量为绸缎 8 808 匹、丝绸缎货 2 214 匹,1893 年的出口量为绸缎 14 611 匹、丝绸缎货 3 949 匹、20 年内增加了数倍。② 对此,时人曾如下描述当时苏州丝织业的情形:"前清同治、光绪年间,纱缎业营业兴盛,年销六百余万元,其销路远至俄国、高丽、缅甸、印度等处"③。这一转型表明,苏州经济已不可避免地被上海带入了资本主义世界经济市场之中,苏州成为上海的卫星城市,亦成为江南地区的亚经济中心。对此,在苏州 1896 年开埠后的首次华洋贸易报告中就有比较具体的分析:

> 本口丝货,本为天下第一,四方商人群至此间购办。迨自上海通商以来,轮船麇集,商贾辐辏,以致丝货均至上海贸易,虽本地富商不少,而上海皆设分铺。……现盘门外,日本商有开小轮局者,有开行开号者。泰西各商,均未开行。但恐洋商终不愿来此贸易,以各货俱全,本地商人在申购办甚便,洋商之货来此,有何益耶!④

---

① 冯桂芬:同治《苏州府志》卷首,中华书局 1962 年版,第 326 页。
② 参见段本洛《近代江苏丝织手工业八十年间的演变》,载《近代史研究》1984 年第 4 期。
③ 宇鸣:《江苏丝织业近况》,载《工商半月刊》第 7 卷第 12 期,1935 年 6 月,"调查",第 48 页。
④ 陆允昌编:《苏州洋关史料(1896—1945)》,南京大学出版社 1991 年版,第 143—144 页。

另外，在中国民族工业发展的促进下，作为苏州支柱经济的丝织手工业部门也开始添置新式提花织机，并使用电气动力向资本主义机器工业过渡，其丝织品销路亦不断扩大，绸缎庄贸易日兴，丝织产量增长迅速。仅盛泽所产各类绸缎年产量就在几十万匹到百万匹。苏州机器缫丝业渐趋发展，至光绪二十七年（1901），苏州已有三家机器缫丝厂。[①]而且，除机器缫丝业，苏州还兴办了机器面粉业等新式工厂企业。至1911年，苏州已拥有约13个近代化的新式工厂企业，总资本额达1 651 141元。投资领域以棉纺、缫丝和面粉为主。根据1913年江苏各地工厂数占全国总数比重的有关统计，上海占17.84％，无锡占1.69％，镇江占1.55％，南通占1.20％，而苏州仅占1.20％。显然，从数据上看，苏州在江苏及全国近代工业发展中所占比例，在数量上次于上海、无锡、镇江，而三地在上海开埠前均落后于苏州。这种前后倒置的变化，既反映出苏州近代化工业发展的缓慢状况，同时也折射出苏州在新城市格局中已丧失主宰地位和一级核心城市地位的现实。[②]

与苏州相类似，近代南京的城市经济亦同样置身于上海的巨大辐射下与吸附范围中。其城市经济在很大程度上依附于上海，很多商品也来自上海或靠外国进口。尽管工业化兴起以来，南京工业渐成体系，然而，与苏南一带城市相比，南京近代工业的发展并非以轻工业为前导，而是重工业相对发达，这完全改变了南京原先作为江南丝绸区域中心的地位。而且南京近代工业生产技术水平低、产量少、质量差。除了国家投资创办的几所大型企业和少数民营企业外，大部分企业均为过渡性工厂。据南京市社会局的调查统计，1930年左右，南京新式工业的工厂总

---

① 参见王树槐《中国现代化的区域研究：江苏省（1860—1916）》，载《"中央研究院近代史研究所"集刊》第44辑，1982年，第395页。

② 参见孙敬之《中国经济地理概论》，商务印书馆1994年版，第74页。

数只有 30 家,资本总额约 1 280 100 元。[①] 与上海、天津、青岛、无锡、杭州、汉口、济南等城市相较,南京工厂数排第 4 位,实际资本额 230 万,竟列末席,只相当于无锡的 13%;主要产品产值亦居末位,为杭州的 89%,无锡的 13.8%。[②] 很显然,与开埠后上海咄咄逼人的发展势头相比,南京的发展相对缓慢,故不得不接受成为被上海影响和左右的次一级中心城市的现实。

近代杭州区域地位的变迁也很显著。从 19 世纪中叶开始,杭州就受到一系列负面的影响,最终导致江南地区城市中心等级的重新调整。首先,杭州丧失了在以京杭大运河为南北命脉的古老商业网络中的战略地位。1853 年太平军占领江南时,封锁了大运河上的交通运输。为此,清政府和商人只好发展途经上海的海上运输。其次,太平军和清军的战斗加速了杭州衰落的命运。19 世纪 60 年代初,太平军摧毁杭州城,城市人口从 100 万骤减至 20 万。更为重要的是,杭州衰落之日,正是上海崛起之时。得益于破坏杭州繁荣的上述两个因素,以及在对外通商的刺激下,上海从过去的集市小镇迅速发展成为大都市。[③] 虽说杭州与苏州一样,在上海崛起后渐趋衰落,但工业化时代到来后,其民族工商业还是有所发展。杭州主要工业有缫丝业、丝织业、棉织业等 26 大类,其中丝绸轻纺业占首要地位。自 1912 年以来,杭州相继成立了振兴绸厂、纬成缫丝厂、天章绸厂、震旦丝织厂等。1926 年杭州全市织机数量达到 1 万台以上,成品内销东北、华北以及广东地区,外销法国巴黎、里昂以及南洋

---

① 参见实业部国际贸易局《中国实业志:江苏省》第 3 编第 1 章,实业部国际贸易局,1933 年,第 15 页。

② 参见南京市人民政府研究室编《南京经济史》,中国农业科技出版社 1996 年版,第 328 页。

③ 参见 Liping Wang, "Tourism and Spacial Change in Hangzhou, 1911–1927", Joseph W. Esherick ed., *Remarking the Chinese City: Modernity and National Identity, 1900–1950*, Honolulu: University of Hawaii Press, 1999. 参见马学强《论上海成长发展中的"江南因素"》,载《史林》2003 年第 3 期。

各地。[①] 至 1936 年,杭州绸厂有机坊 4 000 户,机车达 14 700 台,年产绸货 1 150 250 匹,产值 411 600 900 元。[②] 而随着 1908 年 5 月沪杭甬铁路的建成通车,杭州与上海、宁波的交通更为便捷,货物往来也更加繁忙。根据统计,1930 年前后,洋货有日本的布匹、英国和美国的火油、荷兰的红糖和白糖等;国货有江苏和安徽的粮食,浙江绍兴的酒,江西的瓷器,福建的纸,四川、广东、广西的药材,浙江金华、兰溪的火腿,浙江严州、衢州的油类,浙江萧山、绍兴的锡箔等,货物源源而来,每年的交易额都约在千余万元以上。出口以丝绸为最,如杭缎、杭宁绸、杭罗纺等多分销于华南、华北各埠,且销于洋庄尤多。茶叶为次,年约 800 万元,多销洋庄。余则远销京、沪各埠。[③] 故此时的杭州经济已不可避免地被纳入上海的国际商贸体系之中,并继续在长江下游扮演着沟通上海与东南各省及其经济腹地的区域中心市场的角色。

至于处在长江下游经济区东南角的宁波,其历史上就是中国最早进行对外贸易的地区之一。近代以前,在江南的商业史上,宁波就有"鱼盐粮食码头"之称。通过宁波港口的贸易,北号航线可达东北、华北地区以及青岛、营口一带,主要经营干果、大豆、食盐、食用油等;而南号航线则达福州、厦门一带,经营食糖、木材、水果等,其输出品主要是宁波当地土特产及转运的各省土货。其中,内地输入并转运的大宗货品有安徽和江西的绿茶,绍兴的平水茶、黄酒,杭嘉湖地区的丝绸、龙井茶、金华火腿等。便捷的水运条件、广阔的贸易腹地,使得宁波成为明清时期长江下游东南地区除杭州以外的另一个区域经济中心。不过,在被清政府辟为通商口岸后,宁波却并未按西方侵略者的意愿发展成为他们倾销工业品和掠夺原料的繁荣新市场。这大概是由于其周边城市如上海、温州、杭

---

①　参见闵子《民国时期的杭州民族工商业概况》,载中国人民政治协商会议杭州市委员会文史资料委员会编《杭州文史资料》第 9 辑,第 2 页。

②　参见周峰《民国时期杭州》,浙江人民出版社 1997 年版,第 169 页。

③　参见周峰《民国时期杭州》,浙江人民出版社 1997 年版,第 207 页。

州相继开埠,不断地抢占宁波大部分的传统贸易腹地。如上海远比宁波拥有更优越的地理交通条件,不但吸走了大量原驻留在宁波的国内外商人,而且宁波商业也逐渐开始向上海转移。[①] 先是原由宁波出口的杭嘉湖地区的生丝,在上海开埠后全部改道由上海出口,继而绍兴的绿茶也转由通过上海出口。在这种情况下,宁波无奈成了一个向上海运送土产并从上海采购洋货的转输贸易港。而温州、杭州开埠后,温州进购洋货不再需要经由宁波转输。而宁波港大量原先出入浙江省大部分的内地市场及邻省江西、安徽等地的内地市场的进出口贸易也被杭州拦腰卡断,故宁波港的转运功能大为减弱,进出口贸易急转直下。截至19世纪末,宁波贸易腹地已日渐狭小,其城市社会经济的发展也受到极大影响。社会生产失去了以贸易为导向的经济机制,商业、农业、工业、手工业及金融、交通运输业等发展也深受制约,大量人才和资金严重外流,最终造成近代宁波的发展速度和规模远远不及上海,也不及其他开埠通商的沿海沿江城市这样一种令人遗憾的格局。[②] 不过,工业化的浪潮终究席卷了宁波地区,1887至1914年,宁波也相继新建近代化企业18家,资本额达184.7万元。这些近代工业的创设,不仅为宁波港贸易增加本地产品出口量奠定了基础,也促使宁波港"从缺乏本区域依托的农副产品转运港逐渐向以区域经济为依托的工商业贸易港转变"[③]。

二、上海对区域城市的吸附影响:以通锡常的农业、工业和商业为例

显然,上述这些长江下游中等城市的经济发展与该地区首位城市上海有着复杂的经济联系。其中,作为经济"增长极"的上海在西方先进生

---

① 参见杨荫杭《上海商帮贸易之大势》,载《商务官报》1906年第12期,第3页。
② 参见竺菊英《近代宁波对外贸易衰落原因探析》,载《浙江学刊》1996年第2期。
③ 郑绍昌:《近代宁波港口贸易的变化及其原因》,载《浙江学刊》1983年第1期;夏俊霞:《上海开埠与江南城市格局及发展模式的变迁》,载张国刚主编《中国社会历史评论》,天津古籍出版社1999年版,第277—295页。

产方式的影响下,率先产生一批新型企业组织,不断在制度、管理、行为和技术等方面进行创新,通过"增长极"向长江下游及全国市场推出新技术、新产品、新工艺和新观念,继而不断地创造出新的市场、新的组织、新的管理制度及新的生活方式。上海的商品、资金、人才、科学技术设备等经济要素得到了广泛扩散,上海亦成为辐射长江下游乃至中国社会经济发展的"中心"。而长江下游的南通、无锡等中等经济城市则成长为长江下游城市体系中次一级的"增长极"(或称为"增长中心"),除了借助上海的物资、资金、人才、技术和信息等要素的强力辐射发展自身城市工商业,还将大批工商业原料返送至上海,连通了全国乃至世界的商品流通市场,转而推动了上海的经济发展。另外,它们还将各种经济发展要素以辐射的方式传递给其他中小城市及乡镇,于是二级、三级城市相互联动,形成了围绕全国经济中心上海而运转的次级区域经济中心。其中,近代以来工业化成长迅速的南通、无锡、常州的个案具有相当的代表性。

1. 上海辐射对通锡常三地农村经济的影响

近代以来,上海凭借其优越的经济、地理条件,不但对周边南通、无锡、常州三地农村传统落后的经济形态施加着深刻的影响,促进其经济商品化进程,还推动当地农业经济不断向资本主义方向发展。

与国内其他区域一样,鸦片战争之前,长江下游地区农村经济结构一直都是自给性农业与商品性手工业、副业相结合,靠小块土地维持生计的生产方式,并不能完全满足农民生存的基本需求,因而商品性的家庭手工业、副业对农民的意义极大。然而,自上海开埠,国内外进出口贸易不断增长,情况发生了巨大的转变,上海逐渐替代广州成为中国对外贸易的中心,大量的洋纱、洋布等机制商品被运销至上海,再通过上海输往中国各地农村。中国传统自给自足式的自然经济在这些洋纱、洋布的大举入侵下开始逐渐解体。南通、无锡、常州地区有洋纱由上海输入是在19世纪八九十年代,最初输入南通地区的是印度机纱,之后,无锡、常州等地的农户也开始使用机纱织布了。

很显然,简单易操作的机纱织布提高了生产效率,弥补了土纱织布的弱点,"土布采用洋纱作原料后,省却了纺捻土纱和以前的各道工序,只要买进洋纱,摇在筒管上作经、上浆、摇纡子纱,即可上机织布。即使仍用土纱作纬的,也省却了纺经纱的时间。由于纬纱粗而松,对质量的要求不若经纱高。因而单纺纬纱,土纱的收得率也较前提高"[①]。洋纱流入南通、无锡、常州后,因其成本低,利于提高土布产量,颇受当地农民欢迎,于是洋纱织布迅速得到普及。这样,一个年产数千万匹土布所需的庞大机纱市场,在长江下游地区特别是南通、无锡、常州地区基本形成。于是,通锡常三地的近代纱厂,生产出供农村土布作为原料的粗支纱产品,进而在经营中形成了一种农民家庭手工业织布依靠近代纱厂提供原料,近代纱厂依靠农村土布生产为主要市场的相互依存、相互补充的新型经济关系。[②]

上海之所以迅速成长为中国对外贸易的中心,就是因为西方国家不仅通过上海向中国倾销其商品,而且还通过上海从中国输出作为工业原料和消费品的丝、茶、棉、麦等农产品和农产加工品。南通产棉,在清末,日本的东棉洋行就在南通、海门、如皋、崇明等地设置棉花收购站 18 处,大量收购棉花运往日本。[③] 而在无锡,日本的三井洋行、英国的怡和洋行则专门派人前往大量收购春蚕。西方国家对丝、棉等农产品的大量收购,不仅造成农产品价格不断增长,同时还引发中国农村商品性种植业的重大变化。如在 1861 年美国内战时期,"印英两国无处购棉接济机厂,乃至中华贩运。初时上海市价花衣每担银九两八钱,一二天后涨至十二三两……不及十日涨至十七八两",仅松江、太仓一府一州各县各乡

① 徐新吾:《江南土布史》,上海社会科学院出版社 1992 年版,第 245 页。
② 参见林刚《长江三角洲近代大工业与小农经济》,安徽教育出版社 2000 年版,第 71 页。
③ 参见张学恕《中国长江下游经济发展史》,东南大学出版社 1990 年版,第 338 页。

棉花输出"统计不下百万包"。① 在巨额利润的强烈刺激下，江浙地区农民的植棉积极性大大提高，商品性棉花种植面积急剧扩大，加上本地近代民族工业兴起，棉花的市场需求量以及种植面积进一步扩大。截至 20 世纪初，南通农村的植棉面积急速扩张，占其总耕地面积的 7/10，年棉产量达 7.5 万吨，所产棉花大部分供应南通大生一厂、三厂以及崇明纱厂，还有一部分则由上海销往国外。南通植棉面积增加，则势必导致稻田减少，因此居民食米乃由江苏如皋、东台、无锡等地输入，由此造成如皋等地粮食种植面积大幅度提升。换言之，西方国家从中国输入工业原料、农产品和农产加工品，造成的必然结果就是，原先南通、无锡、常州等地以粮食生产为主的自然经济生产方式，逐渐转化为以商品生产为主的商品经济生产方式。与此同时，三地农业生产的区域化进程也得到了加强。例如，大量生丝出口，引发中国农村更广泛地种植蚕桑，植桑面积不断扩大，至 20 世纪初形成七个重要产区，其中就包括无锡、常州两地。尤其是无锡，几乎无户不蚕，而全县茧行亦多达 220 余家，干茧灶 5 037 具，历年干茧产量均在 35 000 担左右。② 其他如武进、宜兴、吴县等地，也是当时著名的产区。若将三者与无锡产量合计，则四地共占全省产丝的 70%。③ 不过，随着商品性农作物种植面积的扩大，三地也出现了劳动力商品化以及家庭手工业破产的状况。典型如南通海门土布手工业，每年产品产值达几百万元，"但土布以人力竭妇女日夜之劳方始成匹，洋布以机力，凭运动之妙立待可成"④。所以，"自洋布销后，土布销路，陡落

---

① 参见李文治编《中国近代农业史资料　第一辑（1840—1911）》，三联书店 1957 年版，第 396 页。
② 参见章有义编《中国近代农业史资料　第二辑（1912—1927）》，三联书店 1957 年版，第 223—224 页。
③ 参见章有义编《中国近代农业史资料　第二辑（1912—1927）》，三联书店 1957 年版，第 224 页。
④ 章有义编：《中国近代农业史资料　第二辑（1912—1927）》，三联书店 1957 年版，第 504 页。

千丈"①，无奈之下，一些手工业者不得不去经营其他农村副业来维持生计，小农经济遂遭到严重的分离和破坏。显然，通过上海，南通、无锡、常州三地农村引入了西方资本主义的生产方式，经济结构也越来越呈现出商品化倾向，农业生产逐渐被卷入了国际市场的竞争。

2. 上海辐射对通锡常三地工业经济的影响

拥有强大经济实体的上海，无论在资金、技术、设备还是市场层面都对南通、无锡、常州三地工业施加着不同程度的辐射和影响，使三地的工业发展在深度、广度上超越了不少非条约口岸城市。无锡甚至还超过了一大批通商口岸城市，居国内领先地位。

在上海早期的商品市场中，蚕丝、茶叶、棉纺品的贸易一直占据主导地位，与通锡常三地传统经济结构相当接近。19世纪末20世纪初，国际贸易市场发生重大变化，西方一些工业国家争相进行技术革新，不但使劳动生产率得以提升，产品成本也得到降低，如当时中国棉纱产品进口在1872至1884年的13年间价格下降三成，数量增加了五倍有余。② 于是，大量的外国商品输至上海。通过上海，这些国外进口商品、上海本地的工业产品以及上海的资金、人才、技术、信息等又源源不断地向周边的二级市场传递，渗透和扩散到周边的口岸城市、非口岸城市，并有力地推动了这些城市的快速发展。

首先是资金扩散方面。上海开埠以来，西方国家纷纷在沪创办银行，清政府以及一些民族资本家为谋利益也在上海开办银行，上海逐渐成为全国的金融中心。南通、无锡、常州三地近代工业的崛起就与拥有资金雄厚的上海金融资本的援助不无关系。南通张謇在大生纱厂创办之初，即主要依靠上海一些士绅的资本。③ 当时大生企业集股，通董与沪董通力合作，后来虽然有部分沪董退避，但在大生的股本中仍旧有不少

① 姚文枬：《上海县续志》卷七《田赋》(下)，"杀税"。
② 参见严中平《中国棉纺织史稿》，科学出版社1955年版，第72页。
③ 参见汪敬虞编《中国近代工业史资料 第2辑(1895—1914年)》上册，科学出版社1957年版，序言，第23页。

来自上海的投资,如由沪商集凑起来的"团体及慈善赈款"就占总投资额的 11.2%。1920 年,南通大生系统的大达轮步公司扩股,上海工商业界人士入股达 527 500 两。[1] 除此之外,上海银钱业向"摇钱树"大生的投资更可用"趋之若鹜"来形容。当大生盈利时,与大生往来的上海钱庄多达 100 家,唯恐大生不来借。为了便于与大生往还,上海镇扬帮和宁绍帮的钱庄甚至把往来折子竞相送至大生上海事务所。[2] 然而,一旦大生遭受挫折,这些上海银钱业则转而反目,逼大生立即还债,这也成为日后造成大生衰败的一个重要因素。与南通大量承接上海金融资本的形式不同,无锡在创办工业时主要吸收的是上海的商业资本。据茅家琦等论证,"为无锡近代工业奠基的一批工厂,其资本都是先在上海积聚,然后扩散到无锡的"[3]。典型如创办业勤纱厂的杨宗瀚,曾主持过晚清的洋务工业——上海机器织布局;荣氏兄弟则在沪开办过广生钱庄。创设振新纱厂的荣瑞馨曾在上海当过买办,其祖父曾在上海经营着著名的荣广大花号;薛南溟的永泰丝厂也是从上海迁至无锡的;而周舜卿更是最早在上海发迹,其信成银行总部也设于上海。当然,无锡也有不少企业是由上海资本直接创办或由上海资本参股兴建。据统计,1904—1929 年的 25 年间无锡缫丝业 49 个企业中,39 家可查资本者,上海资本创办的有 13 家,上海资本参股的有 4 家,上海资本投资者占 1/3 以上。而棉纺织业中,全国抗战前的 7 家企业里,有 1 家完全由上海资本投资创办,有 2 家有上海资本参股背景。[4]

常州工业发展方面,虽然有大部分本地的商业资本和金融资本投入到企业运营之中,但背后也有不少上海金融资本的影子。如 1922 年大纶纱厂(大成纺织厂的前身)经营不利,曾向上海的保大、久大两家银号

---

[1]　参见《大生系统企业史》编写组《大生系统企业史》,江苏古籍出版社 1990 年版,第 20—21、68 页。

[2]　参见《大生系统企业史》编写组《大生系统企业史》,江苏古籍出版社 1990 年版,第 150 页。

[3]　茅家琦等:《横看成岭侧成峰——长江下游城市近代化轨迹》,江苏人民出版社 1993 年版,第 19 页。

[4]　参见吴柏均《工业化初期区域资本的形成》,载《中国经济史研究》1993 年第 2 期。

求助。1930 年大成纱厂创办,其背后的支持力量是上海银行的董事长陈光甫。其间,大成的厂基被抵押给上海银行,陈光甫亦成为大成纱厂的董事。在上海银行资本的支持下,刘国钧在国内纺织工业界的竞争地位更加稳固。随后,上海各银行争相来常,增设分行,为常州展开近代工业化提供了更强有力的资金帮助。常州工业受控于沪上资本的倾向愈趋明显。如常州纱厂曾因资金困难由申新承租六年。而大纶纱厂则被转交给上海债权人经营。由此可见上海金融资本对常州近代工业的影响。

其次是设备、人才和技术的扩散方面。上海开埠通商,并形成一定规模的工业体系,其中国近代工业技术中心的地位相应得到建立,这些都为南通、无锡、常州三地近代工业的发展提供了优越条件,其中就包括一流的人才、一流的机器设备以及最先进的技术等。在三地工业起步阶段,许多企业所需的机器设备都由上海自国外引进。如南通大生集团的机器设备不但都由上海订购,修理和装配亦多是到上海进行,不少纱机都是国外最先进的机器;1910 年,大生上海事务所还成立了专门为大生集团各厂采购机器设备的"大生公司",其他各厂欲购国外机器设备也可由其代理。可以说,上海就是南通企业采购国内外先进机器设备的基地。无锡企业订购先进机器设备亦多是通过上海洋行,有的是向国外直接采购,有的则是自行仿制。如在棉纺织业,荣氏的振兴纱厂于 1906 年通过上海瑞生洋行订购了细纱机,1913 年又通过德国霭益奇厂订购了新式纱锭。而在缫丝业领域,20 世纪 20 年代末,永泰丝厂的邹奇衡配合上海环球铁工厂的技术工人,仿照日本机器试制出中国第一台立缫丝车,并生产和装备到永泰各厂。乾甡丝厂向上海美商、日商洋行订购过先进的黑板机和煮茧机。瑞纶丝厂则与无锡及上海的两家铁工厂合作制成了"女蚕"式立缫车。[①] 此外,上海产的先进农用机器也被推广运用到无锡的农业生产之中。

---

① 参见高景嶽、严学熙编《近代无锡蚕丝业资料选辑》,江苏古籍出版社 1987 年版,第 327、331 页。

在人才技术的扩散方面，上海也为南通、无锡、常州三地输送了很多优秀的人才和先进的技术。例如，大生纱厂初创之时，张謇就聘请了上海洋行的洋工程师汤姆斯及忒特。而最初工厂里的工人、技工和工头，由于当地民众的疑虑和顾虑，亦大量来自上海。[①] 与南通相比，无锡从上海引进的技术和人才范围更广。如永泰丝厂迁往无锡时，曾从上海带回大批技术熟练的无锡籍工人。裕昌丝厂由于缺少缲丝工人。"即在上海招募无锡的前州和玉祁籍的工人来锡工作"[②] 荣氏兄弟在申新三厂推行企业管理改革，专门聘用了楼秋泉、汪孚礼、余钟祥等专业管理人员。他们都来自上海的各个纱厂，有着丰富的管理经验。至于常州，许多企业也非常注重学习沪上经验及培养自己的技术骨干，如常州纱厂建立时，就专门派送练习生前往上海宝成纱厂进行实习。

再次是商品扩散方面。自上海开埠通商以来，南通、无锡、常州三地农产品商品化趋势加快。通过上海，国外的洋纱、洋布等廉价工业品被大量输入中国，而国内的丝、棉、茶等工业原料、农产品则被输出国外。于是，无论在中国的农村还是城市，人们越来越趋向购买廉价的机制日用工业品，各地城乡商品经济因此得到快速发展。南通、无锡、常州三地的商品市场不断扩大，成为全省、全国乃至整个世界商品流通市场中的重要一环。

应该说，南通、无锡、常州三地是上海机制产品和进口商品向内地扩散网络上的三个重要节点。其中，无锡拥有优越的地理区位和便利的交通条件，是上海工业品和舶来品理想的批发中转地。其转口物资无论是工业品，还是南北杂货，一般都占其转口总额的 70%—80%。无锡周边各县商人因为资金少、订货量少，一般不愿直接前往上海采办货品，而是多直奔无锡，主要是因为无锡交通便利、货源丰富、进货快、资金周转快，

---

① 参见《大生系统企业史》编写组《大生系统企业史》，江苏古籍出版社 1990 年版，第 24 页。
② 萧宗汉：《周舜卿系统的缲丝厂》（手稿），载茅家琦等《横看成岭侧成峰——长江下游城市近代化轨迹》，江苏人民出版社 1993 年版，第 20 页。

既便于观望上海市面,又可以享受相应的优惠待遇,购销进退自如。由此,无锡成为上海商品向内地转输的重要门户。上海商品先是扩散到无锡,然后再由无锡转销至苏南、江北各地。① 而大生创办之前的南通商品市场中,洋纱、机器等商品多由上海转运而来,上海的各大纱厂均将手工织布业发达的南通农村视为它们理想的销售市场,如外商沪厂所生产的"团龙""红蓝""双虎"牌机纱,华商沪厂所生产的"云鹤""天龙"牌机纱在南通都很畅销。② 此外,张謇为促进南通与上海的商品流通,还积极推进交通建设:1900 年包租了专从上海运输机器物料的"济安"号轮船;1907年建立了"大生上海事务所",专从上海购运原料、采办物料;1904 年又创办天生港"大达轮步公司",专营通沪间各类货物的运输。大生的快速发展以及交通运输航线的增多,使得通沪间商品流通日益频繁,洋纱、洋布、五洋日用品以及毛巾、香皂、雨伞、西药等各种小百货应有尽有,这些货物不仅在本地销售,还扩散至周边邻近县区,如西烟的销售对象大部分是本市郊区、邻近市镇和附近县份如海门、如皋等地。③

常州的商品市场同样也受到上海进出口贸易的强力辐射,洋货从上海输入,运至常州五洋店后再批发出售。常州的五洋店有织机坊的"协太祥",经销英美烟草公司"老刀""红锡包"牌香烟等;有蓖箕巷的"益源昌",经销美孚火油;有西瀛里的"公兴隆",经销德士古火油。这些五洋店大都有雄厚的资金,在全行业资本构成中都占有相当大的比重。④ 而且,当时从上海运到常州的货物,沿途还有着其他行业无法相比的特殊方便,即只要这些货物按期交付苏州枫桥和无锡黄婆墩两处关卡的税

① 参见茅家琦等《横看成岭侧成峰——长江下游城市近代化轨迹》,江苏人民出版社 1993 年版,第 19 页。
② 参见林举百《近代南通土布史》,南京大学学报编辑部,1987 年,第 31 页。
③ 参见余仪孔《解放前南通商业发展简史》,载中国人民政协会议江苏省南通市委员会文史资料研究委员会编《文史资料选辑》第 2 辑,1982 年,第 40 页。
④ 参见常州百货采购供应站商业志编纂小组《常州百货商业志》,1987 年,载万灵《常州的近代化道路:江南非条约口岸城市近代化的个案研究》,安徽教育出版社 2002 年版,第 42 页。

票,即可以顺利通过。伴随洋货贸易发展起来的还有常州西药、五金、颜料等新式商业的出现,其商品主要为工业产品,经营方式是通过上海洋行为外商承包经销,取得赊销权利,进而利用购销差价获取更多利润。

3. 上海辐射对通锡常三地商业地位的影响

伴随着农业和工业的"上海化",南通、无锡、常州三地商业也在上海商业的带动下出现了新的变化:新式的商人群体、商会组织和商业集镇出现,南通、无锡、常州也成了新的区域商业中心。

在南通、无锡、常州三地商业发展过程中,最为明显的就是从商人员的变化,即三地城乡出现了一大批聚居在城镇中靠经商谋生的商人群体。如1918年,无锡县从事商业活动的人口有21万,占全县人口总数94.1万的22.3%。商业集镇发展方面,当时无锡县拥有80多个"商店麇集,户口殷繁"的集镇,规模较大者有16个,荡口、南泉、洛社、张泾四大集镇最为著名,有"金甘露、银荡口"之说。① 这些市镇经济各具特色,是伴随无锡工商业城市的兴起而发展起来的新型卫星集镇。例如,出产豆腐干和纸牌的东亭镇、盛产泥人的惠山镇等。商业组织的建设方面,随着经营商业的人数不断增多,为了保障商人的自身利益,通锡常地区相继建立起一些新式的商业组织——商会,既帮助同行业解决商品在生产、销售价格等方面出现的各种矛盾,同时也帮助调节同业者之间的相互矛盾。1896年张謇在南通设立了江苏地区首家商会,此后,其他地区的商会也陆续建立起来。

另一方面,上海经济的迅速壮大及商业市场的不断繁荣,打破了长江下游地区传统的商业布局,使得该地区原有的经济发生了转移,即长江下游地区的经济中心从原先以苏州为中心转移到以上海为中心。二级市场的中心也发生了相应的转移,即苏北地区的经济中心由原先的扬州转移到南通,而苏南地区的经济中心由原先的常州移向无锡。于是,

---

① 参见张学恕《中国长江下游经济发展史》,东南大学出版社1990年版,第372页。

在整个长江下游区域内,便捷的长江航运、铁路和公路运输,使上海与南通、无锡、常州三地各企业集团之间的产销、融资联系日臻紧密,不仅进一步增强了三地城乡与上海经济一体化的内在联系,而且还促成一个以上海为中心的庞大的区域市场网络的形成。在这个市场体系中,上海是第一级市场的中心;无锡、南通则是第二级市场,依附于上海并受其经济辐射;常州则转而成为受无锡经济辐射的第三级市场。

当然,在长江下游区域市场网络体系中,南通、无锡、常州还与区域内其他城镇及乡村保持着紧密的经济联系。比如无锡,自鸦片战争以来一直是上海工业品和舶来品内销的重要中转地。20 世纪二三十年代以来,无锡工业快速发展,取代常州成为苏南地区新的产业中心、商业中心、金融中心和信息中心,周边地区的宜兴、江阴、溧阳、常熟、靖江、金坛、吴县、武进等地的商业经济活动,都围绕无锡而转。由此,无锡各区域城乡经济相互影响、相互促动,共同推进了无锡地区经济的大发展。如南通棉纱大量供给无锡纱厂,而无锡的厂纱也运到南通销售。这种区域城市间的经济互动还存在于它们与相邻的口岸城市之间,如无锡、常州钱庄与苏州钱庄之间联系紧密,苏州钱庄放款的对象主要是通锡常三地的工业企业。[1] 无锡、常州工业和钱庄业的兴衰对苏州影响极大,在苏州钱庄中一向有"无(锡)常(州)一倒,性命难保"之说。[2]

显而易见,长江下游区域城市间的互动与合作,包括各级市场间经济要素的沟通、吸纳,共同推动着各级城市的近代化发展。正是由于这种相互推动力的存在,南通、无锡、常州三地彼此间商业贸易往来不断加强,开始走上工业化大发展的道路,实现了城市近代化的起步,而且也促进了长江下游区域市场体系的进一步完善。

---

[1] 参见江苏金融志编辑室编《江苏典当钱庄》,南京大学出版社 1992 年版,第 95 页。
[2] 参见江苏金融志编辑室编《江苏典当钱庄》,南京大学出版社 1992 年版,第 95 页。

三、上海与近代长江下游地区城市的经济互动：以锡沪经济关系为中心

在一个完整的区域市场里，各地区的商品、劳动力、资金及信息只有在区域内大规模地自由流动，该市场才能称得上是真正完整的区域市场。而这种流通的发展，也可视为是区域市场形成的主要标志。在明清时期，以苏州为中心的长江下游城镇网络体系中，中心城市与各级市镇间的经济联系还比较松散，各城市间的物资、劳动力、资金、信息流动还处于发育阶段，因此，算是长江下游城镇网络体系正在形成的阶段。这种情况一直延续到甲午战争后才发生改变。甲午战争后，区域内商品、劳动力、资金和信息的流动量开始急速增长，交易范围也迅速扩张，上海作为区域经济发展极的辐射与吸纳能力急剧加强。伴随着上海多功能经济中心地位的形成，非条约口岸南通、无锡、常州和条约口岸苏州、南京、镇江、宁波、杭州等上海周边二级区域城市中心亦渐趋形成，其辐射范围遍及整个长江下游经济腹地。这样，在上海这个核心磁场的强力作用下，众多大小城市在其巨大的吸引、辐射之下，由转型过程中的无序到有序，联系成群，随其一起被纳入世界资本主义商品经济的大市场中。

由于区域市场中的要素流动是对流互动的，因此，在考察上海与以无锡为代表的中等城市的经济互动时，应从双方的相互影响方面入手。一方面，上海经济的繁荣加速了周边各城市近代化的进程；另一方面，不断发展的各地区经济反过来又促进了上海经济更加蓬勃兴盛。因为上海经济的飞速发展，不论在城市生活资料、生产资料还是在劳动力、资金积累等方面都离不开周边各地的支援。正如国内学者马学强所指出的，上海的成长发展"与周边地区的经济资源、人文环境资源密不可分"，即所谓影响上海发展的"江南因素"。[①]

---

① 　参见马学强《近代上海成长中的"江南因素"》，载《史林》2003 年第 3 期。

1. 锡沪经济交流的桥梁：交通运输

全国抗战前期，无锡工商经济发展迅速，成长为农业、工业、商业、金融业、交通运输业、服务业都比较发达的综合性地区经济中心。其中，决定无锡、上海两大经济城市发生互动联系的重要因素——锡沪间便捷的交通运输成为两地经济快速成长的基础性环节。

内河帆船航运一直是民国以来无锡物流运输的基本载体。虽然1905年轮船开始被引入无锡运输，并后来居上，航线伸展至苏南各市镇，但这种新式轮运尚不可能完全取代以风力和人力为动力的木帆船；木帆船依旧以运价低廉、租用方便、与产业部门生产力水平不高相适应，成为以货运为主、以客运为辅的轮运的平行发展运输方式。其中，最为突出的表现是在米粮运输方面。作为民国以来长江下游地区的重要米市，无锡在20世纪20年代米粮年交易量达1 000万石，最高年份超过1 200万石。[①] 上海"人口密集，需米甚多，且密迩无锡，故销数最巨"。据1935年的无锡米市调查，在江南地区的无锡米粮输入地中，仅上海每年输入的数量即高达150万漕石，占输入总量的33.7％。[②] 其运输方式，以船（帆船）为多，火车运者仅占7％，京沪路的沪锡段仅56 873石。以轮船拖带者，只有5％，为160 345石，而80％以上均由帆船装运。尽管帆船具有行程滞缓、蚀耗甚多的不足，但"运者尤复趋帆船而舍火车与轮船者，或此二者于运输方法上尤未尽善钦"[③]。各地客商在把粮食等农副产品运到无锡销售后，再在无锡购进百货、棉布等商品运回原地销售，其中绝大部分依靠木帆船载运。1929年仅无锡民间就有木帆船1 800多艘，担负着无锡至各地的水运任务。[④]

商品在空间上的流通，主要就是商品的运输。当生产时间不变时，

---

① 参见无锡市粮食局编《无锡粮食志》，吉林科学技术出版社1990年版，第27、29页。
② 参见羊冀成、孙晓村等《无锡米市调查》，社会经济调查所，1935年，第10页。
③ 羊冀成、孙晓村等：《无锡米市调查》，社会经济调查所，1935年，第12页。
④ 参见郭孝义《江苏航运史 近代部分》，人民交通出版社1990年版，第126页。

资本周转时间的长短就取决于商品流通时间的长短，为缩短流通时间、加速商品在空间上的移转，必须采用先进的运输手段。因此，在这种情况下，各种近代新式轮船、铁路运输业应运而生。19世纪90年代，已有外国小火轮行驶于江浙内河，并在锡沪两地承担干茧运输活动。至20世纪初，在西方侵略势力的不断压迫下，包括无锡在内的长江下游地区的交通运输业正式进入了一个轮运、铁路并举的时期。1898年，清政府开放内河航运，允许国外轮运公司在内河行驶小轮。1905年，上海英商老公茂洋行即创设老公茂轮局首开沪锡航线。此后20多年时间里，无锡先后出现了十几家轮船公司。其中，经营由无锡经苏州到上海的锡沪线航线的主要有戴生昌、公茂、日清、招商四家轮船公司。其中，1915年日清退出此线，所剩三家都以经营客运为主。沪宁铁路通车后，客运受到一定影响，货运就后来居上。1912年泰昌轮船公司又开设了常州—无锡—苏州—上海的货班。不久，协兴轮船公司也开设锡沪货班，运输蚕茧、生丝、大米、小麦、面粉、棉纱、纱线、布匹等工业品及农副产品。1924年1月，原经营锡沪客运的公茂轮船公司亦改开货班。此后华商各轮船公司皆因利益驱使而纷纷改营货班，竞争遂日渐激烈。直至1930年由于过度恶性竞争，各家轮船公司不得不坐在一起，共同协商锡沪货班间的竞争与矛盾问题。① 锡沪客货轮船运输也由此愈加畅达。

铁路运输方面，1904年清政府借贷兴筑沪宁铁路，使得无锡与上海之间的经济联系更加便捷。原来150多千米的（300余里）的水程，内河小火轮需用1天，航船约需2—3天，现在只需2个多小时即能到达。更为重要的是，沪宁铁路把无锡与国内经济中心上海和政治中心南京紧紧联系在一起，特别是沪宁铁路与津浦、沪杭两条铁路接通后，在无锡经过的旅客列车即有10列，同时无锡又有2列分别开向上海、南京的始发车。无锡与各大城市，包括京、津、苏、常、镇、杭在内的客货运输主要是

---

① 参见郭孝义《江苏航运史　近代部分》，人民交通出版社1990年版，第103页。

通过铁路进行,货源大致以北方来的黄豆、麦、棉花、燃料、煤等原料为主,从上海方向来的主要是上海产或洋商进口的工业产品,而从无锡到北方去的主要是轻工业产品,向上海方向去的主要是部分原料、半成品和一部分轻工产品如白米及部分从上海转口外销的产品如丝、面粉等。无锡也成了名副其实的铁路贸易中转市场。值得注意的是,由于沪宁铁路通车,从无锡乘火车中转上海的人也越来越多,特别是从宜兴、溧阳方向和从江阴、靖江、如东、如皋等地来无锡中转上海的人最多。那些远离通往上海航线的农村地区的人此时也可通过航船换乘小火轮至无锡经商,或中转至上海。这样,一个以上海为中心、以无锡等城市为拱卫的新的经济区域就逐渐形成了。①

相比之下,无锡、上海间的公路交通不如水运和铁路。不过,1935年8月锡沪公路建成通车后②,也把常熟、太仓、嘉定三个县城和众多集镇与锡沪串联起来,加上由无锡经苏州到嘉兴的公路,整个苏南地区东部的公路干线大致成形。

于是,至全国抗战爆发前,无锡与上海间的交通运输业形成了以航运、铁路、公路为主体的近代交通运输体系。其中,两地间的铁路运输担负着物资的长途转运和旅客中转任务;汽车和轮船则起着联系邻近各市县、各集镇及广大农村与大都市上海的经济关系的作用,并承载着物资集散和短途转运任务。而这个集火车、汽车及各类船的多层次的交通运输体系,也为民国以来锡沪两地经济互动的繁荣和发展奠定了坚实的基础。

2. 锡沪间的物流关系

明清以来,无锡传统的城市商业主要是与封建财政相联系的粮食贸

---

① 参见徐兆银《无锡近代交通运输初探》,载茅家琦、李祖法主编《无锡近代经济发展史论》,企业管理出版社1988年版,第199—200页。

② 该路自无锡城北周山浜起,经东亭、羊尖、常熟,与虞苏公路相交后,出常熟东门,经古里、白茆、支塘、直塘抵太仓,再环城而东,经新丰、葛隆、外岗、嘉定、南翔、真如入上海,全长138.86千米。

易,曾存在着一个规模较大、体系较为完整的米粮市场。然而随着清朝的灭亡及随之而来的运河漕粮制度的废除,支撑无锡粮食市场的支柱倒塌了,无锡米市在这种情况下陷入萧条。不过,随着沪宁、沪杭、津浦和陇海铁路相继建成,以及无锡近代加工业的兴起,该局面得以改观。来自苏北、皖北、华北、东北地区的小麦和大豆作为工业原料源源不断地输往无锡,无锡遂由原来纯粹的粮食集散地一跃成为稻谷、豆麦的生产消费区域以及米、粉、油的产地和输出区域。上海成为与无锡米市联系最为密切的粮食消费市场。

随着上海工商业的兴起和发展,人口急剧增加,粮食消费能力随之增长,而且上海人"多尚米食,每年销米数百万市石",上海成为近代中国最大的稻米消费市场。20世纪30年代上海人口达300万以上,每年消费粮食达2 000万石以上。其中,米的消费量约占70%,其余30%为面粉及杂粮。① 上海食米,大半仰赖国内及国外的供给。国内主要是长江上中游地区的湖南、湖北、江西、安徽的稻米。这些稻米顺江而下,一部分分流至苏南地区,一部分又与苏南部分产粮县的稻米汇流于无锡,经过储存、加工后再输往上海,或通过上海向同样缺粮的江浙地区和沿海其他城市转输。这样,无锡就成为这些粮食运转上海的中转市场。据估计,上海每年在无锡坐庄采办的稻米达150万石,占无锡输出稻米总量的33.7%,这还不包括分散运销部分(见表5-1)。

表5-1　20世纪30年代无锡稻米贸易销售区域及销售量

区域	销售量 (万漕石)	占比	区域	销售量 (万漕石)	占比
上海	150	33.71%	宜兴	5	1.12%
杭州	80	17.98%	金坛	5	1.12%

---

① 参见许道夫编《中国近代农业生产及贸易统计资料》,上海人民出版社1983年版,第158页。

续　表

区域	销售量 （万漕石）	占比	区域	销售量 （万漕石）	占比
硖石	5	11.24%	扬州		
绍兴	30	6.74%	兴化	5（合计）	1.12%
嘉兴	50	11.24%	盐城		
本县	40	8.99%	津浦路	5	1.12%
吴县	10	2.25%	京锡段	10	2.25%
常熟	5	1.12%	总计	400	100%

资料来源：羊冀成、孙晓村等，《无锡米市调查》，社会经济调查所，1935年，第10页。

除粮食消费外，作为工业原料的农产品流转也极具代表性。上海与无锡城市间的该项物资流通的种类主要是面粉工业、榨油业所需要的小麦、黄豆，及缫丝业所需要的蚕茧等。

小麦、黄豆是面粉业、榨油业重要的工业原料，在面粉业较为发达的上海和周边城市中，有着较大的流通交易量。作为城市支柱产业之一的上海面粉业，每季对小麦原料的需求量相当大。1914—1921年间，上海面粉业快速发展，平均每年用麦量800万石，比前阶段（1900—1913年）末期增加一倍。[1] 同米粮转运一样，无锡也是北方豆麦流转上海的重要中转市场。无锡市场小麦、黄豆来源主要为苏北、皖北、华北、豫东、鲁南等地区，特别是苏北小麦输入较多。除供应本地面粉企业外，大部销往上海供应面粉厂。如上海阜丰、福新等面粉厂就长期在无锡采办小麦，并与无锡堆栈、粮行建立了固定的储存和购销关系。[2] 无锡之所以成为苏南地区的小麦集散地和粉麸供应基地，一是由于无锡粮栈设备齐全、翻晒便利，栈租低廉；二是因为无锡经济组织完备，货物储入粮栈，即可向粮栈支款，便于交易流转；三是无锡紧邻上海，一遇上海麦价高涨就可

[1] 参见上海市粮食局等编《中国近代面粉工业史》，中华书局1987年版，第120页。
[2] 参见中国人民政治协商会议江苏省无锡市文史资料研究委员会编《无锡文史资料　第16辑》，1987年，第96—97页。

以迅速将小麦运抵上海，博取厚利。

至于长江下游的蚕茧交易流转也基本以上海、无锡为中心。工业化时代的上海丝厂极为发达，但上海并非产茧区，故不得不从外地购买，其中以无锡、江阴以及浙江、安徽最多。[①] 每年 5 月份蚕茧成熟时，上海茧商都带现款到无锡采购，采购量约占无锡产茧量的 20％—30％。[②] 无锡作为长江下游地区优质茧的主要产区，由于上海与周边各工业城市缫丝工业兴盛，蚕茧经销也十分繁兴，不仅产茧量高，而且"自铁路通轨以来，如江阴、宜兴、武进各路干茧，无不惟堆存锡地应市求售"[③]。无锡已成为沟通上海与经济腹地蚕茧交流的华东地区的蚕茧集散中心和最大的干茧市场。以后随着无锡缫丝工业的不断扩大，该蚕茧市场的中心集散功能又进一步得到加强。[④]

另外，除上述商品的流转外，上海与长江下游经济腹地在砖瓦、盐、竹木、建材、油、酒等物资流转上也有相当大的流量。如上海建筑行业需要的砖瓦材料等，就都由无锡宜兴专供。[⑤] 就生产资料、生活资料的物流而言，上海为无锡经济发展提供了原材料供应和产品销售市场。因此，无锡对上海市场也存在着相当的依赖性。

在无锡生丝出口方面，其产品基本上都是在上海交易的。作为长江下游一个重要的生丝生产基地，无锡蚕丝产量占江苏全省的 25％—

---

① 参见葛文灏《上海丝绸调查报告》，载《江苏实业月志》1919 年第 4 期。
② 参见实业部国际贸易局《中国实业志：江苏省》，实业部国际贸易局，1933 年，第 4 编第 2 章，第 29 页。
③ 钱耀兴：《无锡市丝绸工业志》，上海人民出版社 1990 年版，第 398 页。
④ 当时《经济周报》对无锡的蚕茧中心地位曾作如下评价："无锡缫丝业，是雄冠江苏省（也可以说是国内）的轻工业之一，差不多占了苏、浙、皖边界产丝区所有缫丝厂的十分之五强，它的原料采集占了上述地区全部生产量的十分之六强，原料采集机构——茧行，像神经似的伸展到苏、浙、皖边界的穷乡僻壤，为它服务的劳力单位，也差不多占无锡全盛时代十万产业工人的十分之七。它推动了出口贸易，它活泼了江南水乡，活泼了无锡的经济脉络，象不断滋生的血液在流转。"参见高景嶽、严学熙编《近代无锡蚕丝业资料选辑》，江苏古籍出版社 1987 年版，第 90 页。
⑤ 参见唐文起《清末民初江苏农村市场述论》，载《江海学刊》1992 年第 5 期。

30％,成为全国最重要的蚕丝产地之一。不过,其生丝出口几乎全部通过上海,只有少数经由宁波、广州。据 1928 年近代缫丝工业的统计数据,上海出口生丝 108 021 海关两,其中由无锡输出就达 21 210 海关两,占上海出口总量的 19.6％。[①] 无锡丝厂生产的生丝运销上海一般通过生丝捐客——丝号与洋行贸易,或厂商直接与洋行交易,然后出口国外。尽管 1930 年以来,上海成立了不少华商生丝出口公司从事生丝出口业务,但无锡生丝出口贸易仍主要由洋行经营,上海丝号只充当了厂商与洋行之间的贸易中介。可以说,至 20 世纪 30 年代,无锡丝绸商业依托缫丝工业,基本形成包括丝蚕堆栈、转运公司、交易人员的综合网络,并与上海华洋出口商行相连接,在为当地丝厂出口销售提供服务的同时,也吸引邻近地区的生丝于此汇流,或成交存栈,或转口运销,从而造成缫丝工业与蚕丝贸易之间相互联结、相互依存的贸易关系。[②]

至于无锡棉织业所需要的棉纱也大体从上海进货。尽管无锡本地棉纺织企业所生产的棉纱产量足以满足本地棉织所需,但由于品种、价格等因素,棉织业所用纱均依赖上海市场,其贸易量约在几千包至几万包之间。这些棉纱或为上海工厂的产品,或为国外进口纱。[③] 另外,由于无锡地区燃料资源匮乏,故当地相当一部分的工业原料和燃料,如煤炭、石油、油漆、玻璃、化学药剂等也基本从上海购进。其中仅煤炭一项,1929 年无锡全县就需煤 313 415 吨,平均每日需煤约 859 吨。而缫丝业和纺织业则是用煤最多的两大生产部门。[④]

---

① 根据上海市丝绸进出口公司、上海社会科研经济研究所编写的《中国近代缫丝工业史》(上海人民出版社 1990 年版)第 302 页与高景嶽、严学熙编的《近代无锡蚕丝业资料选辑》(江苏人民出版社、江苏古籍出版社 1987 年版)第 380 页所列数据计算。

② 参见汤可可、李明《近代苏南地区的商品流通与市场发育》,载胡平主编《近代市场与沿江发展战略》,中国财政经济出版社 1996 年版,第 301 页。

③ 参见实业部国际贸易局《中国实业志:江苏省》,"各县进出口贸易",实业部国际贸易局,1933 年,第 105 页。

④ 根据 1930 年《无锡年鉴》、1929 年《无锡市政》第 1 号以及《无锡近百年经济概览》(1987 年版)第 150—151 页有关数据计算。

在日用工业品流转方面，上海工商业发达，其大量机器工业制品是通过无锡、镇江等长江下游城市中转向腹地农村扩散的。无锡因其优越的地理位置和交通条件成为上海工业品和舶来品内销的理想批发中转地。于是，大量的洋布、洋米、五金工具和电器电料等都从上海源源而来，并且出现了大批沪厂和洋行委托代理的经销商。而邻近各县商人又因资金少、订货量少的局限，不便直接去上海采办货物，而大都舍沪去锡，不但进货快、资金周转快，还能享受在上海大商行得不到的优惠待遇。加之无锡交通便利，市口集中，货源充足，又便于观望上海市面，故购销进退自如，于是无锡便成为上海商品内转的门户。其商品销售路径大致是：先扩散到无锡，再通过无锡转销苏南、江北各地。① 其中又以日用机制棉布的销售最为典型。在 1894 年以前，进口棉布主要由上海商人向内地推销，但到 19 世纪末 20 世纪初，有越来越多的内地商人也来沪采办货物，于是一时之间批发商号大量涌现，以适应大批量采购之需。在这种情况下，上海棉布商业逐渐形成洋行、大型元件批发字号、零售批发字号、叫庄（拍卖）字号、料货店和零售字号等不同层次的商业企业和流通体系。而无锡棉布的营销也多是以上海和本地纺织业为依托，通过众多棉布商号和批发交易市场，逐步向腹地市场推广。其流通的方向，"除销本地区外，大部分销往北方诸省及东南亚各地"。另外，在整个区域棉纺织工业兴旺发达、棉纱供应大增的背景下，无锡还成为除上海以外苏南地区较大的棉纱市场，其销地从无锡、江阴、靖江、苏州不断扩展到常州、镇江、南京、明光、临淮关、宿州、蚌埠、高邮、宝应、淮阴、徐州等地。由于无锡棉纱吞吐量较大，故而在区域市场里的影响力也较大，当时苏北地区以及泰兴、靖江、江阴、苏州等地，都要看无锡的棉纱行情，作

---

① 　参见茅家琦等《横看成岭侧成峰——长江下游城市近代化的轨迹》，江苏人民出版社 1993 年版，第 19 页。

为变动棉纱销价的依据。[①] 而无锡纱价又以上海纱价为指标,照沪价来决定其他市场纱价的升降。

在日用生活用品方面,无锡百货业亦受到上海市场的影响。1906 年沪宁铁路通车以后,便利的交通运输使上海的"洋广货"轻而易举地进入无锡。无锡百货业规模相应得到扩大,而且本地百货商人还与上海洋行建立了密切的贸易关系。无锡本地大部分百货店或到上海从洋行进货,或是与上海国内百货批发商发生贸易关系来批购国内工业品;而洋行和上海企业亦直接到无锡与较大百货店建立代销关系。无锡百货店在拿到货后,又转而面向本地区及江阴、宜兴、溧阳推行商品批发业务,由此形成了一个地区日用品的二级市场。即上海作为一级销售批发网络的中心,主要负责向无锡供货,而无锡作为地区的二级或中转市场,再负责把多余的商品推销至更为广大的经济腹地。

3. 锡沪间的劳动力流通关系

应该说,在锡沪经济关系中,无锡除了为上海提供工业原料、出口货物及销售市场外,同时也为上海近代工业的发展提供了大量廉价劳动力。依照刘易斯的工业区位理论,工业区域的劳动生产率要远高于传统的农业区域,故工业区域应该提供比农业区域高得多的工资,于是自然就会吸引更多的农业劳动力向城市工厂大量移转。[②] 近代上海的人口增长也不例外,截至 20 世纪二三十年代,江浙移民已构成上海城市人口的主体。从表 5-2 中我们不难看出,从 1910 年到 1935 年,在公共租界里,除 1920 年外,江浙籍人口占上海总人口的比例一直保持在 80% 以上。此时的上海已不折不扣地变成了"江浙人"的上海。

---

① 参见过炳泉、张泳泉《无锡纱号业的历史概况》,载中国人民政治协商会议江苏省无锡市委员会文史资料研究委员会编《无锡文史资料》第 9 辑,1984 年,第 47 页。

② 参见 Gang Deng, *The Premodern Chinese Economy: Structural Equilibrium and Capitalist Sterility*, London: Loutledge, 2002, p.16, 转引自马俊亚《混合与发展——江南地区传统社会经济的现代演变(1900—1950)》,社会科学文献出版社 2003 年版,第 100 页。

表 5-2　1910—1935 年间若干年份上海公共租界江浙籍人口统计

年份	上海公共租界人口					
	江苏		浙江		总计	江浙籍所占比例
1910	180 331	43.63%	168 761	40.63%	413 314	84.46%
1915	230 402	42.73%	201 206	37.31%	539 215	80.04%
1920	292 599	42.87%	235 779	34.55%	682 476	77.42%
1925	308 096	42.67%	229 059	31.72%	722 086	74.39%
1930	500 576	54.96%	304 544	33.43%	910 874	88.39%
1935	591 192	52.74%	388 865	34.69%	1 120 860	87.44%

资料来源：邹依仁，《旧上海人口变迁的研究》，上海人民出版社 1980 年版，第 114 页。注：公共租界的人口总数中未包括外国人。

　　此时无锡向上海输入的劳力，主要以离村进沪的农民为多。据调查，在无锡礼社，其离村的"569 人中尤以赴上海者为最多，约在 400 左右"[1]，占外出人数的 70%。另据《无锡年鉴》统计，当时离锡赴沪的农民约占外出者的 76.68%。[2] 其中，在离锡赴沪的农民中，有相当一部分是被无锡到上海开办工厂的企业家带去的。特别是上海申新系统和庆丰、丽新、广勤、合丰等厂的技术工人和骨干工人，有 70% 以上都是由老板从无锡招去。例如，20 世纪 20 年代无锡荣氏在上海迅速成为"粉纱大王"后，为扩大经营规模，茂新、福新、申新各厂纷纷扩容，那些最早实现社会流动的农民又充当了临时职业介绍人，返乡动员同乡同族离村。于是，1921 年福新厂工人很快从最初的 80 人一下升至 1 225 人；新建的申新三厂也在 1922 年召工 3 800 人；而无锡籍工人在各厂的比例亦占到 31%—91.5%。[3] 除棉纱业以外，上海制铁业也几乎被无锡资本家垄断，

---

[1]　余霖：《江南农村衰落的一个索引》，载《新创造》1932 年第 2 卷第 1、2 期，第 175—176 页。

[2]　参见上海市工商行政管理局、上海市第一机电工业局机器工业史料组编《上海民族机器工业》（上），中华书局 1966 年版，第 62—63 页。

[3]　参见上海社会科学院经济研究所经济史组编《荣家企业史料》，上海人民出版社 1962 年版，第 118、290 页。

所谓"铁鬼子"一半以上是无锡人。而整个上海的中等企业主中,无锡人最多,几乎占总数的 27%。[1] 上海市内的五金业和南北土产业,亦基本被无锡进沪农民全部包占。[2]

当然,长江下游地区劳动力流动也并非完全单向。随着长江下游地区上海周边城市工业的发展,劳动力转移也呈现出上海向外围回流的趋势。[3] 例如,在无锡第一座丝厂开办时,无锡本没有缫丝工人,但上海却早在光绪六年(1880)已有意大利人开设丝厂,还有华人开设的公和永丝厂和永泰丝厂。"故上海有丝厂工人,裕昌即在上海招募无锡的前州和玉祁藉的工人来锡工作","开工的时候,四乡的人都乘了船去看热闹"。[4] 后来"粉纱大王"荣氏在申新三厂施行企业管理改革,其所聘用的新派管理人员汪孚礼、余钟祥、楼秋泉也都是从上海中外纱厂转来,管理改革亦是借鉴了沪上纱厂的改革经验。显然,上海向周边城市(如无锡)流动劳动力的类型基本上都是智力劳动者,其流动明显带有技术传播的特点。通过这种流动,上海的技术优势逐步向全国扩散,有力地促进了周边地区经济与上海的协同发展。

4. 锡沪间的资金流通关系

金融与商业贸易紧密相连。在大宗物资流动过程中,货币资金的融通服务影响着物资分配和流通量。近代以来,上海作为全国最大的商货集散地,必然要经常、大量地产生金融周转。当时上海是通过申汇普及到全国的,即商人们利用上海钱庄汇票(申票)作为周转资金。这种形式在埠际贸易过程中得到十分广泛的运用。常常是上海商号派赴各地办

---

① 参见汤可可《市场:要素的流动和组合》,载胡平主编《近代市场与沿江发展战略》,中国财政经济出版社 1996 年版,第 325—326 页。
② 参见许晓青《20 世纪 20—30 年代苏南农村结构性社会流动探析——以无锡县为例》,载丁日初主编《近代中国》2001 年第 11 辑,第 153 页。
③ 根据马俊亚的研究,从上海回流到江南其他地区的劳动力中,受过教育的智力劳动者或技术工人移动的现象非常明显。参见马俊亚《混合与发展——江南地区传统社会经济的现代演变(1900—1950)》,社会科学文献出版社 2003 年版。
④ 萧宗汉:《周舜卿系统的缫丝厂》(手稿)。

货的庄客(采购员)，开出由本庄兑付的汇票。如上海某商号派遣庄客到其他城市去采集物品，并不需要庄客携带现款或由上海汇款到那里，而是由庄客到达该地后，开出由上海商号兑付的汇票，再卖给当地钱庄，就可取得款项；而当地钱庄再将此项汇票加价卖与本地需要上海头寸的商号，后者可拿着汇票到上海进货或邮寄抵欠。

就资本流通而言，无锡钱庄在外埠并无分支机构，大多通过汇兑业务与外埠往来密切的钱庄建立通汇关系。因此，通汇地点只限于上海和江苏的主要县城，其中以上海、苏州两地最为密切。汇兑方式主要有板期汇票、注期汇票和活期凭函三种。由于无锡外地粮商在售粮后多往上海采购日用商品，需要大量申票，而本地许多大厂的产品销售和头寸调拨也是以上海为中心，因此常有申票出售，故无锡钱庄的申票进出以及与上海的汇划往来十分频繁，对灵活资金流通、促进工商业发展、繁荣市场都发挥了积极作用。而无锡钱庄也在调剂头寸收取手续费用上获益不少。

而无锡丝茧商业和缫丝工业的发展，也与上海借贷资金的支持密不可分。一般来说，每年5月18日至6月4日是长江下游地区的出茧时间，所需现洋为数巨大，其间又恰逢茶季，更增加了现银的需要量。而且，"收鲜茧时，自开秤至停秤，仅有十余日"[①]，从而形成一年中的用银高峰。故在短时间内集中巨额资金供江浙茧商使用，就成了每年上海钱业的重要事务。据估计，在20世纪20年代初期，无锡茧市所需银元，有70%自上海运来，其余30%在苏州、杭州等处通融。而1926年后，由于国内银行兑换券信用升高，蚕农逐渐接受纸钞，于是上海一批银行又纷纷到无锡设立分支机构。与苏州、镇江钱业衰落相对应，无锡由于银行业的活跃而成为苏南地区货币资金调度结算的中枢。

此外，在城际资金流通方面，无锡与上海两地城市企业间也存在着

---

① 　徐沧水：《丝业与金融之关系》，载《银行周报》第2卷第43号，1918年11月5日。

资金互相挹注、互相融通的关系。在这种情况下,还产生了不少跨省市的大企业集团。例如,无锡荣氏兄弟就是在无锡保兴面粉厂(后改组为茂新厂)和振兴纱厂的基础上,才在上海创办起申新一厂(1915)、申新二厂(1917)的。由于茂新厂出产的"兵船"牌面粉在市场上很受欢迎,受利润的驱使,荣氏兄弟决定在上海光复路投资筹建福新面粉厂。1913年福新一厂开工,当年就盈利4万余元。[①] 此后,荣氏兄弟又以盈利所获资本扩大规模经营,这才有了福新系统的8个面粉厂,其中7个面粉厂设在上海。

不过,随着上海地价的不断腾涨和劳动力价格的升高,也开始有一些精明的上海企业家逐渐向上海周边靠近原料产地的无锡、镇江、常州、苏州等城市拓展业务或投资建厂,从而出现了资本回流的情况。典型如20世纪前期缫丝业由上海向无锡的产业转移。1900年,上海共拥有中外缫丝厂27家,而后来成为苏南缫丝业中心的无锡此时还尚无一家。后来由于上海缫丝业的激烈竞争,使原料干茧的供应日渐不足,而干茧价格的上涨又提高了企业成本、影响了产出效益,故不少上海缫丝企业家逐渐青睐干茧的原料地——无锡。从1904年周舜卿在无锡创办当地第一家缫丝企业——裕昌丝厂开始,截至1936年,无锡共创办丝厂45家。[②] 无锡由此而成为全国的"丝都",极大地推动了其城市工业的发展。其他如无锡的棉纺织业、化学工业等也都大致经历过相似的情形。譬如,曾在上海主持过上海机器织布局的杨宗濂、杨宗瀚兄弟在上海地价昂贵、竞争日趋激烈的情况下,主动筹集沪锡两地资金,于1895年在无锡创办业勤纱厂;而无锡籍的荣氏兄弟,也在英日纱厂的激烈竞争下,在无锡创办申新第三纺织厂;至于豫康纱厂更是无锡商业资本与上海商业

---

① 参见上海社会科学院经济研究所经济史组编《荣家企业史料》,上海人民出版社1962年版,第34页。

② 参见南京图书馆特藏部、江苏省社会科学经济史课题组编《江苏省工业调查统计资料(1927—1937)》,南京工学院出版社1987年版,第203页。

资本合作的产物。① 在化学工业方面，1919 年上海家庭工业社的陈蝶仙投资筹备了无锡第一家化工厂"中国第一镁制造厂"。20 世纪 50 年代，无锡 7 家化工厂中的 6 家的资金和技术都来自上海，市内第一家钢丝绳厂和第一家搪瓷厂也是上海企业家开办的。

由上可知，无锡与上海间的资金流动，不仅扩大了金融企业自身的业务量，而且在区域范围内也起到了调剂余缺和汇划清算的作用。特别是两地间不同商业资本向异地工业资本的转移，大大推动了两地城市间的经济往来，对双方城市工业的发展起到了积极的推动作用。

5. 信息、技术等无形经济要素的流动

应该说，20 世纪二三十年代无锡在苏南地区的脱颖而出，信息、经验、技术等无形要素对其成功崛起起到了至关重要的作用。而上海正是无锡获取市场、技术、金融等方面信息的主要场所，这些信息的取得对于无锡经济发展具有极其重要的意义。

锡沪间的信息渠道，最初是通过两地民信局来往航船交流民间信件开始的。1883 年，清政府在津沪线无锡段设电报子店，是为沪锡两地电信交流之开始。1926 年，京沪长途电话线上海至无锡段架设完成，两地信息交流更加便捷。后来由于无锡工商业发展迅速，商界除利用电报传递信息外，还利用长途电话互通商情。至 1930 年，无锡长途电话去话业务量约 2 万次，其中仅上海就 9 000 余次，可见无锡与上海商务信息联系之紧密。②

与信息沟通相似，两地间的技术与经验联络也十分频繁。随着生产技术变革及新技术发明在生产实践中应用时间间隔的缩短，在企业间竞争日益加剧的情况下，企业越来越感到及时获得市场信息和技术创新的

---

① 参见黄培昌《我所知道的豫康纱厂》，载中国人民政治协商会议江苏省无锡市委员会文史资料研究委员会编《无锡文史资料》第 19 辑，1988 年，第 79 页。
② 参见张锡明《抗战前的无锡邮电》，载中国人民政治协商会议江苏省无锡市委员会文史资料研究委员会编《无锡文史资料》第 32 辑，第 82 页。

迫切,因此,越来越注意向其他企业借鉴、吸收新技术及创新自身技术手段。无锡企业家对这方面工作给予了高度重视。由于上海开埠较早,其在国内较早地引进了国外新式生产设备,采用了先进工艺技术。故无锡企业一直坚持派员工去上海见习,吸收先进的经验、技术。例如,上海申新二厂、申新五厂、丽华一厂、丽华三厂等厂就曾多次为无锡厂培训过技术工人。在无锡经营最出色的荣氏兄弟、唐保谦、薛南溟等的资本集团,也都在上海设总管理处,依靠上海获取国内外市场和生产技术的最新信息,并遥控无锡的生产和购销。荣氏兄弟在无锡开厂后,把上海的先进组织管理经验带回老家,从而为无锡的企业发展注入了新的活力。① 另外,无锡纺织企业大力引进上海先进的机器设备,在设备更新后,又把废旧机器转移到周围市县。于是,通过设备的让渡,促进了整个地区生产技术水平的迅速提升。

此外,技术型人才的转移也是传播技术信息的有效渠道。近代沪锡间的人才流动在很大程度上是各企业激烈竞争的必然结果。在这一过程中,来自上海的各方面技术人才给无锡带来了关于建厂办厂、开拓经营和企业管理的知识、技术和经验。其中,仅无锡纺织业就聘请了大量的上海纺织印染工程师、技师及交通大学、南通纺校、杭州工专、苏州工专的毕业生。而他们所带来的知识、技术、管理经验及各种城市信息汇流在一起,对于无锡近代经济的起飞和发展起到了积极的推动作用。

6. 近代锡沪城市经济关系的机理分析

上述锡沪两地经济要素的流通主要是借助了轮船铁路交通、电信通信、金融汇兑等近代化经济联系手段。随着经济联系的日益加强,两地间的经济联系遂编织成一道维系长江下游中心城市与区域城市之间相存相依、共生共荣、不可分割的关系网。无锡之所以能成长为苏南地区

---

① 　参见胡平《近代市场与沿江发展战略》,中国财政经济出版社 1996 年版,第 326 页。

经济中心，显然同与上海的经济互动密不可分。如果借助区域经济学的理论，则"增长极"和"增长中心"应是能够比较恰当解释上海与无锡经济互动关系的一对概念。

所谓"增长极"是法国经济学家弗朗索瓦·佩鲁提出的一个概念，后来不少学者进行了补充，被认为是一个或更多的有创造力或推动力的工业部门及与之相联结的一群或一组工业部门聚集的地区，这种地区常常是大城市中心。而"增长中心"则是鲍德维尔于 1957 年和其他许多英美学者提出的一个空间概念。这一概念认为，厂商和行业之间的亲和力将产生外部经济效果，会使厂商和企业在地理位置上急剧地发展，从而出现增长中心的趋势。[①]

"增长极"与"增长中心"的相似之处在于，它们都是生产要素和产品的流动中心或聚散中心，均指具有一定经济规模且增长较快的区域城市。但"增长中心"又不同于"增长极"。"增长极"概念侧重于具有创新能力的企业的作用，指的是在市场力量的作用下或在经济政策的引导下，具有创新能力的企业和部门聚集于一处，形成了中心地，属于创新型的少数先发地区。而"增长中心"概念则侧重于外部经济效果的作用，指的是某一经济部门中的某项企业或一组产业综合体，这些企业本身常常不具备创新能力，属于学习型的后发地区。也就是说，"增长极"是探索创新式的"第一行动地区"，而"增长中心"是学习模仿型的"第二行动地区"，其他地区则属扩散、带动或跟进型的"第三行动地区"。其中，"第二行动地区"的"增长中心"还具有将经济要素由"增长极"向"第三行动地区"扩散的中转传输功能。

以此理论来比照上海与无锡的经济发展，可明显地判断出民国以来上海作为长江下游"增长极"的性质和无锡作为"增长中心"的性质。上海是国内最早的现代工业发源地和工业中心，其工业和商业部门的创立

---

① 参见陆玉麒《区域发展中的空间结构研究》，南京师范大学出版社 1998 年版，第 187 页。

和扩展,常常取决于自身的创新力量。这些新企业和行业不断开发与创造出一些新的产品、新的技术、新的产业、新的市场、新的组织、新的管理体制以及新的生产方式、经营方式和新的消费方式、生活方式等,并向其他地区示范和扩散。于是,创新带来了巨大的先发利益,而先发利益驱使上海成为民国以来超前或领先发展的大都市。

　　而无锡现代工业恰是在上海的扩散效应作用中成长起来的。其现代工业企业和行业的创办时间均迟于上海,是学习和模仿创新者上海而出现的"集群追随者"。时人龚骏在分析中国近代新式工业产生时就认为:"上海不特为我国军械、缫丝、棉纺织业之自创,其它各业之滥觞于此者,为数极多。"[1]穆藕初就最先从上海德大、厚生纱厂引进西方科学管理方法,又成为当时包括无锡在内的中国各纱厂的样板。而在引进国外先进技术设备方面,由于上海不少企业走在全国前列,也引发了全国各地企业的争相效仿,各企业纷纷将引进新设备作为中外产品竞争的积极手段。他们"渴望获得最新工艺技术,这可以从多数工厂采用外国机器设备一事得到佐证"[2]。无锡的不少资本集团都因此在上海设总管理处,依靠上海获取国内外市场的生产设备和技术信息,进行大量的购销活动,体现出对新生产力的强烈追求。这些实力强大的资本集团,之所以成为增长型的模仿者,而非创新者,是因为学习模仿成本小于探索创新成本,要扩大自身企业发展的规模和提高市场占有率,就必须尽可能又多又快地获取增长所带来的后发利益。从这个意义上讲,无锡这个"增长中心"就是由上海"增长极"的创新作用带动起来的。同时,上海"增长极"还给长江下游经济发展带来了重要的支配效应,即上海"增长极"运用自己在技术、经济、管理方面的先进性,通过与无锡、苏州、南通等周围地区的投资关系和商品交换关系产生支配作用,从而成为辐射长江下游乃

---

[1]　龚骏:《中国都市工业化程度之统计分析》,商务印书馆1933年版,第29页。

[2]　徐雪筠等译编:《上海近代社会经济发展概况(1882—1931)——〈海关十年报告〉译编》,上海社会科学院出版社1985年版,第280页。

至整个中国的社会经济发展的"中心"。而无锡、苏州、南通、杭州、宁波等中等经济城市则成长为受控于上海的长江下游城市系统次一级的"增长中心"。

当然，无锡"增长中心"的地位也不是一成不变的。在上海"增长极"乘数效应的作用下，无锡也一度出现了由"增长中心"向新"增长极"演化的趋势。这是由于受经济循环累积因果机制的影响，"增长极"对周围地区经济发展的支配作用不断强化和扩大，进而影响范围和程度相应增大所导致。20世纪20年代以来，随着无锡工业体系的形成和经济技术水平的提高，无锡企业以及整个经济的创新能力增强，特别是创新过程中企业家群体逐渐形成，并发挥了重大作用，表明20世纪20年代后期无锡城市的"增长极"的功能渐已形成，[①]并在此时取代苏州而成为苏南地区的产业中心、商品集散中心、金融中心和信息中心。同时，其周边的"第三行动地区"如江阴、宜兴、常熟、溧阳、金坛、靖江、吴县、武进等地的经济活动，也都围绕它而进行。于是，民国以来，在长江下游地区，一个以上海为龙头，上海周边的无锡、南通、常州、苏州、宁波、杭州等中等经济城市为第二级市场，腹地小城市、乡镇为第三级甚至更低一级市场的"城市群"开始初具雏形。依靠这些城市间、城乡间的人口流动、商业贸易、金融沟通、信息交流等关系，长江下游地区基本上实现了城市间的相互影响、相互辐射，共同推动了自身与区域经济的大发展。

在这个过程中，上海"增长极"的溢出效应也不容忽视。这一效应主要包括极化和扩散两种作用。极化作用能吸引周围地区的生产要素，使其经济活动不断趋向增长极，以加快增长极自身的发展。扩散则是增长极向周围地区进行生产要素和经济活动的输出，以带动周围地区的经济发展。极化和扩散的综合影响称之为溢出效应。但如果极化大于扩散，则为负值的溢出，对周边地区的经济发展不利。典型的如近代以来上

---

① 参见吴柏均《中国经济发展的区域研究》，远东出版社1993年版，第203页。

海、无锡等工业中心对苏州商业资本的强力吸纳,使苏州成为苏南地区极其重要的存款码头,而一旦沪上钱市发生变化,锡常工商企业有所亏倒,苏州钱业就会有"性命难保"的谶语。① 商业资本的抽空也使得苏州本地工业化进程由于资本的匮乏而发展缓慢。另一方面,如扩散大于极化,是为正值的溢出。② 一般来说,正值溢出效应的出现往往是其他区域另一轮聚集效应的开始。也就是说,正是上海"增长极"在生产方式、技术设备、原材料、资本和经营经验上对无锡地区的扩散作用大于极化作用,终而成就了无锡新的"增长极"的出现。

区域中新"增长极"的出现,必然会导引区域内原料、能源、资金、市场等要素需求的相互矛盾与制约。因此,新"增长极"(如无锡等)与老"增长极"(上海)城市间的分工与合作就不可避免,主要是通过市场调节来最终达成区域内部市场结构的自然平衡。如在长江下游的区域纺织产业结构中,上海拥有较为发达的轻纺、机械、五金等工业,能为其他城市提供一定的技术设备;无锡是以纱、线、花布生产为主,印染、色织较具优势的次级城市;常州生产灯芯绒、条飘府绸;南通生产花线布;常熟有条格布等。城市都各具特色,发展也各有侧重,从而共同组建了中国近代棉纺织的工业基地。③ 而这种产业定位,也便于各城市扬长避短,组织规模经营,提高行业的技术水平和劳动生产率。另外,分工并不意味着彼此割断联系,上海与无锡等周边的城市还存在着相互依存的合作关系。如上海纱厂的原棉、包装材料很大程度上需要依靠南通、无锡,而各地所需的设备、机物料及高档细织纱,则大多取之于上海。当然,其他行业的横向联系与相互借助在长江下游区域城市间也屡见

① 参见胡觉民《苏州钱庄史杂缀》,载中国人民政治协商会议江苏省苏州市委员会文史资料研究委员会编《苏州文史资料》第1—5合辑,1990年,第61页。
② 参见李京文《走向21世纪的中国区域经济》,广西人民出版社1999年版,第67页。
③ 参见汤可可《市场:要素的流动和组合》,载胡平主编《近代市场与沿江发展战略》,中国财政经济出版社1996年版,第323页。

不鲜。

综上所述，长江下游区域中心城市上海与周边城市无锡的经济关系，不但表现出内容丰富的互动性，而且因互动因子众多，数量巨大，还形成了流通便利、信息畅达的多层次的结构体系，不仅有利于近代上海城市经济的高速发展，更有助于无锡城市向近代化迈进。尤其值得注意的是，20 世纪 20 年代以来无锡工业的发展更增强了城市经济吸引力和辐射力，加之陆上交通的开辟，以及后来的关税自主、厘金裁撤和国内埠际贸易的兴盛，无锡的商业腹地向内地大大扩展，进而导引出锡沪之间更广的物资流通范围（更多是以工业原料、工业产品为内容）和更大规模的商品流通。加之现代化的运输手段、通信方式及先进的企业经营管理模式和巨额资金融通、挹注，至全国抗战爆发前，无锡已形成近代苏南地区二级区域城市中心并非虚言。

当然，抛开无锡，上海与其他周边的长江下游城市也存在着类似的经济互动关系。而且，"在产销和融资、接纳和传导以及示范和辐射等方面都不同层次地对长江流域经济产生了积极影响，这些影响的交互发生打破了以前被局部分割的局面，使长江流域经济日益成为一个不可分割的整体"[1]。其中，紧靠上海的长江下游地区作为上海的第一层次的经济腹地，这种互动关系更加强烈。在这种情况下，上海通过对周围地区的经济整合，使得整个地区的地缘经济整合程度得到了极大提高，区域城市整体性也较以往任何一个时期都更为突出了。无锡、南通等新"增长中心"和二级区域中心城市，在接纳上海口岸推销过来的棉布、棉纱等廉价工业品的同时，也将大批的茶、丝、棉花等原料源源不断地输送到上海市场，连通了全国乃至全世界的商品流通大市场，由此形成了中心城市与腹地城市之间的强力联动关系。与无锡取代苏州相似，南通也因工

---

[1]　张仲礼等：《上海城市经济的近代化及对长江流域经济的影响》，载《上海社会科学院学术季刊》1992 年第 3 期。

业、交通、商业的发展,迅速取代了原来的苏北商业中心扬州的地位,成为苏北地区商品云集之地。

反观镇江、扬州、常州,后来由于铁路交通的出现及运河运输功能的弱化而日渐衰落。如常州先是由于境内运河河道淤塞变窄,商旅视之为畏途;再是沪宁铁路通车,原为常州经济势力范围的宜兴、溧阳、江阴、金坛等地及江北地区的货物纷纷转经无锡至上海,北方货物也大量经铁路运往无锡、上海。原为长江下游区域中心城市、内河商港的苏州,亦由于运河机能的丧失,先后被具有江河海运功能且腹地广阔的上海及有着良好的水运、铁路运输能力的无锡超过与取代。而原为华东商业巨镇的镇江更因为京汉、胶济两条铁路的先后通车而衰落,来镇江集散的豫东、豫南地区的货物半往汉口、半往青岛。津浦铁路一通车,南京又分占了它的部分商务,镇江最终趋向衰落。浙江地区的杭州、嘉兴、湖州、宁波等地的城市命运在这一时期也发生了重要改变。工业化以来,这些城市的产业结构并未完全转型,仍处于家庭手工业与机器工业二元经济并存的阶段,其经济发展并不完全是现代机器工业带来的,而更多是传统手工业以及由前近代继承和拓展下来的国际市场所带来的。这种外向型经济发展模式,与国际市场的瞬息万变息息相关。因此,一旦国际市场不景气,这些城市的经济即陷入一蹶不振的低谷,从而延续着工业化前腹地商贸中转中心的地位。

于是,在这样的兴衰起伏中,原有的明清城市网络格局被完全颠覆,那些经济最活跃的城市迅速成长,最终成为区域城市竞争的赢家。新城市系统越来越呈现出明显的内在经济联系性与层次定位性,受非经济因素影响和干预越来越少,与传统的城市系统所具有的鲜明的政治层次形成极大反差。而且,不仅是上海与周边城市间,整个区域城市系统中的城市都因经济相互依赖而生存,因相互补充而发展,大大改变了传统城市体系垂直管理及同级城市间经济交流贫乏的状况。此外,随着长江下游区域内城市间、城乡间的经济流动和互补性的不断增强,区域城市正走出区域市场的范围，而奔向更为广阔的全国市场，并逐渐表现出综合功能的特点，改变了传统城市功能单一、城市辐射力差的状况。城市地位往往由工业、商业、对外贸易、水陆交通及文化教育发达水平等综合情况决定，城市层次亦取决于自身功能的大小和全面与否。典型如上海，其之所以能成为近代中国最重要的多功能经济中心，就是因为上海突破了闭关自守的封建政策的束缚，大力发展大规模的对外贸易和埠际贸易，充分利用国内外资源，吸收国内外资金和技术，积极建设有利于城市发展的交通运输、电信通信、能源电力、市政基础等良好外部环境，注重企业科技与人才的投入，在竞争中改革近代企业管理意识和制度以促使城市工业产生更大的聚集效应，尤其是通过经济活动主体——"上海人"的聪明才智与企业家民族精神、竞争意识、创业精神等才能的发挥，使城市经济效益得到最大限度的提高，而实现了超常的城市近代化道路。所有这些动力因素的积累与整合都为城市经济的高效益提供了条件和保障。至今，在我们建设以上海为中心的长江下游地区城市经济的过程中，这些经验仍值得借鉴。

四、上海对区域金融的调度、调控与区域金融一体化

1. 地区商贸发展与上海的资金调度

就长江下游地区的发展资金而言，绝非商人们自备，而主要来源于金融城市的调拨和汇划，这在农副产品的贸易高峰时表现得尤为突出。就全国而言，各式各样的农副产品交易每年从头到尾不断，现洋进出也没有停顿之时，由于从南到北农副产品的上市时间不一，故各地也形成了不同的金融季节，不同地区对银圆的需求与供给都有固定时间，同一地区不但不同的月份银圆进出数目相差巨大，甚至在每月不同的旬、周、日，银圆进出也有极大差别。20世纪30年代初，中国银行利用各地的分行对各金融城市的金融季节（主要是银根松紧情形）作了详细的调查，现择要列举如下（见表5-3）。

表 5-3　全国主要城市金融季节表

地区	月份											
	1	2	3	4	5	6	7	8	9	10	11	12
香港	最紧	略松	松	略紧	略紧	松	松	松	略紧	略紧	略紧	略紧
厦门	最紧	紧/松	松/紧	平	平	平	松	平	渐紧	紧	紧	紧
福州	最紧	稍松	紧	紧	紧	松/紧	松/紧	紧	松	回紧	极松	紧
温州	最紧	平稳	紧	松/紧	紧	紧/松	紧	紧	松/紧	紧	紧	最松
杭州	最紧	极松	松	松/紧	松	转松	紧	略松	渐紧	紧	最紧	紧松
苏州	最紧	松	松	稍紧	紧	紧	紧	紧	紧	紧	最紧	最紧
无锡	紧	平	松	稍紧	稍紧	紧	平	紧	稍紧	紧	紧	紧
汉口	暗紧	松	稍紧	甚松	紧	较紧	紧	甚松	渐紧	紧	紧	甚紧
沙市	紧	略松	松	松	松	暗松	紧	甚松	松	松	松	甚松
青岛	最紧	松/紧	紧	稍紧	稍松	松	最松	最松	紧	稍紧	紧	最松
北京	甚紧	紧/松	松	松	趋紧	微紧	微松	紧	紧	紧	紧	甚紧
天津	紧	平	松	趋紧	稍紧	松	松	趋紧	紧	紧	紧	紧

　　说明:表中"松""紧""较紧"等指钱业市场上银洋供应的宽裕与紧缺程度。

　　资料来源:中国银行总管理处经济研究室编,《中行月刊》第 7 卷第 6 期(1933 年 12 月)、第 8 卷第 1—6 期(1934 年 1—6 月)、第 9 卷第 1 期(1934 年 7 月)连载的《各地金融调查》;杨荫溥,《杨著中国金融论》,商务印书馆 1930 年版,第 304 页。

　　从表 5-3 可知,各城市金融季节的变化存在着非常明显的规律性和互补性。如每年 9—12 月,全国大部分地区银根较紧,而沙市等地此时的银根却非常宽松;6、8 两月,全国大部分地区现洋供过于求,但苏州、无锡等地银洋需求数量仍然较大。类似情形,不一而举。

　　由于不同城市金融季节的互补性,使得长江下游地区的贸易与全国金融市场有机联系了起来。为了统一调节各地的金融市场,势必需要一个全国性的金融总枢纽,而上海就具有这样的地位。每年五六月是长江下游地区的茧季,所需现洋为数巨大,其间又恰逢茶季,更增加现银的需要量,而且"收鲜茧时,自开秤至停秤,仅有十余日"[①],否则蚕茧就会蛹化出蛾,从而形成惊人的使用银洋高峰。在短时间内集中巨额资金供长江

——————————

① 　徐沧水:《丝业与金融之关系》,载《银行周报》第 2 卷第 43 号(总第 74 号),1918 年 11 月 5 日。

下游茧商使用，每年都是上海钱业界的重要事务，"查内地茧商，大都鲜真实力量，全恃申地用款为多数"。而长江下游的茧商只需自备三成资金，即可从本地银钱业贷出十成乃至十成以上的茧款[1]，而绝大部分城市银钱业的现洋又依赖上海钱业市场调拨。故各地商家都公认，"江浙两省之金融，实以上海为总汇，凡银洋之进出，既以此为集散地，而茧款之调节，尤向以上海为根本之泉源"[2]。现将 20 世纪 20 年代初上海向长三角地区各市调运款额列表如表 5 - 4，以证明此言并非夸张（见下页）。

据表 5 - 4 可知，1920 年 5 月，上海向长三角地区其他城市运出的银元达 1 356.44 万元，而长江下游地区其他城市回流上海的银元只有 505.61 万元；同年 6 月，上海运往长三角地区其他城市的银元为 1 193.27 万元，从其他城市回流上海的银元仅为 994.74 万元。1921 年 5 月，上海运到长三角地区其他城市的银元达 911.29 万元，回流上海的银元亦仅有 85.13 万元；同年 6 月，上海运到长三角地区其他城市的银元为 757.91 万元，而回流上海的银元也只有 483.01 万元。由此可见，上海银元调往长江下游其他城市的趋势非常明显。

据时人估计，在 1933 年以前的 20 年间，"沪上银钱两业，在每年春夏之交，放款于江浙皖三省茧商者，数必在二千万银两以上"[3]。而实际上，这个数额可能仅相当于上海钱业界对长江下游茧区放款的半数。通常长江下游地区的蚕茧上市时，每周调往茧区各城市的银元都达数以百万计。例如，1916 年 4 月底，上海各银行共存现洋 4 500 万元，"丝茧登场，即在此存款内装赴内地现洋四千二百万元，办茶之款尚不在内"[4]。这样数天内丝茧一业用罄上海存洋的现象非常普遍。作为全国工商业中

---

①　参见楚声《放款收茧之两大条件》，载《钱业月报》第 8 卷第 4 号，1928 年 6 月 2 日。

②　士浩：《三年来江浙茧用之比较观》，载《银行周报》第 6 卷第 31 号（总第 261 号），1922 年 8 月 15 日。

③　楚声：《放款收茧之两大条件》，载《钱业月报》第 8 卷第 4 号，1928 年 6 月 2 日。

④　中国第二历史档案馆编：《中华民国史档案资料汇编》第 3 辑"金融"（2），江苏古籍出版社 1991 年版，第 770—771 页。

表 5-4 1920—1922 年从上海调往长三角地区各城市银元表

(单位：千元)

地区	1920 5月 进口	1920 5月 出口	1920 6月 进口	1920 6月 出口	1921 5月 进口	1921 5月 出口	1921 6月 进口	1921 6月 出口	1922 5月 进口	1922 5月 出口	1922 6月 进口	1922 6月 出口
杭州	50.9	3 166	190.2	1 014.8	73.8	909.1	296.1	1 744.8	1920	529	1 046.4	291.7
嘉兴	19	3 443.7	496	1 294.3	7.6	984.8	28.6	648.6	27	809	73	451.3
硖石	4	359.8	90	584.8	0.5	191	——	603	1	424	130.6	272.7
宁波·绍兴	631	615	530.5	210	153	720	529	195	425	950	589	——
南京	3 330	11	4 486	46	49	468	1 127	36	1 411	402	2 209	24
松江	74.2	15	93.3	65	98	47	77	12	130	40	98	——
无锡	——	676	2 506	4 773	——	2 520	1 621	2 750	56	3 144	3 029	1950
苏州	153	827	649	981	32	1970	174	986	27	1 075	705	534
常州	94	301	463	747	14	419	378	289	49	1 443	643	205
镇江	630	110	202	598	353	——	288	3	909	35	1 443	8
浙属其他地区	20	1 708.1	126	317.2	66.4	591	68.4	69.4	18	567	163	110
苏属其他地区	50	2 331.8	115.4	1 301.6	4	293	243	242.3	450	1 314	155	217
合计	5 056.1	13 564.4	9 947.4	11 932.7	851.3	9 112.9	4 830.1	7 579.1	5 423	10 732	10284	4 063.7

说明：表中"进口"指外地向上海运入银元，"出口"指上海向外地运出银元。

资料来源：土浩：《三年来江浙茧用之比较观》，载《银行周报》第 6 卷第 31 号（总第 261 号），1922 年 8 月 15 日。

心,上海若仅凭自身银钱存底供应茧商,其他各业以及金融业本身无疑都要瘫痪。故在实际运作中,上海钱业市场一般都运用自己的金融中心地位,对全国金融进行调度。所以,每当长江下游的蚕茧上市时,上海钱业市场都要一方面把大量现款运往茧区各城市,另一方面又从汉口、天津、香港以及东北地区等地源源不断地调来银洋,使其金融不致枯竭。与蚕茧业相似,其他农副产品上市时,上海钱业市场的运作也大致如此。

我们现随机抽取 1921 年上海银洋的运出与运入数据,以此观察上海钱业市场对长江下游各城市的调度情形。1921 年 5 月第一周(2—7日),"丝茧作价者行将大增",从上海调往下游茧区各城市的银元达 160 万余元,而同时从汉口运入上海银元为 93.7 万元、从天津运入 138 万元①;第二周(9—14 日),"杭、嘉、绍各属,纷纷来此(指上海——引者注)运现,以备丝茧之用",从上海调入下游茧区各城市的银元 260 万余元,同期从汉口运入上海银元 52 万元、从四川运入 20 万元、从烟台运入 25 万元、从天津运入 70 万元②;第三周(16—21 日),"丝用未大起",从上海仅运往下游茧区各城市银元 170 余万元,同期从汉口运入上海银元 71.8 万元、从天津运入 71 万元③;第四周(23—28 日),"丝茧用起,无锡、苏州、嘉兴、枫泾、宁波等处,银元去路极涌",一周即从上海运往下游茧区各城市银元 659.88 万元,同期从汉口运入上海银元 54.9 万元、从天津运入银元 40 万元④。

从每年 9 月开始,农产品贸易进入第二个用洋高峰。此时杂粮、棉花等北货上市,这些农产品的产地主要在华中、华北、东北地区,这时银洋源源不断地由上海从长江下游地区运往汉口、天津等地,再由天津、汉口等地向各处分运。与调运茧款相似,如果上海钱业市场仅把自身的存底用作粮款和棉花款,不需几日,金融就会枯竭。所以,上海钱业市场在

---

① 参见《经济统计》,载《银行周报》第 5 卷第 17 号(总第 197 号),1921 年 5 月 10 日。
② 参见《经济统计》,载《银行周报》第 5 卷第 18 号(总第 198 号),1921 年 5 月 17 日。
③ 参见《经济统计》,载《银行周报》第 5 卷第 19 号(总第 199 号),1921 年 5 月 24 日。
④ 参见《经济统计》,载《银行周报》第 5 卷第 20 号(总第 200 号),1921 年 5 月 31 日。

向杂粮和棉花产区运去款项的同时,需要从下游各城市大量调入现款,以最大限度地提高银元的利用率。例如,1921 年 9 月第三周(19—24 日),杂粮、棉花行将上市,"北方厘价增高",运往天津的银元达 79.5 万元、通崇海地区 37 万元、烟台 3 万元,而同期从杭州运入上海的银元最多,为 51 万元,其他依次为苏州、南京、松江等地①;9 月第四周(9 月 26 日—10 月 1 日),"因北方秋收,以〔依〕次登场……东三省之杂粮约需银元三千万左右,山东之烟叶约需银元五百万元左右,故北方用洋日渐增加",调往通崇海地区银元 12 万元、天津 9.2 万元、烟台 5 万元、大连 3 万元。此时运入上海银元的地区主要为长江下游地区的杭州(108 万元)、嘉兴(5.58 万元)、碛石(4 万元)、松江(4.3 万元)及香港(3 万元)②;10 月第一周(3—8 日),"银元出口颇盛……北方如天津、济南、长春等处,均有大宗去路;通崇海因花布用途,亦运去二十余万;沪宁路一带,其被灾不重之区,新谷上场,亦均需用银元",运入上海银元的地区有杭州(112 万元)、芜湖(5 万元)、松江(2.6 万元)、福州(3 万元)、香港(2 万元)③。每年 9—12 月份,南方许多地区并无大宗农副产品贸易,但由于"北货登场",现洋北运,南方金融也渐感吃紧④。

上海钱业市场之所以能供应全国的农副产品贸易款项,也正在于它利用各地用洋高峰的季节差,将全国各城市尤其是长江下游各城市的金融调动起来,把处于贸易淡季地区的银元源源不断地调往贸易繁盛地区,每年周而复始、循环往复,虽然调入调出的银元数目达到惊人程度,但仍有条不紊,除了战争等非常时期外,从未因调度失误引起用银恐慌,进而引起农副产品贸易的停滞。整个长江下游地区遂形成一个以上海为核心的区域金融体系,而各中等金融城市则成为一个个围绕上海金融市场运转的卫星市场,并依附于上海这个钱业中心。

①　参见《经济统计》,载《银行周报》第 5 卷第 37 号(总第 217 号),1921 年 9 月 27 日。
②　参见《经济统计》,载《银行周报》第 5 卷第 38 号(总第 218 号),1921 年 10 月 4 日。
③　参见《经济统计》,载《银行周报》第 5 卷第 39 号(总第 219 号),1921 年 10 月 11 日。
④　参见《厦门金融季节之考察》,载《中行月刊》第 9 卷第 1—2 期合刊,1935 年 1—2 月份。

2. 上海对区域金融的调控作用

1933 年以前全国农副产品贸易最繁荣地区是沿沪宁、沪杭甬铁路两侧的长江下游地区，上海对这一地区的现洋进出亦最频繁。据统计，1929 年由沪宁铁路南京、镇江、常州、无锡、苏州各站运入上海的银元达 13 915 130 元，占当年运入上海银元总数的 11.24%，由杭州、嘉兴、宁波、硖石等沪杭甬铁路各站运入上海的银元为 82 722 155 元，占当年运入上海银元总数的 66.82%；同年，从上海运往沪宁铁路各站的银元为 24 970 567 元，占上海运出银元总数的 13.73%，运往沪杭甬铁路各站的银元达 85 583 761 元，占上海运出银元总数的 47.05%。[①] 现将 1929—1933 年由上海运出和运入沪宁、沪杭甬铁路各站现洋情况列表如下（见表 5 - 5）。

表 5 - 5　1929—1933 年上海与沪宁、沪杭甬铁路各站现银往来表

（单位：元）

年份	上海	总额	沪宁铁路	占比	沪杭甬铁路	占比
1929	运入	123 795 979	13 915 130	11.24%	82 722 155	66.82%
	运出	181 906 052	24 970 567	13.73%	85 583 761	47.05%
1930	运入	109 061 649	13 750 927	12.61%	80 064 741	73.41%
	运出	141 177 643	9 895 010	7.01%	74 358 470	52.67%
1931	运入	111 404 330	16 666 300	14.96%	76 914 980	69.04%
	运出	164 446 006	7 804 800	4.75%	78 011 929	47.44%
1932	运入	162 845 704	34 087 200	20.93%	9 685 414	5.95%
	运出	19 949 372	1 969 700	9.87%	2 496 834	12.52%
1933	运入	99 507 342	21 235 200	21.34%	3 215 832	3.23%
	运出	17 618 582	2 501 200	14.20%	5 067 200	28.76%

说明：表中"运入"指银元由外地运入上海，"运出"指银元由上海运往外地。

资料来源：国民政府主计处统计局编印，《上海现银移动状况》，第 4—5 页资料。

[①]　参见国民政府主计处统计局编印《上海现银移动状况》，1936 年 10 年，第 4—5 页资料。

表 5－5 所列现银流动时段正是世界经济危机时期,此时内地现银通货大量向上海集中,所以流向上海的银元有时要多于上海运往外地的银元,但这一趋势不会影响我们对沪宁和沪杭地区与上海金融关系的分析。在表 5－5 中,沪宁、沪杭甬铁路各站多是江浙地区仅次于上海的金融分中心,主要有苏州、镇江、宁绍(宁波和绍兴)等二级市场,这些二级市场又调动着许多三级市场乃至四级、五级市场以它们为中心运转,使这些较低级的市场间接地接受上海的调控。

苏南大部分地区的钱业市场主要围绕苏州钱业市场运行。苏州在 19 世纪前一直是非常重要的贸易中心,通过放款和金融投资,许多商人成功地积累了巨量的财产,为钱庄提供了丰富的存款来源。1908 年苏州钱庄存款达 1 000 万元左右;1926 年以后,钱庄存款总额高达 3 000 万余元;1931 年以前,钱庄"存款来源实不可胜计"。由于存款丰厚,"银拆较他处为轻,最高不得过五钱"[①]。在银通货时代,苏州是长三角地区著名的"存款码头"[②],邻近的无锡、常州、常熟、吴江、昆山、太仓、溧阳、南通、江阴等地成为苏州钱庄放款的主要地区,其金融市场也随之成为围绕苏州钱业市场运行的卫星市场。1917 年,苏州"出口银元计每日平均二三万元,皆无锡、常熟等埠来苏装运也",在苏州钱庄银洋紧缺时,"必在苏购进规银汇沪,换进银元,运苏应用"。[③] 以无锡论,这里是粮食集散地、丝茧产区,资金需求量很大。但由于无锡钱庄本身资力较弱,故通常需要向苏州钱庄拆借,再进行发放,"每年放出款项,常在一千五百万元以上"[④],有时拆借金额竟可达 2 000 万余元[⑤]。常州钱庄存欠月息亦完全

① 呆厂:《苏州钱业状况》,载《钱业月报》第 6 卷第 12 号,1926 年 12 月。
② 苏州市金融志编写组:《浅说苏州钱庄》,载江苏省金融志编辑室编《江苏典当钱庄》,南京大学出版社 1992 年版,第 93、95 页。
③ 参见《各埠金融及商况》,载《银行周报》第 1 卷第 18 号,1917 年 9 月 25 日。
④ 王焕照:《二十三年度无锡工商业之回顾》,载上海商业储蓄银行编《海光》第 7 卷第 5 期,1935 年 5 月。
⑤ 参见无锡市金融志编纂委员会《无锡市金融志》,复旦大学出版社 1996 年版,第 45 页。

"参照苏、申、镇、锡银拆"①。20世纪20年代,常州钱庄资本一般为每家数万元,但放款额高达20万—70万元,不足部分全靠向苏州钱庄拆借②。至于常熟钱业市场,其银洋进出标准也"与苏州同例,市情大小,亦视苏州隔日收盘之价而定,货币不敷时,则向苏州接济,若遇过剩,则运往苏州"③。而江阴地区,凡与常熟、宜兴等地往来款项,由"苏〔州〕推划清楚","他如杭州、湖州等埠,均托苏〔州〕转解"④。吴江(包括盛泽)"洋价及银厘银拆,并以苏州行情为标准"⑤。

不过,当时苏州也没有垄断整个苏南市场,也有部分地区通过镇江钱业的渠道保持运行。民国前期,镇江钱庄每年对农副产品贸易的放款达1 500万两白银以上,其资金来源大部分是从上海钱业市场拆借,也有一部分是从苏州拆借,从上海、苏州拆借的款项曾占镇江钱庄放款总额的80%左右;至于苏北大部分地区,如扬州、徐州、淮阴、新浦等地也常向镇江钱庄调剂资金。⑥ 米区兴化,"每年泰县、姜堰、溱潼及如皋、海安等处,稻麦收获节令,洋用甚旺",兴化钱业市场"金融缓急,向以镇、扬方面为依归","至同行银钱交易,悉归镇江"。⑦ 苏北地区另一土货交易市场黄桥,每年农副产品"装往申、苏等埠,约达五百万元,转运者尚无定额",钱业市场也以上海、镇江为后盾⑧。1932年,镇江仅晋生钱庄放在苏北地区未能收回的款项就达80余万两⑨。

浙江的宁波、绍兴是当地仅次于上海的金融中心。在民国以前,随

---

① 心平:《武进钱业概况》,载《钱业月报》第4卷第1号,1924年1月。

② 参见朱康孙《解放前的常州钱庄》,载江苏省金融志编辑室编《江苏典当钱庄》,南京大学出版社1992年版,第192页。

③ 青花:《常熟钱业之沿革》,载《钱业月报》第8卷第10号,1928年11月。

④ 紫简:《江阴钱业概况》,载《钱业月报》第1卷第10号,1921年10月。

⑤ 姚日新:《苏常道吴江县实业视察报告书》,载《江苏实业月志》第6期,1919年9月。

⑥ 参见王敏《镇江钱庄业兴衰录》,载江苏省金融志编辑室编《江苏典当钱庄》,南京大学出版社1992年版,第179页。

⑦ 参见许图南《兴化钱业概况》,载《钱业月报》第9卷第6、7号合刊,1929年7月15日。

⑧ 参见李龙《黄桥之钱业概况》,载《钱业月报》第5卷第9号,1925年9月。

⑨ 参见《银行货币·镇江》,载《中行月刊》第6卷第1、2期合刊,1933年1—2月。

着钱庄地位的提高,钱庄成为同业和地区资金的金库,但钱庄既没有接受中央政府的存款,也没有向中央政府发放贷款,故在某种程度上它们具有类似于商业银行的性质①。不过,宁绍两地距省内的嘉兴、湖州等茧区相对较远,因此宁绍钱业市场需要通过上海、杭州,有时甚至是苏州对嘉兴、湖州等钱业市场进行调节。而事实上,嘉兴、湖州、嘉善等地的茧商垫款也大多来自上海②。故实际上本地资金亦由上海控制,上海也是该省的货币兑换中心,并为从事贸易和税收的人发放信用票簿。③

另外,钱业市场的运作,也与农副产品市场的运作相辅相成。上海与长江下游地区其他中等金融城市的关系,不但是金融中心与分中心的关系,而且也是各种农副产品贸易的中心与分中心的关系。我们可以从稻米流通过程中清楚地看出各城市的地位。在每年稻米收获季节,各稻米产区都把稻米大量售往上海,其中尤以沪宁铁路、沪杭铁路各站为最,每年从这一地区输入上海的稻米达数十万石(见表5-6)。

表5-6　长三角地区食米通过铁路输入上海情况表　　（单位:石）

地名	1932 年	1933 年
安亭	82	51
昆山	2 667	7 512
苏州	382	14 372
无锡	11 270	139 603

---

① 参见 Susan Mann Jones, "Finance in Ningpo: The 'Ch'ien Chuang', 1750 – 1880", W. E. Willmott ed., *Economic Organization in Chinese Society*, Stanford: Stanford University Press, 1972, p.49.
② 参见进民《再记嘉兴钱业概况》,载《钱业月报》第 6 卷第 9 号,1927 年 9 月;可范《湖州钱业最近之概况》,载《钱业月报》第 8 卷第 9 号,1928 年 10 月;汪益身《嘉善钱业概况》,载《钱业月报》第 3 卷第 4 号,1923 年 4 月。
③ 参见 Susan Mann Jones, "Finance in Ningpo: The 'Ch'ien Chuang', 1750 – 1880", W. E. Willmott ed., *Economic Organization in Chinese Society*, Stanford: Stanford University Press,1972, p.49.

地名	1932 年	1933 年
望亭	—	3 282
横林	12	39
戚墅堰	2 060	19 089
常州	4 380	7 630
丹阳	868	1 244
新丰	5	—
镇江	537	2 487
镇江江边	1 578	19 759
高资	802	—
下蜀	11	—
龙潭	807	4 103
南京	20 760	76 050
南京江边	164 679	476 512
京沪铁路共计	210 840	771 731
莘庄	61	39
嘉善	604	3 394
王店	70	2 551
斜桥	60	1 706
闸口	194	2 757
松江	—	1 226
枫泾	—	308
嘉兴	—	7 167
硖石	—	29 295
长安	—	410

续　表

地名	1932 年	1933 年
许村	—	321
艮山门	—	26
杭州	—	26
拱宸桥	—	38
南星桥	—	51
沪杭铁路共计	989	48 115
联运共计	—	19 974
总计	211 829	839 820

(1) 说明:联运部分指沪宁、沪杭铁路沿线以外地区。

(2) 资料来源:姚庆三、昂觉民,《上海米市调查》,载(上海)社会经济调查所编《社会经济月报》第 2 卷第 1 期,1935 年 1 月,第 8—9 页。

　　表 5 - 6 基本包含了长江下游地区的主要稻米市场。稻米除了向上海集中外,还通过市场这只看不见的手,在价格变化时,把稻米运回长江下游地区等主要消费区(见表 5 - 7)。

表 5 - 7　上海食米输出一览表　　　　　(单位:石)

地区	1932 年	1933 年
沪宁铁路	100 780	25 846
沪杭铁路	185 986	8 192

资料来源:姚庆三、昂觉民,《上海米市调查》,载(上海)社会经济调查所编《社会经济月报》第 2 卷第 1 期,1935 年 1 月,第 18—20 页。

　　由表 5 - 7 可知,随着上海成为地区金融中心,它与其他中等金融城市之间同样也存在着区域稻米交易中心和分中心的关系。

　　总之,在 20 世纪 30 年代长江下游地区已构成了一个以各金融城市为主要枢纽的多层金融体系。其中,等级较低的一级围绕着等级较高的一级运行,从而形成一级接一级、由低到高、层层调控、遍布整个长江下游地区的金字塔形的金融市场体系。该体系利用不同地区、不同产品的季节差,通过调度全国的通货来为整个长江下游地区的贸易服务。在该体系中,上海处于金字塔的顶端,成为这一体系的总枢纽。在上海这个金融总枢纽的调度下,地区各中等金融城市如苏州、扬州、镇江、宁波等地的市场运作,显示出惊人的和谐。在这一网络中,它们起着沟通上海金融的作用,更承担着沟通钱业市场和贸易的重任,客观上为国民经济的发展做出了巨大贡献。

结语 从松散的城市带到整合的城市体:近代视域下的区域城市转型与地区整合

　　自鸦片战争以来,西方列强用炮舰轰开中国国门,强迫清政府签订了诸多不平等条约,开放了大批通商口岸。西方资本主义的生产方式由此登陆中国东南沿海并开始从各条约口岸向内地渗透,渐趋打开中国市场。这不仅瓦解了中国传统的小农经济结构,而且引发了中国社会经济、思想文化的剧烈阵痛,以及中国半殖民地半封建社会性质的不断加深。在此巨变下,脱胎于传统农业社会的中国城市从此开启了艰难的转变进程。然而由于各地自然地理及历史传统不同,中国传统城市在面对西方异质文明挑战时,其因应也并不一致。因而各城市转型随之呈现出三种不同的命运轨迹:一种是沿海沿江的条约口岸城市,由于资本主义因素的日趋发展,近代城市综合功能已趋于形成;而另两种则是非条约口岸城市,一是通过西方资本主义生产方式的引进,促进原有传统单一的城市功能向近代多元的方向适时自行转轨,从而在城市规模、社会结构、城市管理、城乡关系及市民社会等方面缓慢地新陈代谢;二是在历史变局下束手无策,听之任之,由于无法适应时代而逐渐衰退萎缩。这三种情况在长江下游地区各城市都有所表现。因此,在近代长江下游区域城市体系内部也出现了一种力量此消彼长、体系格局亟须重新洗牌的状况。其中,渔村上海的近代"变形"最为引人注目。倚仗着周边发达的经济腹地和优越的海运条件,上海在外力的刺激下朝着综合性、多功能及外向型城市转变,短短几十年间俨然以长江下游地区经济龙头和中心城市的地位自居,进而成为近代远东地区最耀眼的城市明星。其由"灰姑娘"到"明星"的巨变令人瞩目。而传统经济条件较好、地理环境较为优越的南通、无锡、常州,则在西方因素渗透和上海辐射的外力作用下,积极推进近代工业,转变城市功能,渐趋向近代轻工业城市转型,从而成为长江下游区域的二级经济中心。相反,原先的区域经济中心苏州、杭州等则由于地理交通、运河体系瓦解、频繁战争等原因沦为地区二流城市,成为上海的卫星城。其他的地区重要转口贸易枢纽如镇江、芜湖、扬州、宁波等地亦皆在旧运河体系瓦解和交通方式的变革下,在手忙脚乱中迎接现代化的挑战,产业转型失败,丧失了区域商贸中枢的地位,陷入持续衰退中,最终降为长江下游地区的一般城市。由此可见,由于各自在发展过程中的基础不同,各城市表现出的素质和适应力不同,最终所呈现出来的发展状态也大相径庭。与此同时,随着生产分工和市场的多样性发展,各地必须借助经济结构各要素之间的相互联系,通过区域各城市之间的生产、流通、服务等要素的互通有无,共同推动城市经济的发展。这种经济关系即是区域城市间的合作关系,长江下游地区的新城市体系也在区域经济的不断整合中逐渐成形。

一、区域传统城市的内在自变转型

1. 以工业化促现代化:传统城市的工业化转型及其带给我们的启示

（1）通锡常的城市近代化轨迹

无锡在甲午战争前被誉为长江下游地区的"布码头""放款码头""米市""丝市",但此时它还只是个地区商业城市,没有新式工业。直至1895年杨宗濂、杨宗瀚兄弟创办业勤纱厂,这种局面才发生了变化。以后荣氏家族、薛南溟等一批实业家接踵而起,才真正推动了无锡工业化的发展。从行业上看,他们的产业以纺织、面粉、缫丝为主,占无锡近代四大产业的 3/4,可以说是无锡的主体产业。在他们的带动下,无锡开始了从商业城市向工业城市的迈进,同时也带动了其他产业的发展。据不完全统计,截至 1913 年,无锡已建有各类工厂 38 家①,资本总额达 1 442 000 元,占全国工业资本总额的 1.68%,占江苏工业资本总额的 16%。② 至 20 世纪 20 年代末,无锡已经成为全国的主要工业城市之一,其发展在长江下游地区仅次于上海和南通。特别是纺织、缫丝和面粉三大产业的成功,为无锡近代工业体系的形成创造了条件。在这一过程中,虽然在城市级别上无锡未能设市,但伴随着城市工业的蓬勃发展,它却是一个实实在在的近代工商业城市,"实业之发达,工厂林立,教育普及,亦可谓内地县邑之冠"③。围绕工业建设发展相配套的其他方面如交通、邮电、金融、市政及文教的建设也逐步走向近代化。故当时,时人即以"小上海"的美誉来称赞无锡日臻现代的城市发展。

而常州在前清时一直为府署所在地,人口集中、交通便利,工商业的发达由来已久,"豆、木、钱、典"是其商业的四大支柱。20 世纪后,其资金与人力又开始向现代工业挹注,掀起了一股商业资本向工业资本转变的热潮。在这场变商为工的浪潮中,除纺织业外,机械制造、电气、粮食加工、榨油等行业皆有不同数量的商业资本投资。其中,纺织业对常州的经济发展起到了异乎寻常的推动作用。常州纺织厂的举办,不但为社会直接提供了大量就业机会,还带动了机电、轻工、能源、交通及商业的发

---

① 关于无锡在 1913 年前设立工厂数,说法不一。《无锡概览》(1935 年印行)统计为 19 家,严学熙的《无锡、南通两个地区经济中心的形成与比较》(载茅家琦、李祖法主编《无锡近代经济发展史论》,企业管理出版社 1988 年版)谓 12 家,茅家琦等的《横看成岭侧成峰——长江下游城市近代化的轨迹》谓 1912 年即有工厂 20 家。笔者认为应在此数之上,故采用顾纪瑞在《无锡在二十年代形成经济中心的原因及其职能》一文中的(载《历史档案》1985 年第 4 期)38 家之说。

② 据顾纪瑞《略论江苏近代资本主义工业发展的特点》(载《江海学刊》1982 年第 2 期)及李虹岗《抗战前的无锡民族资本》(载《江苏经济探讨》1985 年第 10 期)有关数据计算。

③ 《无锡市政》1929 年第 3 号,第 169 页。

展，并促进了农村绢布业的转型①。在纺织业的带动和影响下，常州机器制造工业规模日益扩大，产品结构亦发生变化，主产品由农用产品转为工业机械，并对其提供修理等服务。而 20 世纪 30 年代城市纺织染印业的发展，又进一步拉动了机器制造、电力、服务等行业的发展，从而达到了常州近代以来工业发展的最高峰，并使常州成为一座以纺织业为主导的新兴轻工业城市，其工业格局至今仍未改变。我们从常州的城市转型历程中，可以清晰地看到一个产业在地区实现工业化过程中所起到的龙头作用；其兴衰，不仅牵动了一座城市、一个地区，还深刻影响了它以后十几年、几十年的城市定位和发展。正是由于常州在纺织业上的成功，才导致常州在近代能快速崛起，缩小与沪、苏、锡的差距，并在经济上能够以"苏锡常"并称。

　　而南通的近代化则是另外一条轨迹。正是在大生集团的推动下，南通才开启了工业化的进程。其发展脉络显然是在张謇个人主导下，以大生纱厂为龙头，围绕大生纱厂的发展而进行的。其路径是先由工农建设入手，进而推进到交通运输、航运、食品、机器制造等业，再凭借纱厂的巨额盈利，推动整个城市的教育、邮电、电力、公共交通、金融等各方面的全面发展。在这个过程中，随着大生集团的急速发展和城市工业及社会服务业、社会公益建设的渐次完备，南通在 20 世纪 20 年代已基本具备一个近代化城市的雏形。因此，其近代化是一个以大生纱厂为起点，从工业近代化进而推及整个社会近代化的发展模式。而且，南通在张謇的统一规划设计下，其城市发展也较有系统性。不过，在另一方面，企业因地区发展的需要而投资了许多与主业联系较少或基本没什么联系的产业，故大生集团也承担了许多本该由政府负责的事业，消耗了大量资本和精力，影响了对其纺织主业的技术与设备更新，以致在 20 世纪 20 年代后，

---

① 参见中国人民政治协商会议江苏省常州市委员会文史委员会编《常州文史资料》第 3 辑，1981 年，第 14 页。

受纺织业普遍不景气的影响,大生集团乃至整个南通地区的经济发展都受到严重影响。

(2)不同发展模式的差异性比较

上述以通锡常三个城市为代表的地区城市工业化道路,显然各具特色。而之所以会造成如此差异,显然与以下几个方面的影响不无关系。

首先,三个城市的近代化推动力明显不同。

南通的近代化几乎全是在张謇个人的直接设计、主持下推动进行的,个人色彩较浓。尽管南通有较好的地理、交通条件,有传统的手工业、商业,但该地区一直较为封闭落后,风气未开,民众思想保守,可以说还不具备资本主义发展的社会环境。如果没有张謇的强烈爱国主义精神和远见卓识,没有坚强的意志和决心,就不可能有大生纱厂的诞生,也就没有南通的近代化事业。在南通的经济发展中,张謇的个人主观能动性和企业家精神起了决定作用。对此,张謇自谓:"办事应抱定主义,我向来抱定上不靠政府,下不靠社会,总要求自己,所以能自立者。"①正是靠着这种自立自强的顽强意志,张謇"强力"启动了南通的近代化,故张謇可完全称得上是南通近代化事业的开创者。而张謇之所以能以个人推进南通近代化,又与其个人身份和地位分不开。张謇以"状元"身份"下海",一身两任"通官商之邮",这种特殊身份地位给他经营大生带来了种种便利,而大生的顺利经营又提高了其政治地位。"一遇国内有事,通电必有张季直署名,实业界有事,就必请南通领衔。"②这一点就连他自己也不否认,认为"实业之命脉,无不系于政治"③。不过需要指出的是,张謇热心政治,并不是对官位有兴趣,而主要是为实业,希望用政治地位

---

① 张謇:《复候鸿鉴书》,1923年12月,载中国人民政治协商会议江苏省海门县委员会文史资料工作委员会编《海门文史资料》(八),1989年12月。

② 洪维清:《张謇办实业概况》,载中国人民政治协商会议全国委员会文史资料研究委员会编《工商史料》(2),文史资料出版社1981年版,第6页。

③ 张孝若:《张季子九录·政闻录》卷七,中华书局1930年版,第1页。

来维护南通实业的发展,这与其创办大生不为私利是完全一致的,其最终目的仍是南通的近代化事业。因此,正依仗着张謇个人的特殊地位和社会关系,在他本人的全盘设计下,南通的城市近代化才获得了全面发展。故可以毫不夸张地说"南通模式"就是"张謇模式",南通的近代化事业基本上完全体现了张謇个人的思想,以至于在南通近代史上没有第二个人能代替张謇或能有张謇这么大、这么深远的影响力。[①] 不过,这种以一人之力推动城市近代化的模式,并不足以支撑整个南通的近代化事业。企业负担过重且资金分散,正是大生纱厂乃至南通最终衰败的重要原因,当然其中张謇个人的臆断使其难辞其咎。因此,正如他自己所预见的那样,南通模式"持久较难""基础不坚"。

相较南通的个人传奇,无锡近代化则是群体力量推动的结果,无锡拥有一批具有资本主义经营理念的企业家群体。在"众人拾柴火焰高"的氛围下,群体内部分工明确、从不相互倾轧是其近代工商业发展较快的一个重要原因。无锡企业家们大都各在自己产业领域内开拓发展,以各自成就共同推动无锡工业化;当经营不畅时,他们又因产业的差别而互相错开,不会出现同兴同衰的局面。显然,这与张謇的大生集团相比更具活力。而且,无锡企业家还大都进行跨行业投资、经营。如荣氏经营纺织、面粉业,还设立了公益机器厂;周氏经营有丝厂、油厂、银行等;杨氏经营纱厂、油厂、机器厂以及电信等;唐氏经营有粉厂、油厂、丝厂、纱厂、砖瓦厂等多项。这种经营结构也和前述有着同样的效果,不会同时衰败,有利于相互调剂、补充。更何况无锡企业数量极多,即便有一家破产,还有其他各家存在。为了确保大家相互协作,不要互相倾轧,该企业家群体曾明确提出,要"放开眼光,统观全局,应用近代科学方法,把周围市县当作一个自然的区域适当地规划起来,好像对于一个大都市的计

---

① 对此,章开沅先生曾指出:"在中国近代史上,我们很难发现另外一个人在另外一个县办成这么多事业,产生这么深远的影响。"参见章开沅《开拓者的足迹——张謇传稿》,中华书局1986年版,第349页。

划一样,彼此分工合作,联合成一个大生产地带"①。例如荣氏茂新所产"兵船"牌面粉在当时的南北各埠尤其北方最为畅销,后建的九丰面粉厂所产"山鹿"牌面粉就不往北销,而专意于茂新推销不多的江浙一带发展,不与茂新争锋。再如荣氏之得力助手、擅长办麦的浦文汀在为荣氏效力的同时,亦萌生了自己办厂的念头,但他在1917年创办的不是粉厂而是油厂。至于其改弦更张的理由,也是浦文汀不愿做荣氏的竞争对手。② 除此以外,他们还有开放协作精神。例如,1935年薛寿萱和无锡其他一些实力较强的丝厂为"防止生丝多产后的竞销和原茧的竞购",同时也为了对付外地丝业竞争,共同协议投资组成了"兴业制丝股份有限公司"。按照协议,统一收茧、统一分配原茧,并利用永泰销丝机构直接外销生丝,"增强外销联合力量,免受洋行操纵和本国厂商的竞销"。后来,作为各丝厂联合企业的兴业公司又于1936年正式成立,其各丝厂的步调亦取得一致,有效利用了本地技术设备和蚕茧资源,大家均取得了丰厚的利润③,这些都是企业间协作所带来的成果。因此,从表面上来看,无锡的企业家似乎大多各自为战,但就实业整体看,他们又是有形的整体力量。而无锡民众也善于接受新事物,其重视工商的传统也使得该地商业在历史上就比南通发达,其不产棉而成"布码头",稻米自给不足而有"米市",资金不足而成"放款码头",这些都反映出无锡人善于经商的特点。正因为有这种特点,使无锡人致力于经营工商业,以群体力量共同促进无锡的繁荣发展。

与无锡类似,常州在城市经济发展过程中,亦是依靠群体力量的推动。只不过与无锡相比,在经历过两次大的"变商为工"浪潮后,常州的

---

① 王伯秋:《无锡发起八县市地方物产展览会的意义》,载《无锡市政》,1930年第6号。

② 参见浦正勤《无锡恒德油厂的始末》,载中国人民政治协商会议江苏省无锡市委员会文史资料研究委员会编《无锡文史资料》第18辑,1987年。

③ 参见高景嶽、严学熙编《近代无锡蚕丝业资料选辑》,江苏人民出版社、江苏古籍出版社1987年版,第355—357页。

城市转型主要是大量绅商和中小工商者办工业的结果，他们在事业上也是一种既竞争又协作的关系。在这一过程中，20 世纪 30 年代以后逐渐壮大的以大成纺织染印公司为龙头的纺织业，成为常州的主导产业。但大成集团所起的作用又与南通大生有所不同：大成作为行业的龙头，它起到的只是开拓进取、引领行业发展方向的作用，并没有像大生那样包办整个城市的现代化建设。

其次，三个城市的不同之处还在于南通的近代化较系统，而无锡、常州则相对无序。

从南通看，其近代化推进基本是循序渐进的。张謇在大生连年获利的条件下，不断加快配套企业的建设，并遵循"父教育、母实业"方针，大力推进教育及社会公益事业建设，使南通的近代化呈全方位、系统化的发展。其通海地区的社会经济发展，有自己的思路和层次序列，并没有一哄而起。对于这一点，张謇明确指出，"举事先智，启民智必由教育，而教育非空言能达，乃先实业；实业、教育既相资有成，乃及慈善，乃及公益"①。故南通最先开展的是实业，然后是教育、慈善、公益事业。而在实际中张謇也是这么做的。实业、教育、慈善事业这三大部类，可谓南通近代化的核心内容，这在当时中国的 1 700 多个县中是绝无仅有的。另外，南通的城市规划也十分齐整。在张謇的主持下，南通逐渐形成了市区、唐闸（工业区）、天生港（运输港口）以及狼山区（风景区）组成的"一城三镇"的城市布局。各区域间的功能十分明确，形成了单核心、多点结构的城市空间布局。城镇间既有公路相连，又有水路相通，水陆交通网将一城三镇紧密联系起来，构成了一个完美的功能整体。这种布局既考虑到当时的工业发展与市民生活及娱乐、港口建设，又考虑到了将来城市发展的空间，是带有远景规划的布局。其布局完全体现了张謇先规划设计后实践建设的建设方针，并充分体现了张謇在城市布局上的系统性和完

---

① 　张孝若：《张季子九录・自治录》卷一，中华书局 1930 年版。

整性。其城市规划,不但结合了当地地理经济等因素,也充分考虑到了保护文化遗产和城市发展的矛盾,并试图对其加以巧妙的妥善解决,使各方各得其所、各扬其长、相得益彰。因而,该规划是一种系统性极强的社会统筹计划,并由于符合实际而富有生命力①。

而无锡则是一种"人自为战而乏统系"的状况。在近代化建设的具体推行上,无锡全然不像南通那样循序渐进、按部就班,而是各走各的路,无序纷呈,毫无系统可言。无论在实业、教育还是市政交通、旅游等方面,大家只有效仿,而无规划,呈现出你争我赶的局面。因此,无锡的各项事业虽一应俱全,却毫无章法可言。"地方上的一切建设,都任凭个人自由做去,以致东零西散,杂乱无章。这种混乱的现象可说是无锡的病态。"②这种无序性在城市布局上的表现最为明显。工厂区与居住区混杂,旧城内建筑十分拥挤,一般街坊建筑密度高达60%,甚至个别达到70%—80%。街道狭窄弯曲,房屋建筑密集凌乱,没有现代化的给排水设施,几无城市绿化可言。

常州近代城市的发展也是在无序中进行的。从商业区来看,木市、豆市沿运河而建,后来又在木材和豆业市场的影响下,变成了市内的铺摊集中地。而沪宁、沪杭、津浦铁路通车后,又使城市商业区迅速发展到东、南、北三门③。至于工业布局方面也全无规划,企业由商而工、由小而大,各择交通便利之所购地建厂,工业分布十分凌乱。由于常州现代工业在其发展之初大多规模较小,有的就是由前店后厂的模式发展而来,因此,建厂时也没有考虑城市布局和功能区分,就是工厂的内部建设也不尽合理。加之20世纪20年代以来,大多数工厂一再关闭更迭,故没

---

① 参见黄自良、陈伯冲《试论张謇的建城思想》,载张謇研究中心编《再论张謇》,上海社科院出版社1995年版。
② 严恩祚:《我对于无锡建市的感想和希望》,载《无锡市政》1929年第3号。
③ 参见万灵《近代常武地区的变迁——江南非条约口岸城市近代化的个案研究》,南京大学1990年博士论文,第2—14页。

有哪家工厂能像大生集团规划南通城市发展那样来规划常州工业发展布局和城市布局。

2. 国家政权主导下传统政治中心城市的现代转型

城市的现代化转型不同于以往的任何历史进程，它是传统社会向现代社会的转型，是一个巨大的社会变迁；它要冲破传统农业文明而向工业文明转变，可以说是一个脱胎换骨的过程。但按照韦伯等西方学者的标准来审视中国城市，则中国城市自产生之日起就孕育着巨大的危机。[①]与西欧城市相比，虽然商业对于中国城市的形成起了至关重要的推动作用，但没有使中国城市走上一条商业化的发展道路，而是由政治取代商业成为主宰其发展的主要动力。因此一些西方学者认为，所谓的中国城市化，并不像欧洲大部分地区发生的那样，是经济变迁进程的自然结果，而是国家和政府有意识地人为设计的结果。[②] 城市的繁荣并不有赖于民间经济活动的活跃和进取，而是靠政府对于整个社会资源的调度和管理[③]。而这种国家社会结构的顽固韧性，即便在步入近代之后亦没有发生太大改变。除极个别受外力刺激而崛起的少数城市外，大多数的中国城市仍在很大程度上依赖政府来实现自身现代化，而没有把进步的希望寄托在经济上。究其缘由，并非经济因素对于城市发展转型的作用不大，而是与民间和外力所能施加的作用相比，强势的政府对城市的影响力远在经济力量之上。故依靠经济和市场来促进城市的现代化，恐怕只有在极少数沿江和沿海地区的城市里才有可能，对于大多数的内地城市特别是政治中心城市而言，恐怕来自政府的主导和政治因素的影响，才是掌控这个城市发展转型的最重要依据。

---

① 例如，在韦伯看来中国从未形成真正的"城市"，因为形成"城市"必不可少的先决条件——"城市共同体"从未存在过。韦伯将造成此种情况的原因归结为两点：一是中央政府始终严厉地控制城市自治的发展，二是中国长久以来由小农封建经济决定的社会结构。参见[德]马克斯·韦伯《儒教与道教》，王容芬译，商务印书馆1995年版，第62页。

② 参见[德]马克斯·韦伯《儒教与道教》，王容芬译，商务印书馆1995年版，第62页。

③ 参见[德]马克斯·韦伯《儒教与道教》，王容芬译，商务印书馆1995年版，第61、91页。

就长江下游地区的传统政治中心城市而言，以南京为代表，其城市发展向来不以地方生产为基础，而完全以腹地资源及特殊的政治军事地位为支撑。在南京漫长的 2000 多年建城史中，无论是六朝时期的建康、南唐时期的金陵还是明初的应天府，无一不因帝都而成为工商业发达、城市建设瑰丽的繁华都市。而当这些政权衰亡或者迁都之后，南京就一落千丈，甚至衰落到满城颓垣废址、荒烟野草。近代以来，鸦片战争、太平天国、辛亥革命等一系列的重大历史变革，更使得这种政治中心城市与整个国家的命运紧紧联系起来。近代以来的开埠通商并没有使它们走上一条商贸兴市的道路，反倒是得益于政府的全力推动，以南京为代表的区域传统政治中心城市才得以重新崛起。在这一过程当中，政府行为而不是外力或社会，成为主导城市转型的绝对关键。其中，对于南京而言，国民政府在这里不遗余力进行的十年首都建设，更把这种政府主导城市发展的模式推向了极致，使南京真正变为国家的"中心之城"。为此，政府不但把首都的城市发展纳入国家战略中，而且还直接参与了首都的具体建构，从首都的规划、建设的具体负责机构、城市建设的实施，乃至建筑样式的具体形式，政府都做出了极为详尽的限制和要求。依仗着首都的特殊地缘优势，政治给南京带来了数不清的好处，其首都效应也在逐渐发酵。很显然，这种政府主导下的国家"中心之城"的现代发展转型，实际上正如韦伯所言，是一个政府作为下的优秀作品。[①]

总之，在近代外国资本渗透不深、没有大财团、本地工商业长期衰落的情况下，以南京为代表的传统政治中心城市的现代化转型，必然离不开政府的引领与主导。在城市自己缺乏发展动力的时候，政府当仁不让地承担了导演城市现代化的历史重任。而这种政府对于城市现代化发展转型的引领与提携，往往使得这些政治中心城市还没有做好成为新型大都市的各种准备，就在政府的推动下匆忙地走到了当时中国的最前

---

① 参见［德］马克斯·韦伯《儒教与道教》，王容芬译，商务印书馆 1995 年版，第 62 页。

沿。但同时,政治对于城市的外力推动,有时也不光会转换成现代化的积极因素,甚至还会构成城市转型的抗拒力量。尽管政府发誓要建立一个与其政治地位相称的、几乎无所不能的伟大首都,但在当时整个国家都处于混乱失序的状态下,其庞大的建设工程显然是一项难以完成的甚至是不可能完成的政治任务。在国家局势日益恶化、历史所给予的发展时间又极为有限的情况下,政府虽欲在短期内"毕其功于一役",但受到国内外政治因素特别是抗战的影响,首都建设在城市现代化转型刚刚启动之时就毁于一旦,并最终使政府所希望的那座充满着外国情调和国际化色彩的国都未能如约实现。事实证明,如果没有一个安宁稳定的发展环境,即便拥有再详尽完善的建设计划、付出再多的心血,其最终结果也只能是事与愿违,成为一场不切实际的梦想罢了。

3. 区域传统城市体系的解构

对地处长江下游地区的各城市而言,其地区传统城市体系的解构与城市转型显然是在国家政局和空间格局剧烈变化的特殊历史阶段里完成的。伴随着整个国家的兴衰起伏,区域城市体系及这些城市的近代命运都发生了不以人们意志为转移的巨大变化。事实说明,经济腹地的支撑、地理交通的变动、各地区之间的差异、各种复杂的社会因素以及频繁的战争,都是造成传统城市体系变动及制约城市发展的变数,并且在相当程度上影响了这些城市经济乃至整个长江下游地区的发展。

(1) 城市与其腹地的关系变动

"一座大城市最重要、最天然的基础,就是附近农村地带要人口稠密,劳动力充沛,这就为粮食给养,工业制造和对外贸易提供物质资源。"① 这是美国学者罗兹·墨菲在论及近代上海优越的地理位置时所说的一段话。其所隐含的意思是指,上海之所以能够从一个前工业时代的

---

① ［美］罗兹·墨菲:《上海——现代中国的钥匙》,上海社科院历史研究所编译,上海人民出版社 1986 年版,第 55 页。

小港发展成一个现代的工商业城市,其周边地区即长江下游地区农村经济的发展以及物资、人口的沟通与交流,起着举足轻重的作用。这里实际牵扯了一个城市经济发展过程中极其重要的概念——经济腹地。一般来说,以商业贸易和工业化为发展动力的城市,它必须拥有广阔的经济腹地,并兼有区域城市中心的功能。而城市经济腹地范围的大小,由于受区域自然条件、社会经济因素以及港口、城市自身的吞吐能力、城市规模和综合经济辐射能力大小的影响,其范围常常处于动态变化之中。当它的腹地在交通条件变动等因素的影响下发生缩小或扩张的变化时,城市经济的内部基因也会相应地发生缩减或扩张。而作为对其进行辐射的中心城市而言,其区域中心地位乃至城市的命运也会因此而发生改变。

以无锡为例,20世纪以来,随着外国资本入侵和民族工业的兴起,该地区渐次形成了火车、公路、轮运三大运输系统,无锡的城市工商业也发生了历史性变化。特别是随着清末民初的工业化进程,城市经济吸引力大为增强,其辐射力亦相应加强,加之交通运输的不断拓展,无锡商业腹地向内地大大扩展。20世纪二三十年代,在长江下游的中心地区,无锡逐渐形成了一种层次分明的转口商业销售网络模式。其中,以无锡为核心,距无锡最近的江阴、沙洲、宜兴、溧阳等邻近地区,主要转批类别众多的日用消费品;距离稍远的苏北地区、浙江和安徽部分地区、津浦铁路沿线,是无锡棉纱、铁器及批量转销的上海日用百货和五金电料的市场;较远的市场是沿铁路干线和长江航道,深入内地至湖南、湖北、河南、陕西、四川等地,在这些腹地的支持下,无锡所出产的线呢、府绸、绒布等花色布,"销路溯长江而上,有着很大的区域",数量"并不输于上海"。① 不仅如此,不少无锡商品还漂洋过海输往海外:面粉、大米以及麸皮、豆饼都

---

① 参见彭泽益编《中国近代手工业史资料(1840—1949)》第四卷,中华书局1984年版,第496页。

是其中之翘楚，大多输往日本及南洋各国；棉纺织品中的棉纱、色织布、精纺呢绒等，也足以在国际市场上与洋纱相媲美；而家庭手工制作的刺绣、花边等也大量外销，最高时销售金额可达每年百万元。

　　与此同时，作为无锡最可靠的经济腹地，无锡农村集镇的兴衰变动也与城市工商经济的变动紧密相连。如果说，无锡是随着上海的兴起而兴起，那么，这些农村集镇则是随着无锡的勃兴而发展起来的。[①] 最早受无锡影响的市镇大都在无锡与邻近各县交界处，最初原为农村的集镇，后由农村为数众多的寺庙形成的庙会和节场而自然形成，但一般而言，规模都不大，数量也不多。后来由于太平天国运动，农村集镇曾一度萧条。然而，随着无锡农产品商品化程度加深，特别是蚕桑业适应国际市场的需求迅猛发展，无锡农村集镇得以复苏。清末民初，无锡工业大兴，陆路交通得以开辟，城乡商品经济交流大大活跃起来，新的农村集镇迅速兴起。据时人的统计，清末无锡农村集镇共达 60 余个，其中一部分是由明清以来变迁而来的传统市镇，另外一部分则是随着无锡兴起而产生的新兴集镇。在这些市镇中，相当一部分与蚕茧商业相关联，有手工作坊从事烘茧等加工经营业务，另外有些集镇还拥有一定数量的磨粉、榨油、缫丝、织染等机器厂，这样就使无锡农村日益依附于城镇。就地理分布而言，这些集镇的分布密度也非常大。如以全地区 79 镇计，则平均 8 800 人一个集镇；如以 518 个小镇计，则平均 1 300 人一个集镇，其密度十分惊人。这样，在 20 世纪二三十年代，无锡大多数市镇均以无锡为中心，呈放射状向周围伸展。其布局十分均匀，有利于把农村的农副产品汇集起来，也便于把日用工业品分散销售给农民。[②] 所有的集镇都紧靠

---

① 赵永良称，无锡农村集镇的发展历史，就是一种大的区域经济中心和小的区域经济中心及其卫星城镇的形成变迁史。参见赵永良《百余年来无锡农村集镇的变迁》，载江苏省中国现代史学会编《江苏近现代经济史文集》，1983 年，第 282 页。

② 参见汤可可《市场：要素的流动和组合》，载胡平主编《近代市场与沿江发展战略》，中国财政经济出版社 1996 年版，第 321 页。

河道,一些较大的镇或者沿着铁路、公路,或者扼守太湖、运河要冲,居于与邻县交界之地,如堰桥、甘露、新安。这些外围大镇和大批分布均匀的小镇,构成了环绕无锡城的集镇体系。这种以无锡城市为中心的城镇体系又和以上海为中心的长江下游地区城市体系紧密地联系在一起。大城市的经济能量不但能更好地输送到农村和周围地区,而且大城市又由于这些乡镇工商业提供的原料、半成品和副食品而得到更快速的发展。无锡、上海等城市经济则由于这个集镇网络变得更为灵活、舒展。

正如马克思在论及工业问题时曾指出的那样,"工业领域一受到刺激,其后果是无穷无尽的。一个工业部门会把所有其余的部门也带动起来"①。近代无锡经济的快速发展显然说明:工业化和商业化是带动区域经济发展的最重要的动力因素。而这种工业化和商业市场这只"看不见的手"之所以能发挥作用,又在很大程度上取决于其腹地能够给予的可靠、强劲的支持。这是因为,一个强大的经济腹地,不单对于扩张区域经济市场起着至关重要的作用,同时也主宰着这个地区内部经济变化的命运。

(2)地理交通的变动与城市命运的脉动

恩格斯在谈到造成德国工业比英国、法国落后的原因时,曾认为最重要的原因是德国距离作为世界贸易要道的大西洋太远。② 可见,地理条件的优劣与否,对于一个国家、一个地区的经济发展,具有举足轻重的意义。而长江下游地区各层级城市的形成与发展,也与地理交通的变化紧密相连。其中,镇江、芜湖、无锡等长江下游城市正是在地理交通的作用下,才由一个个前近代的传统商业城市开始逐渐向近代城市转化的。

由于地理位置突出,镇江自古即为长江下游流域非常重要的军事基地和重要渡口。长期以来,其作为江防重镇、军事要地的功能一直延续着,在战略意义上堪称南京的门户。而1858年镇江的开埠,使得镇江逐

---

① 《马克思恩格斯选集》第1卷,人民出版社1972年版,第671页。
② 参见《马克思恩格斯全集》第8卷,人民出版社1961年版,第8页。

渐由隋唐以来漕粮运输的中转站扩展为长江中下游及南北商贸漕粮、丝绸和茶叶等物资的中转地。昔日繁荣的漕运枢纽转瞬间成为洋货转口的绝妙场所,城市客货运输业务顿呈繁荣景象。镇江与苏南、苏北地区以及长江沿线城镇的运输和贸易往来日渐增多,其商业腹地也不断得以拓展。在这种情况下,镇江不仅没有像扬州一样衰落下去,其商业还迅速发展起来,成为长江下游的通商大埠。当时除进出口大量商品外,沿海的手工业品,北方地区的土特产,长江中下游地区的木材、桐油,苏浙皖的农产品,也都在镇江集散。同时,商业的发展还带动了镇江具有近代意义的城市建设。小京口以西的商埠区沿江市街发展最快,货栈、码头、仓库林立,沿江街市更向西发展到金山河一带,米粮业、钱庄业、木材业、江绸业、绸布业商号众多,形成规模。与商贸紧密联系的航运业、饮食业、服务业及娱乐业亦兴起或繁荣,从而促进了城市整体商业结构的形成。总之,从开埠至民国前几年,是镇江城市经济发展的繁荣时期。国内外贸易的持续增长,激活了镇江商业的全面发展。然而,好景不长,1912年津浦、沪宁铁路相继开通,开始改变这座城市的命运,镇江开始衰落。这是因为,运输方式的变动直接改变了原先经过镇江转口的商品贸易的流通方式以及流通数量。长江以北运河沿岸的山东、河南诸省的物资开始舍舟就陆,改装火车经由徐州、蚌埠、南京转向上海集中。加之山东境内运河大都淤断,运河沿线的镇江经济腹地渐渐缩减,仅剩苏北地区一隅。同时海运兴起,代替了大运河一部分南北运输的任务,使国内南北间物资交换,纷纷转到上海。而随着长江主水道北移,镇江江岸淤塞日益严重,沿江港口淤浅,江轮进出也愈加不方便。凡此种种区域空间结构的变动,都使得镇江港口的进出口贸易和转口商业大大减少。同时,进出镇江港承担转运的船舶的艘次和吨位也都呈现出明显的下降趋势。这样,传统的物资集散方式也就发生了变化。镇江开始由一个远距离的、巨大的物资集散中心,衰落为一个以近距离贸易为主的集散地,其在运河沿岸的商业腹地也仅局限于苏北地区一隅。后来,随着铁路运输业务的不断扩大和发展,徐州、蚌埠也转而取代镇江的地位,故在以后的相当长一段时间内,镇江实际上只是苏北地区与无锡、常州进行棉花、小麦及棉纱、棉布、面粉交易的中介港。

与镇江相类似,近代芜湖的城市发展也经历了因河而兴,后又因交通改道而逐渐衰落的过程。交通区位优势的移转始终是促进或制约芜湖发展演变的重要因素。早在明代,芜湖就因濒临大江、交通方便而商业繁盛,是安徽重要的经济中心和沟通安徽南北、长江上下的重要运输港口。1877年芜湖开埠后,更刺激了其较封闭的自然经济状态向近代社会的过渡。自开埠后,往来芜湖的货轮络绎不绝,进出口货物与日俱增,业务不断扩大,大宗货物源源不断地通过芜湖海关进出芜湖。此时的芜湖已不单是安徽对外贸易的重要窗口,而是长江流域仅次于上海、汉口、重庆的重要通商口岸。另一方面,随着对外贸易的展开,芜湖的商业也愈发繁盛,洋布、丝绸、烟业、京广杂货、茶业、纸业、药业、钱业等各行业发展迅速。其中,最值得人称道的芜湖米业,其年输出稻米平均约400万石,当时芜湖有经商者3 000户,其中较大的商贾约200户,俱为米商。至19世纪后期,芜湖已发展成为近代著名的四大米市之一。随着商业的发展,城市范围不断向外扩展,城区也由原来的青弋江两岸伸向西北,直临大江,原先的老城也与租界连接起来,形成了颇具规模的江城。然而,这一切都源自其襟江带河、处长江中下游的要冲地位。如果其脆弱的地理区位发生改变,则势必对芜湖的进一步发展构成挑战,甚至阻碍或威胁其发展。所以在民国以后,当津浦、粤汉铁路及公路修建颠覆这种空间结构时,芜湖所仰赖的轮船运输便随着交通运输方式的变革而不再具有优势,其城市经济也不可避免地迅速滑落。其中,受打击最多的当属作为本地社会经济支柱的米市。受之影响,芜湖工商各业亦一枯俱枯,各业随之衰落。[①]

---

① 参见《国际贸易导报》第8卷第4期,1936年。

　　至于南通，其成功在一定程度上也与它相对独立的地理位置有关。在大生投产时，南通的社会经济状况十分落后，有人评论通海一带"论其繁华则不如沪，论其财富亦不如苏，论其土质物产均不足以甚于江南各县"①。但其"地处江、淮、海之间，东更无地，兵家言形势者所不争。除宋金之际及倭寇内犯有兵事，而三百余年间较他冲要处兵祸为少"②。这种相对独立的地理位置对于靠近上海又不在上海的大生纱厂是天然的优越条件，使它既可充分利用本地丰富、优质的棉产，又避免了外国纱厂对大生的倾轧，而且作为上海的腹地还可以得到上海的经济扶持。但从另一方面看，南通的这种地理位置对于其经济发展从长远眼光看也是一种制约。滚滚长江割断了它与其他经济发达地区的自然联系，这就无形中减弱了南通接受上海及苏南地区经济辐射的能力；而南通下属的偏僻落后的经济腹地，其狭小的现状又制约了城市进一步发展的规模。另外，就交通条件而言，在铁路未兴前，水运是长江南北地区的主要运输方式，而铁路兴起后，无论在运输量还是信息的传播速度上，水运都远较铁路滞后，而沪宁铁路的通车又大大拉大了南通与苏南地区经济发展速度的差距。故张謇生前曾力争使陇海铁路东延至南通，然终未成功，此亦为张氏的人生一大憾事。

　　常州近代以来的城市发展受交通的影响也十分明显，其传统的长江下游地区工商业重心的地位每况愈下。先是其境内运河河道淤塞变窄，商旅视之为畏途；后来沪宁铁路通车，原为常州经济势力范围的宜兴、溧阳、江阴、金坛等地及江南的货物也纷纷转经无锡至上海，北方货物也大量经铁路运往无锡、上海。在此情况下，常州的经济地位进一步下降，以至于常州人士感叹："自沪宁通车以来，吾邑实业不但不见发展，且重心

---

① 南通日报馆编辑部编：《二十年来之南通》上编，南通县自治会，第 50 页。
② 杨立强、沈渭滨编：《张謇存稿》，上海人民出版社 1987 年版，第 625 页。

均有渐移于无锡之势。"①

在这种情况下,只有无锡是个例外。无锡南临太湖,北距长江约50千米,处江湖之间的走廊部位,扼沪宁铁路的中心,锡澄公路、京杭大运河、锡澄运河等在此交汇,水陆交通便利。② 就无锡在长江三角洲地区城市空间分布格局中的地位而言,毫无疑问,是居于长江下游地理中心的位置。有学者曾经对民国以来无锡异乎寻常的崛起进行过分析,认为无锡之所以能够快速崛起是其米粮转运中心区位优势强化及与上海工商经济互动的必然结果。③ 不言而喻,优越的地理位置显然在其中扮演了一个特别重要的角色。

早在明清时期,无锡就因居于太湖、南运河及长江水运的联结点,而成为江南官粮漕运的重要据点。故南北往来不断的棉花、棉布、粮食贸易已成为当时无锡各航船码头货物交易的大宗。此时的无锡已成为设施齐全、百货荟萃的江南商品流通中心,为各地商人所瞩目。后来无锡又由于当地稻米优良、交通便捷,成为江苏的地区性稻米集散地,同时又是全国性粮食远距离运输在长江下游的一个中心。依靠其优越的水运条件,在清光绪年间,无锡米市与芜湖、九江、长沙米市并称为中国四大米市。

如果说发达的水路运输造就了无锡在明清之际的"米码头""布码头"的枢纽地位,那么近代上海开埠和运输工具的更新,则进一步优化了

---

① 居柏青:《交通引力与城市发展——常州个案分析》,载《江苏省中国经济史学会1990年学术讨论会论文集》。

② 参见王维屏、罗辑《无锡历史地理》,载南京师范学院地理系江苏地理研究室编《江苏城市历史地理》,江苏科学技术出版社1982年版,第31—32页。

③ 南京学者陆玉麒认为,南京、镇江、常州、苏州、上海几乎呈等距离排列,后来居然在相隔仅83千米的常州与苏州间挤出一个不仅地位相当而且后来居上的苏南中心城市无锡,这有违于一般城市地理学的空间结构理论,其原因是近代以来无锡物流线路的变动导致区域空间结构变动,从而使无锡转运中心地位进一步强化,成为这一地区除上海以外最优化区位。参见陆玉麒《区域发展中的空间结构研究》,南京师范大学出版社1998年版,第172—175页。

无锡便捷的水陆交通网络，增强了无锡强大的运输效能，缩短了企业产品流通和信息反馈的周期，从而加快了经济发展的步伐。无锡本来就拥有发达的水运功能，而1906年沪宁铁路锡沪段的开通，更大大增强了其运输效能。这条铁路使无锡西接南京，东连全国性贸易金融中心上海，大大增加了货物装载运输量。从社会再生产的角度看，商品流通时间的缩短，也就等于加快了资本的周转。更重要的是，继沪宁铁路之后，津浦、陇海、宁芜铁路也先后建成。由此无锡可以通过铁路与华北、东北、西北地区建立客货运输，北方的大豆、小麦、棉花、煤炭等原料可以顺畅地输入无锡，而无锡的棉纱、布、面粉等工业产品也相应地销往北方广大地区。这使无锡的发展跳出了传统苏南和太湖流域的小圈子，把经济能量辐射到更大的范围。而1931年锡澄公路与1934年锡宜公路、锡沪公路的建成通车，更便捷了无锡同皖南、浙北地区的陆路运输，并把常熟、太仓、嘉定和众多的集镇与上海、无锡联系在一起。加上由无锡经苏州到嘉兴的公路，整个苏南地区东部的公路干线已基本形成，太湖流域乡间的交通也因此而大为便利。至此，无锡已基本形成了由铁路、公路和河运组成的多层次的交通运输网络，并随之产生了承担物流运输的转运公司，形成一个具有整体性的货运体系。故近代工业的进步和近代交通运输业的建立，大大密切了长江下游地区城市之间的经济联系，使之在新的意义上联结成一个经济区域。无锡也正由于地处长江下游中心的优越地理位置，具备了经济上的优势。

于是，在交通运输业的推动下，无锡商业发生了新变化。无锡不仅出现了矿油、颜料业等专门推销西方舶来品的新生行业，原来经营手工业产品的布绸、百货业等行业也大多转变了采购方向，纷纷从上海进购洋货。并且，由于铁路的贯通，无锡与南北各地重要产粮区连成一体，皖北地区以及山东、河北、河南等省的黄豆、杂粮到货更畅，给无锡带来新的生机，转口商业迅速兴起，行业分工也由粗到细，分成若干专业。与此同时，上海等大城市则将各类工业产品和洋货运来无锡，销售给四乡及附近各县。浙江、山东等地的席草、草帽辫、笆斗条等农副产品,亦运到无锡,由手工作坊和手工业者加工后销往各地。后来又由于第一次世界大战的爆发,洋货进口骤减,无锡民族工商业因帝国主义国家无暇兼顾而得到新的发展机会,新兴工业工厂如雨后春笋般得到迅猛发展,而无锡也由此变成了一座新兴的轻工业城市。至 20 世纪 20 年代末,无锡已成为我国五大碾米中心之一。机械工业的规模和产值仅次于上海、广州而居全国第三位,初步形成了较为完备的近代工业体系。至全国抗战爆发前,无锡经过近 20 年的发展已成长为一个典型的纺织、缫丝和制粉业为主导功能的轻工业城市,并与上海、天津、武汉、广州、青岛并称为全国六大工业城市。

总之,从上述地理交通对镇江、芜湖、南通、常州、无锡等城市的影响看,不难看出地理交通条件的优越与否决定着一个城市的兴衰。对此,施坚雅曾指出,"有效能的运输起着放大器的作用,带动其他各项因素:它促进人口增长、地区专业化、农村商业化以及区域间和区域外的贸易活动",并将之列为制约城市化水平的最重要因素之一①。城市越发展,交通越发达;反之,交通越发达,城市也就越发展。这是因为,交通越方便,城市成长得就越迅速,现代化的交通工具和联络工具使物资和人口的移动、信息的转换和传播更加频繁,使城市之间、城乡之间的联系日益加强。反之,缺乏良好的地理环境和交通条件,城市近代化也将难以实现。长江下游地区的城市大多位于河口、河流的交汇点,是早期西方殖民者开埠通商的重要"飞地"。依靠水运而发展的轮船运输,不但扩大了商品贸易的物流量,还大大丰富了城市、城乡之间的物资、人口和信息的交流。在这种情况下,城市自然迅速发展。而当现代化的铁路交通设施修建以来,水路河运由于逊于铁路、公路的固有弊端,而被陆路交通夺去

---

① 参见［美］施坚雅《中国封建社会晚期城市研究——施坚雅模式》,王旭等译,吉林教育出版社 1991 年版,第 78、147 页。

了原来轮船交通时代所创造的城市赖以发展的物流量、人流量、资金流量以及信息量。

　　故近代以来,长江下游地区各城市之所以能呈现出不同的命运发展轨迹,在很大程度上就是受地理交通变动的因素影响。例如,无锡之所以能成长为苏南地区的区域中心城市,在很大程度上即依赖其交通条件上的优势。交通上的便利,导致无锡的企业产品流通和信息反馈周期大大缩短、经济腹地不断扩大、城市人口增长、城市规模扩大,从而不可避免地将苏州、常州、镇江等苏南城市纳入其经济辐射的范围之内。而原为地区区域中心,地理位置同样优越的苏州、常州、镇江、扬州,却因铁路这一新式交通方式的出现以及运河运输功能的弱化,丧失了进一步发展的机会。原为长江下游区域中心城市、内河商港的苏州,由于运河机能的丧失,近代以来先后被具有江河海运功能且腹地广阔的上海以及有着良好的水运、铁路运输能力的无锡超过与取代。而常州近代城市经济地位的下降,也与其境内运河河道淤塞变窄,商旅视为畏途,以及沪宁铁路通车不无关系。受之影响,原为常州经济势力范围的宜兴、溧阳、江阴、金坛等地及江北地区的货物纷纷转经无锡至上海,北方货物也大量经铁路运至无锡、上海。

　　(3) 商业发展与近代城市转型

　　对城市而言,繁荣的商业也是促进近代城市发展转型的重要动力。从长江下游地区各主要城市的转型轨迹上看,商业贸易与城市经济发展之间的关系十分密切。该流域的镇江、芜湖、常州、无锡、苏州、上海的城市近代化的起点,几乎无一例外都是商业贸易。正如一位西方学者在探讨近代西方国家崛起的经济原因时所谈到的那样,"潜在的贸易关系的发展是城市发展的'脱氧核糖核酸'"[1]。即决定城市发展的主要动力就

---

① 　[美]内森・罗森堡、L.E.小伯泽尔:《西方致富之路:工业化国家的经济演变》,刘赛力等译,三联书店 1989 年版,第 88—89 页。

是商业化。近代以来中国所有通商口岸城市的发展都是"因商而兴"或"因商而衰"的。

"因商而兴"表明城市经济的重心主要放在商业贸易上，商业的发展成为城市发展的主要动力。以英国为首的西方资本主义国家以武力打开中国的大门，其中一个重要目的就是占领中国广阔的商品市场。他们在中国以通商口岸为基地，进行以天然产品和手工业产品为主的初级商业贸易，而且还加强越区贸易和越项贸易，从而在一个相当大的区域范围内形成了一个具有一定经济规模和商品容量的巨大市场。镇江、芜湖等通商口岸城市也因此而沦为外国商品在中国的集散地、销售市场和中国原料、商品的输出基地，通商转口贸易也就成为这些城市的经济主体，并推动了这些城市的现代化转型。其具体表现在以下两个方面：一是商业贸易的发展推动城市自身性质发生变化。新式商业行业在开埠城市出现，不但扩大了中外贸易的种类和影响，还迅速形成了以通商口岸城市为中心的近代商业贸易市场网络。城市传统商业贸易在新的西方资本主义商业经营方式的影响下，也逐渐从封建商号向近代资本主义企业转化，口岸城市商业向近代化迈进。二是通商口岸城市内外贸易的繁荣导致了口岸城市经济结构和运作方式的变化，直接带动了城市交通运输、金融、通信、近代工业、城市建设等其他新式经济部门的兴起。

商品要从生产领域进入消费领域，必然存在商品实体在空间上的运动，即运输。而传统运输工具和方式在近代已不能适应扩大流通和开拓市场的需要，故采用先进运输工具，开辟新运输航线，提高运输部门的组织和管理水平，加速交通运输业发展，成为西方资产阶级开辟中国市场的前提条件。由于中国同西方列强远隔大洋，因此，西方的先进水上运输工具和航运业也就首先被外国人直接引入中国。据不完全统计，从1861年到1911年，英、美、法、俄、德、日、葡等国商人在中国先后创办了

125 家轮船公司[1],有大小轮船数百艘。到了 19 世纪下半叶,铁路也被引入中国,外国资本主义势力纷纷以借款和直接经营两种方式,作用于中国的铁路建设。除外国直接经营的铁路外,许多国有和民营铁路也在不同程度上仰赖于西方的资金和技术。这既反映了帝国主义对中国的侵略,也表明外国资本势力对中国陆路交通早期现代化的推动作用。因此,在新式交通运输业的推动下,城市之间、城市与腹地之间的联系进一步增强,人口流动和商品流通也进一步扩大,由此推动了生产和市场的集中,使城市辐射力和吸引力不断扩大,同时还带动了金融业、机械制造业、建筑业、服务业及其他经济部门的发展。随着商业贸易和交通运输发生变化,通商口岸城市的货币流通形式和载体也发生变化。外国银行纷纷在通商口岸城市设立,并逐渐控制了中国的财政金融。与中国传统的金融机构——票号、钱庄相比,外国银行显然更能动员闲置资金、集中信贷、组织结算、调节货币流通等,具有钱庄、票号所没有的近代金融功能。银行所开出的支票、汇票、信用卡以及各种商业票据,也都可以代替货币流通,从而对城市经济和区域经济的早期现代化产生了多方面的影响。

此外,商业贸易还推动了近代工业在开埠城市的出现和初步发展。随着外国势力对中国侵略的加深,外国资本在中国的工业投资不断增加。1894 年以前,外国资本投资的近代工厂有 101 家,1895—1913 年又新增 136 家,其中多数资本都在 10 万元上;投资范围也很广,从缫丝纺织到机器制造,从烟草制糖到开矿冶炼,从造车造船到水电气等工业部门,都无不渗透了外国资本,形成了中国工业上的垄断力量。除矿冶业外,外国资本控制的近代工业大都设在沿海、沿江的开埠转口城市,从而进一步改变了这些城市的经济结构,并导致社会结构的变化。

不过,值得注意的是,这种"因商而兴"的模式,并非对长江下游地区

---

[1]　参见严中平等编《中国近代经济史统计资料选辑》,科学出版社 1955 年版,第 239—241 页。

的所有城市都完全适用。无论是靠政府推动而兴的传统政治中心南京，还是后来居上的上海、无锡、常州，事实上决定这些城市发展的核心因素，并不是商业贸易而是工业化。商业贸易充其量只能算是城市近代化的起始原因，并不是决定城市功能转型和性质改变的决定性动因。商业化的意义在于，促使传统商业在吸收近代积极因素的基础上，变得越来越依赖于近代城市工业、越来越服务于近代民族工业。而只有工业化，才最终决定了上海、无锡、常州等工业城市的形成。更何况，事实上工业经济也具有相对稳定的特点。一项产业的衰落，并不足以撼动城市的命运，其他产业可以起到替补的作用。因此，上海、无锡、常州等工业城市的近代经济结构十分稳固，城市经济功能的综合性也十分突出。而反观过于依赖商业发展的镇江、芜湖等地，则缺乏支柱型产业，受起伏不定的商业波动的影响，城市经济往往一荣俱荣、一损俱损。如此一来，近代以来这些城市的兴衰命运也就在情理之中了。

（4）区域社会差异对地区经济发展的影响

传统经济理论认为，就供给面而言，决定经济成长的主要因素有资源、劳动力、资本、技术及管理等。但事实上，以上这些经济因素并非是决定一个城市或一个地区经济成长的充分条件，其他一些非经济因素也对经济发展有着举足轻重的影响。这些非经济因素包括政府的政策法令、价值观念、社会风气及心理和文化传统等方面[1]。在长江下游地区一些城市的近代经济发展中，我们同样可以发现这些非经济因素所起的不同作用。

一般而言，当近代机器工业在长江下游地区初建时几乎毫无例外地都会遭到当地封建势力的抵制。例如，张謇在创办大生纱厂的过程中，就受到通州地方官汪树棠的阻挠。刘坤一令汪树棠将通州的存典生息

---

① 参见李国鼎《台湾民营工业的成长》，载李国鼎《台湾经济高速发展的经验》，东南大学出版社 1993 年版。

公款先拨给大生济急，但汪树棠却阳奉阴违，诡称通州虽有 8 万余两公款但只有供科举"乡会试、宾兴、公车用者一万有奇"可拨；同时又暗中与幕僚合谋煽动通州秀才 300 余人"大书公揭，揭州城门，约日开明伦量大会排阻"，几酿成全城士子反对张謇办厂的风波。① 继而又有"厂终不成之谣复四起"，谣传"工厂要用童男童女桀烟囱，女工要被洋鬼子割乳房"，使招收女工受到很大阻力，最后只得到上海招收了一批女工。② 类似的情形，在无锡也发生过。例如，保兴面粉厂在动工兴建中就受到当地封建士绅的阻挠，数十人联名控告荣德生私圈公地，并说建了工厂高烟囱会影响好风水，要求官方从速阻止建厂。于是，官方勒令停工，后来通过行贿才解决了问题。在竖烟囱时又有谣言称，"用童男童女桀造（灶），方竖得起"。即便该厂出粉后，亦由于地方豪绅的造谣中伤，谓"机制面粉没有营养，不容易消化"，以致"各点心店闻风附和"而不购，导致面粉销路颇为不畅。③ 同样，在荣氏扩建申新三厂时，也同样遭到了荣瑞馨、蒋哲卿等势力的阻挠，使建厂拖延了一年多的时间。④ 由此可见，封建势力对近代资本主义发展的阻碍是相当顽固的，极不利于社会近代化的演进。

同时，社会习俗和心理对经济发展所产生的影响也不可小觑。南通"自明苦倭寇之后，三百余年未尝被兵革，民尤耽安逸，畏官而谨法"⑤，民众普遍较为传统而保守。民国以后，沙船又被运输量大、速度快的轮船淘汰，但通海布商竟不知改进，仍以沿用数百年的沙船运销，其思想之守旧可见一斑。反观无锡，其社会经济自明清以来就比较活跃，一般民众

---

① 参见杨立强、沈渭滨编《张謇存稿》，上海人民出版社 1987 年版，第 569 页。
② 参见《大生系统企业史》编写组编《大生系统企业史》，江苏古籍出版社 1990 年版，第 24 页。
③ 参见上海社会科学院经济研究所经济史组编《荣家企业史料》(上)，上海人民出版社 1962 年版，第 12—13、85 页。
④ 参见上海社会科学院经济研究所经济史组编《荣家企业史料》(上)，上海人民出版社 1962 年版，第 12—13、85 页。
⑤ 杨立强、沈渭滨编：《张謇存稿》，上海人民出版社 1987 年版，第 621 页。

皆有经营的习惯,商品经济自然发达。而且无锡人勇于外出经商,几成风气。据 1938 年日本人的统计,仅上海的产业工人中,无锡籍的就占了 27%,他们大多自十二三岁起就外出学徒,周舜卿当初即是如此。而在 20 世纪 20 年代本地土布业衰落的情况下,无锡人亦能很快转变观念,把副业转入植桑养蚕及花边针织业,并由此避免了南通土布的厄运。

至于常州,该地区自古人文荟萃,在历史上素有重科举、轻工商之风,也由此造成常州人自傲的心理,并造就出一个耕读传家的科举社群。一些世家大族子弟在走上仕途、辞官回乡后,最热心的就是捐款、购地、建家祠、置族田、修族谱、兴文教、办书院,但对地方经济却甚少兴趣。[1] 故在这种情况下,由于社会文化不同,导致常州与无锡虽然在日后的发展道路上都有工业化的取向,但相对于无锡规模更为庞大的群体企业家而言,常州则远为逊色。如此也不难看出,为何两地同在上海辐射下,无锡的工业发展却总要比常州早且经济总量更大。归根到底,乃是当地社会风俗习惯使然。

(5) 战争对近代区域城市转型的影响

19 世纪中叶至 20 世纪前半期,频繁的战争也是影响该地区大多数城市的一个重要因素。尤其是长达十余年的太平天国战争和历时多年的抗战对这一地区的城市发展影响尤为巨大。

不言而喻,历时 14 年之久的太平天国战争使晚清时富庶的长江下游地区遭受到亘古未有的严重破坏。1865 年 1 月 13 日,一位外国商人曾如此描述从苏州到南京的沿途见闻:

> 自苏州复归于清军之手后,这些房舍以及无数桥梁全都消失了。整个十八里之内没有一幢房子,四周乡间,举目荒凉。人民畏

---

[1] 参见茅家琦等《横看成岭侧成峰——长江下游城市近代化的轨迹》,江苏人民出版社 1993 年版,第 181 页。

清兵如豺虎,一见就惶惶逃命。看不见男人,看不见妇女,看不见儿童,也看不见任何一头牲畜。……在通往无锡的路上,遍地荒芜,荆草漫生。……可是沿途布满了数不清的白骨骸髅和半腐的尸体,使人望而生畏。这里没有做买卖的船只,商业绝迹,无锡已成为一片废墟。……到常州府,沿途九十五里,仍旧是一片荒芜凄惨的景象,不见一个做工的人。遍地荒蒿,杂草没胫。……从常州府到丹阳遍地布满了白骨,不幸的太平军,更可能是无辜的村民,一定遭到了极其可怕的屠戮。我从丹阳前进四十五里,前进得越远,地方上的情况就越坏,一言以蔽之,整个情况是"一团糟"。①

经战争破坏,当时苏南各县的社会经济均受重创。据《句容县志》载:"粤寇之难,荆棘满地,城郭破残,凡祠庙公署桥梁之属,无不毁夷殆尽,盗贼凶武虎,至此很矣。……自咸丰十年兵火以后,县之南乡户口凋零,不及承平时十分之二三。"江浦县也是"瓦砾荆棘,弥望皆是",光绪初年(1875)人口只有战前的 1/20;金坛县更是在战乱百日内即伤亡 7 万余人。与苏南情况相似,当时浙西各县的县志里也记载了战争对社会经济的破坏。如《湖州府志》所载菱湖镇,"居民向约五千数百家,劫后约存四千家",双林镇也因遭毁过半而存户不及四千。② 据咸同年间海宁人冯氏称,当时浙西与太湖沿边的诸市镇几乎没有一个不受到太平军的蹂躏。如海宁之长安镇,"被烧房屋十之七,沿乡数里尽伤残。被掳千余,死难被杀万余。鱼池积尸,两岸皆平,前后所陷市镇,惟此为最惨"③。

不过受战争破坏最多的地方还是南京。作为太平天国的国都,这里

---

① 　[英]呤唎:《太平天国革命亲历记》,王维周、王元化译,上海人民出版社 1997 年版,第 566—568 页。

② 　参见(清)宗源翰《湖州府志》卷二二,同治十三年(1874)刊本,第 8—9 页,载《中国地方志集成·浙江府县志辑 24》,上海书店 1993 年版,第 417—418 页。

③ 　(清)冯氏:《花溪日记》,载杨家骆《太平天国文献汇编》第 6 册,台北:鼎文书局 1973 年版,第 667 页。

是双方争夺最为激烈的地区,损失亦至为惨烈。清军攻破南京城后,"沿街死尸十之九皆老者,其幼孩未满二三岁者,亦砍戮以为戏,匍匐道上。妇女四十岁以下者一人俱无"①。后来清军又火烧南京城,官署民房到处冒烟,"二十年壮丽天王府"遂成一片灰土,"化作荒庄野鸡飞"②。六朝金粉的南京在经历这场浩劫后彻底变成了一座空城。面对此等残破景象,晚清重臣李鸿章也不得不叹息:"即使管仲再生,对此亦当束手。"③而前后反复 12 年之久的战火蹂躏,使得南京不但没有抓住近代开埠通商的机遇,就连原有的优势也一并丧失掉了,以致以后相当一段时间都没有恢复元气。仅就人口而言,据相关人士推算,南京在战争中就至少损失了 73.1 万人,仅剩 149.9 万。④ 其中,原来江宁府所辖的溧水县、高淳县和句容县,在战争中分别损失人口 26.4 万、31.9 万和 70.1 万,其人口损失率高达 87.5%、78%和 92.6%。⑤ 而且死者遗体由于长期得不到掩埋而经常造成瘟疫。1861 年就爆发疫疠,句容县"遗民死者殆尽",溧水亦"死者无算"。⑥ 人口减少又带来田地的荒芜。其中,又以江宁府为最,与 1891 年苏州府田地原额 253 900 余顷,已垦 202 690 顷,占原额 79.83%的数字相比⑦,南京地区最高也不过 68.80%。再者,伴随着人口锐减和土地荒芜,当地社会经济也持续低迷。太平天国战后,南京"巨宫广厦延

---

① (清)赵列文:《能静居士日记》,载罗尔纲《太平天国史记载订谬集》,三联书店 1985 年版,第 50 页。
② (清)何绍基:《金陵杂述》,载《东州草堂诗抄》。
③ (清)李鸿章:《李文忠公全集》,《朋僚函稿》卷六。
④ 参见曹树基《中国人口史第 五卷 清时期》,复旦大学出版社 2001 年版,第 462 页。
⑤ 参见葛庆华《近代苏浙皖交界地区人口迁移研究(1853—1911)》,上海社会科学院出版社 2002 年版,第 31 页。
⑥ 参见《光绪续纂句容县志》卷一九《兵事月日表》,载《中国地方志集成·江苏省府县志辑 35》,江苏古籍出版社 1991 年版,第 544 页;《光绪溧水县志》卷一《天文志》,载《中国地方志集成·江苏省府县志辑 33》,江苏古籍出版社 1991 年版,第 249 页。
⑦ 参见欧阳辅之《刘忠诚公(坤一)遗集·奏疏》卷一六,台北:文海出版社 1968 年版,第 2168 页。

烧略尽，兵燹之后，户口陵替，疮痍满目"①。城北原军事区和城东皇城几乎全被夷为平地，变乱后的南京"城中房屋，惟西南尚称完善，然亦十去四五，东北则一览无余矣。而秦淮水遏不流，岸曲阿房，尽成灰烬。皇城旧址，蹂躏尤深，行四五里，不见一人，亦无一屋"②。而这种惨景在战后亦持续了相当长一段时间。战争结束 15 年后的 1879 年，总督刘坤一在致光绪帝《查实江苏各属荒熟田地报部折》中哀叹："查江宁一府七县，被兵十有余年，井邑萧条，田地芜废；肃清以后，土著农民存者无几，多方召集，复业寥寥。"③江南布政使梁肇煌也称，江宁地区"自经兵燹，一片荒芜，腴瘠不分，高下莫辨"④。1882 年调任两江总督的左宗棠也用如下文字描绘其治下的南京："江南克复廿年，而城邑萧条，四野不辟，劫窃之案频闻。金陵向非贸易埠头，人烟寥落，近则破瓦颓垣，蒿莱满目，虽非荒歉之年，而待赈者恒至二万数千之多，较之四十年前光景，判若宵壤。而河务盐务败坏不振，农田漕运均无益而有害，向有所闻，今则又有所见矣衰病竭蹶去日已多。"⑤这种情况直至 19 世纪末依然没有太大改观。1896 年张之洞在给朝廷奏折中所提到的南京仍十分破败。"金陵平定已经三十余年，元气至今未复，民生萧条索，城市空旷，毫无振兴之机"⑥。"金陵城内辽阔过甚，兵燹以来市尘萧条，城内有居民者三分之一，空旷者三分之二……北城一带，蒿莱弥望，匪类潜踪，命案抢夺间见叠出，商旅来往，官吏趋走，备极颠踬。公私旷废。"⑦甚至在 1927 年国民政府定

① 张其昀：《明清间金陵之都市生活》，转引自郭黎安《南京历史人口的变迁及其原因》，载《南京社联学刊》1989 年第 5 期。
② 刘石吉：《明清时代江南市镇研究》，中国社会科学出版社 1987 年版，第 75 页。
③ 欧阳辅之：《刘忠诚公(坤一)遗集·奏疏》卷一六，台北：文海出版社 1968 年版，第 2169 页。
④ 欧阳辅之：《刘忠诚公(坤一)遗集·奏疏》卷一七，台北：文海出版社 1968 年版，第 2331—2332 页。
⑤ 杨书霖：《左文襄公(宗棠)全集·书牍》卷二五，台北：文海出版社 1979 年版，第 3570 页。
⑥ 王树楠：《张文襄公(之洞)全集·奏议》卷四一，台北：文海出版社 1979 年版，第 2904 页。
⑦ 王树楠：《张文襄公(之洞)全集·奏议》卷四一，台北：文海出版社 1979 年版，第 2987 页。

都南京时,举目望去市内亦皆颓败景象。[1]

与破坏城市社会经济相比,更严重的影响是,惨烈的太平天国战争还大大阻碍了南京的开埠通商。虽然在1858年清政府与英法签订的《天津条约》中,南京被划为通商口岸,但当时南京正处于太平军的控制下,故该协议迟迟无法实施。而此时,邻近的镇江、芜湖已相继开埠。而大战后萧条残破的经济也大大降低了列强对南京开埠的兴趣。故迟至1898年,列强才再次向清政府提出南京开埠的要求。而此时距离1858年协定已过去整整40年。在这段时间里,南京因错失了近代以来城市发展的最佳历史机遇,而在城市近代化的起跑阶段落后于其他地区。在这种情况下,这座历史上的东南繁华都会,亦由南方的一级中心城市被迫下降为长江下游的二级中心城市,其东南经济中心的地位亦被上海取代。

与南京类似,江南名城苏州、杭州也在太平天国的战乱中大伤元气。作为当时"天下四聚"之一,苏州手工业发达、人口稠密,具有较高的城市化水平和以商业为特色的城市文化,"城门内外,居货山积,行人流水,列肆招牌,灿若云锦,语其繁华,都门不逮"[2]。故苏州的富庶与繁华,对太平天国的军队来说具有巨大的吸引力。于是,他们在攻克武昌、做出沿江东下的战略决策后,便将兵锋直指长江下游富庶的苏杭地区。1860年5月,李秀成统帅数万大军攻占了苏州。于是这座江南名城转瞬间便由富庶之地沦为战区,到处风声鹤唳、草木皆兵。兵锋所至,官绅、商人和地主纷纷携眷逃跑。为对抗太平军,清军在撤离前以守城为名,放火烧毁枫桥、上下矿等城西繁华商业区,大火连烧三昼夜,城外房屋已失其半,"凡放火处,掳掠一空","红光烛火,百里外皆可望见",经几百年形成

---

[1] 例如,当时作为建筑师的陈植曾在1928年的一篇文章中称"南京范围过大,荒凉过甚"。参见陈植《南京都市美增进之必要》,载《东方杂志》第25卷第13期,第35—36页。

[2] (清)孙嘉淦:《南游记》,嘉庆十年(1805)刻本,第12页。

的东、西、中市一带的手工业基地也在兵火中毁于一旦。不仅如此,在李秀成攻克苏州后,太平军不但摧毁了城市里的行会组织,还破坏了手工业工场和作坊,许多行业也相继陷于停顿,行会董事也大多逃散或死于战乱。此后,苏州一直被作为太平天国整个东南战场的指挥中心,同时也是太平军南下浙江、东进上海的基地。皖北地区被占领后,苏州更成为南京依托的后方和物资供应基地①。故作为一个至关重要的战略要地,李秀成苦心经营下的苏州也很快随着战局的转变而成为双方的必争之地。1863 年初,李鸿章统帅淮军向苏福省(太平天国以苏州为中心建立的行政区)挺进,李秀成军即与之展开激战。大战后,苏州地区遭受重创。繁华的市区"尽成废墟",农村家庭手工业和城市手工业也被摧毁殆尽,人口锐减。战争前全城共有织机9 000 台,战后至 1886 年仅有 5 500台;战前的 1851 年人口为 365 万,到战后的 1865 年只剩 128 万,减少了65%。②故这场战争对苏州来说,实为一场浩劫,直至半个世纪后,苏州才逐渐恢复元气。而长江下游地区另一座繁华都市——杭州也在太平天国战争中受到致命打击,加速了其衰落进程。19 世纪 60 年代初,太平军攻占杭州。杭州人口从 80 余万骤减至 20 万,甚至一度仅剩数万人。③此时,在苏杭之间"白骨黄茅,炊烟断绝"④。故就整体而言,向以富庶傲视天下的长江下游地区,此时已成人烟寥落之荒野,"间于颓垣败井之旁,偶遇居民,无不奄奄待毙,伤心惨目之状,实非郑侠流民图可比"⑤。

---

① 参见茅家琦主编《太平天国通史》下册,南京大学出版社 1991 年版,第 70 页。
② 参见茅家琦主编《太平天国通史》下册,南京大学出版社 1991 年版,第 317 页。
③ 参见 Liping Wang, "Tourism and Spacial Change in Hangzhou, 1911 - 1927", Joseph W. Eserick ed., *Remaking the Chinese City: Modernity and National Identity*, 1900 - 1950, Honolulu: University of Hawaii Press, 1999.
④ (清)左宗棠:《左文襄公奏稿》卷四,光绪十六年(1890)刻本,同治二年(1863)二月四日"沥陈浙江省残黎困敝情形片"。
⑤ 《裁减苏松太粮赋浮额折》,载顾廷龙、戴逸主编《李鸿章全集 1 奏议一》,安徽教育出版社2008 年版,第 297 页。

　　总之,由上所述,自然不难看出太平天国战争对长江下游地区城市造成的严重破坏。特别是受战争影响,该地区人口损失严重。据曹树基估算,南京在战争中的人口损失率为76%,苏州为65%,太仓为46%,扬州为27%,无锡为67%,江阴为70.5%,常州为69%,镇江为79%,丹徒为67%,而溧阳甚至高达89%! 即便该地区损失最小的松江府,人口也由战前的316万减少至战后的263万,减少了约17%,达到53万。而受损的不仅是大城市,许多中小城镇也受战争重创而一落千丈、一蹶不振。仅台湾学者刘石吉考证的50个江南市镇中,就有34个遭受灭顶之灾。如清代前期的王江泾镇,在乾隆嘉庆时期,是具有万家户口的大镇。全镇有3条大街、26条弄巷,丝绸店、茶楼、酒肆林立,但如此繁荣兴盛的市镇却惨遭战争的灭顶之灾,到清末全镇只有300余户。而嘉兴的陈家镇、杭州的郭家镇和长安镇、湖州的大钱镇、松江府的新场镇等也在战争中遭到重创。故太平天国战争的一大严重后果就是战后长江下游地区的普遍大萧条,对该地区本来蓬勃发展中的市镇影响尤大。这些中小城市处于城市化的较低阶段,一遇战乱,人口四散,城市也不复存在。[①] 因此,毋庸置疑的是,太平天国战争显然造成了该地区城市发展水平的倒退,并大大延缓了城市向现代化发展的步伐。

　　不过,这场大规模的战争,在吞噬、毁灭大部分长江下游地区城市的同时,也客观上促进了另一批城市的兴起,其中最具代表性的城市就是巨埠上海的崛起。上海不仅未受战争的直接破坏,反而凭借战时避风港的地位,吸引了大量江浙移民。正所谓"江浙两省绅商士庶丛集沪城","除上海一隅外,东南郡县,无一寸干净土"。[②] 1860年上海租界人口激

---

① 参见曹树基《中国移民史　第六卷　清　民国时期》,福建人民出版社1997年版,第420—592页。

② 参见李光霁《劫余杂识》,载杨家骆编《太平天国文献汇编》第5册,台北:鼎文书局1973年版,第32页。

增至 30 万,1862 年又增至 50 万,甚至一度攀升到 70 万的高峰。

　　而这个人口迁移的过程,其实也是人才和资金向上海汇聚的过程。据最保守的估计,从 1860 年到 1862 年的短短两年时间里,至少有 650 万银元的华人资本流入租界。这为近代上海的崛起提供了必不可少的前提条件:资金、劳动力和需求市场。上海租界以一隅之地接纳来自四面八方的难民,成为难民的福地。而源源不断的难民则以他们的智慧、资金和技艺等给上海的都市化和社会经济的转型带来了巨大的活力,他们与界内的外侨一起共同缔造了近代上海的初次繁荣,并造成 19 世纪中叶后上海都市人口的迅速膨胀和都市范围、机能的大肆扩张,这成为除通商开埠外,上海之所以取得成功的一个关键因素。[①] 例如,以市区徐家汇地区为例,该地区在太平天国运动前实为沪西荒地,而大量难民的迁入使之逐渐成为一个繁荣的小镇。后又由于租界开辟马路而交通畅达,商贾辐辏。再往后,路面上也开始出现电车行驶,而且邮政、电灯、路灯、电话、自来水等现代设施也次第装接,其马路东为法租界,马路西为天主堂界,在西老屋为乡民界。从此该地区发展日新月异,宛如一幅洋场风景。[②]

　　另外,除上海外,在 19 世纪后半叶兴起的江南 100 余个新兴市镇中,也有三分之一是因太平天国运动而兴起的,或在运动后迅速恢复的,其繁华远超运动之前。而这些新兴市镇,在地理上绝大部分都分布在松江府、华亭、青浦、南汇、奉贤各县及太仓州的宝山、嘉定这些地区。[③] 这些地区在当时也大多属于太平天国战争时清政府控制的地区。因此,江南东、西市镇的繁庶与荒落的对比,也从另一个侧面反映了太平天国运

[①]　参见刘石吉《明清时代江南市镇研究》,中国社会科学出版社 1987 年版,第 100—102 页。

[②]　参见(清)王钟纂、胡人凤续编《法华乡志》卷一,第 3 页上,载《中国地方志集成·乡镇志专辑 1》,上海书店 1992 年版,第 16 页。

[③]　参见刘石吉《明清时代江南市镇研究》,中国社会科学出版社 1987 年版,第 109—117 页,附录"十九世纪中叶后江南新兴市镇表"。

动的影响。

20世纪初期,帝制覆亡、民国肇建,受数千年封建荼毒的中华民族迎来了历史的新生。但事实上,列强环伺的险恶国际形势并未出现转机,脆弱的民国政权一直面临纷至沓来的外患威胁。而1931年东北九一八事变的爆发,更猛烈地拷打着情况急转直下的国家安全,国家经济也受到了猛烈冲击。首都南京的各主要工业,均由于东北市场的沦丧、交通的阻塞、滥征苛税以及日商的排挤,而陷入不可遏制的衰败。① 而到一·二八事变后,首都更直面战争威胁。当时日本舰队集结于下关,南京市民纷纷外出逃亡。一时间市场萧条、地价大跌,社会秩序也陡然紊乱。粮食供给、油盐、煤炭等各项日常生活必需品也遭受波及,社会紧张腾涨。其中,金融业在此次国难中所受打击尤甚,以往市内依靠上海转运银钱的来源骤然断绝,导致首都一度陷入严重的经济恐慌,存户取款停付,信用借款断绝。嗣后,虽沪战停止,交通恢复,然而受战事影响,银根依旧奇紧,市内正常的营业秩序迟迟无法恢复。同时,市内钱庄业还出现全行业萧条的现象。不但农村放款难以收回,就连市内各商铺亦无力偿还其借款,而最终致使各大钱庄纷纷歇业。在这种情况下,市内其他产业,如砂石业和砖瓦业等行业也由于社会经济的不景气而纷纷陷入衰退。于是,当时正高歌猛进中的首都建设亦难免不受其影响。1936年南京市市长马超俊对整个建设的停滞曾哀叹:"自国民政府建都南京以来,南京市政无日不在进步之中,但这种进步都是迂缓而不迅速……尤其几

---

① 《首都志》在援引《中国经济志》里分析南京丝织业衰落的原因时,曾认为:"南京缎业的国外市场向来以朝鲜、安南和印度为大宗,自1924年以来,日本突然增加百分之百的关税,安南也因实行重税,而裹足不前。国内的市场以东三省为主,约占一半以上。次为蒙古、新疆、西藏、川滇等省。而东三省由于九一八事变,受日本封锁,关税加至百分之五十,大宗销路尽告断绝,加上该行业暗自竞争,也是其失败的一个原因。到1933年实业部调查时,统计1931年的概况。仅存缎号60家,织机1 129台,织工3 287人,年产缎不过17 500锭,产值81万余元。"参见叶楚伧《首都志》,正中书局1935年版,第1021—1022页。

年来内忧外患,交相煎迫,受到了不少影响。"①故在严峻的时局中,首都建设的成果,除了在 20 世纪 30 年代初期建设的一批政府大厦、修筑的交通网络、添置的一些必要的市政设施和创设的一些小规模的工厂外,并无其他重大成就。而 1937 年全国抗战的爆发,更使得这些原本就极为有限的建设成就迅速化为泡影。② 1937 年 12 月首都南京沦陷后,日军又制造了震惊世界的大屠杀。在长达一个多月的黑暗时间内,被日军屠杀的中国军民共计 30 余万人,遭日军强奸凌辱的中国女性达 2 万余人。而历史悠久、此时已初具现代规模的南京则被彻底毁灭,城内外尸骨遍地、血流成河、瓦砾成山,昔日中国的繁华首都成为血雨腥风的人间地狱。

除南京外,长江下游地区的其他重要城市也遭受了战争的沉重打击。如无锡在战前是中国民族工业的一个重要基地。日军占领无锡后,无锡的民族工业备受摧残,申新三厂和庆丰纱厂在战争中被焚毁,棉纺织业被直接破坏的纱锭总数达 166 614 枚,布机 3 304 台,占全部设备的70%;大型丝厂在战前共有 41 家,其中全部被毁的有 9 家,大部及部分被毁的有 26 家,残存的几家也基本处于半停产状态。三大面粉工厂中,

---

① 南京市政府秘书处编:《南京市政府公报》第 168 期,1936 年 8 月,"报告"第 32 页。

② 据相关学者的研究,首都南京的工厂破坏程度高达 64%—80%;而若以各地平均工业的损失程度来比较,也以南京的损失最严重,高达 80%,其次为无锡的 64% 和上海的 52%。之所以在长江下游地区内,南京比上海、无锡等中国经济中心遭受更为惨重的损失,就是因为,南京既不是十里洋场的上海,也不是经济发达的无锡,它是国民政府的首都。对日本而言,对国民政府首都南京的破坏最具心理恐吓作用和战略宣传意义。因此从这个角度看,1937 年日军对南京的疯狂破坏是蓄意的。其目的就是用猛烈的炮火、疯狂的轰炸来摧毁中国最重要的国家中枢,摧毁中国人的心理防线,以实现其速战速决、灭亡中国的罪恶目的。因此,日军不但用无情的炮火摧毁了这座文明古城,而且其对南京经济的破坏和掠夺也是竭尽所能。当时南京下关的发电厂遭日机多次轰炸,大同面粉厂被日机摧毁;战前已相当发达的砖瓦业工厂,到了沦陷期间,也已残破不堪。至 1942 年 6 月,参加南京全市工商业登记的厂店只有 1 010 家,只相当于 1934 年总数的 7.3%。参见郑友揆、程麟苏《中国对外贸易和工业发展》,上海社会科学院出版社 1984 年版,第 145 页;韩启桐编著《中国对日战争损失之估计(1937—1943)》,中华书局 1946 年版,第 32 页;唐文起、林刚《南京工业近代化的历史道路》,载《江海学刊》1986 年第 5 期。

茂新一厂被烧劫一空,工厂成为废墟,茂新二厂被劫掠后,厂房也被当作日军病马院,之后又与九丰面粉厂一起被日商强行代管,改名为大丰面粉厂,充作日军的军需厂,故三厂实际能力的 80% 都在战争中被破坏或被控制,损失达 250 万元以上。而粮米业的境遇也大致与此相似,除在三里桥的米市中心被焚毁,粮食站中的存粮也被劫掠,碾米厂均被迫停产。至于市内的其他工业,诸如榨油厂、色织厂、毛纺织厂、印染厂等亦因遭到破坏而停产。1938 年后,日军又改变了对无锡经济的掠夺方式,转由日商通过非法兼并垄断的方式,控制了全市的米市、蚕丝、丝厂等。并对棉纺厂、面粉厂、榨油厂等残存的工厂采取租赁、委托经营等方式进行控制。1939 年 12 月后,日军又强制接管了市内交通运营和通信业务。1940 年,日军大肆搜刮大米,米价不断上涨,以致激起市民抢米风潮。1941 年实行棉花统购,将大部分棉花输往日本国内。总之,在沦陷的数年中,无锡的经济,特别是经过 40 年苦心经营的近代工业,被日军扼杀了。而长江下游地区另一大工业城市——南通也在 1938 年 3 月被日军占领。日军在南通野蛮地进行烧杀淫掠。著名的大生集团在被迫停产后,又被迫与日商"合作",直至 1943 年才由伪政权发还,但生产能力已大为下降。至于上海,在战争中有 2 270 家工厂遭到破坏,损失总额高达 8 亿元。后经国内学者测算,整个长江下游地区在抗战中工业设备的损失率达到了惊人的 50% 以上。[①] 故全国抗战对长江下游地区的城市发展的负面影响至为明显。

二、由边缘到中心的整体嬗变:上海崛起与区域新城市体系的建构

1. 新变量的产生与新城市体系的建构:上海的异军突起与地区发展的新动向

近代以来,世界各国的城市向近代城市转化主要有两种模式:一种

---

① 参见祝慈寿《中国近代工业史》,重庆出版社 1989 年版,第 881—885 页。

是城市内部结构的变动引起城市功能的改变，从而导致城市性质的变化和城市的发展，其变化程序为工业化推动城市化和城市现代化，城市化和城市现代化又反过来推动工业化，形成互为因果、互相作用的循环式发展，其演变过程属于渐变型，演变时间较长，欧美国家的近代新兴城市多属此种类型；另一种模式，则是在城市外部力量的作用下，城市功能发生变化，进而导致城市内部结构的变化和城市的发展，这种主要由外力引起的变化，一般不是从工业化开始，而是从以对外贸易为主的商业化开始，由于外力影响的结果，其演变过程表现为突变性，近代中国因开埠通商而兴起的沿海沿江城市都属于这种发展模式。

　　不言而喻，上海的崛起也是上述外力作用的结果，上海也由此成为近代以来改变长江下游地区乃至整个中国经济版图的最大动因。自五口通商以来，在进出口贸易的刺激下，上海很快取代广州，成为中国新的对外贸易中心。与此同时，中外资本和商品也在这里大量聚集，一方面促进了上海的经济发展，另一方面也奠定了其中国商业中心的地位。随着对外贸易的发展，各种为之服务的银行、保险公司及证券交易所等近代金融系统也相继建立，并以上海为中心逐渐向其他口岸扩展。[1] 到 19 世纪中后期，上海已不仅是中国的外贸中心、商业中心，还是远东地区的航运中心、金融重镇和西学传播中心。事实上正如 1901 年 2 月 13 日的《申报》所称，"夫论中国商贾云集之地，货物星聚之区，二十余省当以沪上为首屈一指，无论长江上下，南北两岸，以及内地市镇，皆视沪市如高屋之建瓴，东西各邦运物来华亦无不以上海为枢纽"。上海这座远东国际商港，此时已从"江南鱼米乡"的社会剥离出来，成为镶嵌在东西方之间的一块中性地带，变成一个新开发的商业王国。[2] 截至 1905 年，设在上海租界内的华资商业企业共有 50 余个行业共计 3 177 家。[3] 外国商行

---

① 　参见袁远福《中国金融简史》，中国金融出版社 2001 年版，第 69—76 页。
② 　参见乐正《近代上海人社会心态》，上海人民出版社 1991 年版，第 31 页。
③ 　参见《上海租界华商行名簿册》，上海华商公议会 1906 年编印。

也从 1867 年的 300 多家增加到 1903 年的 600 余家。[1]

应该说,上海崛起后,它带给长江下游地区的影响是全方位的。这种影响不仅反映在区域的市场网络和产业布局上,还涉及城镇格局,乃至城乡的社会生活。在上海强有力的牵引下,该地区发生了近代以来最为深刻的历史变迁,呈现出一种明显以上海为龙头的一体化发展趋势。此前的上海是江南的上海,此后的江南则成了上海的江南。

首先,在地区产业布局上,上海的各种商品、资金、人才、技术和信息开始源源不断地向附近的第二市场体系传递,促进该区域产业布局不断向适应世界市场的方向转化。而以上海为导向,依托上海港的巨大贸易量,长江下游地区的农副业得到发展,特别是棉花、蚕桑、蔬菜等经济作物种植面积明显扩大,农产品商品化程度提高,并相应形成几个生产相对集中的产区,是当时世界市场的一个重要棉花产地。而苏南、浙北地区的蚕桑产区,也在上海开埠后,一改之前以内销为主的形势而纷纷就近转由上海港大量输出蚕桑,蚕桑业的发展因此得到有力的推动。"小贾收买交大贾,大贾载入申江界。申江鬼国正通商,繁华富丽压苏杭。番舶来银百万计,中国商人皆若狂。今年买经更陆续,农人纺经十之六。遂使家家置纺车,无复有心种菽粟。"[2]同时,在上海的技术和信息的输入下,该地区的传统手工业生产也逐渐呈现出机器生产的趋势。以无锡地区雄冠全国的蚕丝业为例,其发展就与上海丝厂的兴起密切相关。上海对无锡蚕茧的购销先是促进了栽桑养蚕的发展,后来沪商又对无锡缫丝业进行了大笔投资。无锡开设的首家机械缫丝厂就是沪商周舜卿在 1904 年投资的。[3]而南通虽僻处一隅,上海的辐射也随处可见。大生纱

---

[1]　参见吴圳义《清末上海租界社会》,台北:文史哲出版社 1978 年版,第 57 页。

[2]　温丰:《南浔丝市行》,载周庆云纂修《南浔志》卷三一,1922 年刻本,第 2 页,载《中国地方志集成·乡镇志专辑 22 上》,江苏古籍出版社 1992 年版,第 345 页。

[3]　参见高景嶽、严学熙编《近代无锡蚕丝业资料选辑》,江苏人民出版社、江苏古籍出版社 1987 年版,第 31—32 页。

厂集资初期，上海资本家就占据大生六位创办人中的半数；张謇在集资过程中，也得到过后任上海总商会会长曾铸和上海通海帮创办的"邮益公"的投资帮助。① 在大生纱厂开工前，张謇还曾专程去上海"晤盛君荔孙说厂事"②。而大生纱厂最早的机匠和熟练工人，也多从上海招雇而来。③ 由此可见，长江下游城市新式工业的发展，离不开上海的强烈辐射影响。

在金融服务方面，伴随着长江下游城市商业贸易功能变迁的，是近代城市商务、金融等城市综合控制功能的增强。该地区的许多近代商务、金融、航运机构都是为洋行发展而建立的。一些传统的经济组织如公所、行会、钱庄等也因卷入到近代外贸而发生了新的变化。西方国家在上海设立的银行，其经济影响也透过上海向沿海和内地口岸辐射出去。在这种情况下，苏州、镇江、扬州等长江下游地区的几个老牌金融强市逐渐在上海的吸附下日渐式微并被其纳入以上海为中心的区域金融体系，而这些地区的大量钱庄、商号也随之被纳入买办化的购销网。于是，苏州、镇江、扬州等城市的商业资本和货币积累逐渐依附于上海金融业，失去了独立进入生产部门，向产业资本转化的能力。④

其次，在市场网络和城镇体系演化方面，最重要的现象是以上海为中心，长江下游地区新城市体系的萌动。上海开埠后，在进出口贸易日趋繁盛的同时，亦带动了国内埠际贸易的发展。近代上海港国内埠际贸易包含两大部分：进出口商品的转口贸易和本国产品的埠际流通。上海港独具的各项优势，决定了经由上海港的对外贸易呈现浓厚的转口贸易

① 参见《大生系统企业史》编写组编《大生系统企业史》，江苏古籍出版社 1990 年版，第 20—21 页。
② 《张謇日记》，光绪二十五年（1899）七月二十七日条，载《张謇全集》第六卷，江苏古籍出版社 1994 年版，第 422 页。
③ 参见《大生系统企业史》编写组编《大生系统企业史》，江苏古籍出版社 1990 年版，第 24 页。
④ 参见马俊亚《规模经济与区域发展——近代江南地区企业经营现代化研究》，南京大学出版社 2000 年版，第 240 页。

特征,对绝大部分进出口货物来说,上海是它们进出中国的门户。除华南地区外,"一切外轮不论其最终的目的地是哪儿,它都要先开到上海"①。1863 年经由上海港输入的进口货总值为 3 433 余万两,其中 2 338 余万两被转运他港,留供当地消费的仅 1 045 余万两,不到总数的 1/3。时任英国驻沪领事的巴夏礼认为,"这一情况清楚地指出了贸易的性质,因为它表明了上海作为扬子江和沿海各口岸的商业中心的程度"②。而 1868 年度上海港贸易报告则更明显地记录了上海的贸易中心地位:"本港在很大程度上起了对日本、长江流域、宁波以及北方各口岸的中转站作用。"③而就本国产品的埠际流通看,以米粮为例,上海港开埠前,长江流域各省外运米粮多入运河经苏州集散。但上海港开埠及长江开放后,沿江外销米粮多顺江直下,上海遂成为国内米粮重要的转输港④。受其影响,长江下游地区原先以苏州为中心的城镇体系,呈现出归向上海的重新组合,逐渐形成唯上海马首是瞻、以上海港内外贸易为主要联结纽带的新的城市体系。例如,从前无锡、常州素以从属于苏州的米、布转运码头著称,上海开埠后,它们与苏州的经济联系逐渐削弱,而与上海的联系不断加强,经由上海采购的进口商品及南北货常占无锡转口内销总额的 70%—80%。而江南重镇南京与上海的联系也更加便捷,更为紧密。其他城市如杭州及杭嘉湖地区城镇的进出口商品也大多直接被纳入上海的货物集散渠道,"浙江的丝,不管政治区域上的疆界,总

① 聂宝璋:《中国近代航运史资料》第 1 辑,上海人民出版社 1983 年版,第 141 页。
② 《领事巴夏礼附于 1863 年度上海贸易统计表的备忘录》,载李必樟编译《上海近代贸易经济发展概况(1854—1898 年)——英国驻上海领事贸易报告汇编》,上海社会科学院出版社 1993 年版,第 75 页。
③ 《领事麦华陀 1868 年度上海港贸易报告》,载李必樟编译《上海近代贸易经济发展概况(1854—1898 年)——英国驻上海领事贸易报告汇编》,上海社会科学院出版社 1993 年版,第 177 页。
④ 据统计,1864 年经上海港转运的国内米谷运销量是 101 885 石,以后受年成或战乱的影响有所增减,但总的趋势是增长显著,至 1911 年已达 4 458 217 石,与 1864 年相比,增长幅度高达 40 余倍。参见《上海等四埠米谷、小麦、豆类国内贸易统计》,载李文治编《中国近代农业史资料 第一辑(1840—1911)》,三联书店 1957 年版,第 473—474 页。

是采取方便的水路运往上海这个丝的天然市场"①。这些城镇的商品流通结构,也由先前面向国内市场并以粮棉产品交换为主,转化为以外国机制工业品与中国农副产品交换为主。这些都显示出上海开埠后长江下游城市格局的深刻变化,即由内向型朝外向型的逐步转化,而这种转化又使长江下游地区被迫卷入到世界市场的循环中,并推动了这些城市经济结构的演化。

由此可见,近代上海的开埠和崛起,一方面得力于长江下游地区雄厚的物质基础,另一方面又给这些地区的社会经济发展带来多方面的巨大影响。近代上海港的发展,在有力地推动其所在城市繁盛的同时,也对其经济腹地产生了强力辐射。上海开埠后,内外贸易的增长及相关经济产业的发展,在很大程度上改变了长江下游地区的经济运行机制,并推动了这些城市经济结构的演化,促进其逐渐将自己纳入进而归附于资本主义的经济轨道。例如,无锡是随着上海的兴起而兴起的,而无锡农村集镇则是随着无锡的勃兴而发展起来的,这是一个大的区域经济中心和小的区域经济中心及其卫星城镇的变迁发展史。② 也正是由于这些变化,使得以上海为龙头的长江下游地区成为近代中国城市发展史上城市近代化程度较高的地区。

2. 吸附与扩散:转型中的区域城市互动

毫无疑问,城市体系的形成是一个复杂而漫长的过程,并且在很大程度上取决于其中若干核心城市的发展和成长。任何一个城市体系都必须依托一两个核心城市才能形成。近代以来,由于开埠通商,传统社会解体,现代经济在部分城市中生长、发展,从而促进了这些城市的快速发展,一些区域内的重要城市逐渐发展为区域中心城市。由于这些城市具有强大的聚集力和辐射力,城市间的互动不可避免,便促进了区域城

① [美]马士:《中华帝国对外关系史》第 1 卷,张汇文等译,商务印书馆 1963 年版,第 405 页。
② 参见赵永良《百余年来无锡农村集镇的变迁》,载《中国地方志通讯》1984 年第 1 期。

市体的产生。而就长江下游地区的情况而言,显然上海就是这个区域内的那个核心城市。

早在 19 世纪上半叶,上海就已成为长江流域和中国南北方沿海贸易的重要港口,但由于中国传统城市是以行政而非商业作为存在和发展的基础,故其商业潜能并未充分发挥出来。鸦片战争后,英国人以贸易至上的理念首选上海作为开埠通商城市,短短十几年就使其取代广州成为全中国对内对外贸易的"心脏"。[①] 这样,上海对近在咫尺的长江下游地区的各级城市产生强力辐射成为可能。作为帝国主义、官僚买办的根据地和桥头堡,上海坐拥便捷的内河和陆上运输网,可以便利地向腹地供销洋货并汲取腹地原料。尤其是大规模的现代化工业更使上海成为国内最早的现代化工业发源地,始终是区域内的经济中心和近代工业经济向长江下游扩散的策源地。工业和商业部门的创立与扩展,亦取决于自身的创新力量。这种产业及其企业的生产方式和创新力量,不仅对周围地区新兴产业发展起了示范作用,而且在生产方式、技术设备、原材料、资本和经营经验上对邻近地区直接产生了扩散效应。而沪杭铁路和沪宁铁路的相继建成通车,以及长江与大运河航运的发展,更便利了上海向周边地区施加其影响。事实上,该地区内绝大多数城市的现代工业起步正是在上海的扩散效应中产生的,其现代工业生产部门及企业创办均迟于上海,棉纺织、缫丝及面粉业等主要工业部门的创立均在技术、人员、信息及管理经验等方面受到了上海的影响。特别是这些城市的工业企业在初始阶段其自我演化能力和创新能力较弱,新兴产业及其企业的创办一般均参照上海产业及其企业。此外,在这一过程中,长江下游地区各城市也显然增进了彼此间的联系。南京、杭州、苏州等长江下游地区中小城市经济逐渐围绕上海形成了一个庞大的城市集合体。很显然,

---

① 参见[美]罗兹·墨菲《上海——现代中国的钥匙》,上海社会科学院历史研究所编译,上海人民出版社 1986 年版,第 139 页。

上海对于长江下游地区城市体系的形成发挥了至关重要的影响;如果不是上海快速发展成为特大城市,近代长江下游城市体系的形成是不可想象的。

另一方面,值得注意的是,在上海与区域其他城市经济要素流动的过程中,大多数城市都是作为上海贸易物资传输的中转市场而出现的,故对上海市场有很强的依赖性。而上海经济在不断膨胀中也逐渐形成一种内在的张力,需要把自己的经济影响和经济要素扩散到周边地区去。于是,这种扩张就构成了这些城市经济发展的外部动因。故就上海与依附于它的这些城市的关系而言,双方俨然构成了一种吸纳和扩散的互动模式。当然,在这种关系里,上海是主动的,而受其影响的周边城市则是被动的。对上海而言,由于其自身滚雪球式的急速发展,扩大了它对各种农副产品和原材料(包括厂房建筑所需要的材料以及企业生产的投入原料)以及各类消费品的强劲需求,客观上刺激了周边地区相应部门的生产,促使其扩展规模,加速发展,形成乘数效应,推动了区域经济的繁荣。同时,还有一些上海企业为扩大生产、谋求更大利益,又把经营利润再投资到周边区域,更进一步促进了这些地区的经济发展。故通过长江下游地区其他城市与上海之间的交通运输、电信通信、金融汇兑等近代化经济联系手段,长江下游地区各城市之间实际上已构成了分工明确、共生共荣、不可分割的城际关系网,而且随着经济联系的日益加强还产生了明显的互动作用。

故在这种情况下,上海周边的苏州、杭州、无锡、嘉兴等中小城市在上海因素的影响和控制下,经过自我调整已逐渐变成区域内的次级中心,成为民族资本兴办农副产品加工企业的场所。而原料、劳力、资本和技术上的联系,也使得长江下游地区诸城市日益形成一个有机结合的整体。在这基础上,长江下游地区沿铁路、长江也发展了许多近代工业和农副产品加工工业,并逐步使南京、镇江、常州、扬州等城市发展起来,与上海、无锡、苏州、杭州等组成一个不但是近代以来中国最庞大,而且等级分工也较为完善的跨省区域城市体系。该区域中最大城市是上海，它也是区域城市体系中的中心和一级市场；其次为南京、杭州、无锡、苏州、宁波、常州等二级市场，再次为嘉兴、镇江、扬州、丹阳、常熟、江阴、宜兴等三级市场；除此以外，还有众多围绕以上城市、作为其经济腹地的县城和集镇，它们也构成了这个体系的主要基石。在该区域内，除了上海这个拥有 200 万人口的特大城市外，还有南京、杭州等 17 个人口超过 10 万的城市；5 万—10 万人口的城市有 15 个，2.5 万—5 万人口的城市有 38 个。而到了 20 世纪中后期，这种以上海为中心的城市体系更加明显。1949 年上海城市人口达到 550 万，作为政治首都而居次席的南京也有 100 万，而在上海和南京吸附下的苏州、杭州等二级中心城市人口则较之前呈现出负增长的态势。因此，尽管我们应该看到地区内城市经济联系日益增强以及不断有新经济区形成，彻底颠覆了传统的城市层级依附关系，城市之间的彼此地位趋向平行对等，但该城市体系内上海由于过于发展而膨胀，缺少相应的中心大城市与之相辅，也使得区域内城市发展的非均衡性成为制约其进一步健康成长并壮大的新的隐忧。

3. 区位分工与协作共赢：区域城市体系的深化与层次分明的城市网络

一般而言，在港口城市与腹地之间存在着非常复杂的货物运销网络。作为这一网络终端市场的港口与作为初级市场的农村市场之间还存在着一级或多级中间市场。这样一来，该中间市场不但成为联结港口与腹地交通网络的节点，而且成为沟通上下级市场物资、资金、信息和人口流通的"交换机"。就长江下游地区的情况而论，毫无疑问，上海是该地区无可争议的中心，也是该地区进出口的总枢纽。而围绕上海而居的苏州、无锡、常州、镇江、芜湖、宁波等城市则构成了长江下游地区的中介城市群。虽然就这些城市本身而言，它们大多也是开埠港口城市，但在直接与国外贸易的商品贸易方面，货值比例却很低，绝大部分都是通过上海进行转口贸易，从而呈现出极为明显的转口贸易特征。如镇江从开埠之日起，就被外国商人视为由上海向内陆倾销洋货的重要入口和转运仓库。[①] 其转运路径是驻扎在上海的外国公司向镇江等口岸城市派出商人或代表，然后通过认定的买办推销商品，从而获得利润。转口物资由此在上海与镇江等口岸城市间实现交流与传递。芜湖等城市亦复如此。另外一方面，对于上海而言，其每年 80% 的进口商品，也需要这些中介城市渗透、分销至全国各地。而内地进口、出口货物，也通过这些大小不一的中介城市与上海发生联系，并完成交易过程。其中，镇江是上海联系苏北地区的扬州、淮安、徐州、海州以及河南开封、山东济宁等地的中介；芜湖是上海与皖南地区、江淮平原联系的中介，运往上海的是大米、生丝、鹅鸭羽毛、茶叶，运往芜湖的是洋布、面粉、煤油等；而宁波则以浙江为其中介范围，经宁波由上海输入的洋货主要运至浙江的绍兴、金华、严州（现桐庐、淳安等地）、衢州、处州（现丽水）及江西广信、安徽徽州等地；至于与上海经济关系最为紧密的苏锡常地区，则是联系江南腹地与上海经济关系的纽带和二级区域市场中心城市。

而这种层级分明、主从明确的区位分工，在区域经济整合中较为高端的金融流通方面表现得尤为明显。随着上海成为长江下游地区乃至全国商业贸易中心，特别是 20 世纪二三十年代上海成为全国的金融中心以来，在长江下游地区乃至整个长江流域，各城市的金融业都迅速崛起并扩散发展，逐渐出现了一个部门机构齐备、地域覆盖广阔、区位层次分明的较为完整的城市金融网络。在这个网络中，上海是区域金融的龙头，正如本书前文所揭示的，它负责对整个区域内的资金进行符合市场规律的宏观调控和调度。而苏州、芜湖、镇江等则是作为上海金融中心的外围和支撑的次级城市。其城市内部也存在着数量不一的金融机构和规模较小的金融市场，担负着周围地区金融周转的职责，由于它们的

①　参见《镇江关华洋贸易情形论略》，1866 年。

贸易多以中转为主,不是资金的最后出路,一般也只起着中转站的作用。于是,无形中长江下游地区各城市的城市功能基本得到明确和固化。在整个区域内部,资本流动已明显表现出为周边较低级城市工业发展服务的特点,并在逐级传递的过程中,把现代工业文明扩散到整个基层农村。因此,在这一过程中,不但上海承担着调控调度整个区域金融的任务,其他各级金融城市亦存在事实上的明显分工,在相互间保持着经济协作和依存关系,并构成了区域资本流动的桥梁。例如,作为区域的二级金融城市,苏州是苏南地区的金融枢纽,在银通货时代也是长江下游地区著名的"存款码头",邻近的无锡、常州、常熟、吴江、昆山、太仓、溧阳、南通、江阴等地成为苏州钱庄放款的主要地区,其金融市场也随之成为围绕苏州钱业市场运行的卫星市场。而无锡作为区域内的粮食集散地和丝茧产区,其自身资力较弱,无法满足正常的资本需求,故无锡钱庄常常向苏州钱庄拆借,再进行发放,苏州每年放出款项常在 1 500 万元以上,拆借金额有时达 2 000 万余元。其他城市如常州、常熟的银洋进出也以苏州行情为标准;至于江阴、杭州、湖州等埠亦复如此。与苏州在苏南地区的地位类似,镇江钱业市场是整个苏北地区的中心。民国初期,镇江钱庄每年对苏北农副产品贸易的放款达 1 500 万两白银以上。苏北大部分地区,如扬州、徐州、淮阴(现淮安市淮阴区)、新浦(现连云港市海州区部分地区)等地常常向镇江钱庄调剂资金。而其资金来源则大部分从上海钱业市场拆借,也有少量来自苏州,从上海、苏州拆借的款项曾占镇江钱庄放款总额的 80% 左右。

   总之,加强区域间经济交流和合作是增强城市经济发展活力的重要途径。从区域经济学的角度讲,区域的经济发展既需要投入,也需要产品市场,而一个区域自身由内部需求的增加而引发的经济增长总是有限度的。如果区域内的产业更多的是针对区外市场,甚至国外市场,则该区域就有很强的"外部独立性",这是区域经济发展的重要条件之一①。也就是说,要推动城市经济的发展,就必然要增强外部独立性,也就需要加强区域间的经济交流和合作,这也是城市发展的必然趋势。就近代长江下游地区的区域整合而言,我们不难看出,该地区在近代已逐渐形成了以上海为龙头的长江下游经济板块。区域内的各城市都必然要服从和依赖于上海这个区域经济霸主的分配和调遣,只有加强与上海的经济交流和合作,才能获得更多的资金、人才、技术、产业和先进设备及信息等各方面资源。从前几章的论述来看,显而易见,无论是南通、无锡、常州这样的工业城市,以南京、苏州、杭州为代表的传统中心城市,还是镇江、扬州、芜湖、宁波等转口贸易城市,其经济发展无疑都和上海的辐射有很大关系,与上海的经济交流和合作是这些城市经济发展的重要动力。由于它们处于同一经济区域,并以区外市场为纽带而紧密联系在一起,从而形成了一体化的经济格局。因此,要加速外部独立性较强的区域经济及城市经济发展,就必须树立区域的观念,以市场为纽带,以企业为主体,在市场、资金、技术、原料、人才及信息等方面进行相互渗透和合作,发挥城市的集聚效能,以城市经济带动区域经济发展,这样才能使城市与城市间、区域与区域间相互配合,相得益彰,共同发展。在这一过程中,各城市在工业、商贸、金融等方面亦存在着明显的区位分工和城际协作。特别是像"血液"一样融通区域内各城市工业与商贸的金融业,把不同城市紧密地连为一体,使之协调发展、共同增效,天然地成为大都市与农村之间的桥梁,使长江下游地区的城市形成了稳定而强大的农村腹地。因此,从总体上来看,就区域经济要素的流通与扩散而言,上海区域商业帝国中心地位的稳固,特别是分层有序的长江下游地区城市体系的构建,在相当程度上得益于这种扎实的分层城市网络及区域各经济城市

---

① 参见王嗣均主编《中国城镇化区域比较研究论文集》(上),杭州大学出版社 1992 年版,第146 页。

的良好分工与协作,这正是近代长江下游经济体与其他国内经济带相比的主要优势之一。也正是在这种市场流通网的作用下,长江下游地区的经济合作才获得了较快发展,使该地区未来的进一步深入整合成为可能,并奠定了当前长江下游地区一体化发展的坚实基础。